V&R

Christa Kieferle, Eva Reichert-Garschhammer
und Fabienne Becker-Stoll (Hg.)

Sprachliche Bildung von Anfang an

Strategien, Konzepte und Erfahrungen

Vandenhoeck & Ruprecht

Mit 19 Abbildungen und 16 Tabellen.

Bibliografische Information der Deutschen Nationalbibliothek

Die Deutsche Nationalbibliothek verzeichnet diese Publikation in der Deutschen Nationalbibliografie; detaillierte bibliografische Daten sind im Internet über http://dnb.d-nb.de abrufbar.

ISBN 978-3-525-70145-4
ISBN 978-3-647-70145-5 (E-Book)

Umschlagabbildung: shutterstock.com
Abbildungen: S. 11: © llike – Fotolia.com / S. 73: © Jörn Buchheim – Fotolia.com / S. 117: © Joachim Wendler – Fotolia.com / S. 159: © sjhuls – Fotolia.com / S. 227: © BeTa-Artworks – Fotolia.com

© 2013, Vandenhoeck & Ruprecht GmbH & Co. KG, Göttingen /
Vandenhoeck & Ruprecht LLC, Bristol, CT, U.S.A.
www.v-r.de
Alle Rechte vorbehalten. Das Werk und seine Teile sind urheberrechtlich geschützt. Jede Verwertung in anderen als den gesetzlich zugelassenen Fällen bedarf der vorherigen schriftlichen Einwilligung des Verlages.
Printed in Germany.

Satz: SchwabScantechnik, Göttingen
Druck und Bindung: ⊕ Hubert & Co., Göttingen

Gedruckt auf alterungsbeständigem Papier.

Inhalt

Einführung 9

1 Sprache und Literacy – eine zentrale Bildungsaufgabe 11

  1.1 Das Sprachparadoxon: Die Herausforderung frühkindlicher Bildung
David K. Dickinson (Übersetzung: Pamela Oberhuemer) 12

  1.2 Sprachliche Bildung und Literacy in der Familie
Christa Kieferle 22

  1.3 Sprachliche Bildung im Kontext von Partizipation, Ko-Konstruktion und Inklusion – Kindertageseinrichtungen auf dem Weg
Eva Reichert-Garschhammer 34

  1.4 Coaching – eine effektive Methode zur Qualitätsentwicklung in Kindertageseinrichtungen?
Christa Kieferle 51

    1.4.1 Das Projekt »Sprachberatung« in Bayern
Eva Reichert-Garschhammer 60

    1.4.2 Einflussfaktoren für das Gelingen von Coaching im Projekt Sprachberatung
Oliver Nicko & Inge Schreyer 64

2 Individuelle Begleitung sprachlicher Lern- und Entwicklungsprozesse von Geburt an 73

  2.1 Neurobiologische Grundlagen der Sprachentwicklung
Angela D. Friederici 74

  2.2 Individuelle Spracherfassung und Bildungsbegleitung in Kindertageseinrichtungen
Eva Reichert-Garschhammer 83

    2.2.1 Entwicklungsbegleitende Erfassung von Sprache und Literacy in bayerischen Kindertageseinrichtungen – erste Einblicke in die praktische Umsetzung
Toni Mayr 84

    2.2.2 Die sprachliche Entwicklung der Kinder anregen – begleiten – beobachten – dokumentieren
Maria Bader & Christine Krijger 98

2.3 Früherkennung und Prävention von Sprachauffälligkeiten
im Kindergarten
Claudia Wirts 102

 2.3.1 Sprachauffälligkeiten im Kindergarten
  Christian W. Glück & Ute Schräpler 103

 2.3.2 Wege des professionellen Umgangs mit Sprachauffälligkeiten
in der Praxis
  Anja Beck-Dinzinger & Susanne Teubner 112

**3 Sprachliche Bildung in sprachlich und kulturell
heterogenen Gruppen** 117

3.1 Frühe Mehrsprachigkeit: Gefahren oder Vorteile?
Jürgen M. Meisel 118

3.2 Mehrsprachigkeit und interkulturelle Bildung
Christa Kieferle 131

 3.2.1 Über die Chancen, die in der Mehrsprachigkeit liegen
  Ingrid Gogolin 135

 3.2.2 Das Stadtteilmütter-Projekt in Augsburg
  *Hamdiye Cakmak/Marianna Schepetow-Landau &
  Maria Berlin-Kohlschreiber* 143

 3.2.3 Übergänge und Mehrsprachigkeit –
Das Comenius-Projekt TRAM
  Christa Kieferle & Wilfried Griebel 147

**4 Zentrale Aspekte einer sprach- und
literacy-anregenden Umgebung** 159

4.1 Aus der Forschung in die Praxis: Spiel als Mittel der Sprachförderung
*Haruka Konishi/Megan Johanson/Jennifer Chang Damonte/
Roberta Michnick Golinkoff & Kathy Hirsh-Pasek
(Übersetzung: Pamela Oberhuemer)* 160

4.2 Sprachliche Bildung als durchgängiges Prinzip
Eva Reichert-Garschhammer 179

 4.2.1 Kreatives Lernen im Dialog in Alltagssituationen
und Projekten
  Eva Reichert-Garschhammer 182

 4.2.2 Literacy-Center in der Theorie und Praxis
  Alexandra Großer & Evelyn Däschlein 204

4.3 Video-Interaktionsbegleitung – eine Methode zur Professionalisierung
von Fachkräften
Irene Golsche/Anna Spindler & Melanie Gerull 209

4.4 Sprachliche Bildung in Kindertageseinrichtungen –
pädagogische Angebote und Aktivitäten sichten und
optimieren mit LiSKit
Toni Mayr 215

5 Sprachliche Bildung von Anfang an – Qualitätsentwicklung als permanente Herausforderung 227

5.1 Zur Qualität pädagogischer Sprachdiagnostik
Lilian Fried 228

5.2 Können wir durch einen ganzheitlichen Ansatz sprachlicher Bildung mehr erreichen als durch Sprachförderprogramme?
Barbara Gasteiger-Klicpera 249

5.3 Sprachliche Bildung und die Kooperation mit Eltern
Sven Nickel 254

5.4 Der Diskurs der Sprachförderung
Helga Schneider 260

5.5 Mehrsprachigkeit im Übergang zur Schule
Konrad Ehlich 266

Verzeichnis der Autorinnen und Autoren 275

Einführung

Noch nie waren die Anforderungen an die sprachlichen und literalen Fähigkeiten so hoch wie heute in der globalisierten Welt. Sprache in ihrer mündlichen und schriftlichen Form ist das spezifische Kommunikationsmittel des Menschen, mit dem dieser die komplexesten Zusammenhänge und Erkenntnisse formulieren und übermitteln kann. Ohne dieses komplexeste und distinktivste aller existierenden Kommunikationssysteme wäre der Mensch auch nicht zu solch technischen Leistungen fähig, wie er es heute ist, denn die permanenten Ausdifferenzierungsprozesse des sprachlichen Systems gehen Hand in Hand mit kognitiven Ausdifferenzierungsprozessen.

Die Entwicklung von Sprach- und Kommunikationskompetenzen und die Entwicklung von Literalität sind von Geburt an ineinander verwoben. Sie entwickeln sich in den kontinuierlichen täglichen Interaktionen mit Erwachsenen und anderen Kindern. Daran zweifelt heutzutage keiner mehr. Aber nicht alle Menschen haben die Gelegenheit, in eine Umgebung geboren zu sein, die ihnen genügend vielfältige Sprach- und Lernangebote bereitstellt, um die Bildungssprache in einem solchen Maße entwickeln zu können, dass sich ihnen möglichst viele Bildungschancen eröffnen.

Um diese Nachteile für Kinder gar nicht erst entstehen zu lassen, sind Bildungseinrichtungen aufgefordert, die besten Bedingungen für alle Kinder herzustellen, um sie neugierig auf die Welt zu machen und zu motivieren, diese zu entdecken, zu verstehen und zu beschreiben. Dazu bedarf es gut ausgebildeter und begeisterter pädagogischer Fach- und Lehrkräfte, die diese Entdeckungsreise zusammen mit den Kindern gestalten. Deshalb sind die Ausbildungsinstitutionen ebenso wie die Anbieter von Fort- und Weiterbildungsangeboten gefordert, die Pädagogen und Pädagoginnen mit dem notwendigen Wissen und den entsprechenden Fertigkeiten auszustatten.

Wir brauchen grundsätzlich ein gesellschaftliches Bewusstsein dafür, dass alle an den Bildungsprozessen der Kinder Beteiligten – von den Eltern bis zu den Politikern – etwas dazu beitragen können, um es allen Kindern zu ermöglichen, sich zu kompetenten Sprechern, Lesern und Schreibern zu entwickeln, denn grundsätzlich kann jeder Mensch mit der entsprechenden Unterstützung lesen und schreiben lernen.

Damit dies gelingen kann, ist auf der einen Seite die Wissenschaft gefordert, um Erkenntnisse über Erwerbs- und Lernprozesse, Gelingensfaktoren und optimale Lernbedingungen zu formulieren, auf der anderen Seite braucht es aber auch Institutionen, die in der Lage sind, diese wissenschaftlichen Erkenntnisse in die Praxis zu transferieren.

Des Weiteren ist eine Politik notwendig, die erkannt hat, welchen Stellenwert Sprache für alle Bildungsprozesse hat und mit ihren Mitteln dafür sorgt, dass alle notwendigen Bedingungen finanzieller und gesetzlicher Art bereitgestellt werden, damit Bildung flächendeckend alle Kinder erreichen kann.

Und letztlich bedarf es eines gemeinsamen Abstimmungsprozesses aller Beteiligter, damit alle an einem Strang ziehen, um diese große Aufgabe zu meistern.

Der vorliegende Band entstand aus dem 3. Fachkongress 2011 des Staatsinstituts für Frühpädagogik in München, auf dem sich renommierte nationale und internationale Wissenschaftler und Wissenschaftlerinnen aus unterschiedlichen Disziplinen mit den verschiedenen Facetten der sprachlichen Bildung auseinandersetzten. Zusammen mit der Praxis wurden Erfahrungen ausgetauscht und gemeinsam Strategien und Konzepte diskutiert, da es trotz aller Anstrengungen in den vergangenen Jahren sowohl in der Forschung als auch in Politik und Praxis noch viel Optimierungsbedarf hinsichtlich innovativer Bildungskonzepte und Praxisentwicklungen gibt.

Ganz in diesem Sinne befassen sich die einzelnen Beiträge in diesem Band mit der sprachlichen Bildung und den damit zusammenhängenden Themen. In der Zusammenführung von Wissenschaft, die das Thema »Sprachliche Bildung und Literacy« aus ganz unterschiedlichen fachspezifischen Perspektiven betrachtet, und Praxis mit ihren vielfältigen Erfahrungen mit der Umsetzung entsteht ein notwendiger und lebendiger Dialog.

Der Band bietet sowohl einen Orientierungsrahmen als auch eine Diskussionsgrundlage für Wissenschaft, Administration und Praxis in Bezug auf den aktuellen Stand der Wissenschaft und Praxis und er setzt wichtige Impulse für die weiterhin dringend notwendige Fachdiskussion zum Schlüsselthema »Sprachliche Bildung von Anfang an«, dessen Qualitätsdiskurs eine Daueraufgabe aller Beteiligten ist und bleiben wird.

München, im Januar 2013
Christa Kieferle, Eva Reichert-Garschhammer & Fabienne Becker-Stoll

1 Sprache und Literacy – eine zentrale Bildungsaufgabe

1.1 Das Sprachparadoxon: Die Herausforderung frühkindlicher Bildung

David K. Dickinson
(Übersetzung: Pamela Oberhuemer)

Weltweit werden die Jahre von der Geburt bis zum Beginn der formalen Bildung zunehmend als Schlüssel für den Schulerfolg anerkannt – und folglich als Zeit mit vielversprechendem Potenzial zur Optimierung der längerfristigen Leistungserfolge bei Kindern (Snow, Burns & Griffin, 1998). Längsschnittstudien über die Effekte frühkindlicher Bildungsprogramme weisen auf bleibende Wirkungen hin (Montie, Xiang & Schweinhart, 2006; Reynolds, Ou & Topitzes, 2004; Sylva, Chan, Melhuish, Sammons, Siraj-Blachford & Taggart, 2011) und Ökonomen haben gezeigt, dass Investitionen in die frühen Jahre zu beachtenswerten »Renditen« in späteren Jahren beitragen (Galinsky, 2006; Isaacs, 2007). Für einzelne Menschen bedeuten diese »Renditen«, dass ihr Leben als Bürger produktiver und zufriedenstellender wird, weil ein wesentlicher Teil dieser Ersparnisse für den Staat durch verminderte Ausgaben für Gefängnisse entstehen sowie durch zusätzliche Steuereinnahmen von Personen, die erwerbstätig sind.

Das wachsende Interesse an frühkindlicher Bildung hat in den USA zu zahlreichen Kinderbetreuungsinitiativen auf föderaler und bundesstaatlicher Ebene geführt. Auch die Wissenschaft hat sich daran beteiligt, Bildungsprogramme und Fortbildungsstrategien zu entwickeln, die die Qualität der Kindertagesbetreuung stärken. Grundlagenforschung, die in Familien und Tageseinrichtungen durchgeführt wurde, hat Indikatoren identifiziert, die mit einer verbesserten sprachlichen Bildung assoziiert werden; daraufhin wurden Interventionen und Curricula entwickelt, die sich an diesem Wissen orientieren. Nach einem Jahrzehnt intensiver Bemühungen, die Bildungsleistungen der Kinder in frühpädagogischen Tageseinrichtungen voranzubringen, muss aber festgestellt werden, dass der Ertrag relativ gering war. Bisherige Analysen haben gezeigt (Dickinson, 2011; Dickinson, Freiberg & Barnes, 2011), dass auch scheinbar gut konzipierte Förderprogramme und Interventionen relativ wenig Einfluss auf die Entwicklung von Kindern aus so genannten bildungsfernen Familien haben. Wie ist das zu erklären? Im Folgenden werde ich argumentieren, dass diese Herausforderungen zumindest teilweise auf paradoxe Sachverhalte zurückzuführen sind, die mit unseren angeborenen Fähigkeiten zusammenhängen, Sprache für kognitive und soziale Zwecke zu lernen und zu verwenden. Ich werde die kognitiven und sozialen Dimensionen dieses Paradoxons darlegen und mit Überlegungen zu den Implikationen für Interventionen in der frühen Kindheit abschließen.

Das Sprachparadoxon: Kognitive Dimensionen

Wenn wir versuchen, das Potenzial der frühen Kindheitsjahre für die Optimierung längerfristiger Bildungsleistungen bei Kindern auszuschöpfen, so liegt ein Teil des Problems an einem Phänomen, das ich »das Sprachparadoxon« nenne. Menschen sind vorprogrammiert, Sprache zu lernen und zu verwenden; Sprache ist in unserem kognitiven, sozialen und persönlichen Leben zutiefst verankert (Tomasello, 2000). Kinder aus den verschiedensten Kulturen erwerben diese komplexe Fähigkeit ohne große Mühe durch Unterstützung von Eltern, Geschwistern und Gemeinschaft. Bereits hier begegnen wir aber dem Paradoxon. Wir haben diese Probleme, eben weil Sprache für uns Menschen und für unsere technologischen Gesellschaften des 21. Jahrhunderts so bedeutsam ist. Die zentrale Stellung von Sprache in unserem intellektuellen Leben hat sie zu einem mächtigen intellektuellen Werkzeug gemacht, das auf den verschiedensten Wegen verfeinert und umgeformt wurde. Das hat ihre Macht gestärkt. Weil Sprache ein überaus effizientes Werkzeug für das Denken und Kommunizieren ist, haben Gesellschaften Schriftsysteme entwickelt, die die Speicherung und Vermittlung von Ideen an ein unsichtbares und unbekanntes Publikum ermöglichen; bei der Nutzung dieser Systeme für vielfältige Zwecke haben sie spezialisierte Formen des Sprachgebrauchs entwickelt (Olson, 1994).

Mit der zunehmenden Verfeinerung unserer Verwendungen von Sprache werden auch die Kontexte, die Sprachkompetenz hervorbringen, zunehmend verfeinert. Die Chancen des Erwerbs und der Aneignung von Sprachformen, die auf den Erfolg in einer technologischen Welt zugeschnitten sind, begrenzt sich auf diejenigen, die Zugang zu Gruppen und Settings haben, wo diese spezialisierten Sprachformen erworben und verfeinert werden. Linguistische Sprachanalysen, die mit einer hohen Literacy-Kompetenz assoziiert werden, zeigen eine Bündelung von Sprachverwendungskompetenzen: ein großer Wortschatz mit vielen abstrakten Begriffen; die Fähigkeit, syntaktische Strukturen zu verwenden, die mit einem schriftlichen Text assoziiert werden sowie metalinguistische Kompetenzen, die einem erlauben, die Verwendung von Sprache bewusst wahrzunehmen und verschiedene Modalitäten der Sprachnutzung auf flexible Weise einzusetzen (Corson, 1997; Ravid & Tolchinsky, 2002). Diese Sprachfähigkeit unter Verwendung von – wie manche sie nennen – Bildungssprache, spiegelt Kompetenzen wider, die über Jahre der Beteiligung an Diskursgemeinschaften, die diese Sprache verwenden, aufgebaut wurden (Schleppegrell, 2001; Snow, 2010).

Der unterschiedliche Zugang zu Sprachkontexten, in denen Bildungssprache gepflegt wird, hat Auswirkungen auf den Schulerfolg. Leseverständnis ist entscheidend für Schulleistungen und über mehrere Jahrzehnte hinweg haben nationale Evaluationen in den USA anhaltende und erhebliche Leistungsunterschiede aufgedeckt, die ökonomische Ungleichheiten, ethnische Differenzen und unterschiedliche Kompetenzen in der englischen Sprache widerspiegeln (Rampey, Dione & Donahue, 2009). Zunehmend deuten Forschungsergebnisse auf die mündliche Sprachkompetenz als wichtigen Faktor, der diejenigen, die erfolgreich sind, unterscheidet von denen, die dabei scheitern, komplexen Lesestoff zu verstehen, hin (Dickinson, Golinkoff & Hirsh-Pasek, 2010; Dickinson, McCabe, Anastasopoulos, Peisner-Feinberg & Poe, 2003). Zwei

Sprachfertigkeiten tragen besonders zum Leseverständnis in den Grundschuljahren bei: die Kenntnis eines breiten Spektrums an Wörtern verbunden mit einem umfassenden Verständnis ihrer Bedeutung und die Fähigkeit, komplexe syntaktische Strukturen zu verstehen (Vellutino, Tunmer, Jaccard & Chen, 2007).

Unterschiede in der Sprachkompetenz, die sich in der Lesekompetenz (oder in der fehlenden Lesekompetenz) zeigen, sind tief verwurzelt in der Entwicklung. Die Kinder von Müttern, die in den ersten zwei Lebensjahren mit ihren Säuglingen und Kleinkindern viel reden, lernen Wörter schneller und entwickeln die Fähigkeit, neue Wörter effizienter aufzunehmen, als Kinder aus weniger wortreichen Umgebungen. Diese frühen Unterschiede in der erlebten Wortdichte wirken sich auf längerfristige Unterschiede in der Sprach- und Lesekompetenz aus (Fernald, Perfors & Marchman, 2006; Fernald & Weisleder, 2011; Hurtado, Marchman & Fernald, 2008). Es ist keine Überraschung, dass Unterschiede zwischen Familien bezüglich des Wortschatzwachstums stark mit demografischen Faktoren zusammenhängen (Hart & Risley, 1995; Rowe, 2008).

Auch die syntaktische Entwicklung, von der man schon seit langem annimmt, dass sie durch angeborene kognitive und linguistische Mechanismen unterstützt wird, nimmt, so wurde herausgefunden, in Abhängigkeit von den frühen Erfahrungen der Kinder verschiedene Richtungen. In der frühen Kindheit lernen Kinder grundlegende syntaktische Strukturen unabhängig vom jeweiligen demografischen Profil, aber das Verständnis von komplexen Satzkonstruktionen mit mehreren Nebensätzen steht im Zusammenhang mit Kindern aus sozial und ökonomisch privilegierteren Familien (Vasilyeva, Waterfall & Huttenlocher, 2008).

Sprache beginnt also einerseits als ein universell verfügbares Werkzeug, das allen Kindern gleichermaßen zur Verfügung steht, indem sie in familiäre Kontexte hineingeboren werden, in denen grundlegende sprachliche, körperliche und emotionale Bedürfnisse erfüllt werden; andererseits wird sie in bestimmten Kontexten in ein kognitives und linguistisches Werkzeug umgewandelt, das nur manchen Kindern zur Verfügung steht und ihnen – wenn sie dieses Werkzeug beherrschen – auch wirtschaftliche Vorteile bringt. Weil Sprache eine so zentrale Stellung in unserem kognitiven, intellektuellen Leben hat, haben Gesellschaften diese Machtstellung ausgebaut, verfeinert und erweitert. Auf diesem Weg haben sie diese universelle Kompetenz in eine Kompetenz umgewandelt, die nur für diejenigen erlernbar ist, die einen kontinuierlichen Zugang zu den Settings und Gruppen haben, in denen diese erweiterte Kompetenz geübt werden kann.

Das Sprachparadoxon: Soziale Dimensionen

Sprache ist ein mächtiges soziales Werkzeug. In jeder Äußerung können subtile Botschaften über Macht, Beziehungen und Gruppenzugehörigkeit versteckt werden (Brown & Levinson, 1987; Gee, 2008). Teil dessen, was Kinder lernen, wenn sie Sprache erwerben, ist, Sprache in der Art zu verwenden, wie sie in ihrer Gemeinschaft als angemessen erachtet wird. Ebenso wie sie sich die Phonologie, den Wortschatz und die Struktur ihrer Sprache aneignen, lernen Kinder, wie sprachliche Ressourcen eingesetzt werden, um Informationen über soziale Rollen und Beziehungen zu verstehen und auch mitzuteilen. Kompetenz in der Nutzung und Interpretation der sozialen Dimensionen von Sprache – wie sie verwendet und kontinuierlich verfeinert wird – werden mit bemerkenswerter Geschwindigkeit und zum größten Teil unbewusst erworben.

Wie wir Sprache verwenden, wird durch unausgesprochene Normen geleitet, die sich von einer Gemeinschaft zur anderen und von einem Kontext zum anderen unterscheiden. Diese Normen bieten eine unmittelbare Orientierungshilfe in Bezug auf Dinge wie: Was diskutiert werden soll, wie viel wir zu wem sagen sollen, welche Art von Syntax angemessen ist, wie differenziert und wie anspruchsvoll der verwendete Wortschatz sein soll (Halliday, 1993). Für manche Eltern ist es selbstverständlich, langanhaltend und wortreich mit Säuglingen und Kleinkindern zu spielen, Bücher vorzulesen und zu besprechen, Ereignisse zu kommentieren und sich in Als-ob-Spielen zu engagieren (Heath, 1983; Hoff, 2003; Rowe, 2008). Für andere sind solche Verhaltensweisen weniger selbstverständlich und diejenigen, die Sprache in dieser Weise verwenden, werden möglicherweise als Teil einer anderen, ihnen fremden Gruppe gesehen. Wenn diese Unterschiede noch durch rassische, ethnische, ökonomische oder kulturelle Unterschiede verstärkt werden, kann der Vergleich zwischen »wir« und »die (anderen)« eine besondere emotionale Intensität hervorbringen (Gee, 2008). Leider ist es auch so, dass die Familien mit sprachdurchdringenen Interaktionen, die eine rasche Sprachentwicklung und potenziell höhere längerfristige Lese- und Schreibkompetenzen befördern, oft zu denjenigen gehören, die traditionell eine höhere Schulbildung haben, welche Eltern mit einem breiten Weltwissen und damit verbundenen lexikalischen Ressourcen und ökonomischen Vorteilen ausstattet. In solchen Familien ist es eher wahrscheinlich, dass die Eltern viele Bücher besitzen, ihren Kindern andere bildungsorientierte Erfahrungen anbieten und sie häufig in Gespräche einbeziehen (Neuman & Celano, 2001; Neuman & Celano, 2006). Es ist bereits seit längerem bekannt, dass dieser sich selbstverstärkende Kreislauf wirksam ist: diejenigen mit einer Biografie, die ihnen Zugang zu ökonomischen, bildungsorientierten und sprachlichen Ressourcen bietet, sind eher dazu geneigt, Kinder an den Interaktionsformen zu beteiligen, die sie auf die literalen Anforderungen einer technologischen Gesellschaft vorbereiten. Bildung bietet Chancen für viele, um diesem Kreislauf zu entkommen, und manche Immigrantengruppen zeigen eine ausgewiesene Kompetenz, Bildungschancen vorteilhaft zu nutzen (Leventhal, Xue & Brooks-Gunn, 2006; Winsler, Tran, Hartman, Madigan, Manfra & Bleiker, 2008). Dies ist der Grund, warum wir überlegt haben, uns frühkindlicher Programme zu bedienen als Methode, Kindern Möglichkeiten zu bieten, frühe Kompetenzen zu erwerben, die sie für den Schulerfolg brauchen. In den USA wurde aber traditionsgemäß kein Wert auf die frühkindliche Bildung gelegt und es gab eine Abneigung gegen die Finanzierung von Gruppenbetreuungen für junge Kinder. Folglich sind die Bildungsangebote für Kinder aus einkommensschwachen Familien unzureichend finanziert und sie sind personell oft mit Frauen mit begrenzter Bildung besetzt worden, die die Betreuung von Kindern als geeignete und oft attraktive berufliche Option sehen.

Die soziale Dimension des Sprachparadoxons wird deutlich, wenn wir uns der Überlegung zuwenden, wie Kindertageseinrichtungen den Spracherwerb unterstützen können, der zum späteren Leseverständnis führt. Weil Sprache ein so gut angelerntes und leistungsstarkes Medium für soziale Interaktionen ist, und weil sie stark gesteuert ist durch implizite Normen, die grundlegende soziale Bedeutungen transportieren, sind die Auswirkungen sehr komplex, wenn sich die Art, wie pädagogische Fachkräfte Sprache verwenden, stärker verändert. Frauen, die angestellt werden, um Kinder aus bildungsfernen Familien zu unterstützen, bringen ihre individuellen Sprachbiografien mit, und diese sprachlichen Vorgeschichten stehen möglicherweise im Widerspruch zu den eigentlichen Interaktionsmustern, die am ehesten die Sprach- und Bildungsvorteile bieten, die ihre Kinder bräuchten. Angesichts der starken impliziten Normen, die den Sprachgebrauch steuern, werden selbst die wohlmeinendsten pädagogischen Fachkräfte es unter Umständen sehr schwierig finden, neue Sprachgewohnheiten zu erwerben, die andere sich über Jahrzehnte hinweg angeeignet haben. Darüber hinaus – wenn wir den Zusammenhang zwischen Sprachnormen und Gruppenzugehörigkeit in Betracht ziehen – wird die Übernahme eines Sprachgebrauchs, der mit privilegierteren Mitgliedern der Gesellschaft assoziiert wird, vielleicht identitätsbezogene Spannungen hervorbringen.

Kindertageseinrichtungen

Es gibt hinreichende Belege dafür, dass die Sprachumgebungen in Kindertageseinrichtungen für Kinder aus einkommensschwachen Familien tendenziell relativ begrenzte Möglichkeiten für die Begegnung mit einem differenzierten Wortschatz und einer anspruchsvollen Verwendungen von Sprache bieten und für Kinder nur wenige Gelegenheiten, Unterstützung für den Gebrauch dieser Sprache zu erhalten. Zum Beispiel haben wir transkribierte Aufnahmen von rund 10 Minuten Dauer mit über 20.000 Äußerungen untersucht (Dickinson, Hofer, Barnes & Grifenhagen, unter Begutachtung). Diese stammten aus drei pädagogischen Alltagssituationen in 44 Kindergruppen – Vorlesen, Gruppendiskussionen über ein aktuelles Thema und Kleingruppenarbeit. Die Fachkräfte waren Teil einer randomisierten Kontrollgruppe in einer Pilotstudie mit zwei Interventionsformen gewesen, die jeweils versucht hatten, die Qualität der verwendeten Sprache zu stärken – mit einem besonderen Blick auf den Wortschatz. Transkriptionen von etwa zehn Minuten Dauer in jeweils drei Settings wurden bezüglich des Inhalts der Sprache der Fachkraft kodiert und durch computergestützte Analysen hinsichtlich der Frequenz von differenziertem Sprachgebrauch untersucht. Wir fanden einen nur unzureichenden Beleg für Unterschiede bei den Interventionsformen, die die Sprachanwendung betrafen und präsentieren deshalb hier die durchschnittlichen Ergebnisse von allen Kindergruppen. Obwohl die Kinder während der 30 Minuten, die von jeder Gruppe analysiert wurden (95 Wörter pro Minute), ziemlich viel Sprache gehört hatten, waren nur 1–2 % davon unter den als »differenziert« klassifizierten Wörtern. Gespräche über die Bedeutungen von Wörtern wurden zwischen ein- und zweimal pro Minute beobachtet, aber im Durchschnitt fielen während der Kleingruppenarbeit in den Gruppen, die sich hinsichtlich der Gespräche über die Bedeutungen von Wörtern im unteren Viertel befanden, keine Anmerkungen über Wortbedeutungen. Während des Vorlesens wiesen die pädagogischen Fachkräfte in den Gruppen des unteren Viertels durchschnittlich nur ungefähr einmal in fünf Minuten auf Wortbedeutungen hin. Andere Wissenschaftler haben annähernd ähnliche Muster des Sprachgebrauchs in ähnlichen Einrichtungen beobachtet (Bowers & Vasilyeva, 2011; Girolametto, Weitzman & Greenberg, 2012; Roskos, Ergul, Bryan, Burstein, Christie & Han, 2008).

Die Gruppenräume in dieser Untersuchung waren ruhig und ordentlich und fast alle Fachkräfte waren fleißig und engagiert und hatten warmherzige und unterstützende Beziehungen zu den Kindern. Dennoch fanden wir Formen von Sprachanwendungen, die nicht optimal waren für Kinder mit einem beträchtlichen Bedarf an Sprachanreicherung. Dieser Bedarf zeigte sich darin, dass der durchschnittliche standardisierte Wortschatzwert dieser Kinder mehr als eine Standardabweichung unter der Norm lag. Wie könnten die beobachteten Sprachmuster erklärt werden? Die Fachkräfte hatten durchschnittlich 16 Jahren Berufserfahrung, waren fast alle Afro-Amerikaner, verwendeten durchgehend afroamerikanische Umgangssprache und nur sechs hatten einen Bachelor-Abschluss. Außerdem vermuten wir, dass die meisten großstädtische Schulen besucht hatten, in denen der Erwerb der Bildungssprache nur begrenzte Unterstützung fand. In diesem Sinne waren die Sprachformen, die wir bei den Fachkräften unterstützen wollten, vermutlich für sie nicht vertraut. Wir haben Fortbildungen durchgeführt, Coaching angeboten sowie ein sprachorientiertes Bildungsprogramm, aber die Sprachverwendungen, die wir angeregt haben, waren für diese Fachkräfte nicht gleich zugänglich. In Anbetracht der Bildungskontexte und der typischen Schulerfahrungen in großstädtischen Schulen, die sie wahrscheinlich vom Kindergarten bis zur 12. Klasse besuchten, ist anzunehmen, dass diese Fachkräfte wenig Gelegenheit hatten, die Bildungssprache in der Schule zu erfahren oder zu üben. So sehen wir das Endergebnis des Sprachparadoxons: Kinder, die einen großen Bedarf an reichhaltigen Spracherfahrungen haben, um die Bildungssprache erlernen zu können, werden durch engagierte, fürsorgliche und erfahrene Fachkräfte aus ihrem Wohnumfeld betreut; für diese Fachkräfte sind aber die Diskursformen, die den Kindern vermutlich möglichst viele Vorteile bringen, nicht vertraut und anscheinend schwer zu erwerben.

Der Weg nach vorn

Es ist keine Frage, dass wir hier einem herausfordernden Problem gegenüberstehen, aber das muss nicht unlösbar sein. Während der letzten zwei Jahrzehnte haben wir einen gewissen Fortschritt erreicht, und es gibt erfolgversprechende Möglichkeiten, die wir weiterverfolgen können. Entscheidend ist die Erkenntnis, dass Sprache von zentraler Bedeutung für das spätere Lesenlernen ist und dass unsere frühpädagogischen und schulischen Bildungseinrichtungen im Allgemeinen keinen effektiven Beitrag zur sprachlichen Bildung leisten, der über die normalen Reifungsprozesse hinausgeht. Wir haben auch herausgefunden, dass Ansätze, von denen Wissenschaftler und Entwickler von Curricula meinten, dass sie funktionieren würden, weniger effektiv als erwartet waren. Es besteht aber noch Grund zur Hoffnung.

In einer Längsschnittstudie von Kindern aus einkommensschwachen Familien haben wir den Zusammenhang zwischen Sprachgebrauch in der frühpädagogischen

Tageseinrichtung und der Sprach- und Literacy-Entwicklung der Kinder am Ende der vierten Klasse untersucht (Dickinson & Tabors, 2001). Wir haben nachhaltige Zusammenhänge zwischen Sprachnutzung in der frühpädagogischen Tageseinrichtung und dem Leseverständnis am Ende der vierten Klasse festgestellt, wobei sich diese Verbindung am Ende des Kindergartenjahrs durch Sprach- und Dekodierungskompetenzen gezeigt hatte (Dickinson & Porche, 2011). Die Verwendung eines umfangreichen und differenzierten Wortschatzes in Gesprächen mit einzelnen Kindern während Freispielzeiten sowie ein analytischer Sprachgebrauch während der Gruppenarbeit waren signifikante Prädiktoren für die spätere Lesekompetenz. Diese Ergebnisse deuten darauf hin, dass frühkindliche Settings, die Bildungssprache stärken, die Art von sprachlichem Angebot bieten können, die Kinder brauchen; aber, wenn man sie korreliert, dann bieten sie weder den Hinweis auf einen Kausalzusammenhang zwischen dieser Sprache und positiven Schulleistungen, noch beweisen sie, dass Fachkräfte, die nicht gewohnt sind, Sprache auf diese Weise einzusetzen, sich diesen Sprachgebrauch mühelos aneignen können.

Es gibt Studien, die einen Kausalzusammenhang bezüglich der sprachlichen Bildung in frühpädagogischen Tageseinrichtungen nachweisen. In drei getrennt durchgeführten experimentellen Untersuchungen haben Landry und Kollegen (Landry, Anthony, Swank & Monseque-Bailey, 2009; Landry, Swank, Anthony & Assel, 2011; Landry, Swank, Smith, Assel & Gunnewig, 2006) mit einer Vielzahl von Kita-Gruppen in mehreren Bundesstaaten gearbeitet und in diesen Gruppen haben die Kinder einen beträchtlichen Sprachzuwachs gezeigt. Erfolgreiche kleinere Studien wurden von anderen durchgeführt (Bierman, Domitrovich, Nix, Gest, Welsh, Greenberg et al., 2008; Roskos & Burstein, 2011). Vor kurzem haben wir auch eine vierjährige Intervention abgeschlossen, in der rund 40 % der Kinder Englisch als Zweitsprache hatten (Wilson, Dickinson & Rowe, unter Begutachtung). Mit einer Regressions-Diskontinuitäts-Analyse wurden drei sukzessive Kohorten untersucht und wir fanden große und statistisch signifikante Effekte bei Sprachstandsmessungen sowohl bei einsprachig englischen Kindern als auch bei den Kindern mit Englisch.

Diese Interventionen unterschieden sich in vielerlei Hinsicht, aber bei allen wurde eine sehr intensive Unterstützung durch vielfältige Methoden angeboten. Alle Fachkräfte wurden durch Fortbildung sowie durch kontinuierliche und qualitativ hochwertige Beratung begleitet und verwendeten Curricula, die Handreichungen für das Vorlesen und Besprechen von Büchern einschlossen. Alle Interventionen bezogen sich auf Kinder aus einkommensschwachen Familien und fokussierten auf Gruppenzeiten, in denen die Fachkraft eine instruktive Rolle hatte im Vergleich zu informelleren Aktivitäten wie Freispiel oder Mahlzeiten. Keine dieser Interventionen verfügen über detaillierte Sprachdaten, so wissen wir nicht in welchem Ausmaß die Sprachhandlungen der Fachkräfte von Augenblick zu Augenblick wechselten. Die informelle Beobachtung von einigen Fachkräften in unserer erfolgreichen Intervention deuten aber darauf hin, dass die Fachkräfte häufiger einen differenzierten Wortschatz und direkte Gespräche über Wörter und ihre Bedeutungen anwandten, als wir in unserem bisherigen erfolglosen Versuch beobachtet hatten.

Abschließende Gedanken

Ich habe vorgeschlagen, dass wir den Blick auf eine paradoxe Situation lenken. Sprache gehört zum Wesen des Menschen und ist als solche universell verfügbar. Weil aber Sprache ein Teil unserer genetischen Ausstattung und eng verbunden mit unseren kognitiven Systemen ist, haben wir sie zu einem Werkzeug verfeinert, zu dem nur manche einen differenzierten Zugang haben. Manche Kinder fangen an, diese Sprachkompetenz bereits zu Hause zu erwerben, weil dieser Sprachgebrauch für ihre gut gebildeten Eltern selbstverständlich ist; manche beginnen, sie durch die Schule zu erwerben – mit Hilfe von konzentrierter Arbeit und dadurch, dass sie Lehrkräfte haben, die vielfältige und angereicherte Spracherfahrungen anbieten. Diejenigen aber, die keinen Zugang zu Umgebungen haben, in denen die Bildungssprache genährt wird, können diese nur in begrenztem Maße mühelos erwerben. Darüber hinaus ist Sprache eingeflochten in das Gefüge unseres sozialen Lebens, sie ist verbunden damit, wer wir sind und wie wir mit anderen in Beziehung stehen und wir haben Jahre der Übung, die zu einem tief verwurzelten und impliziten Wissen über die angemessene Verwendung von Sprache führen. Deshalb ist es von Erwachsenen ein bisschen viel verlangt, ihr Sprachverhalten ändern zu sollen, indem sie sich eine fließende Beherrschung der Bildungssprache aneignen, vor allem, wenn dies ein Register ist, das sie nicht direkt erfahren haben.

Angesichts dieser herausfordernden Dynamik ist es kein Wunder, dass effektive Interventionen eine intensive Begleitung anbieten und diese Unterstützung sich speziell an Bildungseinrichtungen richten. Fachkräfte sind möglicherweise besonders aufnahmebereit, neue Arten des Sprechens zu übernehmen, wenn dies Teil der professionellen Rolle ist, die sie am bewusstesten spielen, wenn sie Gruppen von Kindern begeistern, wie z. B. beim Vorlesen eines Buches. Verhaltensveränderungen sind möglicherweise in solchen Settings am leichtesten, weil das der Kontext ist, in dem Fachkräfte am besten planen können, was sie sagen und tun werden. Interaktionen, die während des Gebens-und-Nehmens zwangloser Unterhaltungen stattfinden, wenn Kinder Zeit haben, Aktivitäten auszuwählen und den Raum zu erforschen, haben das Potenzial, den Sprachzuwachs von Kindern auszubauen (Dickinson & Porche, 2011) – dies sind aber Situationen, in denen es am schwierigsten ist, den Inhalt der Gespräche zu planen, und in diesen Situationen werden sich die Fachkräfte aller Voraussicht nach auf ihre eigenen persönlichen Interaktionsbiografien beziehen.

Das Sprachparadoxon heißt nicht, dass wir unsere Bemühungen aufgeben sollten, den Erwerb der Bildungssprache bei Kindern zu unterstützen. Das bedeutet aber, dass diejenigen, die das sprachliche Verhalten verändern wollen, sich der Herausforderungen, denen sie gegenüberstehen, bewusst sein sollten und klare Handlungsanleitungen für den Sprachgebrauch bereitstellen sollten. Sie sollten mit Gruppensettings beginnen, in denen die Anleitung geplant werden kann, und die pädagogischen Fachkräfte durch kontinuierliches Coaching und Beratung bei ihren Versuchen begleiten, sich neue Formen der Sprache anzueignen.

Literatur

Bierman, K. L./Domitrovich, C. E./Nix, R. L./Gest, S. D./Welsh, J. A./Greenberg, M. T./Blair, C./Nelson, K. E. & Gill, S.: Promoting academic and social-emotional school readiness: The head start redi program. Child Development 79:6, 2008; S. 1802–1817

Bowers, E. P. & Vasilyeva, M.: The relation between teacher input and lexical growth of preschoolers. Applied Psycholinguistics 32:1, 2011; S. 221–241

Brown, P. & Levinson, S.: Politeness: Some universals in language usage, Cambridge, Cambridge: University Press 1987

Corson, D.: The learning and use of academic english words. Language Learning 47:4, 1997; S. 671–718

Dickinson, D. K.: Teachers' language practices and academic outcomes of preschool children. Science 333: August, 19, 2011; S. 964–967

Dickinson, D. K./Freiberg, J. B. & Barnes, E. M.: Why are so few interventions really effective?: A call for fine-grained research methodology. In: Neuman, S. B. & Dickinson, D. K.: Handbook of early literacy research, Vol. III. New York: Guilford. 2011; S. 337–357

Dickinson, D. K./Golinkoff, R. M. & Hirsh-Pasek, K.: Speaking out for language: Why language is central to reading development. Educational Researcher 39:4, 2010; S. 305–310

Dickinson, D. K./Hofer, K. G./Barnes, E. M. & Grifenhagen, J. B.: Factors affecting teachers' support for academic language in head start classrooms (under review)

Dickinson, D. K./McCabe, A./Anastasopoulos, L./Peisner-Feinberg, E. & Poe, M. D.: The comprehensive language approach to early literacy: The interrelationships among vocabulary, phonological sensitivity, and print knowledge among preschool-aged children. Journal of Educational Psychology 95:3, 2003; S. 465–481

Dickinson, D. K. & Porche, M. V.: Relation between language experiences in preschool classrooms and children's kindergarten and fourth-grade language and reading abilities. Child Development 82:3, 2011; S. 870–886

Dickinson, D. K. & Tabors, P. O., Eds.: Beginning literacy with language: Young children learning at home and school. Baltimore, MD: Brookes Publishing 2001

Fernald, A./Perfors, A. & Marchman, V. A.: Picking up speed in understanding: Speech processing efficiency and vocabulary growth across the 2nd year. Developmental Psychology 42:1, 2006; S. 98–116

Fernald, A. & Weisleder, A.: Early language experience is vital to developing fluency in understanding. In: Neuman, S.B. & Dickinson, D.K.: Handbook of early literacy research, Vol. III. New York: Guilford. 2011

Galinsky, E.: The economic benefits of high-quality early chlidhood programs: What makes the difference? Washington, DC: The Committee for Economic Development, 2006

Gee, J. P.: Social linguistics and literacies: Ideology in discourses. New York, Routledge 2008

Girolametto, L., Weitzman, E. & Greenberg, J.: Facilitating emergent literacy: Efficacy of a model that partners speech-language pathologists and educators. American Journal of Speech-Language Pathology 21:1, 2012; S. 47–63

Halliday, M. A. K.: Language in a changing world. Deakin, Australia: Applied Linguistics Association of Australia, 1993

Hart, B. & Risley, T.: Meaningful differences in the everyday lives of american children. Baltimore, MD: Brookes Publishing, 1995

Heath, S. B.: Way with words: Language, life and work in communities and classrooms. Cambridge: Cambridge University Press, 1983

Hoff, E.: The specificity of environmental influence: Socieconomic status affects early vocabulary development via maternal speech. Child Development 74:5, 2003; S. 1368–1378

Hurtado, N./Marchman, V. A. & Fernald, A.: Does input influence uptake? Links between maternal talk, processing speed and vocabulary size in spanish-learning children. Developmental Science 11:6, 2008; S. F31–F39

Isaacs, J. B.: Cost-effective investments in chlidren. Budgeting for National Priorities. Washington, DC: The Brookings Institution, 2007; S. 1–40

Landry, S. H./Anthony, J. L./Swank, P. R. & Monseque-Bailey, P.: Effectiveness of comprehensive professional development for teachers of at-risk preschoolers. Journal of Educational Psychology 101:2, 2009; S. 448–465

Landry, S. H./Swank, P. R./Anthony, J. L. & Assel, M. A.: An experimental study evaluating professional development activities within a state funded pre-kindergarten program. Reading and Writing 24:8, 2011; S. 971–1010

Landry, S. H./Swank, P. R./Smith, K. E./Assel, M. A. & Gunnewig, S. B.: Enhancing early literacy skills for preschool children: Bringing a professional development model to scale. Journal of Learning Disabilities 39:4, 2006; S. 306–324

Leventhal, T./Xue, Y. & Brooks-Gunn, J.: Immigrant differences in school-age children's verbal trajectories: A look at four racial/ethnic groups. Child Development 77:5, 2006; S. 1359–1374

Montie, J. E./Xiang, Z. & Schweinhart, L. J.: Preschool experience in 10 countries: Cognitive and language performance at age 7. Early Childhood Research Quarterly 21:3, 2006; S. 313–331

Neuman, S. B. & Celano, D.: Access to print in low-income and middle-income communities: An ecological study of four neighborhoods. Reading Research Quarterly 36:1, 2001; S. 8–26

Neuman, S. B. & Celano, D.: The knowledge gap: Implications of leveling the playing field for low-income and middle-income children. Reading Research Quarterly 41:2, 2006; S. 176–201

Olson, D., Ed.: The world on paper. New York: Cambridge University Press, 1994

Rampey, B. D./Dione, G. S. & Donahue, P. I.: Naep 2008 trends in academic progress (nces 2009–479). Washington, DC: National Center for Educational Sciences, U.S. Department of Education, 2009

Ravid, D. & Tolchinsky, L.: Developing linguistic literacy: A comprehensive model. Journal of Child Language 29:02, 2002; S. 417–447

Reynolds, A. J./Ou, S. R. & Topitzes, J. W.: Paths of effects of early childhood intervention on educational attainment and delinquency: A confirmatory analysis of the chicago child-parent centers. Child Development 75:5, 2004; S. 1299–1328

Roskos, K. & Burstein, K.: Assessment of the design efficacy of a preschool vocabulary instruction techniquue. Journal of Research in Childhood Education 25, 2011; S. 268–287

Roskos, K./Ergul, C./Bryan, T./Burstein, K./Christie, J. & Han, M.: Who's learning what words and how fast? Preschoolers' vocabulary growth in an early literacy program. Journal of Reserach in Childhood Education 22:3, 2008; S. 275–290

Rowe, M. L.: Child-directed speech: Relation to socioeconomic status, knowledge of child development and child vocabulary skill. Journal of Child Language 35:1, 2008; S. 185–205

Schleppegrell, M. J.: Linguistic features of the language of schooling. Linguistics and Education 12:4, 2001; S. 431–459

Snow, C. E.: Academic language and the challenge of reading for learning about science. Science 328:5977, 2010; S. 450–452

Snow, C. E./Burns, M. S. & Griffin, P., Eds.: Preventing reading difficulties in young children. Washington, DC: National Research Council, National Academy Press, 1998

Sylva, K./Chan, L./Melhuish, E./Sammons, P./Siraj-Blachford, I. & Taggart, B.: Emergent literacy environments: Home and pre-school influences on children's literacy development. In: Neuman, S.B. & Dickinson, D.K.: Handbook of early literacy research, Vol. III. New York: Guilford. 2011; S. 97–117

Tomasello, M.: The cultural origins of human cognition. Cambridge, MA: Harvard University Press, 2000

Vasilyeva, M./Waterfall, H. & Huttenlocher, J.: Emergence of syntax: Commonalities and differences across children. Developmental Science 11:1, 2008; S. 84–97

Vellutino, F. R./Tunmer, W. E./Jaccard, J. J. & Chen, R. S.: Components of reading ability: Multivariate evidence for a convergent skills model of reading development. Scientific Studies of Reading 11:1, 2007; S. 3–32

Wilson, S. J./Dickinson, D. K. & Rowe, D. W.: Impact of an early reading first program on the language and literacy achievement of children from diverse language backgrounds (under review)

Winsler, A./Tran, H./Hartman, S. C./Madigan, A. L./Manfra, L. & Bleiker, C.: School readiness gains made by ethnically diverse children in poverty attending center-based childcare and public school pre-kindergarten programs. Early Childhood Research Quarterly 23:3, 2008; S. 314–329

1.2 Sprachliche Bildung und Literacy in der Familie
Christa Kieferle

Weltweit sind in den vergangenen Jahrzehnten viele verschiedene Bildungsgesetze und Bildungsprogramme implementiert worden. Und obwohl in manchen Ländern sehr viel Wissen, Engagement und Geld in institutionalisierte Bildungsprogramme investiert wurde, sind die Ergebnisse der Bildungsoutcomes bei den Kindern und Jugendlichen zum Teil ernüchternd. Im Zuge der Analysen wurde erkannt, dass Bildung nur gelingen kann, wenn auch die Familie als erster und zentraler Bildungsort im Leben eines Kindes in den Bildungsprozess eingebunden wird, was durch Bildungspartnerschaften zwischen Eltern und Bildungsinstitutionen erreicht werden soll.

Bildungsprozesse in der Familie als Fundament für lebenslanges Lernen
Ein bedeutsamer Einflussfaktor auf die Schulleistungen des Kindes ist die Qualität der Eltern-Kind-Beziehung. Eine positive Eltern-Kind-Beziehung wird assoziiert zum einen mit Unterstützung, die gekennzeichnet ist durch Wärme, Sensitivität und Ermutigung, und zum anderen mit einem angemessenen Instruktionsverhalten der Eltern, das orientiert ist an der kindlichen Entwicklung und sich durch Respekt vor der zunehmenden Autonomie des Kindes auszeichnet. Durch Interaktionen mit den Eltern lernt das Kind, seine sozialen Fähigkeiten zu entwickeln, die es von zu Hause in den schulischen Kontext überträgt (Morrison et al., 2003). Eltern vermitteln ihren Kindern Selbstregulationskompetenzen, die eine nachhaltige Auswirkung auf die Fähigkeit des Kindes haben, gute Beziehungen zu anderen Kindern und Erwachsenen aufzubauen und sich an Aktivitäten in der Klasse aktiv zu beteiligen (Simpkins et al., 2006). Wenn Eltern ihrem Kind Bildungsaufgaben in einer emotional unterstützenden Weise und auf einem altersangemessenen Niveau erklären, dann sucht es bei Bedarf auch Unterstützung bei den Lehrkräften und kontrolliert seine eigenen Arbeiten auch besser (Stright et al., 2003).

Wenn sich Eltern Zeit nehmen, ihre Kinder loben, ihnen Zuneigung zeigen und zu ihnen eine enge Beziehung über die Schulzeit hinweg entwickeln, dann brauchen Kinder auch weniger Disziplinarmaßnahmen von Seiten der Schule oder Therapien wegen sozialer oder emotionaler Probleme (Amato et al., 1999).

Des Weiteren kann die Einbindung der Eltern in soziale Netzwerke (z. B. Verwandte, Freunde, Nachbarn) eine wichtige Ressource für die Kinder darstellen. So zeigt eine Studie, dass Eltern mit Migrationshintergrund, die ein sehr vielfältiges Netzwerk hatten, auf eine größere emotionale Unterstützung zurückgreifen konnten (Marshall et al., 2001). Sie fühlten sich als Eltern erfolgreicher, boten ihren Kindern eine Umgebung mit größerer kognitiver Anregung und brachten ihren Kindern mehr Wärme und Responsiveness entgegen. Diese Kinder hatten weniger Verhaltensprobleme und bessere soziale Kompetenzen. Das liegt daran, dass die Kinder in solch vielfältigen Netzwerken vielen verschiedenen sozial und kognitiv anregenden Aktivitäten begegnen.

Wenn Eltern und Schule so zusammenarbeiten, dass die Bildungspartnerschaft in unmittelbarem Zusammenhang mit dem Lernen der Schüler steht, dann zeigen Schüler in der Regel bessere Schulleistungen. Die Zusammenarbeit von Eltern und Schule wirkt sich dann auch positiv auf das Verhalten und die Einstellungen der Schüler aus: Sie entwickeln eine positivere Einstellung allgemein zur Schule und zu einzelnen Fächern, machen ihre Hausaufgaben sorgfältiger und regelmäßiger, stören seltener den Unterricht, sind motivierter und aufmerksamer, haben bessere Beziehungen untereinander und zu den Lehrkräften, haben ein verbessertes Selbstkonzept und sind ihrer Zukunft gegenüber positiver eingestellt, so die Ergebnisse zahlreicher Studien (Cotton & Wikelund 2000; Boethel 2003; Desforges & Abouchaar, 2003; Henderson & Mapp 2002; Gestwicki; 2006). Als weniger effektiv hinsichtlich der Verbesserung von Schulleistungen, so die Studien, sind die Aktivitäten von Eltern, die vorwiegend der Kontaktpflege gelten, wie z. B. der Besuch von schulischen Veranstaltungen und Sprechstunden, Nutzen von Mitwirkungs- und Mitbestimmungsmöglichkeiten oder Hilfeleistungen für die Schule (Sacher, 2008, 52).

Was macht die Familie gegenüber anderen Bildungsorten so viel einflussreicher? Immerhin hat die familiäre Umgebung einen stärkeren Einfluss auf den Bildungserfolg von Kindern als Kindertageseinrichtung oder Schule (OECD, 2001; Fan & Chen, 2001). Eine ganze Reihe von Studien u. a. die wohl bekanntesten, wie die 1991 begonnene amerikanische Längsschnittstudie NICHD (Early Child Care Research Network) und die europäische ECCE (European Child Care and Education Study, 1997), kommen zu dem Ergebnis, dass Familienfaktoren wie z. B. die Qualität des familialen Umfeldes einen größeren Einfluss zumindest auf die sozial-emotionale Entwicklung ausübt als eine außerfamiliäre Betreuung (NICHD, 2001), auch wenn das familiale Umfeld nicht in allen Studien gleich definiert wurde und der Einfluss der Kindertageseinrichtung nicht immer zu den gleichen Ergebnissen führt.

Die Familie ist der erste, wichtigste und einflussreichste Bildungsort für Kinder, im Positiven wie im Negativen. Eltern sind die wichtigste sozialisierende Kraft, auch wenn Verwandte, Freunde oder pädagogische Fachkräfte ebenfalls in den Sozialisationsprozess eingebunden sind. Kinder, die sich intellektuell gut entwickeln, haben warmherzige und fürsorgliche Eltern, die ihnen eine lernanregende Umgebung bieten, mit ihnen viel sprechen, sie zum Denken anregen, viel mit ihnen unternehmen, ihre Interessen wahrnehmen und Schriftkultur als Teil der Familienkultur pflegen.

Interaktionen mit erwachsenen Bezugspersonen

Die ersten Jahre im Leben eines Kindes sind die wichtigsten in seiner Gehirnentwicklung, was bedeutet, dass die Intensität und Reichhaltigkeit der Lernerfahrungen des Kindes in der frühen Kindheit prägend für das ganze weitere Leben sein kann (z. B. Elman et al., 1996). In der kurzen Zeit der frühen Kindheit meistern Kinder neben anderen Entwicklungsaufgaben zwei wichtige Bereiche ihrer Bildung und Entwicklung: die Ausbildung sozialer Kompetenzen und die Ausbildung sprachlicher Kompetenzen.

Seitdem John Bolwby die Grundlagen der Bindungstheorie formuliert hat (Bolwby, 1971), haben eine ganze Reihe von Studien die positiven Auswirkungen einer sicheren Bindung als Grundlage für die Regulation negativer Emotionen, den Aufbau und Erhalt von zufriedenstellenden Beziehungen und die optimale Entwicklung von kognitiven Fähigkeiten bestätigt. Mütterliche sensitive Responsiveness kann definiert werden als die Fähigkeit der Mutter die Signale, die das Kind aussendet, treffsicher zu empfangen und darauf sofort und angemessen zu reagieren (Ainsworth et al., 1974). Murray (1998) konnte in einem Experiment zeigen, dass es bei dieser frühen Aufeinandereinstimmung zwischen primärer Bezugsperson und Kind vor allem darauf ankommt, dass die Bezugsperson sehr präzise auf die Signale des Kindes reagiert, da schon zwei Monate alte Kinder sehr sensitiv auf die Responsiveness des Ausdrucks der Bezugsperson reagieren und sich bei nicht aufeinander abgestimmten Verhaltensweisen seitens der Mutter unwohl fühlen. Bei Menschen ist dieser Bindungsaufbau ganz eng mit Sprache bzw. Kommunikation gekoppelt.

In dieser frühen Phase spielt ein gemeinsamer Aufmerksamkeitsfokus (Bruner, 1987) eine zentrale Rolle in der Sprach- und Kommunikationsentwicklung. Durch den gemeinsamen Blick auf ein Objekt oder eine Handlung (triangulärer Blick) und eine spezifisch an das Kind gerichtete Sprache lernt das Kind, einen Bezug zwischen sprachlicher Äußerung der Bezugsperson und Objekt bzw. Handlung herzustellen. Die Verwendung von einer an das Kind gerichteten Sprache (Motherese) zeichnet sich durch eine die Aufmerksamkeit steuernde und übertriebene Prosodie sowie durch die Verwendung von Routinen (Formaten) und Strategien, wie Expansion und korrektivem Feedback aus. Dieses die Sprachentwicklung unterstützende Sprachverhalten der Bezugsperson ist nicht universell. Je bildungsnäher die Eltern sind, umso häufiger greifen sie auf dieses sprachliche Verhalten in der Kommunikation mit ihren Kindern zurück (Miller, 1986).

Wenn man davon ausgeht, dass sich das Kind in der Interaktion mit Erwachsenen und anderen Kindern die Kultur seiner Gesellschaft aneignet, wie z.B. Sprache, Mathematik, Schriftzeichen, Symbole, Wissensbestände, Werte, Denkweisen, Problemlösungsstrategien (Vygotsky, 1978), dann ist die Tatsache, dass sozial-emotional gut entwickelte Kinder mit großer Wahrscheinlichkeit gute schulische Leistungen in der Schule vorweisen (Cohen, 2006), nicht verwunderlich. Denken und Sprechen sind aus sozialkonstruktivistischer Sicht fest ineinander verflochten. Unter dieser Annahme werden Kinder in systematischer und kontinuierlicher Interaktion und Konversation mit Erwachsenen und anderen Kindern durch die Stimulation des kompetenteren Partners in die »Zone der nächsten Entwicklung« vorangebracht. Wenn der Beitrag des Erwachsenen zu weit fortgeschritten ist oder so vermittelt wird, dass ihn das Kind nicht verstehen kann, dann erlischt das Auf-einander-eingestimmt-sein.

Das Fundament für Bildung sind also von Geburt an enge und tragfähige Beziehungen zwischen Eltern (oder anderen vertrauten, fürsorglichen Bezugspersonen) und Kind. Sie helfen ihm, sich sicher zu fühlen, daran zu glauben, dass es aufgehoben ist, und anderen sowie der Welt zu vertrauen, auch wenn einmal Schwierigkeiten auftauchen. Familien haben den größten Einfluss auf die seelische Gesundheit eines Kindes und auf sein Wohlbefinden. Eine gute seelische Gesundheit hilft ihm, positive Beziehungen zu anderen Menschen aufzubauen, mit Höhen und Tiefen umzugehen, sich selbst zu akzeptieren, seine Bedürfnisse zu befriedigen, Selbstkontrolle zu entwickeln und ganz allgemein Spaß am Leben zu haben. Wenn Kinder seelisch gesund sind, dann fühlen sie sich sicher und sind offener dafür, neue Dinge auszuprobieren und zu lernen.

Interaktionen mit Erwachsenen sind ein regelmäßiger und häufiger Teil des täglichen Lebens von Kindern. Die Grundlagen, die die Interaktionen mit Erwachsenen und die Beziehungen zu Erwachsenen beschreiben, stehen in Wechselwirkung zueinander. Kinder entwickeln die Fähigkeit, auf Erwachsene zu reagieren und sich mit ihnen zu unterhalten, zuerst durch berechenbare Interaktionen in engen Beziehungen mit den Eltern oder anderen vertrauten und fürsorglichen Bezugspersonen zu Hause. Kinder benutzen und bauen auf die Fertigkeiten, die sie durch enge Beziehungen gelernt haben, um mit weniger vertrauten Erwachsenen in ihrem Leben zu interagieren. In der Interaktion mit Erwachsenen beteiligen sich Kinder an einer breiten Vielfalt an sozialem Austausch, wie z. B. beim Aufbau von Beziehungen zu Geschwistern oder beim Geschichtenerzählen mit einer pädagogischen Fachkraft in der Kindertageseinrichtung.

Interaktionen zwischen Kindern und Erwachsenen werden als das primäre Medium gesehen, durch das Literalität erworben wird (Pianta, 2004, 175). Es hat sich gezeigt, dass Interaktionen mit Erwachsenen rund um Bücher und Schrift, wie z. B. das dialogische Lesen, ebenso wie der Einsatz dekontextualisierter Sprache (Snow, 1991), die beim Erzählen von Dingen oder Ereignissen, die nicht im Hier und Jetzt sind, verwendet wird, eine Schlüsselrolle in der kindlichen Literacy-Entwicklung spielen. Gerade das gemeinsame Lesen scheint sowohl die kindliche Sprachentwicklung als auch viele Literacy-Fertigkeiten zu unterstützen (Sénéchal et al., 1998).

Die Bedeutung der emotionalen Ebene für die kognitive Entwicklung

Unter der sozial-emotionalen Entwicklung versteht man ein ganzes Bündel an Fähigkeiten, wie die eigenen Gefühle zu identifizieren und zu verstehen, emotionale Zustände bei anderen genau zu erraten und zu verstehen, starke Gefühle und ihren Ausdruck in einer konstruktiven Weise zu steuern, das eigene Verhalten zu regulieren, Empathie für andere zu entwickeln und Beziehungen aufzunehmen und zu behalten (Cohen, 2006).

Eine gesunde sozial-emotionale Entwicklung entfaltet sich im zwischenmenschlichen Kontext, und zwar in positiven beständigen Beziehungen mit vertrauten, fürsorglichen Erwachsenen. Kleine Kinder sind besonders auf soziale und emotionale Anregungen eingestellt. Selbst Neugeborene scheinen sich schon für Gesichter zu interessieren (Johnson et al., 1991) und schon mit drei Monaten können Babys zwischen fremden und vertrauten Gesichtern unterscheiden (Barrera & Maurer, 1981). Sie bevorzugen auch die Stimme der Mutter vor der Stimme anderer Frauen (DeCasper & Fifer, 1980). Durch Feinfühligkeit unterstützen Erwachsene die frühesten Erfahrungen, die Kinder mit der Regulierung von Gefühlen machen (Bronson 2000; Thompson & Goodvin, 2005). Schon Kleinkinder beobachten, wie Erwachsene mit ihren eigenen Gefühlen umgehen und ahmen dieses Verhalten nach.

Die Fähigkeit, sich selbst zu regulieren, also mit Belastungen oder negativen Gefühlen umzugehen oder eine Aufgabe selbstständig und zielorientiert zu lösen, ist sehr wichtig für die Anforderungen in der Schule ebenso wie soziale Kompetenzen, z. B. die Kooperation mit der Lehrkraft oder die Fähigkeit, sich an Regeln zu halten. Solche grundlegenden frühen Kompetenzen entwickeln sich schon sehr früh in der Kindheit.

So deuten auch Ergebnisse aus der Gehirnforschung darauf hin, dass Gefühl und Kognition hochgradig in einer Wechselbeziehung zueinander stehen. Neurowissenschaftliche Befunde zeigen, dass die neuronale Kontrolle, die der Gefühlsregulierung zugrunde liegen, möglicherweise dieselben sind wie diejenigen, die den kognitiven Prozessen zugrunde liegen (Bell & Wolfe 2004, 366). Gefühl und Kognition arbeiten zusammen, indem sie gemeinsam die Situationseindrücke des Kindes prägen und das Verhalten beeinflussen. Gefühl und Kognition tragen gemeinsam zu Aufmerksamkeitsprozessen, zum Treffen von Entscheidungen und zum Lernen bei (Cacioppo et al., 1999). Gehirnstrukturen, die in den neuronalen Schaltkreis der Kognition eingebunden sind, beeinflussen das Gefühl und umgekehrt (Barrett et al., 2007). Lernen geschieht in den ersten Lebensjahren im Kontext von emotionaler Unterstützung. Gefühle und Sozialverhalten wirken sich auf die Fähigkeit des Kindes aus, bei zielorientierten Aktivitäten zu bleiben, sich Hilfe zu suchen, wenn es nötig ist, tragfähige Beziehungen aufzubauen und von ihnen zu profitieren.

Spracherwerb im familialen Kontext

Spracherwerb, eine der wichtigsten Bildungs- und Entwicklungsaufgaben in den ersten fünf Lebensjahren, findet in einem sozial-kommunikativen Kontext statt und ist Teil der sozialen Entwicklung des Kindes. In den sozialen Interaktionen versucht das Kind, die kommunikativen Absichten Erwachsener zu verstehen, und lernt in sozialen Kontexten, so wie es auch andere kulturelle Fertigkeiten und Routinen lernt (Tomasello, 2001). Kinder erlernen Sprache im handelnden Umgang mit ihrer Umgebung. Der Erwerb von Sprache ist zum Teil die Realisierung der Sprache der Gemeinschaft, in der das Kind aufwächst.

Kinder erwerben allmählich soziales Wissen durch die Kommunikation mit den Bezugspersonen, die die Sozialisation der Sprache dadurch beeinflussen, dass sie das kindliche Verhalten durch Loben und Tadeln lenken und dadurch, dass sie dekontextualisierte Sprache verwenden und das Kind dazu anregen, dies ebenfalls zu tun. Diese Art der Bildungs- und Lernprozesse fängt in der frühen Kindheit an, wenn die Eltern eine spezifisch modellierte Sprache an das Kind richten (Motherese). Möglicherweise wird die gesamte früheste Sprache von Kindern in kulturellen Routinen (Essen, Körperpflege) gelernt (Tomasello, 2001). Bei diesen Routinen lernt das Kind allmählich, was der Erwachsene als nächstes tun wird, was es selbst tun soll oder welches Objekt an welcher Stelle der Routine involviert ist, usw. (Tomasello, 2001). Interaktive Routinen dienen demnach dazu, den Eintritt in die Kommunikation zu unterstützen (vgl. hierzu Trevarthen, 1980). Sie spielen auf die eine oder andere Art eine wichtige Rolle in der Sprachentwicklung der Kinder aller Kulturen, auch wenn sich die Routinen und die Art, wie Erwachsene während der Routinen mit ihren Kindern interagieren, kulturell deutlich unterscheiden.

Tomasello (1992) zufolge ist der frühe Spracherwerb ein Prozess, in dem Kinder Wege finden, sich auf die kommunikativen Konventionen ihrer Kultur in Form eines gemeinsamen Aufmerksamkeitsfokus mit Erwachsenen einzustellen. Erwachsene ihrerseits unterstützen den Erwerbsprozess, indem sie die Interaktionen strukturieren und sich einfühlsam gegenüber dem Aufmerksamkeitsfokus und dem Interesse des Kindes zeigen.

Spracherwerb erfordert einerseits Fähigkeiten wie Hören, Sehen, Wahrnehmen usw., andererseits spielen aber vor allem eine positive emotionale Zuwendung durch die Bezugsperson, die Art der Kommunikation mit Erwachsenen und anderen Kindern sowie die Qualität, Reichhaltigkeit und Menge des sprachlichen Angebotes eine ganz bedeutende Rolle, die sich im Entwicklungsverlauf stetig ändert. Bezugspersonen unterstützen die kindliche Entwicklung also durch eine Vielfalt an Prozessen, z. B. unterstützen sie ihr Kind emotional, bieten ihm viel wechselseitige Kommunikation an, stimulieren ihr Kind kognitiv und akzeptieren das Bedürfnis des Kindes nach zunehmender Unabhängigkeit.

In der Familie wird das Fundament für die späteren Sprach- und Literacy-Kompetenzen gelegt – in der täglichen Kommunikation, beim gemeinsamen Spiel, beim gemeinsamen Betrachten von Büchern und beim Vorlesen, bei spielerischer Auseinandersetzung mit Zahlen und Buchstaben, beim gemeinsamen Basteln und Malen, usw. Das Spiel ist ein wichtiger Teil der kindlichen Entwicklung (Morrow & Schickedanz, 2006) und die elementare Form des Lernens; somit ist auch die Spiel- und Lernumgebung wichtig, um die Sprach- und Literacy-Entwicklung zu unterstützen. Wenn Eltern mit ihren Kindern spielen, verwenden sie z. B. viel mehr komplexe Wörter, als sie in Alltagsroutinen brauchen.

Sprachverhalten der Eltern
Die interaktiven Strategien von Eltern, vor allem die Qualität des sprachlichen Inputs und das gemeinsame Lesen von Büchern, zeigen einen starken Zusammenhang zur kindlichen Sprachentwicklung (Sénéchal et al. 2006). Die Qualität der häuslichen Umgebung zeigte sich in einer Langzeitstudie, die Roberts und Mitarbeiter mit afroamerikanischen Kindern durchführten, durchweg als starker Prädiktor für die Sprachentwicklung bis zur zweiten Grundschulklasse (Roberts et al., 1999; 2005). Diese oder ähnliche Ergebnisse finden sich in vielen anderen Studien zum Einfluss familiärer Faktoren auf die Sprach- und Literacyentwicklung von Kindern (vgl. hierzu Dickinson & Neuman, 2006).

Eltern beeinflussen die Sprach- und Literacy-Entwicklung ihrer Kinder durch ihren sprachlichen Input; nicht nur durch ihr Frageverhalten, sondern auch durch das, was sie inhaltlich mit den Kindern kommunizieren. In mehreren Studien konnte herausgefunden werden, dass die Art und Weise, wie Eltern sich mit ihren Kindern über Alltagserfahrungen und -erlebnisse unterhalten, signifikante Auswirkungen auf den Erwerb kognitiver und sozial-emotionaler Fertigkeiten hat (Wareham, 2006; Fivush/

Haden & Reese, 2006; Wang, 2008; Newcombe & Reese, 2004). Mütter, die höhere verbale Fähigkeiten hatten, waren in ihrem Sprachverhalten ihren Kindern gegenüber elaborierter als Mütter, die sprachlich weniger versiert waren (Farrant & Reese, 2000; Newcombe & Reese, 2004; Welch-Ross, 1997) und nicht im gleichen Maße wie die elaborierten Mütter in der Lage waren, ein inhaltlich und sprachlich anspruchsvolles und vielfältiges Gespräch mit ihren Kindern zu entwickeln.

Zunehmend finden sich auch Untersuchungen, die hinsichtlich des sprachlichen Stils auf kulturelle Unterschiede verweisen (MacDonald et al., 2000; Mullen & Yi, 1995; Wang, 2001; Wang, 2008). In Vergleichsstudien elizitierten die elaborierten Mütter in Gesprächen über vergangene Ereignisse relativ lange und detaillierte Unterhaltungen und ließen tendenziell die Antworten ihrer Kinder häufiger gelten, folgten ihnen und erweiterten sie im Gesprächsverlauf. Zudem stellten sie wesentlich mehr offene Fragen (Wie? Was? Warum?), die als wichtige mütterliche Strukturvariable für das kindliche Gedächtnis gilt (Hoerl, 2007; Fivush & Fromhoff, 1988; Reese, Haden, & Fivush, 1993). Dieser Konversationsstil hat Auswirkungen auch auf das Antwortverhalten: Kinder von Müttern mit hoher sprachlicher Kompetenz gaben mehr Informationen an (sofort und später) als Kinder von weniger elaborierten Müttern, die vorwiegend geschlossene Fragen stellten und ihre Kinder in kürzere Gespräche einbanden (Peterson et al.,1991; Hudson, 1993; Boland & Haden, 2003; Reese et al., 1993; Newcombe & Reese, 2007).

Auswirkungen des Bildungsniveaus in der Familie

Viele Faktoren beziehen sich auf die Qualität und Quantität elterlicher Interaktionen mit ihren Kindern rund um literale Vorgänge, so kann auch das Bildungsniveau der Eltern die Literacy-Entwicklung von Kindern beeinflussen. Kinder aus Familien mit sehr niedrigem Bildungsniveau können häufig nur einen geringeren Schulerfolg erzielen. Das liegt unter anderem daran, dass viele dieser Kinder keine reichhaltige Sprache mit vielen verschiedenen Begriffen und komplexeren Sätzen von ihren Eltern gehört haben (Hart & Risley, 1995). Auch die absolute Menge an Wörtern, die diese Kinder in ihrem Elternhaus hören, ist oft relativ gering. Die spätere kognitive Entwicklung ist aber sehr stark von einem reichhaltigen und vielfältigen Wortschatz abhängig. Ebenso wird in diesen Familien seltener über Dinge gesprochen, die nicht im Hier und Jetzt stattfinden (Tudge/Odero,/Hogan, & Etz, 2003), und obwohl Kinder aus den untersten Bildungsschichten verschiedene Formen des Sprachgebrauchs in ihrer Umgebung erleben, haben sie wenig Zugang zur mehr akademisch geprägten Schulsprache, zu der auch eine ständige Zunahme an seltenen Wörtern gehört (Leseman & van Tuijl, 2006).

Es ist nicht nur so, dass die Kinder, die zu Hause wenig Sprachanregung bekommen, weniger Wörter kennen. Vielmehr geht dieser geringe Wortschatz mit weniger Weltwissen einher und dies hat wiederum erhebliche Auswirkungen sowohl auf den Schriftspracherwerb als auch auf das Text- bzw. Leseverständnis (Neuman, 2006). Weltwissen, d.h. Fakten- und Handlungswissen, ist eine wesentliche Voraussetzung für gute Lesefertigkeiten und es ist eine wesentliche Voraussetzung für den Aufbau von kognitiven Konzepten und damit für den Aufbau des mentalen Lexikons. Kinder brauchen einen reichhaltigen Sprachinput, der ihnen ermöglicht, zu verstehen, wie Dinge heißen, wie sie zusammenhängen und wie sie funktionieren (Weizman & Snow, 2001). Worterwerb setzt implizites Wissen darüber voraus, welches Konzept ein Wort repräsentiert, was es bedeutet und wie es verwendet werden kann oder darf. Diese Aspekte von lexikalischer Information, das Bedeutungs-Konzept-Wissen und das pragmatische oder Anwendungswissen, sind erfahrungs- und damit auch kulturabhängig (Chilla et al., 2010). So haben viele Kinder, die wenig sprachliche Anregung erhalten, einen geringeren sozialen Erfahrungshintergrund bezogen auf kulturell geprägte Kenntnisse und Umgangsformen.

Eltern von Kindern mit erfolgreichem Bildungsverlauf wissen, wie Schule funktioniert, oder wie sie ihre Kinder bei den Hausaufgaben unterstützen können. Sie tendieren dazu, eine ähnliche Lernumgebung zu schaffen, wie sie in der Schule vorherrscht. Sie arbeiten in der Regel enger mit den Bildungseinrichtungen zusammen und sind stärker in deren Aktivitäten eingebunden (vgl. Denner, 2007). Das bedeutet, dass nicht der Bildungsabschluss an sich oder die Höhe des Einkommens die Literacy-Entwicklung beeinflussen, sondern die sich daraus ergebenden Faktoren, nämlich die Qualität und Quantität der sprach- und literacy-relevanten Aktivitäten, die Eltern mit ihren Kindern teilen. So zeigen Untersuchungen (Sylva et al., 2000) auch, dass sozio-ökonomische Faktoren nicht mehr relevant sind, wenn Eltern ihren Kindern viele sprach- und literacy-relevante Aktivitäten und eine gute häusliche Lernumgebung bieten können.

Untersuchungen von Hill & Tyson (2009) sowie Jeynes (2011) bestätigen diese Ergebnisse. Ihre Analysen deuten darauf hin, dass hohe Erwartungen gepaart mit einem starken Zutrauen von den Eltern wesentlich am Bildungserfolg des Kindes beteiligt sind. Dazu trägt ein autoritativer Erziehungsstil bei, der sich auszeichnet durch eine warme und liebevolle Umgebung, durch Ermutigung, Förderung von Selbständigkeit sowie durch Struktur und Disziplin. Des Weiteren wurden eine bildungsfreundliche Atmosphäre und eine positive Eltern-Kind-Kommunikation als Gelingensfaktoren festgestellt. Es kommt also gar nicht so sehr darauf an, dass die Eltern häufig in der Bildungseinrichtung sind, um Feste zu organisieren oder Ähnliches; es kommt auch nicht darauf an, dass die Eltern perfekt Deutsch sprechen oder den Kindern inhaltlich bei den Hausaufgaben helfen können, sondern darauf, dass sie sich für das, was ihr Kind macht, interessieren, bei bildungsbezogenen Aktivitäten mit den Bildungseinrichtungen kooperieren, ihr Kind zum Lernen ermuntern, zum Pflichtbewusstsein anhalten und eine Umgebung schaffen, die Bildung gedeihen lässt.

Zusammenfassung

Die ersten fünf Jahre im Leben eines Kindes bilden die Grundlage für die zukünftige Gesundheit des Kindes, seine Zufriedenheit, seine Entfaltung, seinen Lernerfolg in der Schule, in der Familie und in der Gemeinschaft und im Leben allgemein. Sie haben einen direkten Einfluss darauf, wie Kinder Lern- und Sprachkompetenzen sowie soziale und emotionale Fähigkeiten entwickeln. Kinder lernen in den ersten Lebensjahren mehr als zu irgendeiner anderen Zeit im Leben.

Babys und kleine Kinder wachsen, lernen und entwickeln sich schnell, wenn sie Liebe und Zuneigung, Aufmerksamkeit, Ermutigung und geistige Anregung sowie eine gesunde Ernährung und eine gute Gesundheitspflege erhalten. Dabei entwickeln sie sich nicht nur physisch, sondern sie verfeinern zunehmend ihre kognitiven Fähigkeiten, wie denken, Informationen verarbeiten, Probleme lösen, Entscheidungen fällen, Konzepte verstehen, Gedächtnisentwicklung und allgemeine Intelligenz. Des Weiteren erwerben Kinder in den ersten drei Jahren die Grundstrukturen ihrer Muttersprache. Und sie entwickeln sozial-emotionale Kompetenzen, die bedeutend sind für alle anderen Bereiche der Entwicklung, denn, wie Kinder ihre Umwelt wahrnehmen, beeinflusst, wie sich das Gehirn physisch entwickelt und wie Kinder Informationen aufnehmen und verarbeiten. Eltern sind die ersten und wichtigsten Lehrer ihres Kindes. Das Zuhause ist die erste und beständigste Lernumgebung für das Kind. Die Art und Weise, wie Eltern mit ihren Kindern reden, hat erheblichen Einfluss darauf, wie ihre Kinder denken und was sie von sich selbst halten.

Kinder ziehen aus der Kindertageseinrichtung am meisten Nutzen, wenn Eltern und pädagogische Kräfte zusammenarbeiten, denn jeder hat etwas Wertvolles beizutragen. Pädagogische Fachkräfte sehen, wie sich ein Kind im Umgang mit anderen Kindern oder Erwachsenen verhält und sie können einschätzen, was ein Kind lernt und wie es vorankommt.

Aber nur Eltern kennen ihr Kind wirklich gut. Sie wissen am besten, was ihr Kind interessiert und worüber es sich freut. Sie kennen seine Verhaltensmuster und seine Vergangenheit. Sie sind am besten mit der Welt vertraut, die ihr Kind zu verstehen versucht. Sie kennen die familiären Beziehungen und teilen mit ihrem Kind viele Erfahrungen. Dieses Wissen macht sie zum wichtigsten Partner für die pädagogische Fachkraft. Wenn Eltern und pädagogische Fachkräfte zusammenarbeiten können, dann sind Kinder besser aufgehoben. Je stärker Eltern und pädagogische Fachkräfte miteinander im Einklang stehen, umso sicherer fühlt sich ein Kind. Und wenn sich Kinder sicher fühlen, dann erkunden und probieren sie mehr aus und lernen mehr.

Literatur

Ainsworth, M. D. S./Bell, S. M. & Stayton, D. J.: Infant-mother attachment and social development: Socialisation as a product of reciprocal responsiveness to signals. In Richards, M. J. M. (Hg.), The integration of a child into a social world. London: Cambridge University Press, 1974; S. 99–135

Amato, P. R. & Rivera, F.: Paternal involvement and children's behavior problems. Journal of Marriage and the Family, 61, 1999; S. 375–384

Bowlby, J.: Attachment and loss. Vol 1: Attachment. Harmonsdworth: Penguin Book, 1971

Barrera, M. & Maurer, D.: Recognition of mother's photographed face by the three-month-old infant. Child Development, 52, 1981; S. 714–716

Barrett, L. F./Mesquita, B./Ochsner, K.N. & Gross, J. J.: The Experience of Emotion. Annual Review of Psychology, Vol. 58, 2007; S. 373–403

Bell, M. A. & Wolfe, C. D.: Emotion and cognition: An intricately bound developmental process. Child Development, 75, 2004; S. 366–370

Boland, M. & Haden C.: Boosting Children's Memory by Training Mothers in the Use of an Elaborative Conversational Style as an Event Unfolds. Journal of Cognition and Development (4), 2003; S. 39–65

Boethel, M.: Diversity and School, Family, and Community Connections. Southwest Educational Development Laboratory. Annual Synthesis, Austin, 2003

Bronson, M.B.: Self-Regulation in Early Childhood: Nature and Nurture, Guilford Press, 2000

Bruner, J. S.: The Culture of Education. Harvard University Press, 1996; S. 4
Bruner, J. S.: Wie das Kind sprechen lernt. Bern: Hubder, 1987
Cacioppo, J. T./Gardner, W. L. & Berntson, G. G.: The affect system has parallel and integrative processing components: Form follows function. Journal of Personality and Social Psychology, 76, 199; S. 839–855
Cohen, J.: Social, Emotional, Ethical, and Academic Education: Creating a Climate for Learning, Participation in Democracy, and Well-Being. In Harvard Educational Review, Volume 76, Number 2, 2006; S. 201–237
Chilla, S./Rothweiler, M. & Babur, E.: Kindliche Mehrsprachigkeit. Grundlagen, Störungen, Diagnostik. München: Reinhardt, 2010
Coleman, M. & Churchill, S.: Challenges for Family Involvement. In Childhood Education, Spring, 1997; S. 144–148.
Cotton, K. & Wikelund, K. R.: Parent Involvement in Education. In The Schooling Practices That Matter Most. 2000
Crosnoe, R.: Academic orientation and parental involvement in education during High School. In Sociology of education, 74, 2001
DeCasper, A. J. & Fifer, W. P.: Of Human Bonding: Newborns Prefer their Mothers' Voices. Science, New Series, Vol. 208, No. 4448, 1980; S. 1174–1176
Denner, L.: Bildungsteilhabe von Zuwandererkindern. Eine empirische Studie zum Übergang zwischen Primar- und Sekundarstufe. Karlsruher pädagogische Studien, Band 8. Norderstedt: Books on Demand, 2007
Desforges, C. & Abouchaar, A.: The Impact of Parental Involvement, Parental Support and Family Education on Pupil Achievements and Adjustment: A Literature Review. Nottingham, 2003
Dickinson, D. & Neuman, S. (Hg.): Handbook of Early Literacy Research, Vol. 2, New York: The Guilford Press, 2006
Dickinson, D. K., & Snow, C. E.: Interrelationships among prereading and oral language skills in kindergarten from two social classes. Early Childhood Research Quarterly, 2, 1987; S. 1–25
Elman, J./Bates, E./Johnson, M./Karmiloff-Smith, A./Parisi, D. & Plunkett, K.: Rethinking Innateness – A Connectionist Perspective on Development. The MIT Press, 1996
Fan, X. & Chen, M.: Parental involvement and students' academic achievement: A meta-analysis. Educational Psychology Review, 13(1), 2001; S. 1–22
Fivush, R. & Fromhoff, F. A.: Style and structure in mother–child conversations about the past. Discours Processes, 11, 1988; S. 337–355
Fivush, R./Haden, C. & Reese, E.: Elaborating on Elaborations: Role of Maternal Reminiscing Style in Cognitive and Socio emotional Development, Child Development, 77(6), 2006; S. 1568–1588
Gestwicki, C.: Home, school, and community relations. 6. ed., Clifton Park, NY, 2006
Henderson, A. T. & Mapp, K. L.: A New Wave Of Evidence: The Impact Of School, Family And Community Connections On Student Achievement. CL, Austin: National Center for Family and Community Connections with Schools, 2002
Hill, N. E.; Tyson, D. F.: Parental Involvement in Middle School: A Meta-Analytic Assessment of the Strategies That Promote Achievement. In: Developmental Psychology, Vol. 45, No. 3, 2009; S. 740–763
Hoerl, C.: Episodic Memory, Autobiographical Memory, Narrative: On Three Key Notions in Current Approaches to Memory Development. Philosophical Psychology 20, 2007; S. 621–640
Hudson, J. A.: Reminiscing with mothers and others: Autobiographical memory in young two-year-olds. Journal of Narrative and Life History 3, 1993; S. 1–32
Jeynes, W. H.: Parental Involvement and Academic Success. New York and London, 2011
Leseman, P. & van Tuijl, C.: Cultural diversity in early literacy: Findings in Dutch studies. In Dickinson, D. & Neuman, S. (Hg.): Handbook of Early Literacy Research, Vol. 2, New York: The Guilford Press, 2006; S. 211–228
MacDonald, S./Uesiliana, K. & Hayne, H.: Cross-cultural and gender differences in childhood amnesia. Memory 8, 2000; S. 365–376

Marshall, N. L./Noonan, A. E./McCartney, K./Marx, F. & Keefe, N.: It takes an urban village: Parenting networks of urban families. Journal of Family Issues, 22(2), 2001; S. 163–182

Morrow, L. & Schickedanz, J.: The relationships between socio dramatic play and literacy development. In Dickinson, D. & Neuman, S. (Hg.), Handbook of Early Literacy Research, Vol. 2, New York: The Guilford Press, 2006; S. 269–280

Miller, P.: Teasing as language socialization and verbal play in a white working-class community. In Schieffelin, B. & Ochs, E. (Hg.): Language Socialization Across Cultures. Cambridge: Cambridge University Press, 1986; S. 199–212

Morrison, E. F./Rimm-Kauffman, S. & Pianta, R.: A longitudinal study of mother-child interactions at school entry and social and academic outcomes in middle school. Journal of School Psychology 41, 2003; S. 185–200

Mullen, M. & Yi, S.: The cultural context of talk about the past: Implications for the development of autobiographical memory. Cognitive Development 10, 1995; S. 407–419

Murray, L.: Contributions of experimental and clinical perturbations of mother-infant communication to the understanding of infant intersubjectivity. In Braten, S. (Hg.): Intersubjective Communication and Emotion in Early Ontogeny. New York: Cambridge University Press, 1998; S. 127–143

Newcombe, R. & Reese, E.: Evaluations and orientations in mother-child narratives as a function of attachment security: A longitudinal Investigation. International Journal of Behavioral Development, 28(3), 2004; S. 230–245

Neuman, S. B.: The knowledge gap. In Dickinson, D. & Neuman, S. (Hg.): Handbook of Early Literacy Research, Vol. 2, New York: The Guilford Press, 2006; S. 29–40

OECD Organisation for Economic Cooperation and Development: Lernen für das Leben. Paris, 2001

Pianta, R.: Relationships among children and adults and family literacy. In Wasik, B. (Hg.), Handbook of family literacy. Mahwah, NJ: Lawrence Erlbaum, 2004; S. 175–192

Reese, E./Haden, C. & Fivush, R: Parental Style of Talking about the Past. Cognitive Development, 01/29, 1993; S. 596–606

Roberts, J. E./Burchinal, M. & Durham, M.: Parents' report of vocabulary and grammatical development of African American preschoolers: Child and environmental associations. Child Development, 70(1), 1999; S. 92–106

Roberts, J./Jurgens, J. & Burchinal, M.: The Role of Home Literacy Practices in Preschool Children's Language and Emergent Literacy Skills. Journal of Speech, Language, and Hearing Research 48, 2005; S. 345–359

Sacher, W.: Elternarbeit. Gestaltungsmöglichkeiten und Grundlagen für alle Schularten. Bad Heilbrunn: Klinkhardt, 2008

Senechal, M./LeFevre, J./Thomas, E. M. & Daley, K. E.: Differential effects of home literacy experiences on the development of oral and written language. Reading Research Quarterly 33, 1998; S. 96–116

Simpkins, S./Weiss, H. B./Kreider, H./McCartney, K. & Dearing, E.: Mother-child relationship as a moderator of the relation between family educational involvement and child achievement. Parenting Science, 6(1), 2006; S. 49–57

Stright, A. D./Neitzel, C./Sears, K. G. & Hoke-Sinex, L.: Instruction begins in the home: Relations between parental instruction and children's self-regulation in the classroom. Journal of Educational Psychology 93, 2001; S. 456–466

Snow, C.: The theoretical basis of the home-school study of language and literacy development. Journal of Research in Childhood Education 6, 1991; S. 1–8

Sylva, K./Melhuish, E./Sammons, P./Siraj-Blatchford, I. & Taggart, B.: The effective provision of preschool education (EPPE) project: A longitudinal study funded by the Department for Education and Employment. Paper presented at the British Educational Research Association (BERA) Annual Conference, September 2000

Thompson, R. A. & Goodvin, R.: The individual child: Temperament, emotion, self, and personality. In Bornstein, M. H. & Lamb, M. E. (Hg.): Developmental science: An advanced textbook. 5th ed., Mahwah, NJ: Erlbaum, 2005; S. 391–428

Tomasello, M.: The social bases of language acquisition. Social development, 1(1), 1992; S. 67–87

Tomasello, M.: Perceiving intentions and learning words in the second year of life. In Tomasello, M. & Bates, E. (Hg.): Language Development. The Essential Readings. Melbourne/Oxford/Berlin: Blackwell, 2001; S. 111–128

Trevarthen, C.: The foundations of intersubjectivity: Development of interpersonal and cooperative understanding in infants. Toronto: McLeod, 1980

Tudge, J./Odero, D./Hogan, D. & Etz, K.: Relations between the everyday activities of preschoolers and their teachers' perceptions of their competence in the first years of school. Early Childhood Research Quarterly 18, 2003; S. 42–64

Wang, Q.: Emotion knowledge and autobiographical memory across the preschool years: A cross-cultural longitudinal investigation, Cognition 108, 2008; S. 117–135

Wang, Q.: »Did you have fun?«: American and Chinese mother-child conversations about shared emotional experiences. Cognitive Development 16, 2001; S. 693–715

Wareham, P./Salmon, K.: Mother-child reminiscing about everyday experiences: Implications for psychological interventions in the preschool years. Clinical Psychology Review 26, 2006; S. 535–554

Weizman, Z. O. & Snow, C. E.: Lexical input as related to children's vocabulary acquisition: Effects of sophisticated exposure and support for meaning. Developmental Psychology 37, 2001; S. 265–279

Welch-Ross, M. K.: Mother-Child participation in conversations about the past: Relationship to preschoolers' theory of mind. Developmental Psychology 33, 1997; S. 618–629

Vygotsky, L.: Mind in society: The development of higher psychological processes. Cambridge, MA: Harvard University Press, 1978

1.3 Sprachliche Bildung im Kontext von Partizipation, Ko-Konstruktion und Inklusion – Kindertageseinrichtungen auf dem Weg

Eva Reichert-Garschhammer

Sprachliche Bildung zählt zu den klassischen und wichtigsten Aufgaben von Kindertageseinrichtungen, die seit geraumer Zeit von einer hohen Veränderungsdynamik mit Blick auf folgende Entwicklungen erfasst ist:
- Die seit 2003 in allen Ländern eingeführten *Bildungspläne,* die den hohen Stellenwert der frühen Bildung betonen und neue Anforderungen an die frühpädagogische Professionalität stellen
- Der *Platzausbau für Kinder bis 3 Jahren* in Tageseinrichtungen und Tagespflege, der Bildungsqualität von Anfang an einfordert
- Die *Kooperation und Vernetzung der Bildungsorte Familie, Kita und Schule* mit dem Ziel von Bildungspartnerschaft und Anschlussfähigkeit, was den Kita-Ausbau zu Kinder- und Familienzentren sowie Institutionen übergreifende Bildungspläne hervorbringt
- Die *UN-Behindertenrechtskonvention,* mit deren Ratifizierung sich Deutschland seit 2009 verpflichtet hat, ein inklusives Bildungssystem zu errichten
- Die *UN-Kinderrechtskonvention,* die mit den nationalen *Qualitätsstandards für die Beteiligung von Kindern und Jugendlichen* von 2010 wieder hoch aktuell ist
- Der *Europäische* und der *Deutsche Qualifikationsrahmen für lebenslanges Lernen (EQR 2008, DQR 2011),* wonach Curricula und Bildungspraxis kompetenzorientiert auszurichten sind.

In diesem Kontext erfährt der Bildungsbereich Sprache & Literacy in Kitas seit einigen Jahren national auf Bundes- und Länderebene höchste Aufmerksamkeit. Im Rahmen des Projekts »Sprachberatung in Kindertageseinrichtungen« wurde ein zeitgemäßes, forschungs- und evidenzbasiertes Konzept zur sprachlichen Bildung entwickelt und publiziert und auf der Grundlage der Weiterbildung zur Sprachberatung in die Praxis transferiert, das auf folgenden Grundgedanken beruht: »Sprachliche Bildung stellt die Basis aller Bildungsprozesse dar und ist eng mit allen anderen Bildungsbereichen verknüpft. Sprachkompetenz ist eine der wichtigsten Grundlagen für die Schul- und Bildungschancen – von Anfang an. Um kleine Kinder auf dem Weg zum kompetenten Sprecher begleiten zu können und ihnen eine sprachanregende Umgebung zu bieten, braucht es fundiertes Fachwissen über die kindliche Entwicklung im Allgemeinen und die Sprach- und Kommunikationsentwicklung im Besonderen: Sprachliche Bildung wird hier im Kontext von Partizipation, Ko-Konstruktion und Inklusion gesehen. Damit wollen wir den Paradigmenwechsel signalisieren, der auch international als anzustrebender Standard in allen Bildungseinrichtungen im aktuellen fachpolitischen Fokus steht« (Reichert-Garschhammer/Kieferle 2011, S. 11).

Umfassende Stärkung von Kindern in ihrer Sprach- und Literacykompetenz

Aus dem heutigen Bild vom Kind als aktivem Individuum und kompetentem Mitgestalter seiner Bildungsprozesse, das die Säuglings- und Kleinkindforschung zeichnet, und den veränderten Anforderungen im Übergang zur Wissensgesellschaft leitet sich ein Bildungsverständnis ab, das im Sinne des EQR und DQR nicht mehr die Aneignung von Faktenwissen, sondern die Weiterentwicklung von Kompetenzen und Werthaltungen als Leitziel von Bildung voranstellt. Dieser kompetenzorientierte Bildungsansatz hat im Elementarbereich bereits in vielen Bildungsplänen Eingang gefunden, wobei in den ersten Bildungsjahren die Stärkung von Basiskompetenzen im Mittelpunkt steht. Kinder in ihrer Sprach- und Literacykompetenz umfassend zu stärken ist daher das Ziel sprachlicher Bildung und eines der wichtigsten Bildungsziele in den Jahren bis zur Einschulung.

»Um Sprache in allen ihren Dimensionen verstehen und benutzen zu können, ist es notwendig, auch eine möglichst hohe schriftsprachliche Kompetenz zu erwerben. (...) Früher ist man davon ausgegangen, dass die Literacy-Entwicklung erst mit dem Schriftspracherwerb beginnt. Heute ist bekannt, dass Literacy-Entwicklung schon ganz früh parallel zum Spracherwerb verläuft und diese beiden Fähigkeiten sich gegenseitig beeinflussen« (Kieferle 2011a, S 49 f.):

- Für die *Definition von Sprachkompetenz* derzeit am besten geeignet ist das Kompetenzmodell von Bachman (1990), das »die unterschiedlichen Aspekte« und »die breite Dimension dieses Begriffs« aufzeigt (siehe Tabelle 1). »Sprachkompetenz besteht aus vielen Einzelkomponenten, die hierarchisch gegliedert werden können und sich gegenseitig beeinflussen« (Kieferle 2011b, S. 18).
- »Die *Definition von Literacy* ist in den vergangenen Jahren wesentlich ausgeweitet worden« und wird heute »als ein komplexer und aktiver Prozess mit kognitiven, sozialen, sprachlichen und psychologischen Aspekten« aufgefasst. »Es handelt sich um die Fähigkeit, die Symbole – dazu gehören auch Zahlen – einer Kultur verstehen und selbst anwenden zu können. Literacy umfasst die Fähigkeit zu lesen, zu schreiben, zu sprechen, zuzuhören und zu denken. Dazu gehören auch Medienkompetenz und das Verständnis mathematischer Konzepte« (Kieferle 2011a, S. 51).

Tabelle 1: Sprachkompetenz-Modell (Bachmann 1990 zitiert in Kieferle 2011b, S. 17)

Organisatorische Kompetenz (strukturelle Aspekte)		Pragmatische Kompetenz (anwendungsbezogene Aspekte)	
Wortschatz/Lexikon/Semantik als Grundlage			
Grammatische Kompetenz	Text-Kompetenz	Illokutionäre Kompetenz	Soziolinguistische Kompetenz
z. B. Morphologie, Syntax, Phonologie	z. B. Erzählkompetenz, Wissen, wie ein Text aufgebaut ist, Rhetorik	z. B. Problemlösefähigkeit, Ideenfindung, Vorstellungskraft, manipulative Fähigkeit	z. B. Dialekt, Register Natürlichkeit, Kultur

Mehrsprachigkeit ist ein erklärtes europäisches Bildungsziel für alle Kinder und leistet zugleich einen wichtigen Beitrag zur Stärkung der interkulturellen Kompetenz. In Tabelle 2 sind daher exemplarisch Leitziele sprachlicher und interkultureller Bildung aufgeführt, wie sie in den Bildungsplänen von Bayern und Hessen formuliert sind. Sie stehen stellvertretend für die Zielformulierungen in den anderen Bildungsplänen.

Tabelle 2: Leitziele für sprachliche und interkulturelle Bildung am Beispiel der Bildungspläne von Bayern und Hessen

Ziele sprachlicher Bildung	Ziele interkultureller Bildung
- Das Kind erwirbt Freude am Sprechen und am Dialog. - Es lernt, aktiv zuzuhören, seine Gedanken und Gefühle sprachlich differenziert mitzuteilen. - Es entwickelt literacybezogene Kompetenzen, Interesse an Sprache und Sprachen, ein sprachliches (auch mehrsprachiges) Selbstbewusstsein und mehrsprachige Kompetenzen.	- Das Kind lernt und erlebt ein selbstverständliches Miteinander verschiedener Sprachen und Kulturen. - Es hat Interesse und Freude, andere Kulturen und Sprachen kennenzulernen, zu verstehen und sich damit auseinanderzusetzen. - Gleichzeitig beschäftigt sich das Kind mit der eigenen Herkunft und reflektiert die eigenen Einstellungen und Verhaltensmuster.

Sprachkompetenz als eine querliegende Kernkompetenz interagiert mit vielen unterschiedlichen Basiskompetenzen, so vor allem mit den *Kompetenzen zum Handeln im sozialen Kontext* (z. B. Kommunikations- und Kooperationsfähigkeit, Konfliktmanagement, Fähigkeit und Bereitschaft zur demokratischen Teilhabe) und den *kognitiven Kompetenzen* (z. B. Denkfähigkeit, Problemlösefähigkeit). Auch für die Stärkung der *lernmethodischen Kompetenz* ist Sprachkompetenz bedeutsam, weil Kinder erst durch die Reflexion der eigenen Lernprozesse im Gespräch mit Erwachsenen und anderen Kindern ein Bewusstsein darüber erlangen, dass sie lernen, was sie lernen und wie sie es lernen. *Kommunikationsfähigkeit* geht über gesprochene und Schriftsprache weit hinaus und umfasst auch non-verbale Kommunikationsformen wie Körper-, Gebärden- und Bildsprache, Bewegung, Kunst und Musik.

Anwendung wirksamer Konzepte sprachlicher Bildung in Kitas

Organisation und Gestaltung sprachlicher Bildungsprozesse orientieren sich ausschließlich am Kind und wirksame Konzepte im Sinne bestmöglicher und nachhaltiger Bildung an der Art und Weise, wie Kinder Sprache und andere Dinge lernen. Bereits unmittelbar nach der Geburt beginnt der »kompetente Säugling« seine Umwelt zu erkunden und mit ihr in regen Austausch zu treten, er bringt viele kommunikative und weitere Basiskompetenzen und ein hohes Bildungs- und Entwicklungspotenzial mit.

- Von Anfang an lernt das Kind Sprache, »weil es einerseits seine Umgebung erfassen und andererseits mit den Menschen in seiner Umgebung kommunizieren will. (…) Kinder … entwickeln schon im ersten Lebensjahr die Grundlagen der Kommunikation und das Wechselspiel von Sprechen und Zuhören. Eine zentrale Rolle spielt dabei von Anfang an der Dialog« (Kieferle 2011b, S. 16).
- Von Anfang an kommt das Kind auch in Kontakt mit kulturellen Symbolen und Techniken sowie Medien und zeigt Interesse daran. »Kinder sehen Schriftzeichen z. B. in Büchern, Magazinen, auf Einkaufslisten und setzen sich damit auseinander. Sie sehen und beschäftigen sich mit Geschriebenem in Alltagssituationen lange bevor sie in die Grundschule kommen« (Kieferle 2011a, S. 49).

Kinder entwickeln ihre Kompetenzen wie Sprachkompetenz nicht isoliert, sondern stets im Kontext von aktuellen Situationen, sozialem Austausch und Themen, die sie interessieren. Kompetenz- und Wissenserwerb gehen somit Hand in Hand:

- Kinder brauchen keine spezielle Anleitung, um Sprache zu lernen, sondern täglich vielfältige Anregungen und Gelegenheiten, mit Sprache kreativ umzugehen. Sprachkompetenz erwerben sie in täglichen Interaktionen mit Erwachsenen und anderen Kindern und durch Kommunikation im Kontext sinnvoller Handlungen und für sie bedeutsamen Themen. Sie lernen Sprache in Beziehung zu Bezugspersonen, die sich ihnen emotional positiv zuwenden, in Dialogen, d. h. beim Zuhören und vor allem beim Sprechen und im Aufeinander-Eingehen, sowie durch eigenständige Hypothesen- und Regelbildung über Sprache.
- Junge Kinder lernen vernetzt, ihre sprachlichen, emotionalen, sozialen, kognitiven und motorischen Lern- und Entwicklungsprozesse sind auf das Engste miteinander verknüpft. Sie lernen ganzheitlich mit all ihren Sinnen, Emotionen, Kompetenzen, Kenntnissen und Ausdrucksformen, die sie von Anfang an aktiv einbringen. Zum Tragen kommen aber auch ihr komplexes Wissen und ihre intuitiven Theorien, die sie zunehmend ausdifferenzieren und vertiefen.
- Sprachliche Bildung und Entwicklung sind zugleich ein individuell unterschiedlich verlaufender Prozess »Kinder lernen nicht alle die gleichen Dinge, und sie lernen auch nicht in der gleichen Geschwindigkeit. Sie hören auch nicht plötzlich auf, eine Sache zu machen und eine andere anzufangen, nur weil sie ein bisschen älter sind. Deshalb sind Altersangaben auch im Rahmen der [Meilensteine der] sprachlichen Entwicklung immer nur als eine Art Richtschnur anzusehen und nicht als harte und feste Regeln« (Kieferle 2011c, S. 28).

Die Art und Weise, wie junge Kinder Sprache und andere Dinge lernen, werden Bildungsprozesse nur dann gerecht, wenn ein effektives und engagiertes, d. h. lustbetontes Lernen stattfindet. Dies ist dann der Fall, wenn Kinder am Lernprozess aktiv beteiligt werden, im Dialog mit anderen lernen und dabei die Möglichkeit erhalten, Dinge zu hinterfragen, zu reflektieren, eigene Erklärungsansätze und Hypothesen zu entwickeln, unterschiedliche Perspektiven kennenzulernen und sich mit anderen darüber auszutauschen (Braun/Helmeke/Bock 2009). Lernen in Interaktion, Kooperation und Kommunikation wurde schon in früheren Studien als Schlüssel für hohe Bildungsqualität identifiziert. Die frühpädagogischen Langzeitstudien EPPE und REPEY stellen heraus, dass Lernen am wirkungsvollsten ist, wenn die Kinder aktiv in die gemeinsame Erschließung von Bedeutung involviert sind, die in Diskussionen über Themen stattfindet, die für sie wichtig sind (Siraj-Blatchford/Siraj-Blatchford 2007).

Zukunftsfähige Bildungskonzepte greifen daher die Erkenntnisse des sozialen Konstruktivismus auf und beruhen auf Lernformen, die das Von- und Miteinanderlernen (Ko-Konstruktion) und das Handeln und Entscheiden mit Kindern (Partizipation) den Mittelpunkt stellen:

- *Ko-Konstruktion* erweist sich als zeitgemäßer Bildungsansatz und bedeutet, dass Bildung und Lernen im Rahmen kooperativer und kommunikativer Alltagshandlungen und Bildungsaktivitäten stattfinden, an denen Kinder und Erwachsene gleichermaßen aktiv beteiligt sind. Im Vordergrund steht das gemeinsame Erforschen von Bedeutung, d. h. Sinnzusammenhänge zu entdecken, auszudrücken und mit anderen zu teilen ebenso wie die Sichtweisen und Ideen der anderen anzuerkennen und wertzuschätzen. Ko-konstruktive Prozesse entstehen, wenn Erwachsene mit Kindern oder Kinder untereinander eine lernende Gemeinschaft bilden. Durch die dabei stattfindende gemeinsame Konstruktion von Bedeutung lernen Kinder, dass sich ein Problem auf verschiedene Weisen lösen lässt, sich Ideen austauschen, verwandeln und vermehren lassen, sich Bedeutungen teilen, verhandeln, anreichern und vertiefen lassen und Sinnzusammenhänge gemeinsam zu erschließen bereichernd ist. Bei hoher Interaktionsqualität erzielt Ko-Konstruktion »bessere Lerneffekte« als selbstentdeckendes Lernen oder individuelle Konstruktion von Bedeutung (Fthenakis 2009, S. 9). Die soziale Interaktion stärkt Kinder in ihrer kognitiven, sprachlichen und sozialen Kompetenzentwicklung (Sylva u. a. 2004, Siraj-Blatchford/Siraj-Blatchford 2007, Fthenakis u. a. 2009, S. 24).
- *Partizipation* ist ein international und national vielfach normiertes Recht des Kindes und bedeutet die Beteiligung an Entscheidungen, die das eigene Leben und das der Gemeinschaft betreffen, und damit Selbst- und Mitbestimmung, Eigen- und Mitverantwortung und konstruktive Konfliktlösung. In einer Demokratie ist das Recht auf Beteiligung keine Frage des Alters. Jedes Kind hat ein Recht darauf, seine Interessen zu äußern und in altersangemessener Weise mit diesen auch berücksichtigt zu werden. Partizipation ist eine Frage der pädagogischen Haltung und Gestaltung, wofür die nationalen Qualitätsstandards Orientierung geben (BMFSFJ 2010). Partizipation stärkt Kinder in ihrer Entwicklung zu verantwortungsbewussten Persönlichkeiten. Dazu gehören die Haltung, sich zuständig zu fühlen für

eigene Belange und die der Gemeinschaft, und die Kompetenz, sich konstruktiv auseinanderzusetzen, eigene Interessen zu vertreten, sich in andere hineinzuversetzen und Mehrheitsentscheidungen zu akzeptieren (Hansen 2005, BayStMAS/BayStMUK 2012). Wenn Erwachsene und Kinder gemeinsam planen und entscheiden, kommt es zu Konflikten; eine partizipative Bildungspraxis greift diese als Lernchance auf und sucht mit den Kindern nach Lösungen, die alle mittragen (Dörfler/Klein 2003). Kindertageseinrichtungen, die das Handeln mit Kindern fokussieren, fordern und stärken die Kinder in ihrer gesamten Persönlichkeit und steigern Motivation und Lerngewinn. Der Ideenreichtum und die Perspektivenvielfalt, welche Kinder einbringen, führen zu beeindruckenden Bildungsprozessen (Hansen/Knauer/Friedrich 2004).

- »Basierend auf dem Bild vom Kind als aktivem Mitgestalter seiner Bildung sind *Partizipation und Ko-Konstruktion* auf Dialog, Kooperation, Aushandlung und Verständigung gerichtet« und greifen im Bildungsgeschehen ineinander. Sie schaffen zugleich »einen optimalen Rahmen, in dem sich eine *inklusive Pädagogik der Vielfalt* entwickeln und in ihrem Potenzial entfalten kann. Partizipation erhöht die Identifikation mit der Einrichtung, stärkt das Gemeinschaftsgefühl und erleichtert soziale Inklusionsprozesse, denn Mitentscheidung ist untrennbar verbunden mit sozialer Mitverantwortung. Ein Voneinander- und Miteinanderlernen [im Dialog] kann gerade in Gruppen mit Kindern unterschiedlicher kultureller Hintergründe, Fähigkeiten und Bedürfnisse zu einem bereichernden Prozess werden. (...) Eine ko-konstruktive und partizipative Gestaltung der Lernumgebung bietet jedem Kind vielfältige Gelegenheiten, mit anderen Kindern und Erwachsenen zu kommunizieren und mit Sprache in unterschiedlichen Kontexten kreativ umzugehen« (BayStMAS/BayStMUK 2012, S. 30, 35, 45).

Wirksame Bildungskonzepte greifen zudem das vernetzte Lernen der Kinder auf und betonen ganzheitliche, bereichsübergreifende Bildung. Wie viel Sprache & Literacy steckt in anderen Bildungsbereichen? Diese vom DJI erstmals für Musik, Bewegung, Naturwissenschaften und Medien behandelte Leitfrage (Jampert u. a. 2006) wurde im IFP aufgegriffen und im Rahmen der Weiterbildung zur Sprachberatung auf alle Bildungsbereiche ausgedehnt durch gemeinsames Sammeln von Querverbindungsbeispielen. Deutlich wird, dass Sprache mit allen Bildungsbereichen in vielfältiger Weise verknüpft ist, Beispiele sind:
- *Bewegung, Musik und Kunst* als non-verbale »Sprachen« lassen sich mit verbaler Sprache vielseitig kombinieren und verschmelzen bei Ansätzen wie Rhythmik;
- *Medien* sind Träger von gesprochener, Schrift- und Bildsprache sowie Info- und Kommunikationsmittel;
- *Emotionalität, soziale Beziehungen, Konflikte* sind Bildungsbereiche, bei denen z. B. das »Lesen Lernen von Körpersprache« wichtig ist; gute Kommunikation, Zuhören und Sprache sind zugleich grundlegend für den Aufbau guter Beziehungen;
- *Mathematik und Religiosität* enthalten eigene Symbolsprachen in Form von Zahlen und religiösen Symbolen;

- *Mathematik, Naturwissenschaften, Umwelt, Werteorientierung und Gesundheit* sind Bildungsbereiche, die viel Spracheinsatz als »Sprache des Lernens« erfordern und den Wortschatz erheblich erweitern.

Verankerung sprachlicher Bildung als durchgängiges Prinzip

Wirksame Konzepte zur sprachlichen Bildung benötigen langfristige Perspektiven und ganzheitliche Handlungsstrategien, denn kurzfristige Sprachförderprogramme können meist keine längerfristigen Veränderungen bewirken. Aufgrund neuerer Forschungsbefunde als Folge der PISA-Ergebnisse sind vielfältige Begegnungen mit Buch-, Erzähl-, Schrift- und Medienkultur verstärkt in den Fokus der Bildungsarbeit in Kitas gerückt. Dies kann nur geleistet werden, wenn der Bildungsbereich Sprache & Literacy auf einem dialogischen und ganzheitlichen Ansatz gestützt und als durchgängiges Prinzip im pädagogischen Alltag verankert wird:

- Sprache & Literacy werden zum Basis- und Querschnittsthema, wenn Bildung und Lernen im steten Dialog mit anderen und durch Einbezug vielfältiger Literacy-Aktivitäten gestaltet wird. In so einem Kontext findet eine Stärkung von Sprach- und Literacykompetenz bei allen Bildungsprozessen quer durch alle Bildungsbereiche fortlaufend statt. Bei einer *dialogischen Bildungspraxis* sind Kinder im Alltag als Zuhörer, Sprecher und Kommunikator permanent gefordert – sei es, dass Erwachsene ihre Alltagshandlungen sprachlich begleiten und kommentieren oder sie in Gespräche mit Erwachsenen bzw. anderen Kindern verwickelt sind. Geschaffen wird so ein Rahmen, in dem sich eine lebendige Gesprächskultur entwickeln kann.
- Ausgangspunkt einer *ganzheitlichen, bereichsübergreifenden Bildungspraxis* sind aktuelle Situationen und Themen, die Kinder interessieren. Darauf aufbauend sind Bildungsprozesse so zu gestalten, dass möglichst viele Bildungsbereiche angesprochen werden und den Kindern viel Mitsprache und Mitgestaltung ermöglicht wird. Ein solches Vorgehen fordert und stärkt Kinder in all ihren Kompetenzen. Es lässt sich am besten realisieren, wenn Lernen überwiegend in Alltagssituationen und Projekten geschieht.

Pädagogische Fachkräfte gestalten die sprachlichen Bildungsprozesse der Kinder aktiv mit, indem sie ihnen eine sprach- und literacyanregende Umgebung bieten und am Wissen und den sprachlichen Erfahrungen der Kinder anknüpfen. Sie nutzen hierbei eine Vielfalt an Strategien und Methoden, um die Sprach- und Literacyentwicklung der Kinder gezielt zu beobachten, anzuregen, zu begleiten und zu stärken. »Bei der Auswahl geeigneter Methoden kommt es darauf an, dass sich diese nicht nur auf einen bestimmten Teilaspekt von Sprache beschränken, etwa die zurzeit viel propagierte Anregung phonologischer Kompetenzen (…), sondern alle Teilbereiche von Sprache und früher Literacy im Blick behalten. Am besten gelingt dies mit Methoden, die

- breit wirken, d. h. mehrere Sprachbereiche (z. B. Grammatik, Wortschatz, Erzählen und Schreiben) im Rahmen eines Angebots ansprechen,
- aus der Sicht der Kinder authentische Kontexte darstellen,

- sich für unterschiedliche Altersgruppen eignen und
- bei möglichst vielen Kindern spontan Interesse und Zuwendung finden« (Mayr/Kofler 2011, S. 257).

Durch diesen Stand der Forschung werden z. B. folgende methodische Anregungen gestützt, deren professionelle Umsetzung Kindern Bildungsprozesse von hoher Qualität bieten kann:
- Sprachlernen in Alltagssituationen
- Rollenspiel, Symbolspiel und Erzählen sowie Theater
- Vielfältige Alltagsbegegnungen mit Büchern, Geschichten, Reimen und Gedichten
- Spielerisch-entdeckende Alltagserfahrungen mit Schreiben und Schrift
- Projektarbeit, Literacy-Center und aktive Medienarbeit.

Beachtung der Schlüsselprozesse für Qualität sprachlicher Bildung

Der hohe Stellenwert sprachlicher Bildung für alle Kinder in Tageseinrichtungen rückt die Qualitätsfrage ins Zentrum der Aufmerksamkeit. Schlüsselprozesse für (sprachliche) Bildungsqualität sind:
- Entwicklung einer Kultur des gemeinsamen Lernens und Entscheidens
- Gestaltung der Handlungsbasis, wozu pädagogische Haltung, Gesprächskultur und räumlich-materielle Lernumgebung zählen
- Beobachtung und Dokumentation
- Kooperation und Vernetzung der Bildungsorte
- Einrichtungsspezifische Konzeptentwicklung und dessen Verankerung in der Kita-Konzeption.

Die Entwicklung einer Kultur des gemeinsamen Lernens und Entscheidens bedeutet für Kindertageseinrichtungen, die zukunftsfähigen Ansätze der Ko-Konstruktion und Partizipation mit Leben zu füllen. Sie verändert die Rolle der Pädagoginnen und Pädagogen von einem Handeln *für* Kinder zu einem Handeln *mit* Kindern (siehe Tabelle 3).

Tabelle 3: Pädagogenrolle bei einer ko-konstruktiven und partizipativen Bildungsgestaltung

Ko-Konstruktion	Partizipation
Mit Kindern lernende Gemeinschaften bilden, um reale Aufgaben und Problem kooperativ und kommunikativ zu lösen; - Dabei Bildungsprozesse aktiv mitgestalten und moderieren - Dialog und Dokumentation als Mittel zum Lernen, Problemlösen, Reflektieren und Verstehen einsetzen - Kooperatives Lernen statt Wettbewerb unterstützen - Zugehörigkeitsgefühl stärken, indem jedes Kind in einen positiven Austausch eingebunden ist - Gesprächsverhalten der Kinder sensibel beobachten und reflektieren - Im Umgang mit verschiedenen Sichtweisen und Ideen demokratischen Umgangs- und Diskussionsstil, Offenheit und Flexibilität praktizieren	An den Themen, Interessen und Kompetenzen der Kinder anknüpfen und diese aufgreifen; - Kinder an der Planung und Gestaltung von Zusammenleben (z. B. Regelaufstellung, Speiseplanung), Bildungsräumen (z. B. Raumgestaltung, Materialausstattung), Bildungsprozessen (z. B. Lerninhalte, Projektarbeit, Ausflüge) und Kita-Entwicklung (z. B. Kinderbefragungen) beteiligen - Kindern Verantwortungsbereiche wie Patenschaften, Dienste übertragen - Kindern Selbstbestimmung und Eigenverantwortung ermöglichen bei der Befriedigung ihrer Bedürfnisse (z. B. Wickeln, Hygiene, Essen, Ruhe und Rückzug, Beziehungen) und beim Nachgehen eigenen Interessen (z. B. Aufenthalt, Auswahl unter mehreren Angeboten)

»Damit Prozesse der Ko-Konstruktion, Partizipation und Inklusion gelingen, ist die *Haltung* entscheidend, die dem Handeln der Pädagoginnen und Pädagogen zugrunde liegt. Diese Haltung basiert auf Prinzipien wie Offenheit, Wertschätzung, Kompetenzorientierung, Dialog, Partizipation, Experimentierfreudigkeit, Fehlerfreundlichkeit, Flexibilität und Selbstreflexion« (BayStMAS/BayStMUK 2012, S. 9). Pädagoginnen und Pädagogen, die Kindern viel Mitsprache und Mitgestaltung ermöglichen, verstehen sich als Bildungs- und Dialogpartner, die Kindern zuhörend und fragend statt wissend begegnen, der Kinder in ihren Gestaltungsmöglichkeiten und Äußerungen ernst nehmen und ihnen viel zutrauen, sich aber auch selbst aktiv einbringen, um den Horizont der Kinder zu erweitern, sich dabei ihrer Steuerungsverantwortung sowie hohen und zugleich mehrfachen Vorbildwirkung auf das Kommunikationsverhalten der Kinder bewusst sind. Kinder reagieren auf die Art und Weise, wie Pädagoginnen und Pädagogen mit ihnen kommunizieren und zugleich beobachten sie, wie Pädagoginnen und Pädagoginnen untereinander und mit ihren Eltern und anderen Erwachsenen kommunizieren. Wichtig ist, eine feinfühlige Balance zu halten zwischen Impulsgebung und Zurückhaltung sowie Kindern keine fertigen Antworten zu geben, sondern sie zum Fragen und zur Eigeninitiative und zur Kooperation mit anderen zu ermutigen und zu ermuntern.
- Größte Bedeutung kommt daher der Qualität des Interaktionsgeschehens (Fthenakis u. a. 2009a, S. 32) und der Entwicklung einer Gesprächskultur zu. »In der Liste, was [Pädagoginnen und Pädagogen] für eine gute Kommunikation mit Kindern und der Kinder untereinander tun können, steht das eigene Interaktionsverhalten ganz oben« (Wirts 2011, S. 177). Die Interaktionsforschung hat Verhaltensweisen identifiziert, die den Dialog optimal unterstützen und stimulieren (Wirts 2011 – siehe

Tabelle 4); viel bewusster und intensiver zu nutzen ist das Potenzial, das offene Fragen und aktives Zuhören beinhalten (a. a. O., Reichert-Garschhammer 2011). Mit Erwachsenen und anderen Kindern geteilte Denkprozesse, angeregt durch aktives Zuhören, offene Fragen und gemeinsame Gespräche, führen zu besseren kognitiven Leistungen, wenn dabei die Interessen der Kinder, ihre Fragen zum Ausgangspunkt gemacht werden sowie alle Beteiligten etwas zum Denkprozess beisteuern und ihre Sichtweisen entwickeln, einbringen und erweitern (Sylva u. a. 2004).
- Kinder, die regelmäßig beteiligt werden, erleben, dass ihnen zugehört wird, ihre Meinung wichtig ist, entwickeln Mut, sich zu äußern und haben zunehmend Freude und Interesse am Sprechen und Dialog (Hansen/Knauer/Friedrich 2004, Dörfler/Klein 2003).

Tabelle 4: Wirksame Kommunikationsweisen mit Kindern

Kinder mit Sprache verwöhnen	- Viel handlungsbegleitend sprechen und dabei auch Gesten einsetzen - Sich auf Kinder einstellen und sich an ihr steigendes Entwicklungsniveau anpassen (z. B. Wortwahl, Satzbau) - Auf die Qualität des eigenen Sprachinputs achten, d. h. mit Kindern korrekt, thematisch vielfältig und mit reichhaltigem Wortschatz kommunizieren
Anregende Gespräche in Gang bringen	- Mit Kindern Aufmerksamkeit teilen und Blickkontakt herstellen - Kindern aktiv zuhören und ihnen viele offene Fragen stellen - Einsatz vielfältiger, auch non-verbaler Wahrnehmungs-, Ausdrucks- und Verstehensweisen, um allen Kindern eine Teilnahme am Dialog und Austausch mit anderen uneingeschränkt zu ermöglichen - Auch Pausen zulassen - Für eine positive Atmosphäre sorgen durch Wertschätzung aller Ideen
Auf ihre Äußerungen eingehen	- Kindern positives Feedback geben und bei sprachlichen Fehlern modellieren statt korrigieren, d. h. das Gesagte korrekt wiederholen und es zugleich erweitern
Voneinander Lernen im Dialog ermöglichen	- Geteilte Denkprozesse anregen und dabei Gedankenunterschiede der Kinder thematisieren, um das voneinander Lernen auf Peerebene pädagogisch zu nutzen - Bildungsprozesse durch Dokumentation sichtbar machen als notwendige Grundlage für Gespräche und gemeinsame Reflexionen darüber
Einsatz verschiedener Dialogformen	Mit Kindern - Entscheidungen treffen und sie bei ihrer Meinungsbildung unterstützen - in Diskursen Bedeutung erforschen - philosophieren - in meta-kognitiven Dialogen die durchlaufenen Lernprozesse gemeinsam reflektieren und - dabei stets die unterschiedlichen Sichtweisen der Kinder zum Gesprächsgegenstand machen

Die notwendige Basis für Partizipation und Ko-Konstruktion ist eine *sprach- und literacy-anregende Lernumgebung*,
- in der sich Kinder wohl fühlen und die sie zum Austausch mit anderen einlädt (z. B. Spiele, Musikinstrumente, Leuchttische oder Alltagshandlungen wie Essenszubereitung, die gemeinsame Aktionen, Spiel- und Lernprozesse erfordern bzw. ermöglichen)
- die ihnen selbstbestimmt vielfältige Begegnungen mit Büchern, Medien, Schrift und Schreiben ermöglicht und so ein selbstverständliches Hineinwachsen in diese Kultur bewirkt (Mayr/Kofler 2011).

Gute räumliche Bedingungen und attraktive, anregende Materialien stimulieren Interessen und Lernprozesse von Kindern direkt und unmittelbar (Mayr/Kofler 2011). Dieses Wissen über den Raum als dritter Pädagoge haben mittlerweile viele Kindertageseinrichtungen aufgegriffen, indem sie ihre Gruppenräume umgewandelt haben in anregende themenbezogene Bildungs- und Erfahrungsräume (Funktionsräume); diese bilden die Bildungsbereiche räumlich ab, so auch Sprache & Literacy (z. B. Kinderbibliotheken, Rollenspielraum bzw. Theaterwerkstatt, Lern- und Schreibwerkstatt), wobei Bücher, Schreibutensilien und Schrift in jedem Funktionsraum präsent sind. Wie sprach- und literacyanregende Bildungsräume konkret aussehen können und wie sie von Kindern rege genutzt, dazu wurden viele Fotos aus den bayerischen Konsultationseinrichtungen zusammengetragen und präsentiert[1]. Die qualitätsvolle Gestaltung der Lernumgebung (siehe Tabelle 5) bildet daher auch einen Schwerpunkt im Selbstevaluationsbogen LiSKiT (Mayr u. a. 2012). Anregende Lernumgebungen sind zu verbinden mit vielfältigen gemeinsamen Aktivitäten, anspruchsvollen Aufgaben, die viele Fragen provozieren, und mit der Bereitstellung vielfältiger Informationsquellen, um flexible Lösungen zu ermöglichen.

Tabelle 5: Merkmale einer sprach- und literacyanregenden Lernumgebung (nach Mayr/Kofler 2011)

Für Sprache & Literacy bedeutsame Lernumgebungen	Evidenzbasierte Qualitätsanforderungen
- Bücher - Schreiben und Schrift - Medien und Technik - Sprach- und Gesellschaftsspiele - Requisiten für Rollenspiel	- Gute und hochwertige Materialausstattung - attraktiv, anspruchsvoll und vielseitig - Alltagspräsenz und gute Zugänglichkeit der Materialien für alle Kinder - Klare abgrenzte Bereiche wie Funktionsecken, -räume - Veränderbarkeit der Lernumgebung, Einbeziehung der Kinder als Mitgestalter - Flankierung durch pädagogisch begleitete Aktivitäten

---

1 http://www.ifp.bayern.de/imperia/md/content/stmas/ifp/fachkongress/reichert-garschhammer_sprachliche_bildung.pdf

Hoch ist der Stellenwert, der heute der *Beobachtung und Dokumentation* der individuellen Lern- und Entwicklungsprozesse der Kinder beigemessen wird. Ein kompetenzorientierter Bildungsansatz erfordert eine *individuelle pädagogische Bildungs- und Entwicklungsbegleitung,* ohne die Früherkennung ungünstiger Entwicklung zu vernachlässigen (Mayr 2011):

- Um ein vollständiges Bild über Lernen und Entwicklung des Kindes zu erhalten, ist der *Einsatz verschiedener Verfahren* entscheidend, sodass strukturierte Verfahren (validierte Beobachtungsbögen wie Seldak, Sismik), freie Beobachtungen (z. B. Bildungs- und Lerngeschichten) und das Sammeln von Produkten des Kindes (z. B. Schreibversuche) nebeneinander Anwendung finden.
- Die steigende Popularität von *Portfolio* im Bildungswesen als stärken- und prozessorientiertes Beobachtungs- und Dokumentationsinstrument zeigt sich vor allem im Kitabereich. Portfolio ist eine Sammlung von Dokumenten, die die Weltsicht und Bildungsentwicklung des Kindes abbilden, die mit aktiver Beteiligung des Kindes und seiner Eltern erstellt wird und gemeinsame Reflexionen und ermutigende Rückmeldungen ermöglicht. Portfolioarbeit, die Kinder aktiv einbezieht, stärkt Kinder in allen Kompetenzen und ganz besonders in ihrer Sprach-, Literacy- und lernmethodischen Kompetenz. Es gibt kaum ein anderes Beobachtungs- und Dokumentationsverfahren, das so viele Gesprächsanlässe schafft, wie Portfolio – Portfolio bringt alle ins Gespräch. Die Kinder sind stolz auf ihre Ordner, betrachten diese gemeinsam mit anderen Kindern, ihren pädagogischen Bezugspersonen und ihren Eltern, sodass viel Dialog über Bildung und Lernen zwischen allen Beteiligten stattfindet bis in die Familie hinein. Obgleich die Portfoliopraxis noch in den Anfängen steht und es noch kaum Forschung hierzu gibt, weisen die Praxiserfahrungen auf das hohe Potenzial der Portfolioarbeit für die Kompetenzentwicklung des Kindes und den Aufbau einer neuen Lernkultur hin. In Bayern werden daher derzeit fachliche Standards mit dem Netzwerk Konsultationseinrichtungen erarbeitet.

Gute Kitas zeichnen sich zudem durch eine *hohe Transparenz ihres Bildungsgeschehens* aus. *Sprechende Wände,* die aktuelle Bildungsaktivitäten und Projekte durch Bild und Schrift für alle sichtbar machen, sind notwendige Grundlage für Ko-Konstruktion und Partizipation. Im Vordergrund der Wanddokumentationen steht heute nicht mehr das Ausstellen von Kinderwerken (diese sind ins Portfolio gewandert), sondern die Wiedergabe von Bildungsprozessen. Bei Projektdokumentationen wird der Projektverlauf abgebildet, mit Fotos belegt und durch Kinderaussagen kommentiert. Darüber hinaus gibt es viele weitere Dokumentations- und Präsentationsformen wie digitale Bilderrahmen, PC-Dokumentationen, Wochenrückblicks- und Projektordner, Gruppentagebücher, Ausstellungen und Videofilme. Qualitativ hochwertige Dokumentationen und Präsentationen entfalten als Kommunikations-, Verständigungs- und Reflexionsgrundlage immense Bedeutung, da sie Gesprächsanlässe schaffen und den Dialog zwischen allen Beteiligten befördern. Für die Kinder sind sie wesentlicher Bestandteil ihres Lernens. Sie ermöglichen ihnen, ihre eigenen Ideen auszudrücken und diese mit anderen zu teilen und die Ideen anderer kennenzulernen (Fthenakis 2009); zugleich erfahren sie Wertschätzung, Unterstützung bei ihren Reflexionen und werden in ihrem Kompetenzerleben gestärkt. An Dokumentationen und Präsentationen sind Kinder soweit wie möglich beteiligen.

Tabelle 6: Medienausstattung für Dokumentationen in jeder Kita

Stets griffbereite Medienausstattung für Dokumentationen
- Block und Stift
- Ein Laptop und ein Digitalfotoapparat möglichst in jedem Gruppen- bzw. Funktionsraum
- Eine Videokamera und Diktiergeräte in jeder Einrichtung

Die PISA-Studien stellen heraus, dass Bildungsprozesse in Kita und Schule auf den bisherigen und sie begleitenden Bildungsprozessen in der Familie aufbauen und sich gegenseitig beeinflussen. Der Kompetenz- und Wissenszuwachs des Kindes ist abhängig von der Anschlussfähigkeit seiner Bildungsprozesse. Bildung ist somit das Ergebnis eines vielfältigen *Wechselspiels aller Bildungsorte,* in denen sich das Kind von Geburt an bewegt.

- Das in den Bildungsplänen enthaltene Konzept der *Bildungspartnerschaft mit Eltern* versteht sich als grundlegende Weiterentwicklung der bisherigen Konzepte der Elternarbeit. Es sieht eine veränderte Qualität der Mitwirkung und Kommunikation vor und damit einen Wechsel zu echter Kooperation und zu mehr Dialog mit Eltern. Es gilt Familie als wichtigsten und einflussreichsten Bildungsort für Kinder gerade auch im Bereich Sprache & Literacy wahr- und ernst zu nehmen mit Blick auf den heute weit gefassten kompetenzorientierten Bildungsbegriff, der Erziehung einschließt, und ihre herausragende Bedeutung für die Bildungschancen der nachwachsenden Generation. Wie Bildungsangebote genutzt werden und Kinder von deren Bildungsleistungen profitieren, hängt maßgeblich von den Ressourcen der Familie und deren Stärkung ab. Im Aufgabenzentrum von Kita und Schule steht daher nicht mehr nur das Kind, die Kooperation mit Eltern ist ebenso aktiv zu gestalten. Bildungspartnerschaft mit Eltern umfasst familien- und einrichtungsunterstützende Ziele und Angebote, für deren Umsetzung pädagogische Fachkräfte und Eltern gemeinsam verantwortlich sind (Reichert-Garschhammer 2012). Wie vielfältig Bildungspartnerschaft im Bereich Sprache & Literacy aussehen kann, zeigt Tabelle 7 auf.
- Das *Netzwerk,* das Kitas mit Fachstellen für sprachliche Bildung, Medien und interkulturelle Bildung auf lokaler Ebene knüpfen können, ist breit gefächert (z. B. Bibliotheken, Medienfachdienste, Kindertheater, Kinderkino, lokale Rundfunksender). Zugleich gibt es auch auf Länder- und Bundesebene vielfältige Fachinstitutionen, die als Kooperationspartner für Kitas interessant sind. Der Einbezug fachkundiger Stellen und Personen ist gewinnbringend nicht nur für die Kinder (z. B. Ausweitung ihrer Lernumgebung, Bildungserfahrungen und Kompetenzentwicklung), sondern auch für die Eltern und das pädagogische Personal.
- Neben der Übergangsbegleitung zählen die Herstellung einer anschlussfähigen Bildungspraxis und deren Absicherung durch aufeinander aufbauende pädagogisch-didaktische Methoden zu den wichtigsten *Kooperationsaufgaben zwischen Kita und*

Schule. Institutionen übergreifende Bildungspläne (z. B. in Hessen, Thüringen) bzw. Bildungsleitlinien (z. B. in Bayern) sowie gemeinsame Fortbildungen und Materialien schaffen die notwendige Basis für mehr fachlichen Austausch, konzeptionelle Abstimmung und gemeinsame Bildungsaktivitäten mit Kindern und Eltern. Sprache & Literacy ist der Bildungsbereich, der eine besonders enge Kooperation von Kita und Schule und im Rahmen der Schulvorbereitung hohe Aufmerksamkeit erfordert (z. B. Gespräche und Literacy-Aktivitäten rund um die Schule, gemeinsame Projekte mit der Schule, Vorkurs Deutsch für Kinder mit nicht deutscher Familiensprache vor der Einschulung).

Tabelle 7: Beispiele für die Bildungspartnerschaft mit Eltern im Bereich Sprache & Literacy

Begleitung der Übergänge	– Aufnahmegespräche (z. B. Abfrage des sprachlich-kulturellen Familienhintergrundes des Kindes) – Klima des Willkommenseins für alle Familien (z. B. Präsenz der Familiensprachen der Kinder)
Information und Austausch	– Bekanntgabe der Kita-Konzeption und des darin verankerten Konzepts für Sprache und Literacy – Sprechende Wände, die die aktuelle Bildungspraxis sichtbar machen – Regelmäßige Entwicklungsgespräche über das Kind (z. B. sprachliche Lern- und Entwicklungsprozesse)
Beratung, Fachdienstvermittlung	– Beratung des weiteren Vorgehens bei Anzeichen von (sprachlichen) Auffälligkeiten
Mitbestimmung, Mitverantwortung	– Elternbeirat, Eltern-Aktiv-Gruppen (z. B. Einrichtung einer Familienbibliothek mit Ausleihmöglichkeit) – Elternbefragungen
Elternmitarbeit	– Hospitation in der Kita (z. B. dialogorientierte Bilderbuchbetrachtung) – Aktive Einbeziehung von Müttern und Vätern ins Bildungsgeschehen wie z. B. als Vorlesepaten, in die Projekt- und Portfolioarbeit
Elternstärkung in ihrer Kompetenz	– Familienbildung (z. B. Elternabende zu Themen rund um Sprache und Literacy, Deutsch-Kurse für Eltern) – Aktivierende Eltern-Kind-Angebote (z. B. Bücherausstellungen, Lesefeste, literarische Frühstücke in der Kita, gemeinsame Bibliotheksbesuche) – Eltern-Materialien zur sprachlichen Bildung zu Hause wie z. B. Broschüre Wortschätze heben – Leselust beflügeln (Kieferle/BayStMAS 2010) – Bücherausleihe an Familien – Vermittlung von Hausbuchprogrammen (z. B. HIPPY)
Kita-Ausbau zum ...	*Kinder- und Familienzentrum* als Knotenpunkt im kommunalen System, die Angebote für Kinder und Familien verschiedener Anbieter unter ihrem Dach vereinen und auch Angebote zur häuslichen Unterstützung vorsehen *Mehrgenerationenhaus,* das auch aktive Senioren als Bildungspaten einbezieht (z. B. als Vorlesepaten)

Von der Sprachförderung zur sprachlichen Bildung – Weiterentwicklung der Bildungsqualität in Kitas

Mit Blick auf die anhaltende Veränderungsdynamik im Bereich der frühen Bildung stellt die Weiterentwicklung der Qualität im Bildungsbereich Sprache & Literacy in allen Kindertageseinrichtungen ein großes Thema dar. Sie ist gekoppelt an die Umsetzung der Bildungspläne und an das Selbstverständnis von Bildungseinrichtungen als lernende Organisation und Gemeinschaft, die Wandel im Bildungssystem als Normalfall verstehen.

Als Handlungsbasis für gelingende Veränderungsprozesse erweist sich die Entwicklung einer *gemeinsamen Sprache*. Fachbegriffe transportieren Inhalte, weit mehr als vielen bewusst ist – dazu gehören z. B. fachliche Prinzipien, Konzepte, Ansätze, Haltungen, Bilder. Die Bildungspläne führen auch eine neue Fachterminologie ins Feld, deren Bedeutung im Team zu erforschen ist, um ein gemeinsames Verständnis herzustellen (z. B. Ko-Konstruktion, Partizipation, Inklusion, Bildungspartnerschaft mit Eltern). Zu vermeiden gilt es, Begriffe als Regelbegriffe zu verwenden, die überholte Vorstellungen transportieren, so vor allem die im Bildungsbereich gängigen Begriffe wie z. B. fördern, vermitteln, beibringen. Das IFP-Konzept zu Sprache & Literacy verwendet *sprachliche Bildung* als Regelbegriff und nicht mehr *Sprachförderung*:

- Allen Ansätzen der *Sprachförderung* liegt ein vorwiegend defizitorientierter Blick auf das Kind zugrunde und eine erwachsenenzentrierte Pädagogik auch vor dem Hintergrund, dass der Förderbegriff ursprünglich der Heilpädagogik entstammt (vgl. Frühförderstellen, Förderschulen). Sie begünstigen eine Pädagogik, die den Einsatz vorgegebener Sprachförderprogramme betont.
- *Sprachliche Bildung* stellt das Kind als aktiven, kompetenten Mitgestalter seiner Bildung und Entwicklung in den Mittelpunkt, zielt auf Kompetenzstärkung ab, basiert auf einem dialogischen Bildungsverständnis im Sinne von Partizipation und Ko-Konstruktion und umfasst auch Bereiche wie Mehrsprachigkeit, Literacy und interkulturelle Bildung. In diesem Sinne findet *sprachliche Bildung* alltagsintegriert bei allen Bildungsprozessen quer durch alle Bildungsbereiche durchgängig statt. Begriffe, die die Pädagogenrolle hierbei treffend beschreiben, sind z. B. moderieren, Gespräche führen, zuhören, fragen, anregen, ermutigen, unterstützen, Impulse und Hilfestellung geben, mitgestalten und mitlernen.
- Mit diesen zeitgemäßen Vorstellungen ist *Sprachförderung* als Regelbegriff nicht mehr zu vereinbaren. Den Förderbegriff zu eliminieren ist nicht das Ziel, ihn aber auf jene Konstellationen zu begrenzen, wo er noch passt (z. B. Sprachförderung für Kinder mit Sprachentwicklungsstörungen), und zugleich eine programmorientierte Sprachförderpädagogik in ihrer aktuellen Dominanz zu Gunsten einer lebendigen Gesprächskultur zu überwinden.

Die gelingende Umsetzung der Bildungspläne und die Weitentwicklung der Qualität sprachlicher Bildung erfordert ein systematisches Vorgehen, kontinuierliche Qualitätsentwicklung und die Schaffung einer Kultur des voneinander Lernens und Profitierens auf allen Beziehungsebenen. Zu beteiligen sind:

- das gesamte Kita-Team als lernende Gemeinschaft
- die Kinder, deren Selbst- und Mitbestimmungsmöglichkeiten ausgeweitet werden
- die Eltern als wichtigste Bildungspartner
- der Träger, der für angemessene Rahmenbedingungen zu sorgen hat.

In ihrer Schlüsselrolle zu stärken sind die Leitungen, denen die Aufgabe zukommt, Qualitätsentwicklungs- und Veränderungsprozesse zu initiieren, zu moderieren und am Leben zu erhalten. Um Kindertageseinrichtungen bei diesem Prozess zu begleiten, sind in den letzten Jahren neue, innovative Unterstützungssysteme entstanden, so auch im Bereich Sprache & Literacy:
- Das Selbstevaluationsinstrument LiSKiT (Mayr u. a. 2012) zur Qualitätseinschätzung der Lernumgebung in Kitas im Bildungsbereich Sprache & Literacy
- Sammlung guter Praxisbeispiele zu Sprache & Literacy aus der Praxis als inspirierende Anregung und Möglichkeit, mit den jeweiligen Kita in Kontakt und Austausch zu treten (z. B. Lehmann/Wirts 2010/2011)
- Kollegiale Beobachtung der Interaktionsqualität durch TeamkollegInnen
- Sprachberatung als gewinnbringender Teamcoaching-Ansatz
- Video-Interaktionsbegleitung durch externe Fachleute zur Evaluation und Qualitätsentwicklung der Basiskommunikation
- Kollegiale Beratung durch Konsultationseinrichtungen, die es in mehreren Ländern gibt und die auch Hospitation anbieten.

Literatur zum IFP-Konzept
Kieferle, C.: Wortschätze heben – Leselust beflügeln! Sprachliche Bildung bei Kindern von Geburt an. Bayerisches Staatsministerium für Arbeit und Sozialordnung, Familie und Frauen (Hg.). URL: http://www.stmas.bayern.de/kinderbetreuung/bereiche/sprache.php 2010

Kieferle, C.: Wortschätze heben – Leselust beflügeln! Eine Broschüre für Eltern. Bayerisches Staatsministerium für Arbeit und Sozialordnung, Familie und Frauen (Hg.). URL: http://www.stmas.bayern.de/kinderbetreuung/bereiche/sprache.php 2010

Lehmann, J. & Wirts, C.: 18 Praxisbeispiele zu Sprache und Literacy. Verfügbar unter: http://www.ifp.bayern.de/projekte/laufende/sprachberater.html[2] 2010/11

Mayr, T./Hofbauer/C./Kofler, A. & Simic, M.: LiSKit – Sprache und Literacy in Kindertageseinrichtungen (Selbstevaluationsbogen und Begleitheft), Freiburg 2012

Reichert-Garschhammer, E. & Kieferle, C. (Hg.). Autorenteam: Sprachliche Bildung in Kindertageseinrichtungen. Reihe Fachpraxis Kita (Handbuch), Freiburg 2011

Weitere verwendete Literatur
Bachman, L. F.: Fundamental Considerations in Language Testing. Oxford Applied Linguistic Series, London 1990

BayStMAS – Bayerisches Staatsministerium für Arbeit und Sozialordnung, Familie und Frauen & BayStMUK – Bayerischen Staatsministerium für Unterricht und Kultus: Gemeinsam Verantwortung tragen. Die Bayerischen Leitlinien für die Bildung und Erziehung von Kindern bis zum Ende der Grundschulzeit. München. URL: http://www.km.bayern.de/eltern/meldung/1578/bildungsleitlinien-kinder-profitieren-von-besserer-

---

[2] Die Verfügbarkeit aller Online-Dokumente wurde im Dezember 2012 geprüft

abstimmung-in-kita-und-grundschule.html und http://www.zukunftsministerium.bayern.de/imperia/md/content/stmas/stmas_internet/kinderbetreuung/bildungsleitlinien_barrierefrei.pdf 2012

BMFSFJ – Bundesministerium für Familie, Senioren, Frauen und Jugend (Hg.): Qualitätsstandards für die Beteiligung von Kindern und Jugendlichen. Allgemeine Qualitätsstandards und Empfehlungen für die Praxisfelder Kindertageseinrichtungen, Schule, Kommune, Kinder- und Jugendarbeit und Erzieherische Hilfen. URL: http://www.kindergerechtes-deutschland.de/publikationen/qualitaetsstandards-zur-beteiligung/ 2010

Braun, K./Helmeke, C. & Bock, J.: Bindung und der Einfluss der Eltern-Kind-Interaktion auf die neuronale Entwicklung präfrontaler und limbischer Regionen: Tierexperimentelle Untersuchungen. In: K.H. Brisch & T. Hellbrügge (Hg.), Wege zu sicheren Bindungen in Familie und Gesellschaft, Stuttgart 2009; S. 13–52

Dörfler, M. & Klein, L.: Konflikte machen Kinder stark. Streitkultur im Kindergarten. Freiburg 2003

Fthenakis, W. E.: Ko-Konstruktion: Lernen durch Zusammenarbeit. Kinderzeit 3/2009; S. 8–13

Fthenakis, W. E./Schmitt, A./Daut, M./Eitel, A. & Wendell, A.: Natur-wissen schaffen. Band 2: Frühe mathematische Bildung, Troisdorf 2009

Hansen, R.: Die Kinderstube der Demokratie. Begleitheft zum Film von L. Müller & T. Plöger. Ministerium für Justiz, Frauen, Jugend und Familie des Landes Schleswig-Holstein (Hg.). URL: http://home.arcor.de/hansen.ruediger/pdf/Video-Booklet_2005.pdf 2005

Hansen, R./Knauer, R. & Friedrich, B.: Die Kinderstube der Demokratie. Partizipation in Kindertagesstätten. Ministerium für Justiz, Frauen, Jugend und Familie des Landes Schleswig-Holstein (Hg.). URL: http://home.arcor.de/hansen.ruediger/pdf/Hansen %20et %20al_Die %20Kinderstube %20der %20Demokratie.pdf 2004

Jampert, K./Zehnbauer A./Leuckefeld, K. & Best, P.: Sprachliche Förderung in der Kita. Wie viel Sprache steckt in Musik, Bewegung, Naturwissenschaften und Medien? Weimar/Berlin 2006

Kieferle, C.: Literacy-Entwicklung. In: E. Reichert-Garschhammer & C. Kieferle, Sprachliche Bildung in Kindertageseinrichtungen, Freiburg 2011a; S. 49–57

Kieferle, C.: Wissen über Sprache. In: E. Reichert-Garschhammer & C. Kieferle, Sprachliche Bildung in Kindertageseinrichtungen, Freiburg 2011b; S. 16–28

Kieferle, C.: Sprachentwicklung. In: E. Reichert-Garschhammer & C. Kieferle, Sprachliche Bildung in Kindertageseinrichtungen, Freiburg 2011c; S. 28–49

Mayr, T.: Erfassung und Dokumentation der sprachlichen Entwicklung. In: E. Reichert-Garschhammer & C. Kieferle, Sprachliche Bildung in Kindertageseinrichtungen, Freiburg 2011; S. 200–210

Mayr, T. & Kofler, A.: Qualitätseinschätzung und -entwicklung sprachlicher Bildung in Kindertageseinrichtungen. In: E. Reichert-Garschhammer & C. Kieferle, Sprachliche Bildung in Kindertageseinrichtungen, Freiburg 2011; S. 251–266

Mayr, T./Hofbauer, C./Kofler, A. & Simic, M.: LiSKit – Sprache & Literacy in Kindertageseinrichtungen (Bogen und Begleitheft). Freiburg 2012

Reichert-Garschhammer, E.: Von der Elternarbeit zur Bildungspartnerschaft – Bedeutung, Chancen und Strategien einer guten Kooperation mit Eltern. Die Kindergartenzeitschrift 28/2012; S. 36–39

Reichert-Garschhammer, E.: Wege zur zuhörfreundlichen Kindertageseinrichtung. In: Stiftung Zuhören, LMU München, Lehrstuhl Grundschulpädagogik und -didaktik & IFP (Hg.), Ohren spitzen! Hör- und Sprachschatzkiste (Hör- und Sprachschatzordner), Troisdorf 2011; S. 9–78

Siraj-Blatchford, I. & Siraj-Blatchford, J.: Computer und Co. in Kitas. Forschung und Praxis zur Stärkung der Medienkompetenz. In: W. E. Fthenakis & P. Oberhuemer (Hg.), Bildung von Anfang an. Grundlagen frühkindlicher Bildung, Troisdorf 2007

Sylva, K./Melhuish, E. C./Sammons, P./Siraj-Blatchford, I. & Taggart, B.: The Effective Provision of Pre-School Education (EPPE) Project: Technical Paper 12 – The Final Report: Effective Pre-School Education, London 2004

Wirts, C.: Sprachanregende Gesprächskultur. In: E. Reichert-Garschhammer & C. Kieferle, Sprachliche Bildung in Kindertageseinrichtungen, Freiburg 2011; S. 176–187

1.4 Coaching – eine effektive Methode zur Qualitätsentwicklung in Kindertageseinrichtungen?

Christa Kieferle

Zahlreiche Studien (z. B. NICHD, 2000; Belsky, 2006; Nubbek, 2012) belegen, dass die Einrichtungsqualität in vielerlei Hinsicht Auswirkung auf die Bildungsentwicklung von Kindern hat. Eine hohe Prozess-, Struktur- und Einstellungsqualität in Kindertageseinrichtungen kann nur erreicht werden, wenn sich das gesamte Einrichtungsteam durch eine hohe fachliche Kompetenz auszeichnet. Nur dann ist es möglich, eine Angebotsstruktur bereitzustellen, die es möglich macht, Themen der Kinder aufzugreifen und sie zugleich in vielfältige, spannende und interesseweckende Aktivitäten einzubinden, um ihre Erfahrungen in möglichst vielen Bildungs- und Entwicklungsbereichen zu erweitern.

Die Kompetenz der pädagogischen Fachkräfte wirkt sich auch auf die anderen strukturellen Qualitätsmerkmale der Einrichtung aus, da ein kompetentes Team in jeder Hinsicht den Blick auf die Anforderungen an alle Akteure, die mit der Unterstützung der Bildungsprozesse von Kindern betraut sind, aus mehreren unterschiedlichen Perspektiven betrachten kann. Nur ein fachkompetentes Team schafft z. B. durch eine sinnvolle Gruppenorganisation, durch eine durchdachte Struktur des Tagesablaufs und eine vielfältiges Lernen anregende und ästhetische Raumgestaltung eine optimale Umgebung für die Entwicklung von Kindern. Fachkompetente pädagogische Fachkräfte wissen auch, dass sie einen positiven Einfluss auf die Sprach- und Literacyentwicklung von Kindern haben, wenn sie diese in reichhaltige sprachliche Interaktionen und in gehaltvolle, zielgerichtete Aktivitäten einbinden.

Solche kompetenten pädagogischen Fachkräfte wissen, dass die sprachliche Bildung eine Schlüsselkompetenz darstellt und verfügen deshalb auch über tiefgreifende Kenntnisse über mündliche und schriftliche Sprache, ihre Erwerbsprozesse und die Methoden, durch die deren Entwicklung unterstützt und angeregt wird. Sie orientieren sich an den jeweiligen Curricula, gestalten eine sprach- und literacyanregende Umgebung, zeigen kulturelle Aufgeschlossenheit und sind interdisziplinär vernetzt. Solch ein Team bildet eine lernende Gemeinschaft, die sich in einem fortwährenden Entwicklungsprozess befindet.

Wirkungsgrade traditioneller Fortbildungen

Obwohl die empirische Forschung die Wichtigkeit dieser Handlungspraxis für die spätere Literalitätsentwicklung hervorhebt, gibt es nur wenig Forschung darüber, wie man die Weiterentwicklung des Wissens und der Fertigkeiten in diesen wichtigen Bereichen bei pädagogischen Fachkräften voranbringt. Bisher fehlt in Deutschland im elementarpädagogischen Bereich eine systematische Erforschung unterschiedlicher Fort- und Weiterbildungskonzepte und -praktiken sowie ihrer nachhaltigen Wirksamkeit auf unterschiedlichen Ebenen, auch wenn sich die Forschung in der Entwicklung der Qualitätssicherung in Ausbildung sowie Fort- und Weiterbildung verstärkt engagiert (Überblick: Hippel & Grimm, 2010).

Auch im internationalen Kontext lassen sich nur wenige Studien finden, die sich explizit mit der Beurteilung von Fortbildungen für pädagogische Fach- und Lehrkräfte befassen (Flecknoe 2002, 120). Untersucht wurde bisher vor allem, welche Art von Fortbildungen Lehrkräfte brauchen bzw. welche Methoden erfolgreich sind und welche Motivationen die Lehrkräfte für die Teilnahme an einer Fortbildung hatten (Colen & Defis, 1997; Martínez & Sauleda, 2004; Albertín & Zufiarre, 2005). Bei diesen Untersuchungen ging es primär aber nicht darum, die Effektivität der Fortbildungen zu messen. Allerdings zeigen die wenigen Untersuchungen, die diese Effektivitätsmessung durchführten, keine anhaltenden positiven Wirkungen im Sinne eines Transfers in den pädagogischen Alltag als Resultat der Fortbildung (Cope et al., 1992, 307). Pineda-Herrero et al. (2010) beispielsweise zeigen in ihrer spanischen Untersuchung, dass die pädagogischen Fachkräfte nach den Trainings zwar das Gefühl hatten, etwas gelernt zu haben und dass sie meist sehr zufrieden mit der Fortbildung waren. Die Ergebnisse aber verweisen darauf, dass der Einfluss auf der professionellen Ebene ungenügend war.

Befunde aus der Schulforschung zeigen, dass sehr kurze Fortbildungen (unter 2 Tagen) kaum nachhaltige Wirkungen aufweisen (vgl. Yoon u. a., 2007), sie zeigen aber auch, dass die Dauer einer Fortbildung an sich noch keine nachhaltige Wirkung auf das Lernen der Teilnehmenden hat (Kennedy 1998). Vielmehr scheinen ein hohes Aktivitätsniveau und starkes Engagement der Teilnehmenden während der Fortbildung wesentliche Faktoren zu sein (Lipowsky, 2010). Auch die Häufigkeit allein, mit der Lehrkräfte Fortbildungen besuchen, scheinen keine Zusammenhänge mit dem Fortbildungserfolg zu zeigen (Lipowsky, 2010).

Einige Erkenntnisse aus der Grundschulforschung verweisen darauf, dass Fortbildungen für Grundschullehrkräfte dann besonders wirksam sind, wenn sie Lehrkräfte zum intensiven Nachdenken einerseits über den Unterricht und andererseits über ihren eigenen Einfluss auf das Lernen der Schüler/innen anregen. Zudem sollten wirksame Fortbildungen domänen- und inhaltsspezifisch ausgerichtet sein (Lipowsky, 2010).

Für den Elementarbereich lässt sich sagen, dass wir wenige empirisch gesicherte Erkenntnisse darüber haben, welche Bedingungen erfolgreiche und nachhaltige Fort- und Weiterbildungskonzepte erfüllen müssen. Ein Grund dafür ist nicht nur der enorme finanzielle und personelle Aufwand, den eine umfassende Evaluation erfordert, sondern auch die theoretischen Modelle, die zur Erstellung von Evaluationsinstrumenten verwendet werden. Sehr verbreitet ist das Vier-Ebenen-Modell (reaction, learning, behavior, results) von Kirkpatrick (1975), das aufgrund seiner Einfachheit selbst in der Forschung zum Einsatz kommt, obwohl dieses Modell und insbesondere die darin formulierten Kriterien einige Unklarheiten aufweisen, wie unter anderen Alliger & Janak (1989, 331f) kritisieren:

»[Kirkpatrick's model] provides a vocabulary and rough taxonomy for criteria. At the same time, Kirkpatrick's model, through its easily adopted vocabulary and a number of (often implicit) assumptions, can tend to misunderstandings and overgeneralizations.«

Diese Unklarheit führt zu unterschiedlichen Evaluationsdesigns, wodurch Evaluationen nicht mehr miteinander vergleichbar werden. Zudem sind auch die einzelnen Ebenen dieses Modells nicht sehr aussagekräftig bezüglich des Transfers in die Praxis. So werden die Teilnehmenden beispielsweise nach nahezu jeder Fort- und Weiterbildung nach der Zufriedenheit mit der Veranstaltung und nach der Bewertung der Veranstaltungsqualität befragt. Allerdings zeigen verschiedene Studien, dass hohe Akzeptanz und Zufriedenheit nicht unbedingt mit einem tatsächlichen Wissenszuwachs bei den Teilnehmenden, auf Veränderungen in der Praxis oder auf positive Effekte beim Kind einhergehen. Etliche Studien verweisen auf eine sehr geringe Korrelation zwischen der Bewertung (reaction) der Fortbildungsmaßnahme durch die Teilnehmenden und der Performanz, die sie nach der Fortbildung an ihrem Arbeitsplatz zeigen (vgl. Alliger et al., 1997, 350).

Tagesfortbildungen zu einem bestimmten Thema können zwar die einzelnen Teilnehmer mehr oder weniger bereichern, sie führen aber in der Regel nicht zu einer tiefgreifenden und nachhaltigen Veränderung in der Einrichtung. Auch deshalb nicht, weil eine Tagesfortbildung schon aufgrund der zeitlichen Beschränkung keine Möglichkeit zur Reflexion des eigenen Handelns, kein Feedback zum eigenen Handeln und schon gar keine Veränderung von Haltungen bieten kann (Neuman & Wright, 2010).

Hoffnungsträger Coaching

Erst in den vergangenen Jahren sind vor allem in den Vereinigten Staaten eine Reihe von Untersuchungen entstanden, die sich mit diesem Thema befasst haben und zu dem Ergebnis gekommen sind, dass Fortbildung im Sinne eines Upgrades für die Erhaltung der Professionalität und vor allem nachhaltige Begleitung (Coaching) notwendig ist, um Wissen und entsprechendes fachliches Können in die tägliche Literacy-Praxis zu transferieren. Aus theoretischer Sicht kann angenommen werden, dass ein Coaching den Lernprozess von pädagogischen Fachkräften positiv beeinflusst.

Ein auf der wissenschaftlichen Synthese von Coaching-Praktiken beruhendes Coaching wird nach Rush & Shelden (2005) definiert als Erwachsenen-Lern-Methode, in der der Coach die Fähigkeiten der Lernenden, über ihre Handlungen zu reflektieren, stärkt, und ebenso ein Mittel, um die Effektivität einer Handlung oder Vorgehensweise zu bestimmen und einen Plan für die Verbesserung und den Einsatz der Handlung in unmittelbaren und zukünftigen Situationen zu entwickeln. Demnach ist während der Coaching-Gespräche mit der pädagogischen Fachkraft darauf zu achten, dass auf eine nicht wertende und konstruktive Art interagiert wird und mit ihr gemeinsam die zu erzielenden Fertigkeiten und eine Zeitschiene erarbeitet werden. Nach jedem Coaching-Gespräch sollte ein Aktions- bzw. Handlungsplan erstellt werden, um die zu erzielenden Fertigkeiten zu erreichen.

In vielen Aspekten ist Coaching einer Beratung sehr ähnlich (Pianta et al., 2008), es umfasst eine gemeinsame Beziehung zwischen einem Experten und einer pädagogischen Fachkraft bzw. einem Team, um ein spezifisches Wissen und Fertigkeiten, die zur Praxis in Beziehung stehen, zu entwickeln. Beim Coaching kommt es darauf an, dass das bereits existierende Wissen und die Fähigkeiten der pädagogischen Fachkräfte als Grundlage für die Verbesserung des Wissens und der Fertigkeiten anerkannt werden. Insgesamt kann Coaching als Unterstützungsstruktur für die Weiterbildung pädagogischer Fachkräfte mit Ansätzen beschrieben werden, wie Ressourcenorientierung, Problemlösen durch instruktionale Dialoge, explizite Beispiele, Beobachtung, Feedback-Sprache, Co-Teaching oder Selbstreflexion (Blachowicz et al., 2005, Deussen et al., 2007).

Nun kann man sich aber fragen, ob Coaching, auch häufig unter den Begriffen »Mentoring« oder »Konsultation« zu finden, ein erfolgreicher zielorientierter Ansatz zur Qualitätsverbesserung der sprachlichen Bildungspraxis darstellt. Die Anwendung von Coaching bei der sprachlichen Bildung als Basis- und Querschnittsthema in Bildungseinrichtungen ist noch relativ neu. Coaching ist eine Form der Weiterbildung, die nachhaltiges Raummanagement, unterstützende Praxiskritik und spezifische Beobachtung einschließt.

Inzwischen sind einige interessante Arbeiten zum Einsatz von Coaching zur Professionalisierung von Fachkräften erschienen. Eine davon ist die umfassende Zusammenstellung von Isner et al. (2011), einer Arbeitsgruppe, die 135 Artikel aus der US-amerikanischen Forschungsliteratur untersuchten, um zu analysieren, ob es möglich ist, zwischen den vielen verschiedenen Coaching-Ansätzen zu unterscheiden und die spezifischen Merkmale ausfindig zu machen, die am durchgängigsten mit einem Effektivitätsnachweis einhergehen. Sie stellten fest, dass es in der von ihnen untersuchten Literatur durchaus Nachweise dafür gibt, dass Coaching einen positiven Effekt auf die Sprach- und Literacyentwicklung der Kinder hat, besonders dann, wenn die mit Sprache und Literacy verbundenen Methoden ein direkter Schwerpunkt des Coaching-Modells waren.

Die Analyse und die Ergebnisse, die in diesem Bericht präsentiert werden, dokumentieren die Wichtigkeit von Coaching und anderen Vor-Ort-Konzepten (Fortbildung direkt am Arbeitsplatz) zur Verbesserung der Qualität der Bildungsarbeit. Allerdings zeigen sie auch, dass es noch nicht ganz klar ist, wie ein optimales Coaching aussieht, das am besten zu einer Qualitätsverbesserung führt.

Nach der Untersuchung von über 300 Artikeln, Dissertationen und ERIC-Dokumenten kam Wade (1984, 53) zu dem Ergebnis, dass Coaching die effektivste Methode ist, um einen Transfer in die Praxis zu bewirken, wenn es mit anderen, die Lerneffektivität bedingenden Faktoren gekoppelt war, wie z. B. mit Beobachtung und kollegialem Austausch.

Joyce & Showers (2002) untersuchten Hunderte von Studien nach effektiven Fortbildungsmaßnahmen, die Lehrkräfte in ihrem Lernen und bei der Implementierung des neuen Wissens unterstützen sollten. Nach ihren Forschungen haben sich drei Schlüsselkomponenten herausgebildet, die die Anwendung in der Praxis betraf:
1. Ein Fokus auf der Entwicklung eines Verständnisses des neuen Wissens
2. Das Zeigen und Modellieren neuer Methoden
3. Kontinuierliches Feedback durch einen Coach.

Dickinson & Caswell (2007) wiederum entwarfen das »Language Environment Enrichment Program« (LEEP), ein 45-stündiger berufsbegleitender Kurs, der den pädagogischen Fachkräften helfen sollte, Wissen über Literacy aufzubauen und Good-Practice in den Einrichtungen anzuwenden. Als zusätzliche nachhaltige Unterstützung arbeiteten während der Projektzeit Supervisoren mit den pädagogischen Fachkräften vor Ort in den Einrichtungen. Innerhalb von sechs Monaten fanden die Forscher moderate bis starke positive Effekte bei allen Messungen der Einrichtungsbegleitungen (außer beim Schreiben).

In einer 2010 veröffentlichten Studie untersuchten Neuman & Wright den Einfluss von zwei Formen von Fortbildungen zur Weiterbildung von pädagogischen Fachkräften zum Umgang mit früher Sprache und Literacy: Kurs und Coaching. Es nahmen 148 pädagogische Fachkräfte aus sechs US-amerikanischen Großstädten teil, die zufällig Gruppe 1 (Kurs), Gruppe 2 (Vor-Ort-Coaching) oder Gruppe 3 (Kontrollgruppe) zugeordnet wurden. Prä- und Postmessungen prüften das Wissen und die Qualität der Sprach- und Literacypraxis der pädagogischen Fachkräfte.

Die Analysen zeigten keine bedeutenden Verbesserungen zwischen den Gruppen hinsichtlich ihres Wissens von früher Sprache und Literacy. Dennoch machten diejenigen, die ein Coaching erhielten, statistisch signifikante Fortschritte in der strukturellen Umgebung sowohl sofort als auch fünf Monate später. Die Effektgrößen waren für Coaching beträchtlich, während diejenigen, die einen Kurs erhielten, keine bedeutenden Fortschritte machten. Allerdings konnten keine Unterschiede bei Prozessmerkmalen, wie interaktionale Umgebung, Lernunterstützung und Lehrstrategien, die sehr wichtig für die Literacy-Entwicklung sind (Dickinson & Caswell, 2007), gefunden werden. Beide Gruppen hatten sich etwas verbessert, aber weniger als zu erwarten gewesen wäre. Die Coaches verbrachten wesentlich mehr Zeit mit den Fachkräften, um Ziele zu setzen, Reflexionen zu fördern, die Gruppenpraxis zu beobachten und Feedback bereitzustellen. Weniger Sitzungen wurden auf Lehrstrategien, Planung, Co-Teaching oder das Modellieren von neuen Instruktionsstrategien verwendet. Die Coaches schienen eher zu leiten als direkt mit den Fachkräften zu interagieren. Dieser Umstand ist möglicherweise die Ursache für die geringe Verbesserung der Prozessqualität.

Dennoch zeigten die Rückmeldungen der Teilnehmenden aus den beiden Gruppen, dass Coaching als Modell für die Professionalisierung einen praxisbasierten Ansatz unterstützt, der einen unmittelbareren Transfer von Konzeptionen in die Praxis ermöglicht als traditionelle Workshops oder Kurse.

Diese und andere Studien zeigen, dass eine effektive professionelle Fortbildung dann spezifisch und zielgerichtet ist, wenn sie viele Gelegenheiten für praktisches Üben bietet und Feedback im Zusammenhang mit der jeweils eigenen Praxis der Teilnehmenden bereitstellt. Bei solchen Fortbildungen haben pädagogische Fachkräfte angemessen Zeit, um über ihr eigenes Handeln zu reflektieren, sich Ziele zu setzen und ihre Arbeit selbst einzuschätzen.

Die Ergebnisse zeigten, dass Coaching eine effektive Form der Qualifizierung von pädagogischen Fachkräften darstellt. Aber eines zeigen diese Studien auch: Obwohl es vielversprechende Hinweise gibt, dass Coaching möglicherweise ein effektiver Ansatz für die Verbesserung der Sprach- und Literacy-Praxis von pädagogischen Fachkräften ist, so gibt es dennoch wenig empirische Unterstützung für seinen Einsatz, vor allem als eigenständige Fort- oder Weiterbildungsstrategie. Es ist wenig bekannt über die Strategien, die Coaches einsetzen (Powell et al., 2009; Powell, Diamond & Koehler, 2010). Obwohl Beobachtungen, Darlegungen und Zielsetzungen als oft zitierte Strategien für Fort- und Weiterbildungen genannt sind, werden diese Aktivitäten selten bei Interventionen genauer beleuchtet.

Nicht nur Strategien, sondern auch Intensität, Tiefe und Dauer des Verfahrens sind zu berücksichtigen, um eine qualitativ hohe Fort- und Weiterbildung hinsichtlich einer Verbesserung der Sprach- und Literacy-Praxis zu entwickeln. Das heißt, wir wissen noch nicht, wie viel Fortbildung notwendig ist, um Änderungen in der Praxis herbeizuführen. Wir wissen auch noch nicht, wie lange und in welcher Häufigkeit und Tiefe die Fortbildungen stattfinden sollten. Folglich sind diese wichtigen Fragen zum Coaching empirisch anzugehen, um die längerfristige Brauchbarkeit von Coaching für eine verbesserte Qualität der Praxis und positive Ergebnisse hinsichtlich der Sprach- und Literacyentwicklung bei den Kindern zu ermitteln.

Sprachberatung – ein Coaching Ansatz

Nun wurde erstmals in Deutschland flächendeckend zwischen 2008 und 2011 ein Coaching-Ansatz in Bayern implementiert. Die so genannte »Sprachberatung« hatte zum Kernziel, sprachliche Bildung im Sinne gezielter, interaktionaler, sprachanregender, literacy- und kommunikationsfördernder Angebote und Beziehungen durchgängig in den pädagogischen Alltag einzubeziehen. Gezielt sollten die Coaches die Selbstreflexionsfähigkeit der pädagogischen Fachkräfte unterstützen, ihnen fachliches Wissen und neue sprach- und literacyrelevante Handlungspraktiken vermitteln.

Sprachberatung ist ein Coaching-Modell, das Individualisierung erlaubt. D. h., es gab zwar einen allgemeinen Leitfaden für die Sprachberatung, aber manche Elemente, wie z. B. die Auswahl bestimmter Themen oder Aktivitäten, orientierten sich an den Bedürfnissen der einzelnen pädagogischen Fachkräfte bzw. des gesamten Teams. Die Methoden, die die Sprachberatung einsetzte, waren sehr vielfältig angelegt:

- Begleitung und Beratung im pädagogischen Alltag
- Einzelberatung von Teammitgliedern
- Einsatz von Medien, z. B. Videoanalysen
- Fachliches Feedback
- Fortbildungen für das Gesamtteam oder für Teilgruppen
- Kollegiale Beratung
- Moderation von Teamgesprächen
- Projektberatung und -begleitung
- Unterstützung bei der Vernetzung und Kooperation mit anderen Einrichtungen

Ähnlich wie die befragten Coaches in der Studie von Neuman & Wright (2010) schätzten die pädagogischen Fachkräfte vor allem die individuelle und bedarfsorientierte

Form der Sprachberatung. Ähnliche Aussagen wie die folgende, finden sich in vielen Interviews mit Einrichtungen, die an einer Sprachberatung teilgenommen hatten:

»Vor allem fühlen wir uns verstanden und genießen es sehr, dass unsere Sprachberaterin individuell auf unsere Bedürfnisse eingehen kann. Sie hört uns an, wenn wir Einzelfälle schildern und hilft uns, Lösungswege zu finden. Sie vermittelt uns theoretisches Fachwissen und verdeutlicht dieses mit Beispielen aus der Praxis. Außerdem erarbeiten wir manche Themen in Rollenspielen. Sie steht uns mit Rat und Tat zur Seite und versorgt uns mit Material, Fachbüchern und vielem mehr« (Kieferle, 2009).

Coaching kann allerdings nur gelingen, wenn auf der einen Seite die Coaches gut ausgebildet sind und bestimmte Persönlichkeitsaspekte mit sich bringen, wie z. B. Integrität, Höflichkeit, Geduld, Eloquenz, Offenheit, usw., auf der anderen Seite aber kann ein Coachingprozess nur gelingen, wenn die Fachkräfte ebenfalls offen sind. Stewart et al. (2008) konnten in ihrer Studie zur Persönlichkeit von Coaching-Klienten folgende Persönlichkeitsmerkmale identifizieren, die einen Coachingprozess erfolgreich machen: Gewissenhaftigkeit, Offenheit, emotionale Stabilität und allgemeine Selbstwirksamkeit. Da beide Seiten nicht immer die erforderlichen Fähigkeiten und Persönlichkeiten mitbringen, ist der Erfolg eines Coachings auch nicht immer zu gewährleisten.

Wie ein guter Mix aus verschiedenen Ansätzen aussehen muss, damit ein langfristiger Transfer von Gelerntem in die Praxis gelingt, muss erst noch durch viele Einzelstudien erarbeitet werden. Die Evaluation des Sprachberater-Projekts wird einen wichtigen Beitrag zur nationalen und internationalen Wirksamkeitsforschung von Fort- und Weiterbildung leisten.

Literatur

Albertin, A. M./Zufiarre, B.: La Formación del Profesorado de Educación Infantil Una trayectoria desde la LGE hasta la LOE, Pamplona 2005

Alliger, G. M./& Janak, E. A.:Kirkpatrick's levels of training criteria: Thirty years later. Personnel Psychology, 42, 1989; S. 331–342

Alliger, G. M./Tannenbaum, S. I./Bennett, W., Jr./Traver, H. & Shotland, A.: A meta-analysis of the relations among training criteria. Personnel Psychology, 50, 1997; S. 341–358

Belsky, J.: Early child care and early child development: Major findings of the NICHD Study of Early Child Care. European Journal of Developmental Psychology. 3(1), 2006; S. 95–110

Blachowicz, C. L. Z/Obrochta, C./Fogelberg, E.: Literacy coaching for change. Educational Leadership, 62(6), 2005; S. 55

Colen, M.T./Defis, O.: La formación permanente del profesorado de educación infantilcomo punto de partida de la formación inicial. Revista [Electrónica] Interuniversitaria de Formación del Profesorado, 1(0), 1997

Cope, P./Inglis, B./Riddell, S./Sulhunt, O.: The value of in-service degrees: teachers – long-term perceptions of their impact, British Educational Research Journal. 18(3), 1992; S. 297–307

Delors, J.: La educación encierra un Tesoro, Madrid 1996

Deussen, T./Coskie, T./Robinson, L./Autio, E.: »Coach« can mean many things: five categories of literacycoaches in Reading First (Issues & Answers Report, REL 2007 – No. 005). Washington, DC: U.S. Department of Education, Institute of Education Sciences, National Center for Education

Evaluation and Regional Assistance, Regional Educational Laboratory Northwest, 2007. URL: http://ies.ed.gov/ncee/edlabs

Dickinson, D./Caswell, L.: Building support for language and early literacy in preschool classrooms through in-service professional development: Effects of the Literacy Environment Enrichment Program (LEEP). Early Childhood Research Quarterly, 22, 2007; S. 243–260

Flecknoe, M., Measuring the impact of teacher professional development: Can it bedone? European Journal of Teacher Education 25, no. 2/3, 2002; S. 119–132

Isner, T./Tout, K./Zaslow, M./Soli, M./Quinn, K./Rothenberg, L./Burkhauser, M.: Coaching in Early Care and Education Programs and Quality Rating and Improvement Systems (QRIS): Identifying Promising Features. Children's Services Council of Palm Beach County. Washington. 2011. URL: http://www.childtrends.org/Files//Child_Trends-2011_04_27_FR_CoachingEarlyCare.pdf

Hippel, A. v./Grimm, R.: Qualitätsentwicklungskonzepte in der Weiterbildung frühpädagogischer Fachkräfte. Deutsches Jugendinstitut (Hg.): WIFF-Expertisen, 3, 2010

Kieferle, C.: Stimmen aus der Praxis – Interviews mit Sprachberaterinnen und Kita-Leiterinnen. In: Staatsinstitut für Frühpädagogik (Hg.). IFP-Infodienst. Bildung, Erziehung, Betreuung von Kindern in Bayern. 14. Jg., München. 2009

Kirkpatrick, D. L.: Techniques for evaluation training programs. Journal of American Society for Training Directors, 13, 1959; S. 21–26

Lipowsky, F.: Lernen im Beruf – Empirische Befunde zur Wirksamkeit von Lehrerfortbildung. In: Müller, F., Eichenberger, A., Lüders, M. & Mayr, J. (Hg.), Lehrerinnen und Lehrer lernen – Konzepte und Befunde zur Lehrerfortbildung, Münster 2010; S. 51–72

Martinez, M. A. & Sauleda, N.: La educación infantil y la formación del profesorado hacia el siglo XXI: integración S. identidad. Congreso internacional de Educacion Infantil, Córdoba 2004

NICHD Early Child Care Research Network: The relation of child care to cognitive and language development. Child Development, 71(4), 2000; S. 960–980

Neuman, S. B. & Cunningham, L.: The Impact of Professional Development and Coaching on Early Language and Literacy Instructional Practices. In: American Educational Research Journal 46(2), 2009; S. 532–566

Neuman, S. B./Wright, T. S.: Promoting Language and Literacy Development for Early Childhood Educators. A Mixed-Methods Study of Coursework and Coaching. In: The Elementary School Journal, Vol. 111/1, 2010; S. 63–86. URL: http://www.sbneuman.com/pdf/coachinginearlychildhood.pdf

Norton, J.: A storybook breakthrough. Journal of Staff Development, 22(4), 2001; S. 22–25. URL: www.nsdc.org/library/publications/sd/norton224.pdf

Pianta, R./Mashburn, A./Downer, J./Hamre, B./Justice, L.: Effects of web-mediated professional development resources on teacher-child interactions in pre-kindergarten classrooms. Early Childhood Research Quarterly, 23, 2008; S. 431–451

Poglinco, S./Bach, S.: The heart of the matter: Coaching as a vehicle for professional development. Phi Delta Kappan, 85(5), 2004; S. 398–402

Powell, D. R./Diamond, K./Burchinal, M.: Effects of a professional development intervention on teaching processes and child language and literacy outcomes. Paper presented at the meeting of the Society for Research on Child Development, Denver im April 2009

Powell, D. R./Diamond, K. E./Koehler, M. J.: Use of a case-based hypermedia resource in an early literacy coaching intervention with pre-kindergarten teachers. Topics in Early Childhood Special Education, 29(4), 2009; S. 239–249

Rush, D./Shelden, M.: Evidence-based definition of coaching practices. CASEinPoint, 1(6), 2005. URL: http://www.fippcase.org/caseinpoint/caseinpoint_vol1_no6.pdf

Schwartz, S./McCarthy, M./Gould, T./Politiziner, S./Enyeart, C.): Where the rubber hits the road: An in-depth look at collaborative coaching and learning and workshop instruction in a sample of effective practice schools. Boston, MA 2003

Stewart, L.J./Palmer, S./Wilkin, H./Kerrin, M.: The Influence Of Character: Does Personality Impact Coaching Success? International Journal of Evidence Based Coaching and Mentoring. Vol. 6, No. 1, February, 2008; S. 32

Tietze, W./Becker-Stoll, F./Bensel, J./Eckhardt, A.G./Haug-Schnabel, G./Kalicki, B./Keller, H./Leyendecker, B.: NUBBEK – Nationale Untersuchung zur Bildung, Betreuung und Erziehung in der frühen Kindheit. Fragestellungen und Ergebnisse im Überblick. 2012. URL: http://www.nubbek.de/media/pdf/NUBBEK %20Broschuere.pdf

Wasik, B./Bond, M.A./Hindman, A.: The effect of a language and literacy intervention on Head Start children and teachers. Journal of Educational Psychology, 98, 2006; S. 63–74

1.4.1 Das Projekt »Sprachberatung« in Bayern

Eva Reichert-Garschhammer

Sprach- und Literacyentwicklung von Kindern hängt entscheidend davon ab, in welcher sprachlichen Umwelt sie aufwachsen. Neben der Familie spielen Kindertageseinrichtungen eine zentrale Rolle. An dieser wissenschaftlichen Erkenntnis setzt das vom Bayerischen Staatsministerium für Arbeit und Sozialordnung, Familie und Frauen im Zeitraum vom Juli 2008 bis Ende 2012 geförderte Projekt Sprachberatung an.

Sprachberatung auf der Grundlage eines Coaching-Konzepts ist ein zeitlich befristetes und individuell gestaltbares Beratungs- und Fortbildungsangebot für Teams von Kindertageseinrichtungen im Rahmen der Umsetzung des landesspezifischen Bildungsplans.

- Sprachberatung fokussierte auf dem Bildungsbereich Sprache & Literacy und dessen Verankerung in der Konzeption und Praxis als durchgängiges Prinzip im pädagogischen Alltag und beruht damit auf einem ganzheitlichen Ansatz. Ziel war die Weiterentwicklung der Qualität sprachlicher Bildung im Sinne der Grundprinzipien des Bildungsplans und nach dem Stand der Forschung auf hohem Niveau. Sprachberatung hatte dabei alle Kinder im Blick, nicht nur Kinder mit Sprachauffälligkeiten und Migrationshintergrund.
- Im Sinne der Nachhaltigkeit richtete sich Sprachberatung ausschließlich an das pädagogische Team. Dessen Weiterbildung und Stärkung als lernende Gemeinschaft sind daher Leitziele der Sprachberatung. Anhand der vereinbarten Beratungsinhalte wurde das Team dabei begleitet, seine bisherige Konzeption und Praxis zu reflektieren, den individuellen Weiterentwicklungsbedarf zu ermitteln und eigene Lösungen für dessen Umsetzung zu finden. Dadurch wurde das Team in seiner Selbstreflexions- und Innnovationsfähigkeit gestärkt.
- Nach 115 Stunden Sprachberatung erhielt die beratene Einrichtung ein Zertifikat.
- Mit Vor- und Nachbereitung der Termine standen der Sprachberatung pro Einrichtung 170 Stunden Zeit zur Verfügung.

Auf dieser konzeptionellen Basis war Sprachberatung inhaltlich breit angelegt und konnte sich auf folgende Inhalte beziehen, bei deren Umsetzung eine Vielfalt verschiedener Methoden zum Einsatz kamen:
1. Bildungsplan und dessen Grundprinzipien
2. Sprache & Literacy als durchgängiges Prinzip im pädagogischen Alltag – Weiterentwicklung des sprachbezogenen Bildungskonzepts der Einrichtung und Begleitung der Umsetzung in die Praxis

3. Verankerung des Konzepts zur Sprache & Literacy in der Einrichtungskonzeption
4. Sprach- und literacy-anregende Lernumgebung
5. Interkulturelle Bildung
6. Gesprächskultur in der Einrichtung
7. Beobachtung und Dokumentation der Sprach- & Literacyentwicklung der Kinder
8. Bildungspartnerschaft mit Eltern im Bereich Sprache & Literacy
9. Weiterentwicklung der lokalen Netzwerkbildung – Kooperation und Vernetzung mit Bibliotheken, kulturellen Einrichtungen und Kulturschaffenden sowie Fachdiensten
10. Bildungspartnerschaft mit der Schule.

Um Sprachberatung im beschriebenen Sinne leisten zu können, wurde für die ausgewählten Sprachberaterinnen und Sprachberater, die als Mindestanforderung an Qualifikation eine Berufsausbildung als staatlich anerkannte/r Erzieherin/Erzieher und Erfahrung mit sprachlicher Bildungsarbeit nachweisen mussten, vom Staatsinstitut für Frühpädagogik (IFP) – mit fachlicher Begleitung einer Steuerungsgruppe – eine dreiwöchige Weiterbildung konzipiert. Deren 11 Module bestanden zur Hälfte jeweils aus Grundlagen- und Praxismodulen. Das der Weiterbildung zugrunde liegende Kompetenzprofil von Sprachberatung zeigt Tabelle 8.

Tabelle 8: Das der Weiterbildung zugrunde liegende Kompetenzprofil von Sprachberatung

Modul 1: Sprache als durchgängiges Prinzip	– Kenntnis über Aufgaben und Rolle der Sprachberatung in Kindertageseinrichtungen und über deren rechtliche Grundlagen – Grundkenntnisse über Inhalt und Aufbau des Bildungsplans und geeignete Umsetzungsstrategien in der Praxis – Kenntnis der Grundprinzipien des Bildungsplans und methodische Kompetenz zum Transfer in die Kita-Teams (z. B. Bild vom Kind, Kompetenzstärkung, Partizipation, Ko-Konstruktion) – Kenntnis des Bildungsbereichs »Sprache und Literacy« im Bildungsplan als durchgängiges Prinzip im Bildungsgeschehen – Kenntnisse über die Konzeptionsentwicklung auf der Grundlage des Kita-Landesgesetzes und Bildungsplans und die Einbettung von »Sprache und Literacy« in die Konzeption
Modul 2: Sprachentwicklung – Wissen über Sprache	– Grundwissen, was Sprachkompetenz bedeutet – Linguistisches Grundwissen zu Sprachkompetenz und -erwerb (Semantik/Lexikon, Syntax, Morphologie, Pragmatik, Diskurs, Kommunikation, Sprechakt) – Kenntnis der Grundlagen des kindlichen Spracherwerbs (Erst- und Zweitspracherwerb) – Wissen über Mehrsprachigkeit und den Umgang mit Mehrsprachigkeit, über interkulturelle Kompetenz – Wissen über den Zusammenhang von Sprachentwicklung und sozialer Benachteiligung
Modul 3: Literacyentwicklung	– Kenntnis über Literacyentwicklung und Grundlagen des Schriftspracherwerbs – Wissen über Querverbindungen zu anderen Bildungsbereichen – Kenntnisse über Medienkompetenz

Module 4 und 5: Literacy in der Einrichtung	- Kompetenz, Bücher auszuwählen, die eine interessante und reichhaltige Sprache enthalten, die die Vorstellungskraft und Kreativität der Kinder anregt (Auswahlkriterien) - Kenntnis der Bedeutung der dialogischen Bilderbuchbetrachtung für Sprachlernen und spätere Lesekompetenz; Fähigkeit, selbst dialogorientiert zu arbeiten und andere in dieser Kompetenz zu stärken - Wissen über sprach- und literacyanregende pädagogische Angebote und Aktivitäten (Bilderbuchbetrachtung, Erzählen und Vorlesen, Geschichten dokumentieren, Zuhörkultur, Wortschatzerweiterung, Zusammenarbeit mit Bibliotheken) - Kompetenz, Literacy-Umgebungen anregend und effektiv zu gestalten, und dieses Wissen bei pädagogischen Fachkräften anzubahnen und sie in der konkreten Umsetzung zu beraten - Wissen über das sprachanregende Potenzial verschiedener pädagogischer Angebote und Lernaktivitäten, Transfer im praktischen Kontext (Reime, Gedichte, Symbolspiel, Rollenspiel, spielerische Erfahrungen mit Schreiben und Schrift, Literacy-Center) - Konzepte zur Entwicklung einer phonologischen Bewusstheit als Teil der Stärkung von Literacykompetenz - Wissen über besondere Bedingungen der Stärkung von Literacykompetenz bei Mehrsprachigkeit
Modul 6: Gestaltung einer Gesprächskultur in der Einrichtung	- Kenntnis der wichtigsten sprachanregenden Interaktionsstrategien unter Berücksichtigung von Altersunterschieden (0–12) in verschiedenen Settings - Wissen über die Effekte unterschiedlichen Interaktionsverhaltens (Sprachvorbild sein, Atmosphäre und Sprechanlässe schaffen, andere Erstprachen und Dialekte wertschätzen) - Fähigkeit, das eigene Interaktionsverhalten zu reflektieren und das Interaktionsverhalten pädagogischer Fachkräfte zu beurteilen - Kompetenz, sprachanregendes Interaktionsverhalten zu stärken, insbesondere mithilfe videounterstützter Interaktionsberatung
Modul 7: Umgang mit Konzepten und Programmen	- Kenntnis über Möglichkeiten und Grenzen der Sprachförderung durch Sprachförderprogramme und -konzepte - Kenntnis von Kriterien zur Beurteilung von Konzepten und Programmen - Kompetenzen zur Beratung pädagogischer Fachkräfte hinsichtlich des Umgangs mit Konzepten und Programmen
Modul 8: Beobachtung und Dokumentation der sprachlichen Lern- und Entwicklungsprozesse des Kindes	- Kenntnis der zentralen Aussagen im Bildungsplan über Beobachtung und Dokumentation - Theoretische und praktische Detailkenntnisse der Beobachtungsverfahren *Sismik* und *Seldak* - Einblick in die Verfahren *Perik* und *BEK* (inkl. Hintergrund) sowie Basisinformation zu *Lerngeschichten, Sprachtagebuch, Entwicklungstabelle Kuno Beller, BISC, Elfra*

Modul 9: Auffälligkeiten in der Sprachentwicklung	– Kenntnis der wichtigsten Störungsbilder – Wissen über die Fördermöglichkeiten innerhalb des pädagogischen Handlungsrahmens – Kenntnis des Unterschieds zwischen Sprachförderung und Sprachtherapie – Kenntnis über Vernetzung und Kooperation (z. B. Fachdienste, Frühförderstelle, Eltern)
Modul 10: Bildungspartnerschaft mit Eltern in Bezug auf Sprache und Literacy	– Wissen über die Bildungsaufgaben von Eltern bei der Begleitung ihres Kindes bei seinem sprachlichen Bildungsprozess – Kenntnisse über die Möglichkeiten der Einbeziehung der Eltern in Aktivitäten der Einrichtung und die Besonderheiten in der Kooperation mit Migrantenfamilien und bildungsfernen Familien – Kenntnis über Vernetzung und Kooperation (z. B. Fachdienste, Frühförderstellen, andere Hilfesysteme)
Modul 11: Grundlagen für die Sprachberatungstätigkeit in den Einrichtungen	– Vertiefung der Kenntnisse über Aufgaben und die Rolle als Sprachberatung in den Kindertageseinrichtungen – Kenntnisse über Grundsätze und Methoden des Coaching-Konzepts (Beratung) – Erwerb von Kenntnissen über Instrumente und Methoden aus der modernen Erwachsenenbildung für die Gestaltung nachhaltiger Veränderungsprozesse in den Kindertageseinrichtungen im Bildungsbereich »Sprache und Literacy«

Die Sprachberaterinnen und Sprachberater wurden im Rahmen ihrer Beratungstätigkeit durch das Staatsinstitut für Frühpädagogik (IFP) begleitet und vernetzt. Es fanden regelmäßige Arbeitskreistreffen und vertiefende Fortbildungseinheiten statt. Das Projekt Sprachberatung wurde ebenfalls vom IFP wissenschaftlich begleitet und evaluiert. Um Wissen über die Gelingensfaktoren von Sprachberatung bzw. Coaching zu generieren, wurde zudem ein Extremgruppen-Vergleich durchgeführt, der wichtige Erkenntnisse zur Qualitätsentwicklung von fachlichen Begleitungen dieser Art erbringt. Sprachberatung war bisher ein befristetes Projekt. Die internationale Forschung und die Ergebnisse der Evaluation dieses Projekts aber zeigen, dass die Weiterentwicklung dieser Form der Weiterqualifizierung der pädagogischen Fachkräfte nur ein Anfang sein kann.

1.4.2 Einflussfaktoren für das Gelingen von Coaching im Projekt Sprachberatung

Oliver Nicko & Inge Schreyer

Im Rahmen des Projekts Sprachberatung werden Teams von Kindertageseinrichtungen durch fachliches Coaching unterstützt: Sprachberater/innen (SB) beraten die Fachkräfte im Hinblick auf eine ganzheitliche Stärkung der Sprach- und Literacy-Kompetenzen aller Kinder der Einrichtung. Da nahezu alle Sprachberaterinnen weiblich waren und zugunsten einer besseren Lesbarkeit wird im Folgenden ausschließlich die weibliche Form verwendet.

Der Beratungsprozess ist äußerst vielschichtig und durch eine Vielzahl von unterschiedlichen und für jede Einrichtung individuell vereinbarten Aspekten geprägt. In einer vertiefenden Studie wurde der Versuch unternommen, Faktoren seitens der Beraterin zu identifizieren, die für das Coaching besonders förderlich bzw. hinderlich sind.

Methodisches Vorgehen bei der Ermittlung förderlicher bzw. hinderlicher Faktoren

Die zur Verfügung stehende Datenbasis im Projekt Sprachberatung beruht ausschließlich auf Fragebogendaten der am Projekt beteiligten Personen. Diese umfassen einerseits die Sprachberaterinnen und auf der anderen Seite die Fachkräfte bzw. Einrichtungsleitungen sowie die Eltern der Kinder in den entsprechenden Einrichtungen. Die Befragung der Eltern wird an dieser Stelle nicht näher betrachtet.

In der Analyse verwendete Fragebögen

Alle Sprachberaterinnen wurden zu Projektbeginn befragt, wobei vorrangig allgemeine Daten wie Angaben zur Berufsausbildung, zu speziellen Kenntnissen und Fähigkeiten, zu berufsbezogenen Persönlichkeitsbeschreibungen sowie Angaben rund um die Sprachberatung erhoben wurden. Diese Befragung wird im Folgenden als *einmalige Vorbefragung der Sprachberaterinnen* bezeichnet.

Des Weiteren wurden sie jeweils nach Beendigung ihrer Beratungen befragt. Inhalte dieser eher einrichtungsspezifischen Befragungen waren der Prozess der Sprachberatung (behandelte Themen, Atmosphäre etc.), die Einschätzung zu Veränderungen durch die Sprachberatung (auf der Ebene der Einrichtung, des Teams, der Kooperation mit den Eltern etc.), Fragen zur Erreichung konkreter, mit der Einrichtung vereinbarter Ziele und Angaben zu Veränderungen bzw. persönliche Angaben der Sprachberaterin (Gesamtbewertung des Projekts, Verbesserungsvorschläge etc.). Diese zweite Befragung wird als *Nachbefragung der Sprachberaterinnen* bezeichnet.

Auch die Fachkräfte bzw. Einrichtungsleitungen wurden im Laufe des Projektes mittels Fragebögen befragt. Hierbei waren zwei verschiedene Vorgehensweisen möglich:
1. Bei rechtzeitiger Bekanntgabe der teilnehmenden Einrichtung durch die Sprachberaterin (d. h. vor Absolvierung der 20. Beratungsstunde) erhielten maximal fünf Fachkräfte je Einrichtung einschließlich der Leitung die Kita-Vorbefragung. In dieser wurden persönliche Daten, Angaben zur Einrichtung (durch die Leitung), eine aktuelle Einschätzung zum Stand des Bildungsbereichs Sprache & Literacy und Informationen zu den Zielen der Sprachberatung in der Einrichtung erfragt sowie Einschätzungen über die persönliche Arbeit der Fachkraft und die Arbeit im Team. Am Ende der Sprachberatung beantragte die Sprachberaterin das Zertifikat für die Einrichtung. Daraufhin wurde die zweite Befragung *(Nachbefragung Fachkräfte/Leitung)* an die Kita versandt. In dieser ging es ebenso um allgemeine Angaben zur Person, um Informationen zur Einrichtung, um die Einschätzung zum Stand des Bildungsbereichs Sprache & Literacy, um Angaben zum Prozess der Sprachberatung und zu den durch die Sprachberatung induzierten Veränderungen in der Einrichtung, im Team, bei den Fachkräften selbst, in der Kooperation mit den Eltern bzw. bei den Kindern der Einrichtung. Auch hier wurden Fragen zur Zielerreichung, zur eigenen persönlichen Arbeit und zur Arbeit im Team gestellt.
2. Erfolgte die Meldung der teilnehmenden Einrichtung durch die Sprachberaterin erst nach der 20. Beratungsstunde, ergab die Durchführung einer *Vorbefragung* keinen Sinn mehr und die Kita wurde nur einmalig zum Ende der Beratung befragt. In diesem Fragebogen *(einmalige Befragung)* wurden die Inhalte der Vor- und Nachbefragung zusammen erfasst.

Strategie bei der Auswahl der Extremgruppen und bei der Datenauswertung

Da viele Sprachberaterinnen die von ihnen beratenen Kitas erst nach der 20. Beratungsstunde gemeldet hatten, befanden sich im Projekt-Gesamt-Datensatz mehr Einrichtungen, die nur einmalig befragt wurden (siehe oben, Vorgehensweise 2). Die Ermittlung förderlicher bzw. hinderlicher Einflussfaktoren eines Coaching kann am besten durch die Bildung von Extremgruppen gezeigt werden. Daher ist es wichtiger, den jeweiligen zur Berechnung statistischer Unterschiede notwendigen Umfang der Teilstichproben sicherzustellen, als inhaltliche Unterschiede zwischen Vor- und Nachbefragung zu ermitteln. Aus diesem Grund wurde für diese Auswertung die einmalige Befragung mit ihrer breiteren Datenbasis als Berechnungsgrundlage herangezogen. Sämtliche im Folgenden berichteten Unterschiede zwischen den Einschätzungen der an der Sprachberatung beteiligten Personen in den verschiedenen Gruppen sind statistisch signifikant ($p < .05$), ein Großteil sogar sehr signifikant ($p < .01$ bzw. $p < .001$; Tests variierend je nach Art der Daten). In der Darstellung und Besprechung der Ergebnisse wird auf diesen Sachverhalt zugunsten der Lesbarkeit nicht erneut eingegangen.

Insgesamt befinden sich die Angaben aus 715 Einrichtungen im Datensatz der *einmaligen Befragung*. In einem ersten Schritt wurden die Daten der Fachkräfte, die keine Einrichtungsleitung sind, entfernt, um einen direkten Vergleich zwischen der Sprachberaterin einer Kita und der Einrichtungsleitung zu ermöglichen. Um nun Hinweise dafür zu erhalten, worin sich gelungene Sprachberatungen von weniger gelungenen unterscheiden und somit positive bzw. negative Einflussfaktoren zu identifizieren, wurde die Stichprobe anhand eines Kriteriums in zwei Extremgruppen aufgeteilt: nämlich in die Einrichtungen, deren Leitungen und Sprachberaterinnen subjektiv viele positive Auswirkungen durch die Sprachberatung wahrnahmen und in diejenigen, die weniger/keine positiven Veränderungen sahen.

Als Kriterium für die Unterteilung in die beiden Gruppen diente das Antwortverhalten zu der in Tabelle 9 genannten Aussage, die den Kita-Leitungen und den Sprachberaterinnen zugleich gestellt wurde. Nur wenn das Antwortverhalten von Leitung und Sprachberaterin einer Einrichtung hierzu identisch war, wurde die Einrichtung in der Analyse berücksichtigt.

Tabelle 9: Item zur Einteilung der Extremgruppen mit Antwortformat

Bitte schätzen Sie noch einmal insgesamt für den Bildungsbereich Sprache & Literacy ein:	trifft gar nicht zu	trifft wenig zu	trifft überwiegend zu	trifft völlig zu
Die Einrichtung hat in diesem Bereich insgesamt große Fortschritte gemacht.	①	②	③	④

Zur Bildung der beiden Extremgruppen wurden zwei ähnlich große Gruppen an den beiden Polen im Antwortkontinuum der Aussage gesucht.

- Die Antwort *trifft völlig zu* wurde durch 57 Einrichtungsleitungen und die dazugehörigen Sprachberaterinnen angekreuzt. Daher wird diese Gruppe von Einrichtungen als Teilgruppe *großer Fortschritt* (TG *großer Fortschritt*) bezeichnet.
- Auf der entgegengesetzten Seite des Antwortbereiches *(trifft gar nicht zu)* waren es weitaus weniger Einrichtungen (zwölf). Um eine vergleichbare Stichprobengröße zu erhalten, wurden daher diejenigen Einrichtungen als Kontrastgruppe gewählt, bei denen durch die Einrichtungsleitung und die Sprachberaterin übereinstimmend sowohl die Antwort *trifft gar nicht zu* als auch *trifft wenig zu* angekreuzt wurden (66 Einrichtungen). Diese Gruppe von Einrichtungen mit den entsprechenden Beraterinnen und Leitungen wird im Folgenden als Teilgruppe *wenig Fortschritt* (TG *wenig Fortschritt*) bezeichnet.

Insgesamt verbleiben somit die Daten von 123 Einrichtungsleitungen und den entsprechenden Sprachberaterinnen (SB) in der Berechnungsgrundlage. Die übrigen Einrichtungen, bei denen nichts oder *trifft überwiegend zu* angekreuzt wurde bzw. diejenigen ohne Übereinstimmung in der Beantwortung der oben genannten Aussage zwischen Beraterin und Leitung wurden in der Analyse nicht berücksichtigt (siehe Tabelle 10).

Tabelle 10: Übersicht zum Vorgehen bei der Einteilung der Teilgruppen

Prüfung auf Konsistenz zwischen Leitung und SB	Extremgruppen
Übereinstimmung zwischen Leitung und SB Antwort: *trifft völlig zu*	Teilgruppe *großer Fortschritt* (N=57)
keine Übereinstimmung zwischen Leitung und SB	entfällt
Übereinstimmung zwischen Leitung und SB Antworten: *trifft wenig zu* und *trifft gar nicht zu*	Teilgruppe *wenig Fortschritt* (N=66)
keine Übereinstimmung zwischen Leitung und SB	entfällt
Antwort: *trifft überwiegend zu*	entfällt
keine Antwort	entfällt

Auf der Grundlage dieser nun vorhandenen Extremgruppen war es möglich, den kompletten Datensatz auf Unterschiede zwischen den beiden Teilgruppen zu überprüfen, um Hinweise auf Einflussfaktoren für gelungene bzw. weniger gelungene Sprachberatungen zu erlangen.

Identifizierte Einflussfaktoren in der Person der Sprachberaterin

Im Folgenden werden die zentralen Ergebnisse zur Person der Sprachberaterin bezüglich ihrer Einflüsse auf das Coaching dargestellt. Zur näheren Erläuterung und im Hinblick auf weitere Einflussfaktoren und Resultate der Sprachberatung wird auf den Projektbericht 2013, der auf der IFP-Website veröffentlicht wird, verwiesen.

Die Tätigkeit einer Sprachberaterin ist sehr vielseitig und anspruchsvoll. Neben aktuellem fachlichem Hintergrundwissen muss sie auch Kenntnisse über didaktische Methoden vorweisen und sich ausreichend auf die Beratung vorbereiten. In der einmaligen Vorbefragung der Beraterinnen unterscheidet sich das Antwortverhalten der beiden Teilgruppen, wie in Tabelle 11 dargestellt, hinsichtlich dieser Angaben bedeutsam voneinander.

Tabelle 11: Angaben der Sprachberaterinnen zu ihrer Tätigkeit; Zustimmung in % (Zustimmung setzt sich zusammen aus der Summe von *trifft überwiegend zu* und *trifft völlig zu*)

Vierstufiges Antwortformat: *trifft gar nicht zu; trifft wenig zu; trifft überwiegend zu* bzw. *trifft völlig zu*	TG *großer Fortschritt*	TG *wenig Fortschritt*
Allgemeine Angaben der Sprachberaterinnen zu ihrer Tätigkeit		
Hinsichtlich des in der Weiterbildung zur Sprachberaterin Gelernten fühle ich mich sicher.	85 %	72 %
Ich denke, dass ich auf meine Tätigkeit als Sprachberaterin gut vorbereitet bin.	83 %	76 %
Ich fühle mich kompetent, das Kita-Team inhaltlich zu beraten und weiterzuqualifizieren.	92 %	81 %

Vierstufiges Antwortformat: *trifft gar nicht zu; trifft wenig zu; trifft überwiegend zu* bzw. *trifft völlig zu*	TG *großer Fortschritt*	TG *wenig Fortschritt*
Allgemeine Angaben der Sprachberaterinnen zu ihrer Tätigkeit		
Ich kenne didaktische Methoden, die sich zur Teamberatung und Teamfortbildung gut eignen.	91 %	73 %
Ich fühle mich kompetent, Kita-Teams zu beraten, gezielt Literacy in die alltäglichen Bildungsaktivitäten zu integrieren.	94 %	87 %
Ich verfüge über ein großes Hintergrundwissen zum Thema Sprache & Literacy.	96 %	76 %
Ich beherrsche Beratungs- und Coaching-Methoden und kann sie in der Praxis sicher anwenden.	81 %	57 %

Insgesamt beschrieben sich die Beraterinnen der Teilgruppe *großer Fortschritt* im Vergleich zu ihren Kolleginnen der zweiten Teilgruppe als besser vorbereitet und sicherer bezogen auf das in der Weiterbildung Gelernte, als methodisch/didaktisch versiertere und kompetentere Beraterinnen der Teams, als diejenigen mit mehr Wissen zum Thema Sprache und Literacy, dessen Transfer in die Praxis und als sicherere Anwender von Coaching-Methoden.

Ebenfalls wichtig für die Beratung sind Kenntnisse und Erfahrungen in Beratungssituationen und in der Schulung verschiedenster Personen. Auch hier finden sich, wie die Tabelle 12 zeigt, Unterschiede zwischen den Teilgruppen.

Tabelle 12: Einschätzungen zu eigenen Kenntnissen und Fähigkeiten; Zustimmung in % (Zustimmung setzt sich zusammen aus der Summe von *trifft überwiegend zu* und *trifft völlig zu*)

Vierstufiges Antwortformat: *trifft gar nicht zu; trifft wenig zu; trifft überwiegend zu* bzw. *trifft völlig zu*	TG *großer Fortschritt*	TG *wenig Fortschritt*
Einschätzungen durch die Sprachberaterinnen: Ich verfüge über Kenntnisse und Fähigkeiten im Bereich …		
Beratung	92 %	83 %
Erwachsenenbildung	81 %	74 %

So schätzten sich die Sprachberaterinnen der Teilgruppe *großer Fortschritt* im Hinblick auf ihre Kenntnisse in der Erwachsenenbildung und der Beratung allgemein als kompetenter ein als die Beraterinnen der Teilgruppe *wenig Fortschritt*. Zwischen den beiden Aussagen *Ich verfüge über Kenntnisse und Fähigkeiten im Bereich Beratung und […] Erwachsenenbildung* besteht zudem ein positiver statistischer Zusammenhang. Eine mögliche Ursache für den Zusammenhang könnte darin bestehen, dass ein kausales Ursache-Wirkungs-Gefüge zwischen beiden Aussagen besteht, z. B. die hohe Beratungskompetenz eine Voraussetzung für bessere Fähigkeiten im Bereich Erwachsenenbildung darstellt, was nachvollziehbar, jedoch auf der Basis einer Korrelation nicht abschließend kausal interpretierbar ist.

Bei Personen, die andere beraten, sind einige Persönlichkeitsmerkmale bei der Ausübung ihrer Tätigkeit von Vorteil, andere dagegen eher nachteilig. So unterstützt beispielsweise ein bestimmtes Maß an Belastbarkeit, Kontaktfähigkeit und Flexibilität die Interaktion zwischen Berater und Klienten. Tabelle 13 zeigt die Items, mit denen diese Bereiche abgefragt wurden und das entsprechende Antwortverhalten der Sprachberaterinnen, welches den Grad an Zustimmung bzw. bei negativer Formulierung des Items an Ablehnung beinhaltet.

Tabelle 13: Einschätzung der eigenen Person; Zustimmung (Z) bzw. Ablehnung (A) in % (Zustimmung setzt sich zusammen aus der Summe von *trifft eher zu* und *trifft vollständig zu* und Ablehnung aus *trifft eher nicht zu* und *trifft überhaupt nicht zu*)

Fünfstufiges Antwortformat: *trifft überhaupt nicht zu; trifft eher nicht zu; teils/teils; trifft eher zu; trifft vollständig zu*	TG *großer Fortschritt*	TG *wenig Fortschritt*
Einschätzung der eigenen Person		
Kontaktfähigkeit		
Ich empfinde Unbehagen, wenn ich mit Menschen zusammen bin, die ich nicht gut kenne.	87 % (A)	83 % (A)
Ich wäre froh, wenn es nicht zu meinen beruflichen Aufgaben gehörte, immer wieder neue Menschen ansprechen zu müssen.	92 % (A)	81 % (A)
Ich kann besser auf andere Menschen zugehen als viele andere.	68 % (Z)	61 % (Z)
Belastbarkeit		
Ich bleibe gelassen, auch wenn Vieles gleichzeitig auf mich einströmt.	89 % (Z)	64 % (Z)
Ich fühle mich den Anforderungen, die an mich gestellt werden, manchmal nicht gewachsen.	85 % (A)	74 % (A)
Im Vergleich zu anderen kann ich mir ungewöhnlich viel abverlangen, ohne dass ich mich verausgaben muss.	56 % (Z)	31 % (Z)
Flexibilität		
Es ist mir angenehm, wenn bei einer Arbeit die Anforderungen häufig wechseln.	70 % (Z)	61 % (Z)
Wenn ich vor völlig unerwarteten Situationen stehe, fühle ich mich richtig in meinem Element.	53 % (Z)	29 % (Z)
Handlungsorientierung		
Die Bearbeitung eines komplexen Problems steht manchmal wie ein Berg vor mir.	73 % (A)	68 % (A)
Wenn ich viele Aufgaben zu erledigen habe, weiß ich manchmal nicht, womit ich anfangen soll.	83 % (A)	76 % (A)

Insgesamt kann aus den Angaben geschlossen werden, dass sich die Beraterinnen aus den Einrichtungen *großer Fortschritt* als kontaktfähiger, belastbarer, flexibler und handlungsorientierter einschätzten als ihre Kolleginnen der Teilgruppe *wenig Fortschritt*.

Den Sprachberaterinnen wurde in ihrer Ausbildung diverses Material für die Beratungen zur Verfügung gestellt. In der Nachbefragung wurden sie darum gebeten, anzugeben, zu welchem Anteil sie das vorgegebene bzw. eigenes Material zur Durchführung der Beratung nutzten. Folgende Tabelle zeigt die Anteile der Beraterinnen, die ihre Materialien maximal zur Hälfte selbst gestalteten und diejenigen, die dies in mehr als der Hälfte der Fälle taten.

Tabelle 14: Anteil der Beratungen aus selbst gestalteten Elementen in % (Sprachberaterinnen)

Anzugeben war der prozentuale Anteil, der einer der beiden Kategorien zugeordnet wurde	TG *großer Fortschritt*	TG *wenig Fortschritt*
Welcher Anteil der Sprachberatung erfolgte aus von Ihnen selbst gestalteten Elementen?		
Maximal die Hälfte der Beratungen	67 %	82 %
Mehr als die Hälfte der Beratungen	31 %	17 %

Deutlich mehr Beraterinnen der Gruppe *großer Fortschritt* bauten demnach die Beratung zum überwiegenden Teil aus selbst gestalteten Elementen auf: Knapp einem Drittel der Beraterinnen steht hier nur knapp ein Fünftel der Personen der Gruppe *wenig Fortschritt* gegenüber. Erfolgreichere Beratungen zeichnen sich demnach auch dadurch aus, dass sich die Beraterinnen auf kreative Art und Weise mit den Inhalten beschäftigten und diese unter Zuhilfenahme selbst gestalteter Elemente in die Beratungssituation einfließen ließen.

Die Kita-Leitungen wurden nach dem Ende der Sprachberatung darum gebeten, die Beraterin, die in ihrer Einrichtung tätig war, hinsichtlich bestimmter Dimensionen einzuschätzen. Diesbezüglich ergaben sich bedeutsame Unterschiede (s. Tab. 15) zwischen den Teilgruppen.

Tabelle 15: Einschätzung der Beraterinnen durch die Leitungen; Zustimmung in % (Zustimmung setzt sich zusammen aus der Summe von *trifft überwiegend zu* und *trifft völlig zu*)

Vierstufiges Antwortformat: *trifft gar nicht zu; trifft wenig zu; trifft überwiegend zu* bzw. *trifft völlig zu*	TG *großer Fortschritt*	TG *wenig Fortschritt*
Einschätzung der Sprachberaterinnen am Beratungsende durch die Leitungen		
Die Sprachberaterin war stets gut vorbereitet.	93 %	79 %
Die Sprachberaterin war kompetent.	93 %	76 %
Die Sprachberaterin gab uns viele Anregungen.	93 %	61 %
Die Sprachberaterin hat uns auf viele Dinge aufmerksam gemacht, die wir verbessern können.	82 %	47 %
Die Sprachberaterin war sympathisch.	100 %	91 %

Besonders die Leitungen der Gruppe *großer Fortschritt* stellten den in ihren Einrichtungen tätigen Sprachberaterinnen ein gutes Zeugnis aus: Sie empfanden die entsprechenden Beraterinnen als besser vorbereitet, kompetenter und sympathischer. Zudem waren sie häufiger der Meinung, dass die Beraterinnen ihnen mehr neue Anregungen bzw. Verbesserungsvorschläge gaben als die Leitungen der Teilgruppe *wenig Fortschritt*.

Einordnung der empirischen Ergebnisse in die Literatur

Im Projekt Sprachberatung wurden Teams von Kindertageseinrichtungen durch fachliches Coaching einer Sprachberaterin darin unterstützt, die Qualität der sprachlichen Bildung in der Einrichtung zu verbessern. Da die Berufsbezeichnung *Coach* rechtlich nicht geschützt ist und unter *Coaching* eine große Variation von verschiedenen Interventionen verstanden werden kann, ist es nicht einfach, allgemeine Wirkprinzipien eines Coachings auszudifferenzieren (vgl. auch Webers, 2012). Zudem existieren im Bereich des Coaching – vor allem in der deutschsprachigen Literatur – relativ wenige gesicherte Forschungsergebnisse. Verschiedene Coaching-Verbände und Forschungszentren legen mit sehr individuellen Kriterien fest, was genau sie unter *gutem Coaching* und *guten Berater/innen* verstehen.

Trotzdem lassen sich einige Elemente extrahieren, die als Standards für gute Beratung bzw. gutes Coaching und damit als Erfolgsfaktoren gelten können.

Dazu zählen auf der Seite der Beraterin/des Beraters das fachliche Wissen sowie die Klärung von Zielen und Erwartungen der Klienten (vgl. Greif, 2008). Diese Punkte konnten auch im Rahmen des Projektes Sprachberatung, in dem ein Coaching-Ansatz gewählt wurde, empirisch bestätigt werden. Hier führten vorrangig diejenigen Beratungen zu den gewünschten Veränderungen in der jeweiligen Einrichtung bzw. zu Verhaltensänderungen im Team, deren Beraterinnen gut vorbereitet und sicher hinsichtlich des theoretisch Gelernten, sowie kompetent waren, das vorhandene Wissen in die Praxis zu transferieren. Sie vereinbarten mit den Fachkräften Ziele der Beratung, definierten entsprechende Zielerreichungskriterien und hielten die Beratung z. B. durch Reflexion stetig bezüglich der vereinbarten Kriterien auf Kurs. Insgesamt war die Arbeitsweise kompetenterer Beraterinnen transparent, konstruktiv und dahingehend an den Bedürfnissen der Einrichtung orientiert, dass Inhalte und Methoden der Beratung vorab mit dem Team besprochen wurden.

Ein weiterer wesentlicher Faktor für das Gelingen eines Coachings sind die erweiterten sozial-emotionalen Kompetenzen des Beraters/der Beraterin (vgl. Hooijberg & Lane, 2009). Diese verhelfen zu einer Atmosphäre, die von beiden Seiten als angenehm empfunden wird und durch eine vertrauensvolle Beziehung sowie gegenseitige Wertschätzung geprägt ist. Auch im Sprachberaterprojekt konnte empirisch gezeigt werden, dass sich eine Beraterin, die viele positive Veränderungen im Team herbeiführt, durch hinreichende Beratungskompetenzen auszeichnet. Sie hat ausgeprägte Befähigungen im Bereich Erwachsenenbildung, ist methodisch/didaktisch geschult und sicher in der Anwendung ihrer Coaching-Methoden. Sie beschreibt sich zudem als kontaktfähig, belastbar und flexibel. Auch die Eigenschaft der Handlungsorientierung, also die Fähigkeit, ein Missgeschick konstruktiv aufzuarbeiten, eigene Fehler zu identifizieren und neue Versuche zu wagen, zählt eine erfolgreiche Sprachberaterin zu ihrem Verhaltensrepertoire.

Die Anpassung von Konzepten und Herangehensweisen an die jeweiligen Bedürfnisse der/des zu Beratenden ist ebenso ein Erfolgselement von Coaching (vgl. Isner et al., 2011). Nützlich für die Klienten ist in diesem Zusammenhang insbesondere ein konstruktives, tiefgreifendes Feedback durch den Berater, begleitet von möglichst konkreten Handlungsempfehlungen für die zukünftige Tätigkeit (Hooijberg & Lane, 2009). Sprachberaterinnen, die durch ihre Beratungen viele Veränderungen induziert haben, also erfolgreichere Beratungen durchführten, brachten nach Aussage der Einrichtungsleitungen viele Anregungen und Verbesserungsvorschläge in die Teams ein. Die Beratungssituation war geprägt von einer kollegialen Zusammenarbeit zwischen Beraterin und Team, in der gemeinsam Inhalte erarbeitet wurden und die auf bereits Vorhandenem aufbaute. Auch zeichneten sich erfolgreichere Beraterinnen nach eigenen Angaben durch eine Anpassung der theoretischen Beratungsinhalte an die spezielle Beratungssituation der Einrichtung mittels selbst gestalteter Elemente aus.

Ein optimales Zusammenspiel von Berater und Klienten in der Beratungssituation ist zudem ein überaus wichtiges Merkmal eines erfolgreichen Coachings. Wenn sich ein sozial kompetenter Coach mit fundiertem Fachwissen auf sein Klientel einstellt, sich an dessen Bedürfnissen orientiert und die Ziele bzw. Erwartungen klärt, ist ein guter Grundstein für die Beratungssituation gelegt. Steht der Klient zudem offen den induzierten Veränderungen gegenüber und ist er willig, diese auch in sein Verhaltensrepertoire zu übernehmen, steht dem Coaching-Erfolg nichts mehr entgegen.

Literatur

Gregory, J. B./Beck, J. W. & Carr, A. E.: Goals, feedback, and self-regulation: Control theory as a natural framework for executive coaching. Consulting Psychology Journal: Practice and Research, Vol. 63, No. 1, 2011; S. 26–38

Greif, S.: Coaching und ergebnisorientierte Selbstreflexion. Göttingen: Hogrefe 2008

Hooijberg, R. & Lane, N.: Using Multisource Feedback Coaching Effectively in Executive Education. Academy of Management Learning & Education, Vol. 8, No. 4, 2009; S. 483–493

Isner, T. et al.: Coaching in Early Care and Education Programs and Quality Rating and Improvement Systems, in: Child Trends, 2, Washington 2011

Locke, E. A., & Latham, G. P.: Building a practically useful theory of goal setting and task motivation: A 35-year odyssey. American Psychologist 57, 2002; S. 701–717

Webers, T.: Empirische Studie zu Wirkung und Wirkfaktoren im Coaching, Magazin Coaching, 2, 2012; S. 9

Wood, R. E. & Bandura, A.: Impact of conceptions of ability on self-regulatory mechanisms and complex decision making. Journal of Personality and Social Psychology 56, 1989; S. 407–415

2 Individuelle Begleitung sprachlicher Lern- und Entwicklungsprozesse von Geburt an

2.1 Neurobiologische Grundlagen der Sprachentwicklung
Angela D. Friederici

Die Sprachentwicklung beim Kind ist durch zwei Faktoren bestimmt, zum einen durch das sprachliche und emotionale Umfeld, in dem das Kind aufwächst und zum anderen durch die biologische Reifung, die das kindliche Gehirn durchläuft. Außerdem sind es natürlich genetische Faktoren, die die individuelle Entwicklung kognitiver und nichtkognitiver Fähigkeiten mit beeinflussen. Auf letzteren Einfluss weisen sowohl die hohe Vererbbarkeit von Intelligenz (siehe Deary, Spinath & Bates, 2006) oder aber auch von Entwicklungsstörungen wie die Lese-Rechtschreibschwäche (Legasthenie) hin (siehe Scerri & Schulte-Körne, 2010).

Im Zentrum des folgenden Beitrags stehen jedoch die Faktoren sprachliche Entwicklung und Hirnreifung sowie deren Zusammenhang.

Ausgegangen wird von der Annahme, dass die Sprachentwicklung einem biologischen Programm folgt, welches durch die Hirnreifungsprozesse vorgegeben ist, sich aber nur entfalten kann, sofern entsprechende sprachliche Reize in der frühen Kindheit gegeben werden.

Der berühmte Fall des Kaspar Hauser belegt, dass es ohne sprachlichen Input nicht zur vollen Entwicklung sprachlicher Fähigkeiten kommen kann. Ein neuerer, gut dokumentierter Fall wird von Curtis (1977) in dem Buch Genie: A psycholinguistic study of a modern day »wild child« beschrieben.

Der sprachliche Beginn

Eine immer wieder gestellte Frage ist: Wann beginnt der Spracherwerb? Die Antwort ist: schon vor der Geburt. Die Hörorgane des Fötus sind schon Wochen vor der Geburt voll ausgebildet und akustische Information von außen erreicht den Fötus im Uterus mit etwa einer Filterung von 400 Hertz. Das bedeutet, der Fötus kann zwar keine einzelnen Sprachlaute wahrnehmen, wohl aber Information über Satzmelodie und Betonung (Pitch-Information). Dass der Fötus diese Information wahrnimmt und internalisiert wird durch zwei Studien belegt. Es konnte gezeigt werden, dass Säuglinge im Alter von vier Tagen bereits unterschiedliche Satzmelodien, zum Beispiel die des Französischen und des Russischen, differenzieren können und französische Säuglinge das Französische dem Russischen vorziehen (auch wenn die Sprache im Experiment bei 400 Hertz gefiltert ist) (Mehler et al., 1988). Auch ließ sich zeigen, dass Säuglinge im Alter von vier Tagen Schreie produzieren, die dem jeweiligen Wortbetonungsmuster ihrer Muttersprache, zum Beispiel die des Deutschen und des Französischen, entsprechen. Im Deutschen liegt bei zweisilbigen Wörtern die Betonung auf der ersten Silbe

(Máma, Pápa), im Französischen auf der zweiten Silbe (mamán, papá). Die Schreie deutscher Säuglinge sind anfänglich in der Tonhöhe hoch und fallen dann in Höhe und Lautstärke ab, während das bei französischen Säuglingen umgekehrt ist. Französische Kinder schreien also anders als deutsche Kinder und zwar bereits in spezifischen Formen der Muttersprache (Mampe et al., 2009).

Im Alter von vier/fünf Monaten zeigen Kleinkinder auch in der Wahrnehmung von Wortbetonungsmustern eine klare Präferenz für die typischen Betonungsmuster ihrer Muttersprache. Deutsche Kinder demonstrieren in ihrer Hirnreaktion eine Präferenz für Wörter mit Betonung auf der ersten Silbe (bába) und französische Kinder für Wörter mit Betonung auf der zweiten Silbe für (babá) (Friederici et al., 2007). Das bedeutet, dass bereits in diesem Alter Wortformen in ihren Betonungsmustern sprachspezifisch gespeichert sind.

Diese Studien belegen, dass Kleinkinder schon sehr früh Häufigkeiten und Regularitäten im Sprachinput erkennen und sprachtypische Präferenzen ausbilden. Dies geschieht zunächst auf der lautlichen, der phonologischen Ebene und später auch auf der syntaktischen Ebene (siehe unten, *Von der Phonologie zur Syntax*).

Der Weg zur Wortbedeutung

Der Weg zum vollen Spracherwerb ist weit, da sowohl Wortbedeutungen wie auch syntaktische Regeln erlernt werden müssen. Wortbedeutungen können nur mit entsprechender Referenz in die Außenwelt erworben werden. Mehr Konfrontation mit der Welt und entsprechender sprachlicher Input führt dazu, dass Kinder lernen, dass zum Beispiel nicht jedes Tier mit vier Beinen den Namen Hund verdient, sondern dass Unterschiede in der visuellen Wahrnehmung mit Unterschieden in den Bezeichnungen einhergehen. Interaktive Kommunikation mit dem Kind über die Außenwelt und der darin enthaltenen Objekte und Handlungen fördert diese Entwicklung im Bereich des Wortschatzes.

Kinder lernen im ersten Lebensjahr neue Wörter zunächst nur sehr langsam, durchlaufen dann aber im Alter von ungefähr 14 Monaten eine Phase des sogenannten »Vokabelspurt«, in der sie täglich neue Wörter lernen. Wie lernen Kinder in diesem Alter neue Wörter? In experimentellen Studien werden Kinder meist mit einer Anzahl neuer Wörter konfrontiert, die zu neuen Objekten assoziiert werden müssen. In solchen Studien kann man sehen, dass Kinder den Zusammenhang zwischen neuen Wörtern und Objekten schon nach wenigen gemeinsamen Präsentationen lernen (Werker et al., 1998; Schafer & Plunkett, 1998). Diese Art und Weise ist jedoch nicht notwendigerweise diejenige, die der Lernsituation in der normalen Interaktion zwischen Kind und Eltern oder Erziehern entspricht. Die normale Kommunikation besteht eher aus Sprachsequenzen der Erwachsenen gegenüber den Kindern, die über ein einzelnes Wort hinausgehen. Das Kind muss also in diesen Sprachsequenzen einzelne Wörter erkennen, um sie dann auf Dinge und Handlungen in der Umwelt abzubilden. Erwachsene helfen den Kindern hierbei unbewusst durch deutliche Betonung des relevanten Wortes im Sprachstrom oder durch seine Wiederholung. Zum Beispiel »Schau mal eine Blume. Ist die Blume nicht schön? Riech mal an der Blume. Oh die Blume riecht aber gut.« Das Wort Blume hebt sich auf diese Weise vom Rest des Gesagten ab und kann damit gut aus dem Sprachinput heraussegmentiert werden. Interessanterweise gibt es während der frühkindlichen Sprachentwicklung nun verschiedene Perioden, in denen das Kind vornehmlich entweder auf die Betonung eines Wortes oder auf die Wiederholung eines Wortes in der Sprachsequenz mit Wortlernen reagiert (Männel & Friederici, eingereicht). Im Alter von 6 Monaten sind Kinder höchst sensibel auf die Betonung eines Wortes im Sprachinput, während im Alter von zwölf Monaten die Wiederholung höchst wichtig für das kindliche Wortlernen ist.

Zu Beginn des zweiten Lebensjahres lernen Kinder täglich bis zu zehn neue Wörter, die sie dann auch in ihren eigenen Sprachäußerungen verwenden. Hirnaktivitätsmessungen in Form des ereigniskorrelierten Potenzials (EKP) belegen, dass sie zu diesem Zeitpunkt schon Hirnaktivitätsmuster zeigen, die denen von Erwachsenen ähnlich sind (Friedrich & Friederici, 2004, 2005a, 2005b). Bei Erwachsenen wurde ein bestimmtes Hirnpotenzial identifiziert, welches für die Verarbeitung von semantischer Information steht, die N400 (Kutas & van Petten, 1994). Bei Kindern im Alter von 14 und 20 Monaten erwies sich der N400-Effekt als länger anhaltend, was auf verlangsamte lexikalisch-semantische Prozesse im Gegensatz zu Erwachsenen hinweist.

Semantische Prozesse auf der Satzebene verlangen die Verarbeitung von semantischen Relationen im Satz, zum Beispiel zwischen einem Nomen und einem Verb. EKP-Studien in diesem Bereich berichteten erwachsenähnliche N400-Effekte erst im Alter von fünf Jahren (Holcomb et al., 1992). Für 2.5-, Drei- und Vierjährige wurden EKP-Effekte berichtet, die jedoch keine N400-Struktur hatten (Silva-Pereyra et al., 2005). Einen N400-Effekt konnten wir mit einfachen Sätzen schon bei 19 und 24 Monate alten Kindern finden, wenn das satzfinale Nomen nicht zum Verb passte (Die Katze trinkt die Milch/den Ball) (Friedrich & Friederici, 2005b).

Von der Phonologie zur Syntax

Das Kleinkind verfügt früh über die Fähigkeit prosodische Information, Satzmelodie und Betonung zur Identifizierung der Muttersprache zu nutzen. Auch kann es phonologische Regularitäten erkennen und diese zur Unterscheidung von syntaktischen Korrekturen und inkorrekten Sätzen verwenden. Dies konnte in einer elektrophysiologischen Studie gezeigt werden. In dieser Studie mussten deutsche 4 Monate alte Kleinkinder phonologisch-syntaktische Regularitäten im Italienischen lernen, das heißt sie mussten das gemeinsame Auftreten eines Hilfsverbs (sta, puo) mit einer bestimmten Verbendung (ando, are) erkennen, um korrekte Kombinationen (sta VERBando, puo VERBare) von inkorrekten Kombinationen (sta VERBare, puo VERBando) innerhalb von italienischen Sätzen zu unterscheiden (Friederici et al., 2011) (siehe Abb. 1).

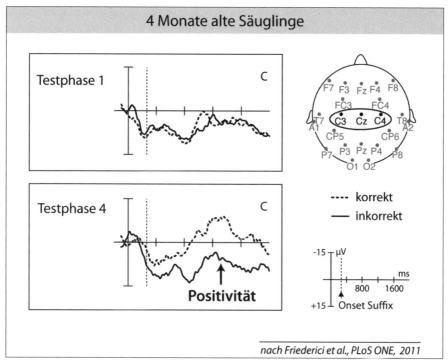

Abb. 1: Hirnaktivität bei 4-Monate-alten deutschen Säuglingen auf syntaktisch korrekte (gestrichelte Linie) und syntaktisch inkorrekte Kombinationen von Hilfsverb und Verbendung innerhalb von italienischen Sätzen. Dargestellt ist das ereigniskorrelierte Hirnpotenzial auf die jeweils korrekte oder inkorrekte Verbendung in der ersten Testphase nach einer Lernphase von 3.3 Minuten (kein Unterschied) und der vierten Testphase nach insgesamt vier Lernphasen von jeweils 3.3 Minuten (signifikanter Unterschied).

In der Literatur ist diskutiert worden, inwieweit prosodisches Wissen dem Kleinkind als Einstieg in die Sprache und ihrer Syntax dienen kann (Gleitman & Wanner, 1982). Dies ist insofern wahrscheinlich als die Intonationskontur eines Satzes, die diesen in verschiedene Teile (Phrasen) segmentiert. Die Grenze einer solchen Intonationsphrase ist markiert durch drei Parameter: Verlauf der Tonhöhe, Längung der präfinalen Silbe und Pause. Fast jede dieser Intonationsphrasengrenzen ist identisch mit einer syntaktischen Phrasengrenze, und ermöglicht somit nicht nur die Segmentierung eines gesprochenen Satzes prosodisch, sondern im Prinzip auch syntaktisch. Für das sprachlernende System wäre das von Vorteil, da syntaktische Einheiten leicht zu erkennen wären.

Funktionelle Infrarotspektroskopie-Messungen zeigen, dass Kleinkinder im Alter von drei Monaten normale Satzprosodie von verflachter Prosodie generell unterscheiden (Homae et al., 2006).

Aber was passiert an der Phrasengrenze? Mittels der Registrierung von EKPs kann diese Frage untersucht werden, insofern als eine Messung unmittelbar an der Phrasengrenze mit hoher zeitlicher Auflösung möglich ist. Bei Erwachsenen konnte eine bestimmte EKP-Komponente als Indikator für die Verarbeitung der Phrasengrenze identifiziert werden, der sogenannte Closure Positive Shift (CPS) (Steinhauer et al., 1999). Der CPS wird an einer Intonationsphrasengrenze (IPh) gemessen, z. B. *Peter verspricht* (IPh) *Anna zu helfen*. Interessanterweise wird der CPS bei Erwachsenen auch gefunden, wenn als salientester akustische Parameter die Pause getilgt wird, und die IPh nur noch durch Tonhöhe und Silbenlängung angegeben wird.

Studien mit Kleinkindern zeigten zunächst, dass auch diese große EKP-Effekte an der Intonationsphrasengrenze zeigen (Pannekamp et al., 2006), allerdings nur dann, wenn die Pause vorhanden war (Männel & Friederici, 2009). Genauere Analysen ergaben, dass die beobachteten Effekte bei Kleinkindern obligatorische Hirnantworten auf den akustisch salienten Reiz der Pause war (Männel & Friederici, 2009). Wurde die Pause im gesprochenen Satz getilgt, waren diese Effekte nicht vorhanden, weder bei fünf Monate alten Säuglingen (Männel & Friederici, 2009), noch bei Kleinkindern im Alter von 21 Monaten (Männel & Friederici, 2011). Das bedeutet, dass die Kleinkinder in diesem Alter zwar auf den akustisch salienten Reiz im Sprachsignal reagieren, aber noch nicht auf die anderen Parameter, die die IPh markieren. Dies sollte jedoch zu dem Zeitpunkt möglich sein, wenn die IPh auch in ihrer syntaktischen Funktion erkannt wird. Dies wäre dann frühestens im Alter von 2.5 Jahren möglich.

Die Befunde einer EKP-Studie mit Drei- und Sechsjährigen belegen dies (Männel & Friederici, 2011). Erst Kinder in diesem Alter zeigen eine CPS Komponente und zwar auch dann, wenn die Pause an der Phrasengrenze getilgt ist. Das bedeutet, dass in der frühen Kindheit das Erkennen einer Phrasengrenze abhängig ist von der Präsenz des sehr salienten akustischen Reizes der Pause. Die Erwachsenen stellen sich in der Kommunikation mit dem Kind darauf ein, indem sie unbewusst eine »kindgerechte« Sprachvariante (infant directed speech) verwenden, in der die Phrasengrenzen deutlich markiert sind, nicht nur durch die Pause, sondern zusätzlich auch durch eine deutliche Modulation der Intonation in Bezug auf Tonhöhe und Silbenlängung. Dadurch erleichtern sie dem Kind die Segmentation des Sprachinputs.

Der Weg zur komplexen Syntax

Bezüglich des Syntaxerwerbs stellt sich die Frage, ob und wie das Kind Regularitäten im sprachlichen Input erkennt, die für syntaktische Regeln relevant sind. Die phonologischen Fähigkeiten sind in den ersten Lebensmonaten bereits ausgeprägt und es ist möglich, dass das Kleinkind über das Erkennen von phonologischen Regularitäten implizit auch syntaktische Regularitäten finden kann, sofern diese phonologisch kodiert sind. Kann das Kleinkind den Zusammenhang von einem Hilfsverb »ist« bzw. »kann« und der entsprechenden Verbform »gelaufen« bzw. »laufen« über verschiedene Verben hinweg generalisieren und »ist« mit der Vergangenheitsform eines Verbs und »kann« mit der Infinitivform eines Verbs verbinden? Eine Studie mit deutschen vier Monate alten Kindern konnte zeigen, dass diese entsprechende Abhängigkeiten in der für sie neuen italienischen Sprache lernen konnten (Friederici et al., 2011). Die aufgezeichneten elektrophysiologischen Hirnantworten während des Satzhörens zeigten klare Unterschiede zwischen den korrekten (»ist gelaufen«) und den inkorrekten (»kann gelaufen«) Sätzen. Mit dieser Fähigkeit, Regularitäten im sprachlichen Input zu erkennen, ist der Grundstein für den Erwerb syntaktischer Regeln gelegt.

Zunächst erwirbt das Kind Wissen darüber, wie eine Phrase in einer bestimmten Sprache aussehen muss. Im Deutschen beginnt eine volle Nominalphrase mit einem Artikel (der, die, das) und endet mit einem Nomen, wobei zwischen diesen zwei Elementen optional ein Adjektiv stehen kann (»das kleine Haus«). Ein Präpositionalphrase beginnt mit einer Präposition (in, auf, unter) gefolgt von einer Nominalphrase (»in das (kleine) Haus«). Dieses Wissen ist nachweislich im Alter von zwei Jahren vorhanden, da Kinder dieses Alters auf Verletzungen in einer Präpositionalphrase (»Der Hund im bellt« statt »Der Hund im Haus bellt«) in ihrer Hirnantwort zeigen, dass sie syntaktisch korrekte von inkorrekten Sätzen unterscheiden (Oberecker, Friedrich & Friederici, 2005; Oberecker & Friederici, 2006).

Im Alter von 2.5 Jahren wissen deutsche Kinder auch, dass das Verb im Nebensatz im Deutschen in satzfinaler Position stehen muss (»Peter sagt, dass Lisa Oma hilft« und nicht »Peter sagt, dass Lisa hilft Oma«) (Höhle et al., 2001). Erste Aspekte der Grammatik sind also früh gelernt. Obwohl Kinder im Alter von 2.5 Jahren über einiges syntaktisches Wissen verfügen, dauert es noch einige Zeit bevor Kinder komplexe Satzstrukturen verarbeiten können.

Dittmar und Kollegen (2008) untersuchten die Verarbeitung von Objekt-zuerst-Sätzen bei Kindern im Alter von 2.7, 4.10 und 7.3 Jahren sowohl in einer Satz-Bild-Zuordnungsaufgabe als auch in anderen Tests. Während Subjekt-zuerst-Sätze (Der Affe wieft den Käfer) von allen Altersgruppen zu einem guten Antwortniveau führte (76 %, 88 %, 98 % korrekt) ergab die Bedingung der Objekt-zuerst-Sätze (Den Käfer wieft der Affe) nur bei den 7.3-Jährigen mit einer Performanz von 69 % über dem Zufallsniveau von 50 % (46 %, 35 %, 69 % korrekt). Man hatte in diesem Test die Verben durch Pseudowörter (wieft) ersetzt, um keine zusätzlichen semantischen Hinweisreize zu geben, sodass allein die Kasusmarkierung (der, den) zur Interpretation genutzt werden konnte.

Es stellte sich die Frage, nehmen die jüngeren Kinder den wichtigen Unterschied zwischen *der* und *den* nicht war, oder können sie ihn nicht benutzen, um die dem Satz zugrundeliegende Struktur zu entdecken. In einer EKP-Studie mit drei-, vier-, fünf- und sechsjährigen Kindern gingen wir der Frage nach. Schon Drei- und 4.5-Jährige nehmen den Unterschied wahr, aber erst Sechsjährige zeigen ein EKP-Muster, das dem der Erwachsenen ähnlich – wenn auch nicht gleich – ist (Schipke et al., eingereicht). Diese Ergebnisse belegen, dass Kinder im Deutschen die syntaxrelevante Kasusmakierung (der, den) schon im Alter von drei Jahren als unterschiedliche phonologische Formen erkennen, diese Information jedoch noch nicht syntaktisch nutzen können.

Die Frage ist: Warum? Sind eventuell die notwendigen Hirnstrukturen noch nicht so weit entwickelt, dass sie diese syntaktischen Prozesse leisten können?

Im erwachsenen Gehirn sind es vor allem zwei Hirnregionen, die die Verarbeitung von syntaktisch komplexen Sätzen unterstützen: Das Broca-Areal im inferioren Frontalkortex und der hintere Anteil des Wernicke-Areals im superioren Temporalkortex (für einen Überblick siehe Friederici, 2011).

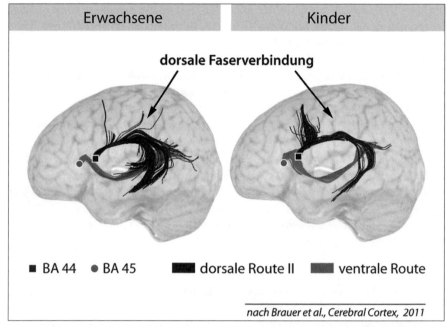

Abb. 2: Faserverbindungen zwischen Broca-Areal (BA 44 und BA 45) und dem Temporalkortex. Das dorsale Faserbündel verbindet den hinteren Anteil des Broca-Areals (BA 44) mit dem Temporalkortex, das ventrale Faserbündel verbindet den vorderen Anteil des Broca-Areals (BA 45) mit dem Temporalkortex.

Diese Hirnregionen sind aber schon bei sechsjährigen Kindern bei der Verarbeitung von einfachen Sätzen aktiviert (Brauer & Friederici, 2007). Sie sind, wie die funktionelle Magnetresonanztomographie (fMRT) bestätigt, im Prinzip funktionsfähig, nur scheinen sie im Zusammenspiel nicht das zu leisten, was sie im ausgereiften Gehirn leisten: die Verarbeitung syntaktisch komplexer Sätze.

Dieses Zusammenspiel wird im erwachsenen Gehirn durch ein Faserbündel garantiert, welches die beiden relevanten Hirnarealen miteinander verbindet (Friederici, 2009; 2011). Falls diese Faserverbindung in der Tat notwendig ist für die Verarbeitung von komplexen Sätzen, dann sollten diese Faserverbindung bei Kindern in einem Alter, in dem sie noch Schwierigkeiten haben, solche Sätze zu verarbeiten und zu verstehen, noch nicht voll entwickelt sein.

Diese Hypothese haben wir in einer Studie untersucht, in der wir die Stärke der Myelinisierung jener Faserverbindung, die den posterioren Temporalkortex und das Broca-Areal miteinander verbindet, von siebenjährigen Kindern und mit der von Erwachsenen verglichen haben. Die Myelinschicht der Fasern ist insofern von funktioneller Bedeutung als sie die schnelle Weitergabe von Information in Form von Aktionspotenzialen sicherstellt (Nave, 2010; Emery, 2010). Gemessen werden kann dies am lebenden Gehirn mittels der Diffusionsbildgebung. Unsere Studie konnte belegen, dass die Myelinstärke der relevanten dorsal gelegenen Faserverbindung zwischen Broca-Areal und Temporalkortex bei siebenjährigen Kindern signifikant schwächer war als bei Erwachsenen und das obwohl dies für andere Faserverbindungen zwischen Frontalkortex und Temporalkortex nicht galt (Brauer et al., 2010) (siehe Abb. 2). Dies deutet auf eine spezifische Verzögerung in der Reifung der dorsalen Verbindung und deren Bedeutung für die Verarbeitung von syntaktisch komplexen Sätzen hin.

Schlussfolgerung

Der Erwerb von Sprache erweist sich als ein Zusammenspiel von biologischer Anlage (nature) und Umwelt (nuture). Der Mensch ist genetisch ausgestattet mit der prinzipiellen Fähigkeit Sprache zu erwerben und den neurobiologischen Voraussetzungen, die dies ermöglichen. Das Sprachsystem benötigt allerdings sprachlichen Input, um sich entfalten zu können. Diesen Input liefert die kulturell-soziale Umwelt, in der das Kind aufwächst. Gleichzeitig reift das Gehirn in seiner Struktur über die gesamte Kindheit bis hin zur Adoleszenz. Inwieweit diese strukturelle Reifung beeinflusst wird von den funktionellen Anforderungen an das Sprachsystem, ist derzeit eine offene Frage. Studien aus dem Bereich des Lernens im nicht-sprachlichen Bereich (Scholz et al., 2009; Taubert et al., 2010) jedoch deuten darauf hin, dass Hirnstrukturen generell durch funktionelle Anforderungen moduliert werden können.

Literatur

Brauer, J. & Friederici, A.D.: Functional neural networks of semantic and syntactic processes in the developing brain. Journal of Cognitive Neuroscience 19, 2007; S. 1609–1623

Curtiss, S.: Genie: A psycholinguistic study of a modern day »wild child«. New York: Academic Press 1977

Deary, I. J./Spinath, F. M. & Bates, T. C.: Genetics of Intelligence. European Journal of Human Genetics 14, 2006; S. 690–700

Dittmar, M./Abbot-Smith, K./Lieven, E. & Tomasello, M.: German children's comprehension of word order and case marking in causative sentences. Child Development 79, 2008; S. 1152–1167

Emery, B.: Regulation of oligodendrocyte differentiation and myelination. Science 2010; S. 330, 779–782

Friederici, A.D.: The brain basis of language processing: From structure to function. Physiological Reviews 91, 2011; S. 1357–1392

Friederici, A.D.: Pathways to language: Fiber tracts in the human brain. Trends in Cognitive Sciences 13, 2009; S. 175–181

Friederici, A.D./Friedrich, M. & Christophe, A.: Brain responses in 4-month-old infants are already language specific. Current Biology 17, 2007; S. 1208–1211

Friederici, A.D./Mueller, J./Oberecker, R.: Precursors to natural grammar learning: preliminary evidence from 4-month-old infants. PLoS ONE 6(3) 2011; S. 17920

Friedrich, M. & Friederici, A.D.: N400-like semantic incongruity effect in 19-month-olds: Processing known words in picture contexts. Journal of Cognitive Neuroscience 16, 2004; S. 1465–1477

Friedrich, M. & Friederici, A.D.: Lexical priming and semantic integration reflected in the event-related potenzial of 14-month-olds. NeuroReport 16, 2005a; S. 653–656

Friedrich, M. & Friederici, A.D.: Phonotactic knowledge and lexical-semantic processing in one-year-olds: Brain responses to words and nonsense words in picture contexts. Journal of Cognitive Neuroscience 17, 2005b; S. 1785–1802

Friedrich, M. & Friederici, A.D.: Semantic sentence processing reflected in the event-related potenzials of one- and two-year-old children. NeuroReport 16, 2005c; S. 1801–1804

Gleitman, L. R. & Wanner, E.: The state of the state of the art. In E. Wanner & L. Gleitman (Eds.), Language acquisition: The state of the art (p 3–48). Cambridge: Cambridge University Press 1982

Holcomb, P. J./Coffey, S. A. & Neville, H. J.: Visual and auditory sentence processing a developmental analysis using event-related brain potenzials. Developmental Neuropsychology 8, 1992; S. 203–241

Homae, F./Watanabe, H./Nakano, T./Asakawa, K./Taga, G.: The right hemisphere of sleeping infant perceives sentential prosody. Neuroscience Research 54, 2006; S. 276–280

Höhle, B./Weissenborn, J./Schmitz, M. & Ischebeck, A.: Discovering Word Order Regularities: The Role of Prosodic Information for Early Parameter Setting (p 249–265). In J. Weissenborn & B. Höhle (Eds.), Approaches to Bootstrapping: Phonological, Lexical, Syntactic and Neurophysiological Aspects of Early Language Acquisition (Volume 1). Amsterdam: Benjamins 2001

Kutas, M. & Van Petten, C.: Psycholinguistics electrified: event-related brain potenzial investigations. In: Gernsbacher, M.A. (Ed.). Handbook of Psycholinguistics. San Diego: Academic Press 1994; S. 83–143

Mampe, B./Friederici, A. D./Christophe, A. & Wermke, K.: Newborns' cry melody is shaped by their native language. Current Biology, 19(23), 2009; S. 1994–1997

Männel, C. & Friederici, A. D.: Developmental periods in infant word recognition: First say it with accentuation and then repeatedly. PNAS (eingereicht)

Männel, C. & Friederici, A. D.: Pauses and intonational phrasing: ERP studies in 5-month-old German infants and adults. Journal of Cognitive Neuroscience 21, 2009; S. 1988–2006

Männel, C. & Friederici, A. D.: Intonational phrase structure processing and syntactic knowledge in childhood: ERP studies in 2-, 3-, and 6-year-old children. Developmental Science 14(4), 2011; S. 786–798

Nave, K. A.: Myelination and support of axonal integrity by glia. Nature 468, 2010; S. 244–252

Oberecker, R. & Friederici, A. D.: Syntactic event-related potenzial components in 24-month-olds' sentence comprehension. NeuroReport 17, 2006; S. 1017–1021

Oberecker, R./Friedrich, M. & Friederici, A. D.: Neural correlates of syntactic processing in two-year-olds. Journal of Cognitive Neuroscience 17, 2005; S. 1667–1678

Pannekamp, A./Weber, C. & Friederici, A.D.; Prosodic processing at the sentence level in infants. NeuroReport 17, 2006; S. 675–678

Scerri, T. S. & Schulte-Körne, G.: Genetics of developmental dyslexia. European Child and Adolescent Psychiatry 19, 2010; S. 179–197

Schafer, G. & Plunkett, K.: Rapid word learning by fifteen-month-olds under tightly controlled conditions. Child Development 69, 1998; S. 309–320

Schipke, C./Knoll, L. J./Friederici, A. D. & Oberecker, R.: Preschool children's interpreting of object-initial sentences: Neural correlates of their behavioral performance. Developmental Science (eingereicht)

Scholz, J./Klein, M. C./Behrens, T. E. J./Johansen-Berg, H.: Training induces changes in white-matter architecture. Nature Neuroscience 12, 2009; S. 1370–1371

Steinhauer, K./Alter, K. & Friederici, A. D.: Brain potenzials indicate immediate use of prosodic cues in natural speech processing. Nature Neuroscience 2, 1999; S. 191–196

Taubert, M./Draganski, B./Anwander, A./Mueller, K./Horstmann, A./Villringer, A./Ragert, P.: Dynamic properties of human brain structure: learning-related changes in cortical areas and associated fiber connections. Journal of Neuroscience 30, 2010; S. 11670–11677

Werker, J. F./Cohen, L. B./Lloyd, V. L./Casasola, M./Stager, C. L.: Acquisition of word-object associations by 14-month-old infants. Developmental Psychology 34, 1998; S. 1289–1309

2.2 Individuelle Spracherfassung und Bildungsbegleitung in Kindertageseinrichtungen

Eva Reichert-Garschhammer

Der Beobachtung und Dokumentation sprachlicher Lern- und Entwicklungsprozesse werden heute eine bedeutsame Rolle im Alltag von Kindertageseinrichtungen zugemessen und daher in den meisten Kita-Gesetzen sowie Bildungsplänen bzw. Bildungsleitlinien gefordert bzw. empfohlen. Die sprachliche Bildung und Entwicklung eines jeden Kindes optimal zu begleiten und zu unterstützen ist damit eine der wichtigsten Aufgaben von Kindertageseinrichtungen.

Seit Aufkommen der Bildungspläne sind vielfältige Methoden und Verfahren zur Spracherfassung und Bildungsbegleitung in Kindertageseinrichtungen entwickelt worden. In vielen Ländern Deutschlands wurde der Einsatz bestimmer strukturierter Verfahren und Instrumente für Kindertageseinrichtungen verbindlich eingeführt, darüber hinaus können weitere Verfahren wie z. B. Lerngeschichten und Portfolio auf freiwilliger Basis eingesetzt werden. Wie sich Beobachtung und Dokumentation im Bereich Sprache und Literacy in Theorie und Praxis aktuell darstellen, wird in den beiden nachstehenden Beiträgen näher beleuchtet.

Kinder versuchen von Beginn ihres Lebens an Kontakt mit ihrer Umwelt aufzunehmen und sich mit zunehmendem Alter auch sprachlich differenzierter auszudrücken. Treffen sie mit diesem Bemühen auf ein aufmerksames Umfeld, das ihnen aufgeschlossen, mit offenen Fragen, mit Interesse für ihre Weltsicht und mit einer anregungsreichen Umgebung begegnet, sind sie in der Lage, ihre sprachlichen Fähigkeiten zunehmend auszubauen.

Es ist Aufgabe der PädagogInnen diesen komplexen Prozess alltagsintegriert und in für die Kinder sinnhaften Zusammenhängen zu begleiten. Dabei sind Lern- und Entwicklungsverläufe zu beobachten, die Lern- und Entwicklungsschritte zu dokumentieren und daraus pädagogisches Handeln abzuleiten. Das kann sowohl für die Kinder, als auch für die Pädagoginnen und Eltern, mit viel Freude geschehen und für alle Beteiligten eine große Bereicherung sein. Dies zeigen Beispiele zu kreativen Dokumentationsformen aus der Praxis, die inspirieren und zur Nachahmung verführen wollen.

2.2.1 Entwicklungsbegleitende Erfassung von Sprache und Literacy in bayerischen Kindertageseinrichtungen – erste Einblicke in die praktische Umsetzung

Toni Mayr

Sprachliche Kompetenzen sind »Schlüsselkompetenzen« mit großem Einfluss auf andere Entwicklungsfelder, z. B. die soziale und die emotionale Entwicklung, aber auch auf Bildungs- und Lebenschancen von Kindern insgesamt. Sie haben deshalb einen hohen Stellenwert in der deutschen Frühpädagogik (Kultusministerkonferenz, 2002; Lüdtke & Kallmeyer, 2007a; Zehnbauer & Jampert, 2007). In diesem Kontext gibt es eine breite Übereinstimmung, dass sprachliche Entwicklung und Bildung von Kindern in Kindertageseinrichtungen systematisch erfasst werden sollten.

Die Vorstellungen, wie diese Erfassung zu erfolgen hat, gehen allerdings weit auseinander. Es gibt bei den Verfahren große Unterschiede – im methodischen Vorgehen, in den Inhalten und in den Zielen (vgl. zur Übersicht: Fried, 2007; Kany & Schöler, 2007; Lisker, 2010; Lüdtke & Kallmeyer, 2007b; Lengyel, 2012). Eine Zielsetzung ist die Früherkennung von Kindern mit Sprachstörungen oder mit einer »ungünstigen« Sprachentwicklung, eine andere die entwicklungsbegleitende Erfassung und Dokumentation »normaler« Sprachentwicklung und sprachlicher Bildung (vgl. Hoffschildt, 2008; Mayr, 2011a).

Entwicklungsbegleitende Erfassung von Sprache und Literacy

Bei entwicklungsbegleitender Spracherfassung geht es darum, einen möglichst breiten und tragfähigen Einblick in die sprachliche Entwicklung eines Kindes zu erhalten – als Grundlage für pädagogisches Handeln in der Einrichtung. Dies bezieht sich nicht nur auf »Problemkinder«, sondern auf alle Kinder: Auch ein Kind mit einer »durchschnittlichen« Sprachentwicklung oder ein Kind, das sprachlich sehr gut entwickelt ist, haben den Anspruch, »gesehen« zu werden und in der Kita angemessene sprachliche Anregungen zu erhalten um ihre Potenziale optimal zu entfalten.

Aus diesem Grund ist der Gedanke »Beobachtung und Dokumentation für jedes Kind« auch in den deutschen Bildungsplänen für den Elementarbereich verankert; Lern- und Entwicklungsprozesse verlaufen nämlich sehr individuell. Der Stand eines Kindes in verschiedenen Teilbereichen von Sprache kann höchst unterschiedlich sein: Ein Kind ist vielleicht bezogen auf Grammatik und Wortschatz gut entwickelt, tut sich aber gleichzeitig schwer, in Gruppengesprächen frei zu sprechen oder Fragen zu stellen, oder es hat Probleme, Laute richtig wahrzunehmen (vgl. z. B. Mayr & Ulich, 2010). Gleichzeitig gibt es große Unterschiede zwischen den Kindern innerhalb einer Altersgruppe (Bates, Dale & Thal, 1995; Weinert, Ebert, Lockl & Müller, 2011): Manche können schon mit vier Jahren Buchstaben und Wortbilder identifizieren, während andere noch mit sechs Jahren keinerlei Zugang dazu haben. Wesentlich ist hier u. a. die soziale Herkunft der Kinder (z. B. Hart & Risley, 1995, 10 ff.; Neumann, 2006).

Bei Verfahren zur Sprachentwicklungsbegleitung reicht es nicht aus, wie bei Früherkennungsuntersuchungen den Sprachstand nur einmal zu erheben. Es geht vielmehr um eine kontinuierliche Erfassung sprachlicher Entwicklungs- und Bildungsprozesse über die Zeit hinweg, in der die Kinder die Einrichtung besuchen (Bagnato, Neisworth & Munson, 2000, S. 9). So werden Lernen und Entwicklung sichtbar und pädagogische Fachkräfte erhalten eine Rückmeldung, wie »ihre« Kinder auf sprachliche Angebote ihrer Einrichtung ansprechen.

Beobachtungsverfahren

Bei Verfahren, die in Kindertageseinrichtungen entwicklungsbegleitend zur Erfassung von Sprache und Literacy eingesetzt werden, handelt es sich im Wesentlichen um Beobachtungsverfahren. Dabei geht es neben Methoden der freien Beobachtung, z. B. in Form von »Lerngeschichten« (Apeltauer, 2004, 24 ff.), und Portfolios (z. B. Berliner Senatsverwaltung für Bildung, Jugend und Sport, 2004; Gronlund & Engel, 2001; Mayr, 2011b) vor allem um strukturierte Verfahren mit festen Beobachtungsfragen und Antwortrastern. Gut ausgearbeitete standardisierte Bögen lassen dem Beobachter zwar weniger Freiraum als freie Beobachtungen, haben dafür aber ihre spezifischen Vorzüge (vgl. Mayr, 2005, S. 11): Sie lenken z. B. den Blick auf besonders relevante Ausschnitte der Sprachentwicklung, vermitteln eine Übersicht über die verschiedenen Teilbereiche von Sprache und erleichtern es, Beobachtungen zu vergleichen.

Essentiell für alle Verfahren zur Sprachentwicklungsbegleitung ist die Frage ihrer Qualität (z. B. Fried, 2004, 10 ff.). Maßgeblich sind hier insbesondere folgende vier Gesichtspunkte:
- Theoretische Verankerung: Entspricht ein Verfahren dem aktuellen Forschungsstand im Bereich Sprache und Literacy?
- Empirische Absicherung: Handelt es sich um ein untersuchtes Verfahren? Genügt das Verfahren den empirischen Gütekriterien »Objektivität«, »Zuverlässigkeit« und »Gültigkeit«?
- Passung zu den Bildungsplänen im Elementarbereich: Hat ein Verfahren den notwendigen inhaltliche Bezug zu den in den Bildungsplänen konkretisierten Bildungszielen im Bereich »Sprache und Literacy«?
- Praxistauglichkeit: Wie aufwendig ist das Verfahren? Wie ist sein Nutzen für die pädagogische Arbeit in der Kita? Wie verständlich ist es für Kita-Fachkräfte?

Es gibt in Deutschland zurzeit nur wenige sprachentwicklungsbegleitende Beobachtungsinstrumente, die diesen Kriterien genügen, z. B. die Beobachtungsbögen SISMIK (Ulich & Mayr, 2003) und SELDAK (Ulich & Mayr, 2006) für den Vorschulbereich sowie SELSA für Kinder im Schulalter (Mayr, Hofbauer & Šimić, 2012). SISMIK und SELDAK sind nach Lisker (2010, S. 25) die in Deutschland am weitest verbreiteten und am häufigsten empfohlenen Instrumente zur Begleitung der Sprachentwicklung.

Nutzung von Sprachbeobachtungen – Anspruch und Wirklichkeit

Zentral für entwicklungsbegleitende Spracherfassung ist die Frage: Wie weit werden die Ergebnisse der Spracherfassung auch tatsächlich für die pädagogische Arbeit in der Einrichtung genutzt? Dabei gibt es verschiedene Ebenen der Nutzung (vgl. Mayr, 2005, S. 9), z. B.
- Entwicklungsgespräche mit Eltern,
- der fachliche Austausch mit Kolleginnen,
- Kooperation mit Fachdiensten,
- Zusammenarbeit mit Schulen,
- Abstimmung sprachlicher Angebote auf die Kompetenzen und Interessen der einzelnen Kinder,
- Reflexion von pädagogischen Angeboten,
- Sichtbarmachen von pädagogischer Qualität und Professionalität nach außen.

Pädagogische Qualität von Kitas bemisst sich also nicht nur an der differenzierten Erfassung von Sprache und Literacy, sondern auch daran, ob und wie die Ergebnisse der Spracherfassung dann tatsächlich für die pädagogische Arbeit genutzt werden (z. B. Bayerisches Staatsministerium für Arbeit und Sozialordnung & Staatsinstitut für Frühpädagogik, 2006, S. 464 f.).

Wie aber gehen – jenseits von Idealvorstellungen und normativen Vorgaben – Fachkräfte in Kindertageseinrichtungen tatsächlich vor bei der Spracherfassung, wie setzen sie ihre Erkenntnisse in pädagogisches Handeln um? Dazu gibt es zurzeit für deutsche Kindertageseinrichtungen auf breiterer Ebene kaum zuverlässige Informationen.

Im Folgenden werden empirische Befunde dargestellt, die hier genauere Einblicke vermitteln. Die Daten wurden im Rahmen des Projekts »Sprachberatung« in Bayern gewonnen (vgl. Reichert-Garschhammer & Kieferle, 2011). In diesem Projekt wurde eine Erhebung bei pädagogischen Fachkräften mit einer Vorform des Verfahrens LiS-Kit durchgeführt (Mayr, Hofbauer, Kofler & Šimić, 2011). Dabei gab es auch Fragen zur Beobachtungspraxis von Fachkräften und zur pädagogischen Nutzung von Sprachbeobachtungen.

Die Fachkräfte wurden von den Sprachberaterinnen für die Teilnahme an der Untersuchung gewonnen. Insgesamt beteiligten sich insgesamt 544 Fachkräfte an der Erhebung. Die bearbeiteten Bögen wurden von den Befragten anonym an das Staatsinstitut zurückgeschickt und dort mit SPSS 20 ausgewertet. Für die folgende Auswertung wurden nur diejenigen Fachkräfte berücksichtigt, die (auch) mit Kindern im Alter von drei bis sechs Jahren arbeiteten; sie sind die eigentliche Zielgruppe von LiSKit. Inhaltlich geht es bei der folgenden Darstellung um vier Themenkomplexe:
- Praxis der Spracherfassung,
- Nutzung von Sprachbeobachtungen für den Austausch mit Eltern und Schulen,
- kollegialer Austausch über Sprachbeobachtungen,
- Verwendung von Sprachbeobachtungen für die pädagogische Arbeit mit den Kindern.

Erfassung und Dokumentation von Sprache und Literacy

Den folgenden Ergebnissen zur Praxis der Spracherfassung ist vorauszuschicken, dass in Bayern gesetzlich vorgegeben ist, (a) dass alle Kinder, bei denen beide Elternteile nichtdeutschsprachiger Herkunft sind, in der ersten Hälfte des vorletzten Kindergartenjahrs mit SISMIK Teil II beobachtet werden – auf dieser Grundlage erfolgt dann die Zuweisung zum sog. »Vorkurs Deutsch« – und (b) dass alle deutschsprachig aufwachsenden Kinder ab der ersten Hälfte des vorletzten Kindergartenjahres vor der Einschulung anhand des Beobachtungsbogens SELDAK beobachtet werden.

In der Erhebung wurde gefragt, wie oft und bei wie vielen Kindern die Sprachentwicklung der Kinder systematisch erfasst wurde. Die Fachkräfte konnten angeben, wie häufig sie die Sprachentwicklung (a) bei »allen« und (b) bei »einem Teil« der Kinder erfassen. Abb. 3 zeigt die Ergebnisse zur ersten Frage: Danach beobachtete etwa die Hälfte der Fachkräfte alle Kinder »einmal pro Jahr«, etwa ein Fünftel »zweimal pro Jahr«, etwa 10 % »mehr als zweimal pro Jahr«. Rund 4 % gaben an, alle Kinder zumindest »einmal während ihrer Kita-Zeit« zu beobachten. Etwa 15 % führten eine systematische Spracherfassung für alle Kinder bisher nicht durch. Auf die zweite Frage der Sprachbeobachtung »bei einem Teil der Kinder« antworteten 81 Fachkräfte »häufiger als zweimal im Jahr« und jeweils 70 Fachkräfte »zweimal im Jahr« und »einmal im Jahr«.

Bezogen auf die Art der Spracherfassung (Abb. 4) zeigte sich, wie aufgrund der gesetzlichen Vorgaben zu erwarten, eine starke Dominanz strukturierter Sprachbeobachtung. Daneben wurde aber auch viel mit freien Beobachtungen gearbeitet. Immerhin fast die Hälfte der Befragten gab an, zusätzlich zur strukturierten Beobachtung mit SISMIK und SELDAK, Sprachentwicklung auch im Rahmen von Portfolios zu dokumentieren. Unter »andere Methoden« wurden überwiegend unterschiedliche Test oder testähnliche Verfahren genannt.

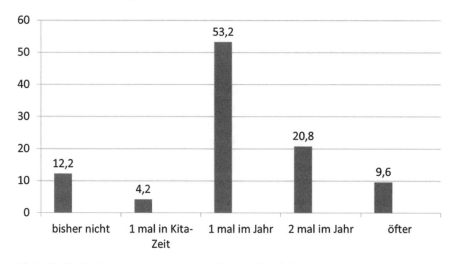

Abb. 3: Gezielte Beobachtung von Sprache und Literacy für alle Kinder (%-Werte; N = 385)

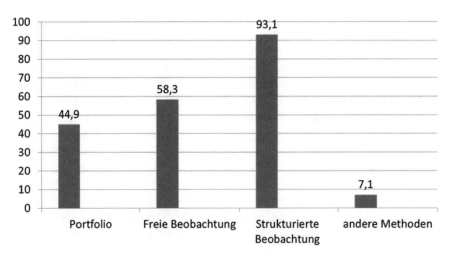

Abb. 4: Methoden der Spracherfassung (Mehrfachwahl, Fall-%-Werte; N=448)

Austausch über Sprachbeobachtungen mit Eltern und Schule

Zwei Fragen bezogen sich auf das Thema »Sprachbeobachtung und Eltern«: In der ersten gaben die Fachkräfte Auskunft darüber, wie weit sie Eltern über die Art der Spracherfassung in der Kita informieren. Hierzu gaben rund 60 % der Befragten an, sie würden die »Mehrzahl« oder »alle Eltern« darüber informieren; etwa 20 % tun dies nur »bei einem Teil der Eltern«, ca. 18 % nur bei »wenigen« oder »sehr wenigen/keinen« Eltern (Abb. 5). Abb. 6 zeigt die Antworten auf die zweite Frage: »Im Entwicklungsgespräch beziehe ich mich auf die Beobachtung und Dokumentation der Sprachentwicklung«. Danach nehmen etwa zwei Drittel der Fachkräfte im Austausch mit den Eltern »überwiegend« oder »durchgehend«, etwa 10 % »kaum« oder »bisher nicht« Bezug ihre Sprachbeobachtungen.

Während Kita-Fachkräfte im Kontakt mit Eltern relativ oft über ihre Sprachbeobachtungen sprachen, war der Austausch über Sprachbeobachtungen zwischen Kita und Schule (Abb. 7) eher beschränkt: Fast die Hälfte der Befragten gab an, sich mit den Ansprechpartnern aus der Schule nur bei »sehr wenigen/keinen« oder »wenigen« Vorschulkindern über den Sprachstand der Kinder auszutauschen. Lediglich etwa ein Viertel antwortete, dass sie sich bei »allen« Vorschulkindern mit der Schule über die Ergebnisse ihrer Sprachbeobachtungen sprechen.

Individuelle Spracherfassung und Bildungsbegleitung in Kindertageseinrichtungen

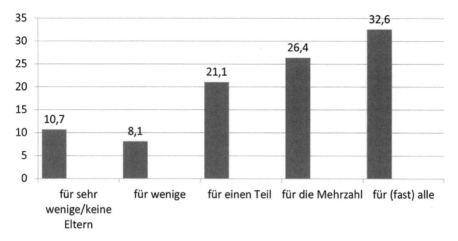

Abb. 5: Informationen der Eltern über Art der Spracherfassung (%-Werte; N = 420)

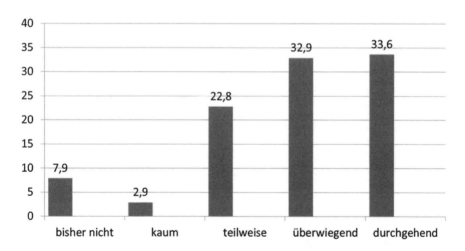

Abb. 6: Bezug auf Sprachdokumentation im Entwicklungsgespräch (%-Werte; N = 417)

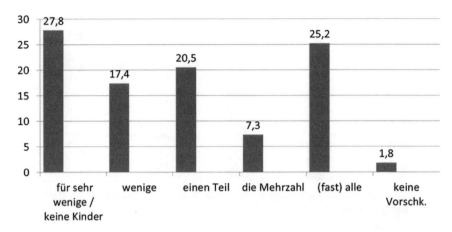

Abb. 7: Austausch mit Schule über Sprachstand der Vorschulkinder (%-Werte; N = 385)

Austausch über Sprachbeobachtungen im Team

Das Beobachten der sprachlichen Entwicklung von Kindern und die Auswertung solcher Beobachtungen sollten grundsätzlich eingebettet sein in einen Prozess des Austausches der einzelnen Fachkraft mit ihren Kolleginnen – aus verschiedenen Gründen:
- Der Abgleich der eigenen Beobachtungen mit dem, was Kolleginnen in anderen Situationen bei einem Kind beobachtet haben, ergänzt und komplettiert die eigenen Ergebnisse;
- die gemeinsame Reflexion der Beobachtungen vertieft das Verstehen der sprachlichen Situation des einzelnen Kindes und vermittelt eine gewisse Sicherheit im Umgang mit Beobachtungsergebnissen (z. B. bei Elterngesprächen);
- das kollegiale Gespräch ist hilfreich bei der Ableitung pädagogischer Ziele und erleichtert die Umsetzung von pädagogischen Maßnahmen – letztere erfordert ja immer ein Zusammenwirken aller beteiligten Fachkräfte.

Auf die Frage »Ich bespreche mit einer Kollegin/Kolleginnen meine Beobachtungen und Dokumentationen zu Sprache und Literacy« gaben (vgl. Abb. 8) etwa zwei Drittel der Fachkräfte an, ihre Sprachbeobachtungen »für alle Kinder« oder zumindest für »die Mehrzahl der Kinder« auch mit Kolleginnen zu besprechen. Mehr oder weniger deutliche Abstriche machte hier etwa ein Drittel der Fachkräfte. Etwa 42 % der Fachkräfte bezogen bei solchen Besprechungen »alle beteiligten Kolleginnen«, rund 30 % »die Mehrzahl der beteiligten Kolleginnen« ein. Die Ergebnisse solcher Besprechungen werden von etwa der Hälfte der Befragten »oft«, von etwa einem Drittel »gelegentlich« schriftlich festgehalten. Rund 20 % der Fachkräfte gaben an, solche Besprechungsergebnisse »nie« (8,9 %) oder »selten« (11,7 %) zu dokumentieren.

Individuelle Spracherfassung und Bildungsbegleitung in Kindertageseinrichtungen 91

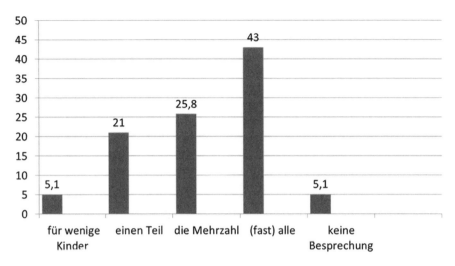

Abb. 8: Kollegialer Austausch über Sprachbeobachtungen (%-Werte; N = 414)

Pädagogische Arbeit mit den Kindern

Neben dem Austausch über Sprachbeobachtungen mit Eltern, Schulen und Kolleginnen in der Einrichtung geht es bei der Nutzung von Beobachtungen vor allem darum, dass die detaillierten Einblicke in die Sprach- und Literacy-Entwicklung auch einen Niederschlag findet in der pädagogischen Arbeit unmittelbar mit den Kindern. Hier sollte es zu einer möglichst gute Passung zwischen sprachlichen Fähigkeiten und Interessen von Kindern einerseits und pädagogischen Anregungen und Maßnahmen andererseits kommen (Füssenich & Geisel, 2008, S. 4; Nickel, 2007, S. 90 ff.). Dies wird auch von den Fachkräften selbst als wichtige Zielsetzung von Spracherfassung genannt (Fried, 2009, S. 46). Zwei Fragen vermitteln hier genauere Einblicke:
– »Aus den Planungen leite ich konkrete Ziele ab, wie ich Kinder in Bezug auf Sprache und Literacy unterstütze«
– »Bei meiner Planung im Bereich Sprache und Literacy gehe ich von der Beobachtung der Kinder aus«

Aus den Antworten auf die erste Frage (Abb. 9) geht hervor, dass jeweils etwa ein Drittel der Fachkräfte »für die Mehrzahl der Kinder« oder für »alle Kinder« auch konkrete pädagogische Zielsetzungen ableiteten. Lediglich 6 % gehen diesen Schritt nur »für sehr wenige/keine Kinder« oder »für wenige Kinder«. Bei der zweiten Frage (Abb. 10) gab etwa die Hälfte der Fachkräfte an, die Sprachbeobachtungen seien »oft« auch eine Grundlage für ihre pädagogische Planung; etwa 40 % antworteten hier mit »gelegentlich«.

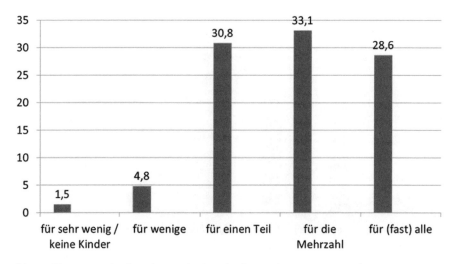

Abb. 9: Ableitung von Förderzielen aus der Spracherfassung (%-Werte; N = 399)

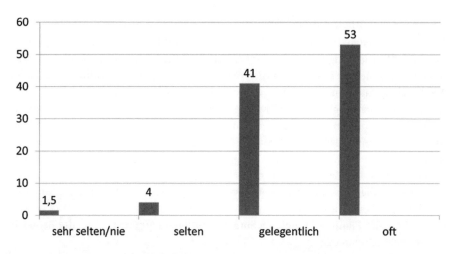

Abb. 10: Sprachbeobachtung als Grundlage für die pädagogische Planung (%-Werte; N = 400)

Diskussion der Ergebnisse

Die referierten Ergebnisse geben Einblick, wie Sprache und Literacy von Kindern in bayerischen Kindertageseinrichtungen gegenwärtig erfasst werden und wie pädagogische Fachkräfte ihre Sprachbeobachtungen praktisch nutzen. Die Generalisierbarkeit der Befunde wird dadurch eingeschränkt, (a) dass die befragten Fachkräfte in Einrichtungen arbeiteten, die sich für das Projekt Sprachberatung gemeldet hatten und (b) dass die Fachkräfte freiwillig an Erhebung teilgenommen hatten. Insofern sind die Ergebnisse auch nicht repräsentativ für die Situation in bayerischen Kindertageseinrichtungen insgesamt. Andererseits war es doch eine relativ große Stichprobe von Fachkräften, die hier detailliert Auskunft gab über Ihre Praxis der Spracherfassung und der pädagogischen Arbeit mit Sprachbeobachtungen.

Welche Instrumente zur Spracherfassung in Kitas eingesetzt werden, liegt in Deutschland überwiegend im Belieben des Einrichtungsträgers (Lisker, 2010). In Bayern gibt es hierzu aber spezifische staatliche Vorgaben. Die Resultate zur »Praxis der Spracherfassung« machen zunächst deutlich: Die große Mehrheit der Fachkräfte beobachtete, entsprechend den staatlichen Vorgaben, alle Kinder in ihrer Zuständigkeit mit SELDAK und SISMIK. Etwa 10 % der Befragten machten hier Abstriche, wobei die genauen Gründe dafür offen bleiben. Viele Fachkräfte gingen beim Einsatz der Bögen allerdings deutlich über ihre rechtlichen Verpflichtungen hinaus: Z. B. gab etwa ein Drittel an, alle Kinder mehrmals pro Jahr mit Blick auf Sprache und Literacy zu beobachten. Bei der Spracherfassung kamen auch keineswegs nur die vorgeschriebenen Bögen zum Einsatz, vielmehr wurde zusätzlich viel mit freien Beobachtungen gearbeitet und Sprach- und Literacy-Entwicklung in Portfolios dokumentiert. Viele Fachkräfte praktizierten bei der Spracherfassung also bereits einen Mehr-Ebenen-Ansatz der Beobachtung, der Strukturierte Beobachtungen (1), Freie Beobachtungen (2) und Originaldokumente in Portfolios (3) integriert (vgl. Mayr, 2005, S. 10 ff.).

Die Fachkräfte blieben häufig auch nicht bei der reinen Erfassung von Sprache und Literacy stehen, sondern nutzten ihre Ergebnisse für den Austausch mit anderen am Bildungsprozess Beteiligten. Praktisch alle Befragten thematisierten ihre Sprachbeobachtungen in Entwicklungsgesprächen mit Eltern. Die Einbeziehung der Eltern ist insofern von Bedeutung, als die Familie ein sehr wichtiger Einflussfaktor für die sprachliche Entwicklung von Kindern ist (z. B. Huttenlocher, Vasilyeva, Cymmerman & Levine, 2002; Landry & Smith, 2006; Senechal, LeFevre, Thomas & Daley, 1998) und eine gute Zusammenarbeit zwischen Kita und Eltern zentraler Bestandteil effektiver Frühpädagogik ist (z. B. Sylva et al., 2004). Im Kontakt mit Schulen wurde dagegen deutlich weniger über die Sprachbeobachtungen der Kita gesprochen. Obwohl auch an dieser Schnittstelle Austausch und gegenseitige Abstimmung dringlich sind, um Kindern einen guten Übergang zu gewährleisten (z. B. Griebel & Niesel, 2011), scheint es – zumindest bei dieser Untersuchungsstichprobe – hier größere Defizite zu geben: Etwa drei Viertel der Befragten war vom eigentlichen Qualitätsstandard (Austausch über die Sprachbeobachtungen bei allen Vorschulkindern) mehr oder weniger weit entfernt. Der Optimierungsbedarf scheint hier also besonders groß.

Beobachtungen mit Kolleginnen aus der Einrichtung zu besprechen ist, wie bereits dargelegt, ein zentraler Standard für pädagogische Qualität (z. B. Andres & Laewen, 2011, S. 173 ff.; Leu et al., 2007, S. 164 f.; Sievers, 2011, S. 13). Dies gilt grundsätzlich auch für den Bereich der Spracherfassung (Mayr, Hofbauer, Kofler, Šimić, 2012b, S. 43). Von Bedeutung ist dieser kollegiale Austausch vor allem in Einrichtungen, die »offen« oder »teil-offen« arbeiten, weil dort die einzelne Fachkraft ein Kind oft nur noch in bestimmten Situationen erlebt. Deshalb ist hier der Bedarf am Austausch über Sprachbeobachtungen und an Abstimmung sprachförderlicher Maßnahmen besonders groß. Die Erhebung macht dazu deutlich: Nahezu alle Fachkräfte besprachen ihre Sprachbeobachtungen mit Kolleginnen; nur bei einer sehr kleinen Minderheit fanden keinerlei solche Besprechungen statt. Es gelang auch überwiegend, zumindest die Mehrzahl der Kolleginnen, die mit einem Kind zu tun haben, in solche Besprechungen einzubeziehen. Eine schriftliche Dokumentation solcher Besprechungen erfolgte jedoch nur zum Teil. Der Grundgedanke, sich über Sprachbeobachtungen mit den Kolleginnen systematisch auszutauschen, scheint demnach in der Praxis gut verankert. Die Schwierigkeiten liegen offensichtlich vor allem darin, solche Besprechungen tatsächlich für alle Kinder zu realisieren.

Ein wichtiges Ziel von Sprachbeobachtung ist es sprachliche Angebote und Aktivitäten stärker auf die Interessen und Kompetenzen der einzelnen Kinder abzustimmen. Weil Entwicklungs- und Bildungsprozesse ein sehr individuelles Geschehen sind, haben die Konzepte »Individualisierung« und »individuelles Curriculum« in der frühpädagogischen Fachdiskussion einen hohen Stellenwert (z. B. Andres, 2006; Andres & Laewen, 2011; Fröhlich-Gildhoff, 2009; Liegle, 2007; Mayr, 2011). Empirische Befunde untermauern wissenschaftlich die Bedeutung dieses individuellen Zugangs: McDonald Conner u. a. (2006) fanden, dass der Zuwachs an »Literacy«-Kompetenzen umso größer ist, je genauer entsprechende Angebote auf das Niveau der Kinder abgestimmt sind.

Obwohl der Grundgedanke der Individualisierung im Feld weitgehend akzeptiert scheint, zeigen praktische Erfahrung und wissenschaftliche Befunde gleichermaßen, dass der Weg von der individuellen Entwicklungsdokumentation zum individuellen Curriculum nicht einfach ist (vgl. Fröhlich-Gildhoff, 2009). Wildgruber (2011, S. 256) kam aufgrund von Tiefeninterviews mir Erzieherinnen, die mit »Lerngeschichten« und der »Entwicklungstabelle« arbeiteten, zu dem Ergebnis, dass die pädagogische Arbeit mit den Kindern eher selten von diesen Beobachtungen ausging.

Die vorliegenden empirischen Befunde erlauben keinen Einblick, wieweit Ergebnisse der Spracherfassung tatsächlich in die Arbeit mit den Kindern einfließen. Sie deuten aber doch darauf hin, dass Sprachbeobachtungen auch direkt für die Arbeit mit den Kindern genutzt wurden, im Sinn einer stärkeren Individualisierung sprachlicher Bildungsaktivitäten. Viele Fachkräfte gaben an, dass sie pädagogische Ziele aus den Sprachbeobachtungen ableiten und bei Ihrer pädagogischen Planung von den Ergebnissen der Spracherfassung ausgehen. Allerdings gibt es auch in diesem Punkt Optimierungsbedarf. Die Herausforderung ist, einen hohen Qualitätsstandard für alle Kinder zu realisieren – und nicht nur für einige (Problem-) Kinder.

Zeitlich wie inhaltlich ist die Individualisierung sprachlicher Bildungsangebote sicher die größte Herausforderung für Kindertageseinrichtungen, weil hier sehr viele Faktoren eine Rolle spielen (Mayr, 2010), z. B. gute Rahmenbedingungen (Viernickel & Schwartz, 2009, 32), aber auch ein hohe Qualifikation des pädagogischen Personals im Bereich Sprache und Literacy. Zudem gibt es, je nach pädagogischem Ansatz, durchaus unterschiedliche Vorstellungen, wie eine Individualisierung pädagogischer Aktivitäten in Kindertageseinrichtungen konkret umgesetzt werden kann (z. B. Andres, 2006; Militzer, Demandewitz & Fuchs, 2001, S. 73 ff.; Viernickel, 2009, S. 37).

Ausblick

Entwicklungsbegleitende Spracherfassung ist kein Selbstzweck. Entscheidend ist, wie solche Beobachtungen konkret für die pädagogische Arbeit genutzt werden. Dabei ist die pädagogische Umsetzung von Sprachbeobachtungen ein durchaus vielschichtiges und komplexes Thema. Dennoch kommt es gerade auf diesen Punkt an. Entwicklungsbeobachtung und -dokumentation legitimieren sich nämlich in erster Linie über ihre pädagogische Nutzung (Mayr, 2005; Ulich & Mayr, 2000). Erst diese praktische Nutzung lässt den großen Aufwand für Beobachtungen in den Augen der Fachkräfte auch als sinnvoll erscheinen und schafft so die erforderliche Akzeptanz für Beobachtungsverfahren in den Einrichtungen. Sprachbeobachtungen, die nur in Aktenordnern verschwinden und nicht Eingang finden in pädagogisches Handeln, werden von der Praxis weniger als »genuiner Bestandteil von Sprachförderung« (Fried, 2009, S. 46) erlebt, denn als »Verwaltungsarbeit« oder lästige Zusatzaufgabe (Mayr, 2011, S. 210).

Die vorliegenden Ergebnisse machen einerseits deutlich:
- Bei den Fachkräften gibt es durchaus ein Bewusstsein dafür, wie wichtig eine Einbindung von Sprachbeobachtungen in praktische Handlungskontexte ist.
- Viele Fachkräfte nutzen Beobachtungsergebnisse auch in diesem Sinn.

Die Daten aus der Erhebung signalisieren andererseits: Bei der pädagogischen Nutzung von Beobachtungen sind noch größerer Anstrengungen notwendig um flächendeckend einen guten Standard zu erreichen. Vordringlich scheinen in diesem Kontext (a) eine viel stärkere Gewichtung dieses Themas bei der Vermittlung und Implementierung von Verfahren zu Spracherfassung und (b) die Realisierung förderlicher Rahmenbedingungen für die Individualisierung von Bildungsprozessen.

Literatur

Andres, B.: Das »Individuelle Curriculum« – eine Weiterentwicklung des infans-Konzepts. KitaDebatte 1, 2006; S. 47–53

Andres, B. & Laewen, H.-J.: Das Infans-Konzept der Frühpädagogik: Bildung und Erziehung in Kindertageseinrichtungen, Berlin 2011

Apeltauer, E.: Beobachten oder Testen? Möglichkeiten zur Erfassung des Sprachentwicklungsstandes von Vorschulkindern mit Migrationshintergrund. In Flensburger Papiere zur Mehrsprachigkeit und Kulturenvielfalt, Heft 36, Flensburg 2004

Bagnato, S. J./Neisworth, J. T. & Munson, S. M.: Linking assessment and early intervention. An authentic curriculum-based approach, Baltimore 2000

Bates, E./Dale, P. S. & Thal, D.: Individual differences and their implications for theories of language development. In P. Fletcher & B. MacWhinney (Hg.), The handbook of child language, Cambridge 1995; S. 96–151

Bayerisches Staatsministerium für Arbeit und Sozialordnung & Staatsinstitut für Frühpädagogik: Der Bayerische Bildungs- und Erziehungsplan für Kinder in Tageseinrichtungen bis zur Einschulung, Weinheim 2006

Berlin-Senatsverwaltung für Bildung, Jugend und Sport: Mein Sprachlerntagebuch, Berlin 2004

Fried, L.: Expertise zu Sprachstandserhebungen für Kindergartenkinder und Schulanfänger. Eine kritische Betrachtung. (http://cgi.dji.de/bibs/271_2231_ExpertiseFried.pdf) 2004

Fried, L.: Sprachwissenschaftlich begutachtet: Sprachstandserhebungen für Kindergartenkinder und

Schulanfänger. In K. Jampert, P. Best, A. Guadatiello, D. Holler & A. Zehnbauer (Hg.), Schlüsselkompetenz Sprache, Berlin, 2. Aufl. 2007; S. 53–73

Fried, L.: Sprache-Sprachförderung-Sprachförderkompetenz. In Ministerium für Generationen, Familie, Frauen und Integration des Landes Nordrhein-Westfalen (Hg.), Kinder bilden Sprache – Sprache bildet Kinder. Sprachentwicklung und Sprachförderung in Kindertagesstätten, Münster 2009

Fröhlich-Gildhoff, K.; Individualisierte Pädagogik braucht individualisierte Beobachtung und Diagnostik: »Beobachtung und Dokumentation« und/oder/versus »Diagnostik«. KiTa aktuell BY 21, 2009; S. 229–231

Füssenich, I. & Geisel, C.: Literacy im Kindergarten. Vom Sprechen zur Schrift, München 2008

Gronlund, G. & Engel, B.: Focused Portfolio, St. Paul 2001

Griebel, W. & Niesel, R.: Übergänge verstehen und begleiten. Transitionen in der Bildungslaufbahn von Kindern, Berlin 2011

Hart, B. & Risley, T. R.: Meaningful differences in the everyday experience of young American children, Baltimore 1995

Hoffschildt, C.: Diagnostik und Beobachtung der Sprache. In S. Bunse & Ch. Hoffschildt (Hg.), Sprachentwicklung und Sprachförderung im Elementarbereich, München 2008; S. 123–139

Huttenlocher, J./Vasilyeva, M./Cymmerman, E., & Levine, S.: Language input and child syntax. Cognitive Psychology 45, 2002; S. 337–374

Kany, W. & Schöler, H.: Fokus: Sprachdiagnostik, Berlin 2007

Kultusministerkonferenz: PISA 2000 – Zentrale Handlungsfelder. Zusammenfassende Darstellung der laufenden und geplanten Maßnahmen in den Ländern. Beschluss der Kultusministerkonferenz vom 17./18.10.2002

Landry, S. H. & Smith, K. E.: The influence of parenting on emerging literacy skills. In D. K. Dickinson & S. B. Neuman (Hg.), Handbook of Early Literacy Research, Vol. 2, New York 2006; S. 135–148

Lengyel, D.: Sprachstandsfeststellung bei mehrsprachigen Kindern im Elementarbereich. Eine Expertise der Weiterbildungsinitiative Frühpädagogische Fachkräfte (WIFF). Frankfurt/M. 2012

Leu, H. R./Fläming, K./Frankenstein, Y./Koch, S./Pack, I./Schneider, K. et al.: Bildungs-und Lerngeschichten: Bildungsprozesse in früher Kindheit beobachten, dokumentieren und unterstützen, Berlin 2007

Liegle, L.: Pädagogische Konzepte und Bildungspläne – wie stehen sie zueinander? kindergarten heute, 1, 2007; S. 6–12

Lisker, A.: Sprachstandsfeststellung und Sprachförderung im Kindergarten sowie beim Übergang in die Schule, München 2010

Lüdtke, U. M. & Kallmeyer, K.: Vorschulische Maßnahmen zur Sprachstandserhebung und Sprachförderung in den deutschen Bundesländern: Wissenschaftliche Vorschläge zur Optimierung bildungspolitischer Initiativen. Die Sprachheilarbeit 52, 2007a; S. 244–260

Lüdtke, U. M. & Kallmeyer, K.: Kritische Analyse ausgewählter Sprachstandserhebungsverfahren für Kinder vor Schuleintritt aus Sicht der Linguistik, Diagnostik und Mehrsprachigkeitsforschung. Die Sprachheilarbeit 52, 2007b; S. 262–278

Mayr, T.: Beobachten und Dokumentieren- Neue Perspektiven. Welt des Kindes 5, 2005; S. 8–12

Mayr, T.: Jede Kita braucht ein Konzept für sprachliche Bildung. kindergarten heute – das leitungsheft, 4, 2010; S. 4–11

Mayr, T.: Beobachtung und Dokumentation. In E. Reichert-Garschhammer & C. Kieferle (Hg.). Sprachliche Bildung in Kindertageseinrichtungen, Freiburg 2011a; S. 200–219

Mayr, T.: Portfolio – ein Rahmen für Spracherfassung und sprachliche Bildung? In E. Reichert-Garschhammer & Ch. Kieferle (Hg.), Sprachliche Bildung in Kindertageseinrichtungen, Freiburg 2011b; S. 210–216

Mayr, T./Hofbauer, C./Kofler, A. & Šimić, M.: Auswertung der LiSKit-Erhebung, deskriptiver Teil. Unveröffentlichtes Arbeitspapier, München 2011

Mayr, T./Hofbauer, C./Kofler, A. & Šimić, M.: LiSKit – Literacy und Sprache in Kindertageseinrichtungen. Beobachtungsbogen, Freiburg 2012a

Mayr, T./Hofbauer, C./Kofler, A. & Šimić, M.: LiSKit – Literacy und Sprache in Kindertageseinrichtungen. Begleitheft, Freiburg 2012b

Mayr, T./Hofbauer, C./Šimić, M. & Ulich, M.: Selsa – Sprachentwicklung und Literacy bei Kindern im Schulalter (1. bis 4. Klasse) – Beobachtungsbogen und Begleitheft; Freiburg 2012

Mayr, T. & Ulich, M.: Der Beobachtungsbogen »Seldak« – theoretische und empirische Grundlagen. In K. Fröhlich-Gildhoff, I. Nentwig-Gesemann & P. Strehmel (Hg.), Forschung in der Frühpädagogik, Band III, Freiburg 2010; S. 75–106

McDonald Connor, C./Morrison, F. J. & Slominski, L.: Preschool Instruction and Children's Emergent Literacy Growth. Journal of Educational Psychology 98, 2006; S. 665–689

Millitzer, R., Demandewitz, H. & Fuchs, R.: Wie Kinder sprechen lernen, Düsseldorf 2001

Neuman, S. B.: The Knowledge Gap: Implications for Early Education. In D. K. Dickinson & S. B. Neuman (Hg.), Handbook of early literacy research (Vol. 2), New York 2006; S. 29–40

Nickel, S.: Beobachtung kindlicher Literacy-Erfahrungen im Übergang vom Kindergarten und Schule. In U. Graf & E. Moser Opitz (Hg.), Diagnostik und Förderung im Elementarbereich und im Grundschulunterricht, Hohengehren 2007; S. 86–104

Reichert-Garschhammer, E. & Kieferle, C.: Sprachberatung auf der Basis eines Coaching-Konzepts. In E. Reichert-Garschhammer & C. Kieferle (Hg.), Sprachliche Bildung in Kindertageseinrichtungen, Freiburg 2011; S. 275–280

Senechal, M./LeFevre, J./Thomas, E. & Daley, K.: Differential effects of home literacy experiences on the development of oral and written language. Reading Research Quartely 33, 1998; S. 96–116

Sievers, T.: Unterrichtsentwicklung im Team. Wie lernt ein Kollegium Individualisierung durch gemeinsames Probieren. Pädagogik 63, 2011; S. 10–13

Sylva, K./Melhuis, E. C./Sammons, P./Siraj-Blatchford, I./Taggart, B. & Elliot, K.: The Effective Provision of Pre-school Education (EPPE) Project: Technical paper 12 – the final report: Effective pre-school education, London 2004

Ulich, M. & Mayr, T.: Sismik. Sprachverhalten und Interesse an Sprache bei Migrantenkindern in Kindertageseinrichtungen (Beobachtungsbogen und Begleitheft), Freiburg 2003

Ulich, M. & Mayr, T.: Seldak – Sprachentwicklung und Literacy bei deutschsprachig aufwachsenden Kindern (Beobachtungsbogen und Begleitheft), Freiburg 2006

Viernickel, S.: Beobachtung und Erziehungspartnerschaft. Berlin 2009

Viernickel, S. & Schwarz, S.: Schlüssel zu guter Bildung, Erziehung und Betreuung: – Wissenschaftliche Parameter zur Bestimmung der pädagogischen Fachkraft-Kind-Relation. Verfügbar unter http://www.gew.de/Binaries/Binary47887/expertise_gute_betreuung_web.pdf. 2009 (zuletzt abgerufen am 17.08.2012)

Weinert, S./Ebert, S./Lockl, K. & Müller, T.: Heterogenität als Herausforderung: Sprachliche Kompetenzunterschiede zwischen Kindern. Grundschulzeitschrift 25, 2011; S. 10–13

Wildgruber, A.: Kompetenzen von Erzieherinnen im Prozess der Beobachtung kindlicher Bildung und Entwicklung, München 2011

Zehnbauer, A. & Jampert, K.: Sprachliche Bildung und Sprachförderung im Rahmen einer ganzheitlichen Elementarpädagogik. In K. Jampert/P. Best/A. Guadatiello/D. Holler & A. Zehnbauer (Hg.), Schlüsselkompetenz Sprache, Berlin 2007; S. 33–37

2.2.2 Die sprachliche Entwicklung der Kinder anregen – begleiten – beobachten – dokumentieren

Maria Bader & Christine Krijger

Die Erfassung und Dokumentation der sprachlichen Entwicklung von Kindern in Kindertageseinrichtungen ist mittlerweile in nahezu allen Bundesländern verpflichtend.

Für die pädagogischen Fachkräfte stellt dies eine weitere anspruchsvolle Aufgabe dar, die neben der fachlichen Einarbeitung in das jeweilige Beobachtungsverfahren regelmäßig Zeit und Aufmerksamkeit erfordert. Gleichzeitig ist die Arbeit mit den standardisierten Verfahren ein Qualifizierungsprozess für Fachkräfte. Sie werden durch die Bögen über die verschiedenen Teilbereiche von Sprachkompetenz und Sprachentwicklung informiert und dafür sensibilisiert. Nach und nach kann so eine differenziertere Wahrnehmung der sprachlichen Situation eines Kindes entstehen.

Gekoppelt mit den freien Beobachtungen im Alltag gewinnen die pädagogischen Fachkräfte einen umfassenden Einblick in die gesamte Entwicklung der Kinder, der eine Grundlage für weiteres pädagogisches Handeln und für den Dialog sowohl mit Kindern als auch Eltern darstellen kann.

Trotzdem wird die gesetzliche Verpflichtung zur Sprachstandsbeobachtung mittels der Beobachtungsbögen Sismik und Seldak in den Kindergartenteams oftmals als große Belastung empfinden. Denn leider ist es noch nicht flächendeckend gelungen, diese Beobachtungsverfahren so einzuführen, dass sie unkompliziert in das Alltagshandeln integriert werden, relativ wenig Zeit bündeln und einen Baustein im Gesamtkontext der kindlichen Entwicklungsbeobachtung darstellen.

Für einen möglichst unkomplizierten Umgang mit den Bögen haben sich folgende Vorgehensweisen bewährt:
- Für alle Kinder stehen die jeweils benötigten Bögen in Greifnähe der Pädagoginnen zur Verfügung.
- Die personelle Hauptverantwortung für die Bearbeitung ist geklärt.
- Im Team ist eine Kollegin die Fachfrau für den Umgang mit den standardisierten Beobachtungsverfahren. Sie informiert das Team von Zeit zu Zeit darüber und fordert den Dialog ein.
- Zeitlich einzuhaltende Fristen werden im Team längerfristig kommuniziert und visualisiert.

Wenn diese Rahmenbedingungen gegeben sind, nehmen die Ressentiments gegenüber den standardisierten Verfahren ab und ihre Vorteile treten deutlicher zutage. Denn sie haben durchaus ihre Vorzüge:

- Sie sind in der Lage so etwas wie eine »gemeinsame Sprache« über gemachte Beobachtungen in die Teams der Einrichtungen einzuführen.
- Sie sind nach kurzer Einarbeitung einfach durchzuführen und leichter auszuwerten als frei gemachte Beobachtungen.
- Der Vergleich von dokumentierten Entwicklungen eines Kindes über einen bestimmten Zeitraum hinweg wird vereinfacht.
- Mit diesen Verfahren werden die verschiedenen besonders relevanten Teilbereiche von Sprache erfasst, da sie von Fachleuten auf diesem Gebiet konzipiert sind.
- Nicht zuletzt sind sie neben den freien Beobachtungen ein Baustein im Gespräch mit Eltern, Fachdiensten und Schule und stärken die pädagogische Fachkraft als kompetente Bildungs- und Entwicklungsbegleiterin der Kinder.

Neben Foto- und Tondokumenten, freien Beobachtungen und Portfolioarbeit sind die Beobachtungsbögen Sismik und Seldak Instrumente, um die Sprachentwicklung der Kinder bestmöglich und unter verschiedensten Aspekten zu beleuchten und neue Anregungen und Anhaltspunkte für die Lerninteressen und Entwicklungsmöglichkeiten des jeweiligen Kindes zu erhalten. Werden die unterschiedlichen Instrumente nicht isoliert betrachtet, sondern im Zusammenspiel genutzt, kann das Thema Beobachtung und Dokumentation allen Beteiligten dienlich sein, Dialoge in alle Richtungen anregen und tatsächlich auch Spaß machen.

Schauen wir in die Praxis: Anregende Gespräche finden immer dort statt, wo die Kinder ein »sprachfreundliches« Klima vorfinden. Doch was genau ist damit gemeint?

Wir finden dieses Klima in unseren Einrichtungen immer dann vor, wenn es interessante Dinge zu entdecken gibt. Wenn Kinder Gelegenheit haben, eigenständig etwas auszuprobieren, wenn sie Pläne entwickeln und sie umsetzen dürfen. Dabei brauchen sie pädagogische Fachkräfte, die ein ehrliches Interesse für ihre Belange zeigen und ihnen mit offenen Fragen begegnen. Sie benötigen Erwachsene, die mit ihnen forschen, ihnen aufmerksam zuhören und sie an der Alltagsgestaltung angemessen beteiligen. Dieses anregende Klima wird begünstigt durch Fachkräfte, die das Leben in der Tageseinrichtung mit und für die Kinder dokumentieren.

All das erfordert neben Fachkompetenz und einer wertschätzenden und respektvollen Grundhaltung der pädagogischen Fachkräfte auch viel Zeit. Die Rahmenbedingungen unserer Einrichtungen sind bei Weitem nicht so gestaltet, dass wir diese Voraussetzungen immer durchgängig schaffen können. Das wissen alle, die jemals in einer Kindertageseinrichtung gewirkt haben. Das Bestreben jedoch muss immer sein, so viele Gelegenheiten wie möglich im Tagesverlauf zu schaffen, die das Mitteilungsbedürfnis der Kinder anregen. Eine entspannte Frühstückssituation beispielsweise, in der es möglich ist, sich noch einmal ganz genau über den Zustand des kranken Meerschweinchens zu erkundigen. Oder die Dokumentation der Waldwoche, die dazu einlädt, zurückzuschauen und noch einmal gemeinsam zu reflektieren, was dort im Dickicht Spannendes passiert ist. Das persönliche Portfolio des Kindes ist ebenso ein wichtiges Instrument. Es regt immer wieder an, sich zu erinnern, prägnante Ereignisse und Lernschritte im Gedächtnis leuchten zu lassen und darüber in den Dialog mit anderen Kindern, pädagogischen Fachkräften und Eltern zu kommen.

Kinder wollen, ebenso wie wir Erwachsenen, Sinnhaftes tun und über Dinge sprechen, die ihnen bedeutungsvoll erscheinen, die sie berühren und bewegen. Sie wollen Interesse und Resonanz spüren für das, was sie erleben.

Wenn sich Lena nach dem Betrachten des Bilderbuchs »Alberta geht die Liebe suchen« in der Gruppe darüber unterhält, was denn die Liebe überhaupt sei, und sie erzählt: »Genau wie bei meinen Eltern, die lieben sich auch!«, hat sie Bilder im Kopf und Gefühle im Bauch, die kein Sprachprogramm der Welt erzeugen kann. Die begleitende Pädagogin erhält in diesem Gespräch Informationen, die über Wortschatz und Satzbau weit hinausgehen und eine Audioaufnahme dieses Gesprächs im Portfolio des Kindes kann einen Schatz fürs Leben bedeuten.

Als Selen, ein muttersprachlich türkisches Mädchen im Alter von fünf Jahren, stolz das Blatt mit ihrem Namen darauf zeigt und sagt: »Schau mal, ich habe meinen Namen gewortet!«, gibt sie uns einen wichtigen Hinweis auf ihre Entwicklung auf dem Weg zur Schrift. Sie hat ein Wissen darüber, dass ein Wort aus zusammengesetzten Buchstaben besteht und bereits eine Vorstellung davon, wie Schreiben und Lesen funktionieren. Im entsprechenden Beobachtungsbogen Sismik kann die begleitende Pädagogin bei der nächsten Gelegenheit ohne Zögern notieren:
- Interessiert sich für Geschriebenes ...
- Malt von sich aus Buchstaben ...
- Will schreiben ...
- Bringt von sich aus eigene Beiträge ein ...

Gelingt es den pädagogischen Fachkräften den Blick und die Ohren für all die zahlreichen Gelegenheiten im Laufe eines Kitatages zu öffnen und ihre Wahrnehmungen in einen fachlichen Kontext zu bringen, dienen die bereitgestellten Beobachtungsbögen neben der freien Dokumentation als gute Unterstützung, um die Beobachtungen im Alltag zu bündeln, eine Übersicht zu erlangen und letztlich die nächsten pädagogischen Schritte daraus abzuleiten. Gleichzeitig dienen die Aufzeichnungen als gute Grundlage für Fachgespräche mit Kolleginnen und den Austausch mit den Eltern.

Selens Interesse an der Schriftsprache braucht Impulse und ein Angebot von Möglichkeiten, auf die sie reagieren kann, wenn sie dazu bereit ist. Zum Beispiel: Ein Briefkasten im Gruppenzimmer, der dazu einlädt Briefe zu schreiben; ein Rollenspielbereich, der auch Einkaufszettel, Rezeptblöcke und Klebezettel bereit hält, oder Bücher, die auch ins Elternhaus ausgeliehen werden können. Sie braucht Resonanz auf ihren Erfolg, den sie so stolz präsentiert. Dazu gehört Anerkennung für die erbrachte Leistung, aber auch die interessierten Rückfragen: »Wie hast Du herausgefunden, wie das geht?«, »Hast Du zu Hause auch schon einmal etwas aufgeschrieben?« und »Gibt es noch andere Wörter, die Du schreiben möchtest?«

Nur wenn dieser letzte Schritt auch getan ist, macht die aufwendige Dokumentation wirklich Sinn. Nach der Auswertung der Aufzeichnungen ist es notwendig, dass die Ergebnisse direkt in die pädagogische Planung einfließen, sonst wäre der Zweck des Ganzen ernsthaft anzuzweifeln.

Um diese anspruchsvolle Tätigkeit möglichst effizient in den Arbeitsalltag integrieren zu können, ist es zudem notwendig, wenn den Fachkräften professionelle Arbeitsmittel wie ein digitales Aufnahmegerät, Laptop, Fotoapparat und eine Videokamera zur Verfügung stehen und ausreichend Zeit eingeräumt wird, die notwendigen Schritte sorgfältig zu bearbeiten.

»Worte schwimmen an der Wasseroberfläche, um Geschichten zu bekommen, musst Du tauchen.« Diese Worte des italienischen Kinderbuchautoren Gianni Rodari (2008) weisen den pädagogischen Fachkräften, die Kinder im Krippen- und Elementarbereich begleiten, den Weg. Sie müssen bereit sein, zu tauchen!

Literatur

Reichert-Garschhammer, E. & Kieferle, C.: Sprachliche Bildung in Kindertageseinrichtungen. Freiburg 2011

Rodari, G.: Die Grammatik der Phantasie. Die Kunst Geschichten zu erfinden, Leipzig, 4. Aufl. 2008

2.3 Früherkennung und Prävention von Sprachauffälligkeiten im Kindergarten

Claudia Wirts

Auffälligkeiten und Störungen der Sprachentwicklung sind ein wichtiges Thema für pädagogische Fachkräfte. Sie zu erkennen und die richtigen Maßnahmen zur optimalen Unterstützung der betroffenen Kinder einleiten und begleiten zu können, ist ein bedeutsamer pädagogischer Aufgabenbereich.

Kinder mit Sprachentwicklungsstörungen brauchen spezifische sprachtherapeutisch-logopädische Unterstützung, darüber hinaus ist es wichtig, dass die betroffenen Kinder in der Familie und der Kindertageseinrichtung eine sprachentwicklungsunterstützende Umgebung vorfinden.

Eltern sind häufig unsicher, ob die sprachliche Entwicklung des Kindes nur als langsam oder schon als auffällig zu beurteilen ist. Pädagogische Fachkräfte sind hier in der Verantwortung, die Eltern kompetent zu beraten, ob eine therapeutische Abklärung empfehlenswert oder noch verfrüht ist. Schon der verspätete Sprechbeginn kann mit 24 Monaten ein Risikoindikator für eine spätere Sprachentwicklungsstörung sein, Stottern, das irrtümlich als normales Entwicklungsstottern gedeutet wird, kann sich verfestigen, Mutismus unerkannt zu sozialen Problemen führen. Daher ist es wichtig, dass die entsprechenden Anzeichen zum richtigen Zeitpunkt erkannt und die Kinder therapeutisch wie pädagogisch in adäquater Weise unterstützt werden.

In dem Artikel von Glück und Schrämpler wird ein Überblick über die häufigsten Erscheinungsformen von Sprachentwicklungsstörungen gegeben und die Möglichkeiten der pädagogischen Unterstützung kurz aufgezeigt. Außerdem werden Meilen- und Grenzsteine der Sprachentwicklung dargestellt, die PädagogInnen in der Praxis eine Orientierungshilfe geben können.

Der zweite Artikel in diesem Kapitel von Beck-Dinzinger und Teubner konkretisiert die Ideen zur Unterstützung von Kindern mit Sprachauffälligkeiten in der pädagogischen Praxis. Neben den Vernetzungsmöglichkeiten mit ExpertInnen (TherapeutInnen, ÄrztInnen) werden vor allem die notwendigen Kompetenzen des pädagogischen Teams im konkreten Umgang mit den betroffenen Kindern und Eltern dargelegt. Dabei stehen die Beobachtung der kindlichen Sprachentwicklung sowie der unterstützende Umgang mit sprachlichen Schwierigkeiten der Kinder im pädagogischen Alltag im Fokus, aber es werden auch Möglichkeiten der Teamqualifizierung und -unterstützung in diesem komplexen Aufgabenfeld thematisiert.

2.3.1 Sprachauffälligkeiten im Kindergarten
Christian W. Glück & Ute Schräpler

Einleitung

In ihrem Arbeitsalltag erleben ErzieherInnen häufig Kinder, die in ihrer Sprache auffällig wirken. Diese Kinder sind manchmal so stark in ihren sprachlichen Fähigkeiten eingeschränkt, dass die Kommunikation erschwert ist: sie können sich nicht angemessen verständlich machen und/oder verstehen Sprache nicht ausreichend. Störungen der Sprachentwicklung gelten als häufigste Auffälligkeiten im Kindesalter und zeigen sehr unterschiedliche Merkmale und Ausprägungen.

Diagnose und Behandlung von Sprachenwicklungsstörungen liegen nicht in der Verantwortung von pädagogischem Fachpersonal. Für die Arbeit in Kindertageseinrichtungen ist es jedoch unerlässlich, möglichst früh zu erkennen, wenn sich Kinder sprachlich nicht altersgerecht entwickeln. ErzieherInnen können durch genaue Beobachtung und die enge Zusammenarbeit mit Eltern, Medizinern und Therapeuten diese Kinder gezielt unterstützen.

In diesem Beitrag wird ein Überblick über unterschiedliche Störungen des Spracherwerbs gegeben. Ziel ist es, pädagogisches Fachpersonal für Störungen der Sprache und Kommunikation zu sensibilisieren, um entsprechende Maßnahmen einzuleiten.

Spracherwerb

Der Erwerb der Sprache gelingt in der Regel scheinbar mühelos, obwohl sie eine der komplexesten menschlichen Fähigkeiten darstellt. Gleichzeitig ist die Sprachentwicklung von Kindern relativ robust gegenüber ungenügenden Sprachvorbildern. Die Sprachentwicklung selbst verläuft sehr rasch und ist in einen vielschichtigen Lern- und Entwicklungsprozess eingebettet.

Bei der Betrachtung der Sprachentwicklung werden der rezeptive (Sprachverstehen) und produktive (sprachliche Äußerungen) Aspekt unterschieden. Hinsichtlich des Sprachverstehens sind Kinder von Geburt an sensibel für rhythmisch-prosodische Merkmale in gesprochener Sprache. Sie zeigen im ersten Lebensmonat eine Präferenz für die Muttersprache und können Laute voneinander unterscheiden. Im Laufe des ersten Lebensjahres gelingt ihnen das Erkennen von Silben und Phrasenstrukturgrenzen, sodass es zum Wortverständnis kommt. Im Alter von ca. 12 bis 16 Monaten können Kinder einfache Sätze und Aufforderungen verstehen. Mit ca. 24 Monaten werden zunehmend komplexe Sätze verstanden, und mit ca. 48 Monaten beginnt die metasprachliche Bewusstheit. Kindern ist es damit möglich Sprache zu reflektieren.

Obwohl die Produktion erster Wörter etwa neun Monate später als das Wortverständnis einsetzt, produzieren Kinder von Geburt an Laute und ahmen in den ersten Lebensmonaten Vokale nach. In der ersten Lallphase zwischen 1,5 und vier Monaten werden spielerisch Laute und Silben artikuliert. Zwischen dem vierten und zwölften Monat erfolgt in der zweiten Lallphase das erste Silbenplappern in den Lauten der Muttersprache (Böhme 2003). Ab dem zwölften Lebensmonat verwenden Kinder erste Wörter. Im zweiten Lebensjahr werden nicht nur Einwortsätze gebildet, sondern zunehmend Zwei- und Mehrwortsätze produziert. Ab dem dritten Lebensjahr können grammatikalische Strukturen und Regeln abgeleitet werden (Grimm 2003). Mit etwa vier Jahren sind Kinder in der Lage, weitgehend korrekt und erfolgreich sprachlich zu kommunizieren. In Grundzügen ist bis zu diesem Zeitpunkt die Sprache erworben worden. Die Sprachentwicklung ist dabei aber noch nicht abgeschlossen, sondern reicht bis ins Erwachsenenalter (für einen genauen Überblick der Sprachentwicklung vgl. AWMF-Leitlinie 2011, S. 10). Abb. 11 verdeutlicht die Meilensteine (*Wann* werden bestimmte Entwicklungsstufen erreicht?) und die Grenzpfosten (*Bis wann* sollten bestimmte Entwicklungsstufen erreicht sein?) der kindlichen Sprachentwicklung.

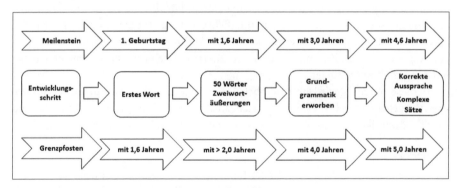

Abb. 11: Meilensteine und Grenzpfosten in der Sprachentwicklung

Störungen der Sprachentwicklung

Bei vielen Kindern verläuft die Sprachentwicklung nicht problemlos. Störungen der Sprachentwicklung gehören zu den häufigsten Entwicklungsstörungen im Kindesalter. Es ist möglich, dass Spracherwerbsstörungen als Folge von Primärbeeinträchtigungen, wie z. B. kognitiven Defiziten oder Hörschädigungen, auftreten. Bei einer Primärsymptomatik ohne andere Auffälligkeiten spricht man von einer spezifischen Sprachentwicklungsstörung, die bei 6–8 % aller Kinder auftritt (Dannenbauer 2003). Es können die Teilbereiche Aussprache, Grammatik, Wortschatz und Schriftsprache, oder zusätzlich (in seltenen Fällen auch isoliert) der Bereich des Sprachverstehens betroffen sein. Das Erscheinungsbild von Sprachentwicklungsstörungen ist durch Merkmale gekennzeichnet, die sich von Kind zu Kind unterscheiden können. Charakteristisch sind ein verspäteter Sprachbeginn und ein verlangsamter Spracherwerb. Im Vorschulalter fallen Störungen der Sprachentwicklung besonders stark auf, sodass 17,1 % der fünfjährigen Kinder eine sprachtherapeutische Behandlung erhalten (BARMER GEK Arztreport 2012).

Bereits im Krippenalter interagieren Kinder mit geringeren sprachlichen Leistungen weniger mit Gleichaltrigen und bauen zu ihnen seltener Kontakt auf als sprachunauffällige Kinder (Albers 2012). Störungen der Sprachentwicklung wachsen sich meist nicht aus, sondern sind in hohem Maße persistent. Eine Ausnahme bilden reine Aussprachestörungen, die nur die Fehlbildung oder Auslassung einzelner Laute betreffen. Im weiteren Bildungs- und Entwicklungsverlauf besteht die Gefahr, dass durch die zunehmenden sprachlichen Anforderungen schulische Probleme auftreten können, der Intelligenzquotient absinkt oder Risiken im sozio-psychischen Bereich entstehen. Weiterhin sind diese Kinder anfällig für die Herausbildung psychiatrischer Störungen. Abb. 12 gibt einen Überblick über mögliche Störungen der Sprache und des Sprechens im Kindergartenalter. In den folgenden Abschnitten wird auf die einzelnen sprachlichen Ebenen genauer eingegangen.

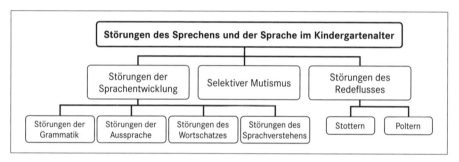

Abb. 12: Übersicht ausgewählter Störungen der Sprache und des Sprechens im Kindergartenalter

Aussprache

Lea (4,6 Jahre): Die Tinder pielen mit dem Ball, und da fiegt der Ball über den Zaun. Der eine June tlettert dlüber. Der holt den Ball. Und dann dehn sie beide nach Hause, weil es duntel wird.

Generell lässt sich sagen, dass der Lauterwerb im Vorschulalter abgeschlossen sein sollte und somit alle Laute korrekt produziert werden (Wildegger-Lack 2003). Bei Störungen der Aussprache kann es vorkommen, dass ein Laut (z. B. /s/) fehlerhaft gebildet und durch eine Form ersetzt wird, wie sie im Deutschen nicht vorkommt. Besonders häufig ist die fehlerhafte Bildung des s-Lautes, indem sich die Zunge zwischen den Zähnen befindet (= Sigmatismus interdentalis, umgangssprachlich Lispeln). Diese Fehlbildung des /s/ – wie auch Probleme mit der Bildung des Lautes /sch/ – sind im Vorschulalter noch bei sehr vielen Kindern zu finden und kein Grund zur Besorgnis hinsichtlich der weiteren Sprachentwicklung. Weiterhin ist es möglich, dass Laute ausgelassen werden, weil sie noch nicht beherrscht werden (z. B. Schmetterling – Metterling). Eine dritte Variante ist die Ersetzung durch einen anderen Laut (z. B. Giraffe – Diraffe). Teilweise werden Aussprachestörungen von Schwierigkeiten der Mundmotorik begleitet, d. h. die Sprechbewegungen verlaufen unkoordiniert oder ungenau, mit ungenügendem Tonus oder mangelnder Flexibilität.

In Hinblick auf die Ursachen von Aussprachestörungen unterscheiden die Sprachtherapeuten, ob eine Störung der Wahrnehmung und Bewegung im Mundraum (phonetische Störung) oder/und eine Störung des Sprachwissens über die Laute und Lautkombinationen der Muttersprache (phonologische Störungen) vorliegt.

Grammatik

> Paul (3,4 Jahre): Auto fahn. Ganz schnell Auto fahn, Kindergarten fahn. Und dann Kinder warten. Tom Geburtstag. Kuchen essen, hm lecker.

Störungen der Grammatik (= morphologisch-syntaktische Störungen, Dysgrammatismus) gelten als Leitsymptom einer Sprachentwicklungsstörung. Kennzeichnend sind grammatische Fehler und eine reduzierte Grammatik. Häufig erwerben diese Kinder die Grammatik verlangsamt und verspätet und haben Schwierigkeiten, sich grammatische Regeln anzueignen. Auf syntaktischer Ebene können Verben ausgelassen werden (z. B. »Ich müde.«), oder sie stehen an der falschen Position (z. B. »Der Junge Hunger haben.«). Es ist möglich, dass fehlerhafte Präpositionen (z. B. »bei Kindergarten« statt »im Kindergarten«) verwendet werden. Auf morphologischer Ebene sind häufig die Kasusmarkierungen im Akkusativ und Dativ (z. B. »auf der Stuhl«) und Pluralmarkierungen (z. B. »Gabel – Gabels«) betroffen. Weiterhin können Schwierigkeiten bei den Zeitformen auftreten (z. B. »Er hat getrinkt.«).

Wortschatz

> Jenny (6,1 Jahre): Du musst das Ding da nehmen und so machen (macht eine Geste). Und dann, ähm, dann nimmst du den Stecker, ähm nee, den Hörer, kannst das halten und dann reinsprechen.

Kinder mit Wortschatzstörungen lernen langsamer als andere Kinder ihres Alters neue Wörter. Dies zeigt sich häufig bereits an einem späten Sprechbeginn. Man spricht von einer semantisch-lexikalischen Störung, wenn der aktive und passive Wortschatz stark eingeschränkt sind. Dies kann sich in einem sehr geringen Umfang des Wortschatzes und der häufigen Verwendung von Vielzweckwörtern (z. B. »tun«, »Ding«) zeigen. Die betreffenden Wörter werden fehlerhaft benannt oder durch andere ersetzt. Wortfindungsprobleme zeigen sich durch einen verlangsamten Wortabruf (z. B. durch Pausen), Selbstkorrekturen (z. B. »Tiger, äh nein, Löwe«) oder durch Abbruch der Äußerung bzw. Vermeidungsverhalten. Auf rezeptiver Ebene werden Wörter falsch oder ungenau in ihrer Bedeutung abgespeichert, nicht verstanden oder sie fehlen völlig. Im Alltag fallen Kinder mit semantisch-lexikalischen Störungen nur selten auf, denn sie kompensieren ihren geringen Wortschatz durch Füllwörter und erschließen unbekannte Wörter durch die Kommunikationssituation. Das Störungsbild wird jedoch deutlich, wenn sie ein Bild oder einen Gegenstand benennen sollen (Was ist das?), wenn man von ihnen Wörter zu einem Oberbegriff (Welche Tiere leben im Zoo?) oder Antonyme (Was ist das Gegenteil von schmal?) erfragt.

Sprachverstehen

Häufig berichten Eltern, dass ihr Kind zwar nicht so gut sprechen könne – verstehen würde es aber alles! Dieser Eindruck, dass das Sprachverstehen nicht beeinträchtigt ist, kann falsch sein. Zum einen gibt es Kinder mit Sprachentwicklungsstörungen, die neben Problemen im Sprachausdruck auch Schwierigkeiten mit dem Verstehen haben. Zum anderen darf das Sprachverstehen nicht mit »Situationsverstehen« verwechselt werden (vgl. Hachul & Schönauer-Schneider 2012). Denn Störungen des Sprachverstehens sind im Alltag meist nicht einfach zu beobachten. Wenn ein Kind, z. B. auf eine Aufforderung hin, richtig reagiert, dann muss das Kind nicht unbedingt die Sprache vollständig verstanden haben. Kinder nutzen u. a. folgende Verstehensstrategien:
- Das Kind reagiert auf Schlüsselwörter (sog. Schlüsselwort-Strategie).
- Das Kind nutzt sein Wissen über den normalen Ablauf bekannter Situationen, um angemessen zu reagieren (sog. pragmatische Strategie – Situationslesen).
- Das Kind achtet auf Hinweise wie Gesten, Mimik und Blick, die der Gesprächspartner (unbewusst) gibt, um das Gesprochene richtig zu interpretieren (sog. parasprachliche Strategie).
- Das Kind achtet zwar schon auf die Sprache, aber nur auf die Inhaltswörter, die dann meist in einer festen Reihenfolge interpretiert werden: Subjekt-Verb-Objekt. »Der Bruder weckt die Schwester.« – Dagegen wird im Satz »Den Bruder weckt die Schwester.« die Reihenfolge der Satzglieder umgekehrt. Erst wenn Kinder dies korrekt verstehen, beachten sie auch die Grammatik (sog. grammatische Strategie).

Grundlegend sollten Kinder mit drei Jahren die grammatische Strategie erworben haben. Das Verstehen für schwierigere Formen (Relativ-Sätze, Haupt-Nebensatzgefüge, Passiv-Sätze, Vorzeitigkeit (»bevor xxx erst yyy ...«), doppelte Verneinung) entsteht bis ins Grundschulalter hinein.

Um also das Sprachverstehen eines Kindes beurteilen zu können, sind Beobachtungssituationen zu schaffen, in denen das Kind z. B. auf Anweisungen reagieren soll, die nicht zur Situation passen und in denen bewusst *keine* weiteren Hinweise aus Gestik, Mimik oder Blickwendung gegeben werden.

Weitere Anzeichen von Störungen des Sprachverstehens bei Kindern sind:
- Sie wirken bei Anweisungen desorientiert oder schauen ständig darauf, was die anderen Kinder tun.
- Sie werden beim Zuhören rasch unruhig, weil sie z. B. beim Geschichten-Vorlesen schnell »den Faden verlieren«.
- Es kommt häufig, auch im Kontakt mit anderen Kindern, zu Missverständnissen und daraus resultierenden Konfliktsituationen.
- Das Kind merkt nicht, wenn ihm Informationen fehlen, um etwas sprachlich richtig zu verstehen (sog. Monitoring des Sprachverstehens).

Liegen Sprachverstehensschwierigkeiten zusätzlich zu Problemen in der Sprachproduktion vor, so ist das eine erhebliche Erschwernis im Spracherwerb.

Maßnahmen

Auffälligkeiten der Sprachentwicklung erfordern eine ärztliche und sprachtherapeutische Abklärung. Durch eine gezielte Differentialdiagnostik lassen sich Aussagen treffen, ob es sich um eine Sprachentwicklungsstörung oder einen Spracherfahrungsmangel handelt. Je nach Ausprägung des Störungsbildes kann eine Sprachtherapie durch ärztliche Verordnung veranlasst werden, in der direkt mit dem Kind gearbeitet wird. Bei jüngeren Kindern ist eine indirekte Maßnahme in Form von Elterntrainings möglich. Das Heidelberger Elterntraining beispielsweise leitet Eltern an, ihr sprachliches Angebot zu optimieren und sprachförderliche Kommunikationssituationen herzustellen (Buschmann et al. 2009). Es wird inzwischen von vielen Sprachtherapeuten und Logopäden angeboten. Bei sprachauffälligen Vorschulkindern bietet sich die Kontaktaufnahme mit der aufnehmenden Schule an, die u. U. den sonderpädagogischen Dienst einbezieht, um den Übergang in die Schule optimal unterstützen zu können.

Neben einer sprachtherapeutischen Behandlung können Kinder in ihrer Sprachentwicklung unterstützt werden, indem sie ein optimales sprachliches Bildungsangebot von den pädagogischen Fachkräften in der Kindertageseinrichtung erhalten. Die Schaffung von Sprechanlässen in unterschiedlichen Alltagssituationen sowie die Anwendung von Sprachlehrstrategien, z. B. offene Fragen oder die indirekte Rückmeldung über korrektives Feedback, unterstützen die Entwicklung sprachlicher Fähigkeiten. Die Erweiterung kindlicher Äußerungen unterstützt insbesondere den Wortschatz- und Grammatikerwerb. Das Anregen der Sprechfreude ist ein wesentlicher Bestandteil einer sprachförderlichen Arbeit.

Eine alltagsintegrierte Sprachförderung allein ist für Kinder mit Störungen der Sprachentwicklung nicht ausreichend (Grimm & Aktas 2011). Diese Kinder benötigen qualitativ einen anderen und quantitativ mehr sprachlichen Input. Eine mögliche Form der gezielten Förderung ist das dialogische Lesen (= gemeinsame Bilderbuchbetrachtung) in der Kleingruppe. In dieser Situation wird das Bilderbuch als Sprechanlass genutzt, um mit Kindern ins Gespräch zu kommen. Die ErzieherIn setzt dabei gezielt Sprachlehrstrategien ein, die auf den individuellen sprachlichen Lern- und Entwicklungsstand des jeweiligen Kindes angepasst sind. Diese Form der Sprachförderung erfordert ein hohes Maß an Selbstreflexion bei der Fachkraft und eine kontinuierliche Auseinandersetzung mit dem Thema. Als Unterstützung einer professionellen Sprachförderung in Kindertageseinrichtungen wird eine fachliche Begleitung vor Ort (Coaching, Supervision) empfohlen.

Redeflussstörungen

Bei bis zu 80 % von Kindern zwischen dem 3. und 5. Lebensjahr treten vorübergehend Redeunflüssigkeiten auf, die in diesem Alter altersgemäß und Teil der Sprachentwicklung sind. Bleiben die entwicklungsbedingten Unflüssigkeiten im Redefluss über ein halbes Jahr bestehen, kann sich ein Stottern herausbilden. Bei etwa 4–5 % der Kinder ist dies der Fall, wobei ein erhöhtes Risiko eines chronischen Stotterns besteht, von dem ca. 1 % aller Jugendlichen und Erwachsenen betroffen sind (Weikert 2007).

Beim Stottern kommt es auffallend häufig zu Unterbrechungen im Redefluss, indem Laute oder Silben wiederholt (z. B. »ei–ei–ei–eine«) und gedehnt (z. B. »a__ber«) werden. Es können stumme Pausen (Blockierungen) auch im Wort auftreten. Als Reaktion auf die unflüssige Sprechweise entstehen Sekundärsymptome wie eine erhöhte Anstrengung beim Sprechen, mimische und gestische Mitbewegungen oder Vermeidungsverhalten.

Die Entstehungsbedingungen des Stotterns sind mehrdimensional und reichen von physiologischen und linguistischen bis hin zu psychosozialen Faktoren. Hinzu kommen genetische Dispositionen und neuromotorische Defizite (z. B. auditive Wahrnehmungsprobleme).

Das Poltern unterscheidet sich vom Stottern. Das Sprechen wirkt unrhythmisch, unorganisiert und überhastet. Hinzu kommen Auslassungen und Verschmelzungen von Lauten und Silben (z. B. /schras/ – Straße) sowie von Morphemen und syntaktischen Elementen (z. B. /is hause na gang/ – Er ist nach Hause gegangen.), sodass die Verständlichkeit stark eingeschränkt ist (Beispiele entnommen aus Iven 2007, 241). Der gesamte Sprachverarbeitungs- und -produktionsprozess ist beim Poltern betroffen. Die Ursachen zur Entstehung des Polterns sind noch unzureichend erforscht. Derzeit werden Zusammenhänge mit einer eingeschränkten auditiven Verarbeitung, mit Defiziten auf pragmatischer Ebene, der Sprechmotorik und der Schriftsprache diskutiert.

Häufig treten Stotter- und Poltersymptome kombiniert auf, sodass in der Differentialdiagnose zwischen beiden Störungsbildern unterschieden wird und diese Grundlage für die Therapieschwerpunkte bildet.

Maßnahmen

Wenn Kinder unflüssig sprechen, ist es wichtig, möglichst viele Möglichkeiten und Situationen zum Sprechen zu finden. Nur dadurch kann ein Kind seine Sprache und Sprechfähigkeiten weiterentwickeln. Solche interessanten und stressfreien Situationen können Rollenspiele, das Freispiel oder die Bilderbuchsituation sein. Von besonderer Bedeutung ist der Erhalt der Sprechfreude. Der Spaß am Sprechen kann durch eine positive Beziehung zum Kind, aber auch durch interessiertes Zuhören gefördert werden. In positiv empfundenen Momenten des Dialogs gelingt es dem Kind, angstfrei und unbefangen sprachliche Äußerungen zu produzieren. In bestimmten Situationen ist es möglich, dass das Kind wenig oder gar nicht unflüssig spricht. Wenn solche Situationen wahrgenommen werden, sind sie nach Möglichkeit auszubauen bzw. wiederholt herzustellen. In diesen Momenten kann das Kind wahrnehmen, dass es selbst leicht und locker sprechen kann. Aufgabe der ErzieherIn ist es, das eigene Sprachvorbild kritisch zu reflektieren und insbesondere auf ein angemessenes, eher etwas verlangsamtes Sprechtempo zu achten. Sie leistet Hilfestellung, indem sie in der Sprache des Kindes auf den Inhalt – nicht auf die Form achtet und Sprechunflüssigkeiten unbefangen wahrnimmt. Ermahnungen (z. B. »Sprich langsamer«) und Kritik führen häufig zu Rückzug und können das Stottern verstärken. Lob für flüssiges Sprechen hingegen kann Unflüssigkeiten abbauen. Eine Elternberatung kann helfen, die Kommunikation im häuslichen Umfeld zu verbessern.

Eine therapeutische Behandlung ist angeraten, wenn Redeunflüssigkeiten über einen längeren Zeitraum andauern, Sprechanstrengungen (z. B. Verkrampfung, Mitbewegungen) zu beobachten sind und das Kind seine Sprechweise als Hindernis wahrnimmt oder die Eltern besorgt sind. Im Kindesalter können sich Sprechunflüssigkeiten spontan zurückbilden, während im Jugendlichen- und Erwachsenenalter eine vollständige Heilung nur selten möglich ist.

Selektiver Mutismus

Als Mutismus (lat. *mutus* – stumm) wird das Schweigen bei vorliegender Sprechfähigkeit und intaktem Hören bezeichnet. Beim selektiven Mutismus tritt die Sprechhemmung nur in definierten Situationen bzw. bei bestimmten Personen auf, z. B. in der Kindertageseinrichtung spricht das Kind nicht, im Elternhaus dagegen schon. Jegliche Lautäußerungen, wie Lachen, Räuspern, Niesen oder Husten, werden vermieden. Ebenso erfolgt oft das Weinen stumm und häufig ohne Tränen. Auf die Mimik wird weitgehend verzichtet. Generell wirkt die Körpersprache bei Kindern mit selektivem Mutismus gehemmt und ängstlich. Statt sprachlicher Äußerungen kommunizieren Kinder mit Mutismus manchmal anhand von Gesten oder durch zeichnerischen oder schriftlichen Ausdruck. Ein Auftreten in Kombination mit Sprachstörungen oder mit migrationsbedingten sprachlichen Anpassungsproblemen ist möglich. Die Ursachen sind vielschichtig und müssen auf psychogener, und physiologischer Ebene abgeklärt werden. Besonders sensible Phasen, in denen ein selektiver Mutismus auftreten kann, sind der Eintritt in den Kindergarten und in die Schule.

Maßnahmen

Es empfiehlt sich, Kinder mit Verdacht auf einen selektiven Mutismus in ihrem Interaktionsverhalten zu beobachten, um zu erfassen, in welchen Situationen und mit welchen Personen eine Kommunikation möglich ist. Die Lautsprache sollte nicht explizit eingefordert werden, aber das Kind sollte sprachliche und nonverbale Angebote (z. B. Gesten) erhalten, um sich ausdrücken zu können. Gleichzeitig kann die häusliche Sprachverwendung von den Eltern erfragt werden. Als ernstzunehmende Signale gelten eine Außenseiter-Rolle und eine fehlende sprachliche Kommunikation mit anderen Kindern oder Erwachsenen, die über die ersten drei Monate des Kindergartenbesuchs hinaus anhält. Bei Verdacht auf Mutismus ist eine kinderpsychiatrische und sprachtherapeutische Abklärung ratsam. Die Behandlungsmöglichkeiten reichen von einer Spiel- und Kommunikationstherapie bis zur Psychotherapie und beziehen Kindergarten und Schule als Kooperationspartner ein.

Zusammenfassung

Im Kindergartenalter können unterschiedliche Störungen der Sprache und des Sprechens auftreten, die die weitere sprachliche Bildung und Entwicklung und den schulischen Erfolg maßgeblich beeinflussen. Kinder wissen häufig um ihre Probleme, sodass mit ihnen offen darüber gesprochen werden kann (Zollinger 2009). Durch Zuwendung, Bestätigung, Schaffung von sprachförderlichen Gesprächssituationen und nicht zuletzt durch gezielte Zusammenarbeit mit Eltern leistet die pädagogische Arbeit von Fachkräften in Kindertageseinrichtungen einen wichtigen Beitrag zur Förderung der Sprachentwicklung.

Literatur

Albers, T./Bendler, S./Lindmeier, B./Schröder, C.: Qualität in der Bildung und Entwicklung unter 3. Sprachliche, emotionale und soziale Entwicklungsverläufe von Kindern in der Tagespflege und der Krippe unter der Zielperspektive von Inklusion. Abschlussbericht 2012

AWMF-Leinlinie: Diagnostik von Sprachentwicklungsstörungen (SES), unter Berücksichtigung umschriebener Sprachentwicklungsstörungen (USES), 2011. URL: http://www.awmf.org/uploads/tx_szleitlinien/049-006l_S2k_Diagnostik_Sprachentwicklungsstoerungen_2011-12.pdf (24.04.2012)

BARMER GEK Arztreport: Auswertung zu Daten bis 2010, Schwerpunkt: Kindergesundheit, 2012. URL: http://www.barmer-gek.de/barmer/web/Portale/Presseportal/Subportal/Presseinformationen/Archiv/2012/120131-Arztreport-2012/PDF-Arztreport-2012,property=Data.pdf (09.07.2012)

Böhme, G.: Sprach-, Sprech-, Stimm- und Schluckstörungen. Band 1 Klinik. München 2003

Buschmann, A./Jooss, B./Pietz, J.: Frühe Sprachförderung bei Late Talkers – Effektivität einer strukturierten Elternanleitung, Kinderärztliche Praxis 80, 2009; S. 404–414

Dannenbauer, F. M.: Spezifische Sprachentwicklungsstörung. In: Grohnfeldt, M. (Hg.): Lehrbuch der Sprachheilpädagogik und Logopädie. Band 2. Erscheinungsformen und Störungsbilder. 2. Aufl., Stuttgart 2003; S. 48–74

Grimm, H.: Störungen der Sprachentwicklung. 2. Aufl., Göttingen 2003

Grimm, H. & Aktas, M.: Evaluationsbericht und Schlussfolgerungen. In: Abschlussbericht Landesmodellprojekt Sprache fördern, 2011, 21–35. URL: http://www.kita-bildungsserver.de/downloads/download-starten/?did=797 (20.06.2012)

Hachul, C. & Schönauer-Schneider, W.: Sprachverstehen bei Kindern. Grundlagen, Diagnostik und Therapie. München 2012

Iven, C.: Poltern. In: Grohnfeldt, M. (Hg.): Lexikon der Sprachtherapie. Stuttgart 2007; S. 240–247

Kannegießer, S.: Sprachentwicklungsstörungen. Grundlagen, Diagnostik und Therapie. München 2009

Szagun, G.: Sprachentwicklung beim Kind. Weinheim/Basel 2008

Weikert, K.: Stottern. In: Grohnfeldt, M. (Hg.): Lehrbuch der Sprachheilpädagogik und Logopädie. Band 2. Erscheinungsformen und Störungsbilder. 2. Aufl., Stuttgart 2007; 334–349

Wildegger-Lack, E.: Aussprachestörung – Phonetik. In: Grohnfeldt, M. (Hg.): Lehrbuch der Sprachheilpädagogik und Logopädie. Band 2. Erscheinungsformen und Störungsbilder. 2. Aufl., Stuttgart 2003, 24–36

Zollinger, B.: Was Kinder über ihre sprachlichen Probleme wissen, In: L.O.G.O.S. interdisziplinär, 2003; 204–210

2.3.2 Wege des professionellen Umgangs mit Sprachauffälligkeiten in der Praxis

Anja Beck-Dinzinger & Susanne Teubner

Sprachauffälligkeiten frühzeitig bei den Kindern zu erkennen und entsprechende Maßnahmen der Unterstützung einzuleiten ist Teil des Anspruchs an die Professionalität von pädagogischen Fachkräften in Kindertageseinrichtungen geworden.

Welche professionelle Unterstützung diese zum einen über das Angebot der Sprachberatung bekommen können und wie das Team in einer Kindertageseinrichtung zum anderen dieser Herausforderung und komplexen Aufgabe in der pädagogischen Praxis begegnet, wird Gegenstand dieses Artikels sein.

Leitgedanke »Bild vom Kind« – »Kinder mit Sprachauffälligkeiten« oder »sprachauffällige Kinder«?

Die pädagogische Perspektive zum Thema ›Sprachauffälligkeiten‹ ist geprägt durch ein *Bild vom Kind,* das das Kind als Individuum mit seiner Gesamtpersönlichkeit in den Mittelpunkt stellt. Wir sprechen deshalb nicht von *sprachauffälligen Kindern,* sondern von *Kindern mit der Besonderheit einer Sprachauffälligkeit,* die – ganz im Sinne des Inklusionsgedankens – im Einrichtungsalltag ebenso ihren Platz haben wie alle anderen Kinder auch.

Durch die »Sprachbrille« betrachtet bedeutet dies, die Kinder auch ›handlungssprachlich‹ in den pädagogischen Alltag einzubeziehen. Was heißt das genau? Sie zum einen dort abzuholen, wo sie stehen, und sie zum anderen in die Lage zu versetzen, sprachlich mit den anderen Kindern und Erwachsenen gemeinsam zu handeln. Voraussetzung für ein solches inklusives Vorgehen ist selbstverständlich ein hohes Sprachwissen bzw. Sprachbewusstsein der PädagogInnen in der Kita. Dieses Wissen über Sprache zu optimieren und im Einrichtungsalltag zu sichern, war eine zentrale Aufgabe und Herausforderung der Sprachberatung. Eine andere, das Team darin zu unterstützen, die eigenen fachlichen Grenzen zu erkennen und gegebenenfalls frühzeitig Unterstützung für Kinder mit Sprachauffälligkeiten bzw. Sprachstörungen durch Fachleute einzuleiten.

Themenschwerpunkte

Auf dieser Basis ergeben sich folgende Themenschwerpunkte in Bezug auf einen professionellen Umgang mit Sprachauffälligkeiten im Kita-Alltag, die nun zum einen aus Sicht der sprachpädagogischen Fachberatung, ehemals ›Sprachberatung‹ und zum anderen aus Sicht der pädagogischen Praxis in der Kita-Einrichtung erläutert werden.

Sprachauffälligkeiten erkennen
Professionalisierung und Sensibilisierung des pädagogischen Teams ...

Voraussetzung für einen professionellen Umgang der PädagogInnen mit Sprachauffälligkeiten im Kita-Alltag ist es, die ›Auffälligkeit‹ als solche erst einmal zu erkennen. Das ist nicht selbstverständlich und wird angesichts der immer jünger werdenden zu betreuenden Kinder, die ihre Erstsprache(n) gerade entwickeln, immer schwieriger. Umso wichtiger ist es hier, das pädagogische Team im Rahmen von Fortbildungen und Workshops zum Thema ›Sprachentwicklung‹, ›Mehrsprachigkeit‹, ›Sprachauffälligkeiten‹ und ›Instrumente der systematischen Beobachtung von Sprachentwicklungsprozessen‹ weiterzubilden. Die Erfahrung zeigt, dass es PädagogInnen nicht immer leicht fällt, sich auf die sprachlich-faktische Ebene der Beobachtung zu konzentrieren. Umso wichtiger ist es, gemeinsam mit dem Team im »Training on the Job« das theoretisch erworbene Sprachwissen in den Kita-Alltag zu transferieren und zu sichern. Angesichts der vielfältigen Aufgaben der pädagogischen Fachkräfte ist dies eine Herausforderung, denn eine ›systematische Beobachtung‹ von sprachlichen Lern- und Entwicklungsprozessen ist zeitlich, personell und als pädagogische Haltung im Kita-Alltag zu verankern.

Erfahrungen aus der pädagogischen Praxis ...

Zunächst einmal ist es uns sehr wichtig, dass sich alle Kinder und Familien in unserem Haus für Kinder gleichermaßen akzeptiert und in ihrer ganzen Persönlichkeit angenommen fühlen. Das erfordert Offenheit und eine hohe Reflexions- und Weiterbildungsbereitschaft im gesamten Team. Was tun wir nun, wenn uns ein Kind in seinem Sprachverhalten auffällt? Zunächst tauschen wir diese Beobachtungen mit den Teamkolleginnen aus und suchen in kollegialer Beratung nach Lösungs- und Unterstützungsmöglichkeiten. Eine daraufhin gezielt eingesetzte systematische Beobachtung und der Austausch mit externen Fachkräften hilft, die sprachlichen Kompetenzen des Kindes noch genauer einzuschätzen und Aktivitäten im pädagogischen Alltag oder das Gespräch mit den Eltern gezielter planen zu können.

Umgang mit Kindern mit Sprachauffälligkeiten im pädagogischen Alltag
Kinder dort abholen, wo sie sprachlich stehen ...

Zunächst ist es aus Sicht der professionellen Beratung wichtig, das pädagogische Team für folgende Fragen zu sensibilisieren:
- Wie kann ich als Erzieherin die Kinder in ihrem Spracherwerbsprozess und ihrer Sprechfreude positiv unterstützen?
- Wie kann ich für Kinder mit Sprachauffälligkeiten geschützte Situationen im Kita-Alltag herstellen, um auch diese Kinder »zu Wort« kommen zu lassen, sie sprachlich handlungsfähig zu machen?
- Welches Sprachverhalten ist kommunikationsfördernd, welches eher kommunikationshemmend?
- Was ist bei einem stotternden Kind bzw. bei Kindern mit anderen spezifischen Sprachstörungen zu beachten?

- Wie kann ich ein mehrsprachig aufwachsendes Kind im Erwerb des Deutschen als Zweitsprache unterstützen?

Reflexion des Sprachverhaltens über videounterstützte Gesprächsanalyse ...

Um diesen Fragen auf den Grund zu gehen, ist neben dem fachlichen Input die Reflexion des eigenen Sprachverhaltens ein wichtiges professionelles Instrumentarium für die pädagogischen Fachkräfte. Idealerweise wird hierfür eine beliebige Interaktion zwischen Erzieherin und Kind aus dem Einrichtungsalltag mit einer Kamera aufgenommen und gemeinsam mit einer geschulten Expertin analysiert. Der Vorteil einer videounterstützten Gesprächsanalyse ist: förderliches Sprachverhalten wird für die Kita-Fachkräfte *objektiv sicht- und hörbar*. Ungünstiges kommunikatives Verhalten kann auf diese Weise von den Beteiligten leichter abgebaut, positiv kommunikatives Verhalten in der Alltagspraxis verstärkt umgesetzt werden.

Sprechhandlungsrituale geben Sicherheit ...

Eine professionelle Beratung unterstützt das Team außerdem darin, neben sprachanregenden Situationen geschützte Räume im Alltag zu schaffen. Das kann die alltägliche Verankerung von Sprechhandlungsritualen im Morgenkreis, beim Mittagessen, beim Anziehen oder in anderen Alltagssituationen sein. Gemeinsames Chorsprechen, Sprechhandlungsrituale zu sprachlichen Handlungsmustern wie *Sich Begrüßen, Sich Verabschieden, Zählen, Erzählen, Beschreiben* ... geben allen Kindern gleichermaßen Sicherheit und bringen sie ganz nebenbei in die *Sprecherrolle*. Auch die Arbeit in der Kleingruppe hat hier ihren Stellenwert und sollte unbedingt ihren Platz im Tages- oder Wochenrhythmus der Einrichtung bekommen.

Erfahrungen aus der pädagogischen Praxis ...

Das bestehende Sprachkonzept der Kindertageseinrichtung ist bei der Auseinandersetzung mit diesem Thema von entscheidender Bedeutung. Darin ist der Sprache ein hoher Stellenwert im gesamten Tagesverlauf beizumessen. Ganz besonders wichtig sind das alltägliche Gespräch und die Anteilnahme an den Erlebnissen und Gefühlen des Kindes. (Dies stellt ein ganz wesentliches Instrument dar, um die kindliche Sprechfreude zu erhalten). Ebenso dienen Rituale im Morgenkreis dazu, das Sprachverhalten aller Kinder ganz nebenbei zu unterstützen. Aber auch Kinderkonferenzen, gemeinsames Singen und die sprachliche Begleitung beim kreativen Gestalten, sowie gezielte Sprachspiele in geschützten Räumen und Bilderbuchbetrachtungen haben ihren festen Platz.

Von Vorteil ist die Ausbildung von Inhouse-Experten, die sprachpädagogisch auf Kinder mit Migrationshintergrund ausgerichtet sind. Unabhängig davon, welche Intervention die Fachkraft wählt, ist es enorm wichtig, bei allen diesen Gelegenheiten das Kind regelmäßig zu loben und sich über seine Lernfortschritte zu freuen, damit es seine Sprechfreude beibehält. Und auch Eltern freuen sich natürlich über die regelmäßigen, positiven Rückmeldungen.

Nicht zu vergessen ist – wie bei jedwedem pädagogischen Handeln – dass die Fachkräfte stets als Vorbild für die Kinder fungieren. Gerade deshalb ist es so wichtig, dass sich die Kita-Mitarbeiterinnen ganz bewusst mit ihrem eigenen Sprachverhalten auseinandersetzen.

Einbezug der Eltern
Eltern mit ins Boot holen ...

Die Beratungspraxis zeigt, dass es sinnvoll ist Entwicklungsgespräche von Seiten der Kindertageseinrichtung als regelmäßiges Angebot an die Eltern zu etablieren. Dies stärkt die Bildungs- und Erziehungspartnerschaft mit Eltern. Mit dem regelmäßigen und selbstverständlichen Austausch zwischen Eltern und PädagogInnen kann außerdem den Unsicherheiten und Ängsten der Eltern zum Thema »Sprachauffälligkeiten« angemessen begegnet werden.

Erfahrungen aus der pädagogischen Praxis ...
Im Sinne der Bildungs- und Erziehungspartnerschaft mit den Eltern des Kindes ist es notwendig, sich über die Beobachtungen in der Kindertageseinrichtung und über die Wahrnehmungen der Eltern auszutauschen. Gemeinsam werden dann mögliche pädagogische oder therapeutische Interventionen überlegt und gegebenenfalls Fachkräfte hinzugezogen (z. B. Sprachtherapie außerhalb der Kita oder auch vor Ort in der Kita). Entscheidend bei diesen Gesprächen ist es, eine positive, gleichberechtigte Gesprächskultur zu schaffen, in der die Eltern als Experten ihres Kindes wahr- und angenommen werden, die auch die letzte Entscheidung über das weitere Vorgehen treffen. Hinzu kommt, dass kein Austausch mit Dritten ohne Einwilligung der Eltern geschehen darf. Nur so ist eine vertrauensvolle Zusammenarbeit möglich.

Kooperation und Netzwerkbildung mit Fachleuten
Um im Umgang mit dem Thema ›Sprachauffälligkeiten‹ für die Kinder die bestmögliche fachliche Unterstützung zu finden, ist jedes pädagogische Team aufgefordert, generell folgende Fragen zu klären:
- Welche Hilfe finde ich wo? (z. B. bei der Frühförderstelle, den mobilen, sonderpädagogischen Hilfen, im sozialpädiatrischen Zentrum, beim Sprachtherapeuten ...)
- Wer sind die Ansprechpartner in unserer Nähe?
- Wie kann die Kooperation auf- oder ausgebaut werden?
- Welche Blockaden bzw. bürokratischen Hürden gibt es?
- Welches sind die Handlungsspielräume der Einrichtung, diese zu überwinden?

Erfahrungen aus der pädagogischen Praxis ...
Leider stehen der optimalen Unterstützung eines Kindes häufig viele bürokratische Hürden im Weg. In diesem Fall ist es wichtig, dass sich Eltern und pädagogische MitarbeiterInnen über ihre Ziele einig sind und diese bei den entsprechenden Stellen (z. B. Ärzte, Krankenkassen) vertreten. Hilfreich kann es beispielsweise sein, eine Stellungnahme der Kita an den Arzt weiterzuleiten oder nochmals die Meinung eines zweiten Arztes einzuholen. Außerdem macht es durchaus Sinn, dass sich vor Ort alle Kitas, Schulen und Therapeuten vernetzen und in Arbeitskreisen immer wieder gemeinsam

überlegen, wie man Kinder bzw. Familien noch effektiver unterstützen kann. Häufig bieten »kurze Wege« gute Möglichkeiten zum Austausch (Logopädin kommt in die Kita oder Erzieherinnen bringen die Kinder in die logopädische Praxis). Auch Fachleute in die Kita zu den Teambesprechungen einzuladen, eröffnet weitere Wege zur positiven Zusammenarbeit und zum fachlichen Austausch. Manchmal muss sich die Kita auch selbst aufmachen, unkonventionelle Wege zu beschreiten, die das Kind in den Mittelpunkt der Betrachtung stellen.

Ausblick und Empfehlung

Daher bleibt zu wünschen, dass die bürokratischen Hürden für Familien von Kindern mit sprachlichen Besonderheiten abgebaut werden und dass es einen Wandel gibt von der *Arbeit am Kind* hin zur *Arbeit für das Kind* und vor allem auch *mit dem Kind* mit all seinen Bedürfnissen. Dies geschieht jedoch nur, wenn die Reflexion über Sprache in der Einrichtung etabliert, Situationen im Alltag der Kindertageseinrichtung individuell und professionell als Sprechanlass genutzt sowie das Kind und seine Eltern als Experten und Mitgestalter des Bildungs- und Entwicklungsprozesses aktiv einbezogen werden.

Um ein professionelles Handeln der pädagogischen Fachkräfte im Kita-Alltag *für das Kind* mit Sprachauffälligkeiten und *mit dem Kind* zusammen weiterhin zu unterstützen und zu sichern, wäre eine kontinuierliche, fachliche Begleitung und Beratung von pädagogischen Teams in Kindertageseinrichtungen zum Thema Sprache – im Sinne eines Coachingansatzes wie dem der *Sprachberatung* – empfehlens- und wünschenswert.

3 Sprachliche Bildung in sprachlich und kulturell heterogenen Gruppen

3.1 Frühe Mehrsprachigkeit: Gefahren oder Vorteile?

Jürgen M. Meisel

Kaum ein anderes Thema der linguistischen oder psycholinguistischen Forschung hat in der öffentlichen Debatte so viel Beachtung gefunden wie das der frühkindlichen Mehrsprachigkeit. Bemerkenswert an dieser häufig kontroversen und mit emotionalem Engagement geführten Diskussion ist nicht nur, dass gänzlich unvereinbare Positionen bezogen werden, sondern dass weitgehend darauf verzichtet wird, empirische Belege anzubieten oder auf die Spracherwerbsforschung Bezug zu nehmen. Dabei kann die Argumentation *pro* oder *contra* kindliche Mehrsprachigkeit je nach Interessenlage changieren. Das zeigt in besonders deutlicher Weise ein Beispiel aus dem Jahr 1975, als der damalige französische Erziehungsminister R. Haby im Senat vor den Gefahren der Zweisprachigkeit warnte, mit dem Hinweis, er habe noch keine seriöse Untersuchung zu dieser Problematik gefunden.

> »Je n'ai trouvé nulle part une réponse à ce problème du bilinguisme reposant sur une étude sérieuse. Il faut, dans ce domaine, être prudent.« (J. Dorandeau, Le Monde, 4.-5. Januar 1976)

Nur 22 Tage später jedoch pries er die Vorzüge der Mehrsprachigkeit. Der rapide Sinneswandel war offensichtlich geopolitisch bedingt – die erste Äußerung wurde in Frankreich getan, die zweite in New Orleans. Die Tageszeitung *Le Monde* kommentierte das mit dem Verweis darauf, dass Zweisprachigkeit Kinder anscheinend dann traumatisiere, wenn diese in bilingualen Regionen Frankreichs leben, nicht aber wenn die kindliche Zweisprachigkeit dem Erhalt des Französischen außerhalb Frankreichs dient.

> »En réalité, seuls les naïfs pourront s'étonner: le bilinguisme est dangereux en Alsace-Moselle, en Flandre, en Bretagne, au Pays basque, en Catalogne, en Corse, et en Occitanie, car il peut traumatiser l'enfant; mais lorsqu'il s'agit de sauvegarder l'usage du français, langue locale en Louisiane, en vallée d'Aoste, etc., on lui trouvera tous les mérites.« (J. Dorandeau, Le Monde, 4.-5. Januar 1976)

Wir wissen nicht, wo R. Haby vergeblich nach Informationen gesucht hat. Tatsache ist jedoch, dass in den 1960er- und 1970er-Jahren bereits seriös über die kindliche Mehrsprachigkeit geforscht wurde, wie etwa der Überblicksartikel von Redlinger (1979) belegt. Wenn die Resultate dieser empirischen Forschung nicht zur Kenntnis genommen wurden, dann verrät das mehr über die in Reden und Schriften verfolgten weltanschaulichen Ziele als über die Forschungslage. Das gilt nicht nur für politische Texte, sondern auch und besonders für solche mit wissenschaftlicher Zielsetzung, wie zum Beispiel die Überlegungen zu »Vorteilen und Gefahren der Zweisprachigkeit« von Leo Weisgerber (1966), zu seiner Zeit einer der einflussreichsten Sprachwissenschaftler der Bundesrepublik. Mit Bezug auf eine Studie von 1924 (!) schlussfolgerte er,

> »daß frühe Zweisprachigkeit mit bestimmten geistigen Folgeerscheinungen verbunden erscheint, die insgesamt als nachteilig für das Kind anzusehen sind. Die Ursache wird nicht so sehr in einer übergroßen Lernbeanspruchung gesehen, wie darin, daß das sprachliche Wachstum des Kindes und die Entfaltung seiner Gesamtpersönlichkeit viel zu eng miteinander verbunden sind, als daß ein Abweichen von den natürlichen Bedingungen ohne störende Auswirkungen bleiben könnte.« (S. 76)

Nur ausgewählten Individuen wird die Möglichkeit einer erfolgreichen zweisprachigen Erziehung zugestanden:

> »Solche Spitzenleistungen auf sprachlichem Gebiet werden immer Sache von besonders prädestinierten Einzelnen bleiben: dort wo Anlagen, Familienverhältnisse, Lebensschicksale und unablässiges Mühen zusammenkommen, wird es unter tausend Fällen einmal gelingen, die ideale Form der Zweisprachigkeit zu gewinnen.« (S. 85)

Auch wenn krude Urteile dieser Art heute kaum noch ausgesprochen werden, ist hier ein Muster erkennbar, das die Auseinandersetzung mit diesem Thema weiterhin bestimmt, d. h. es gibt zwei parallele Debatten. Einerseits wird die frühkindliche Mehrsprachigkeit als Bereicherung gesehen, wie sich an der wachsenden Zahl von Angeboten für den Erwerb von zwei oder mehr Sprachen in Familie, Kindergarten oder Vorschule ablesen lässt. Zugleich gibt es eine aus Sicht der Spracherwerbsforschung bizarre Diskussion darüber, ob die Kinder von Migranten (zuerst) Deutsch oder die Sprache(n) der Herkunftsländer erwerben sollten – so als gäbe es die Option der Mehrsprachigkeit nicht. Einsprachigkeit wird hier weiterhin als »natürliche« Bedingung unterstellt, und zumindest für diese Kinder wird anscheinend beim Erwerb von mehr als einer Sprache eine »übergroße Lernbeanspruchung« unterstellt. Darüber hinaus scheint zumindest hinsichtlich der kindlichen Mehrsprachigkeit im Migrationskontext der Eindruck vorzuherrschen, dass es sich dabei um einen instabilen Zustand handelt, so als ob die Betroffenen zwischen zwei Sprachen lebten. Je nach Perspektive wird das als latente Bedrohung der Familiensprache oder als unzureichende Entscheidung für die Mehrheitssprache begriffen.

Es genügt aber nicht, Vorurteile gegen die kindliche Zweisprachigkeit zurückzuweisen – vor allem Eltern und Erzieher haben ein Anrecht auf Aufklärung darüber, ob behauptete Gefahren wirklich bestehen, beziehungsweise, was zu beachten ist, um mögliche Probleme zu vermeiden. Tatsächlich hat die linguistische und psycholinguistische Forschung der letzten 25 Jahre belastbare Ergebnisse vorgelegt, die es möglich machen, Antworten auf die dringendsten Fragen zu geben. Langjährige Erfahrungen aus der Elternberatung zeigen, dass diese sich vor allem auf zwei Themenbereiche beziehen, die vermutete »Konfusion« und die Rolle des Alters zu Erwerbsbeginn. Im Folgenden werde ich kurz einige Ergebnisse der Forschung zum *simultanen* Erwerb von Sprachen (2L1) resümieren, die den erstgenannten Punkt der sprachlichen Konfusion betreffen. Danach will ich etwas ausführlicher den sukzessiven Spracherwerb (L2) im frühen Kindesalter ansprechen, d. h. den Erwerb einer zweiten (oder auch einer weiteren) Sprache, der in den ersten fünf Lebensjahren beginnt. Zuvor jedoch möchte ich einige Charakteristika des monolingualen Erstspracherwerbs (L1) skizzieren, um im Folgenden einschätzen zu können, ob beziehungsweise wie sich der Erwerb der Mehrsprachigkeit davon unterscheidet.

Der monolinguale Erstspracherwerb

Mindestens vier Charakteristika sind auffällig an der Entwicklung von Erstsprachen, nämlich dass dieser Prozess sehr früh beginnt und schnell, gleichförmig und erfolgreich verläuft. Mit *früh* und *schnell* ist gemeint, dass der Erwerb schon pränatal einsetzt und dass in den ersten fünf Lebensjahren der überwiegende Teil der zu erlernenden Grammatik erworben wird. Bereits in der ersten Woche nach der Geburt können Säuglinge unterschiedliche Satzmelodien verschiedener Sprachen (Mehler et al., 1988) unterscheiden. Mit zwei Monaten erkennen sie den Unterschied zwischen langen und kurzen Silben (Friederici et al., 2002), und mit etwa fünf Monaten sind Kleinkinder dann in der Lage, Wörter mit Betonung auf der ersten Silbe von solchen mit Betonung auf der zweiten Silbe zu unterscheiden. Solche Fähigkeiten ermöglichen ihnen den Einstieg in die Grammatik der Muttersprache. So beginnen sie im Alter von circa einem Jahr, verständliche Wörter zu gebrauchen, und mit 2 bis 2 ½ Jahren verfügen sie bereits über ein grundlegendes Wissen der Grammatik der Zielsprache. Unter gleichförmig ist zu verstehen, dass alle Kinder bestimmte Erwerbsphasen in der gleichen Reihenfolge durchlaufen. Diese Erwerbssequenzen sind unbeeinflusst von individuellen Fähigkeiten der Kinder (wie zum Beispiel Intelligenz, Motivation, etc.) und von externen Faktoren, wie etwa dem sozialen Umfeld. Mit erfolgreich ist schließlich gemeint, dass – pathologische Fälle ausgenommen – alle Kinder das für den Gebrauch ihrer Sprache notwendige grammatische Wissen vollständig erwerben. Es kommt also niemals vor, dass einzelne Individuen oder Lernergruppen bestimmte Konstruktionen nicht verstehen.

Diese Feststellungen sind um zwei Bemerkungen zu ergänzen. Zum einen ist zwischen Wissen und Können, bzw. Kompetenz und Performanz zu unterscheiden. Erworbenes Wissen kann nämlich nicht immer und nicht immer vollständig umgesetzt werden. Zum Beispiel finden sich Unterschiede zwischen Produktion und Verstehen, und es auch nicht immer möglich, das vorhandene Wissen in allen denkbaren Situationen optimal zu aktivieren. Das bedeutet, dass muttersprachliche Sprecher einer Sprache zwar über das gleiche grammatische Wissen verfügen, sich aber erheblich darin unterscheiden, wie sie damit umgehen können. Gleichförmig und immer erfolgreich verläuft also der Erwerb der Kompetenz, der mentalen Repräsentationen von grammatischem Wissen. In der Performanz zeigen sich hingegen Unterschiede zwischen Personen und auch beim gleichen Individuum in diversen Situationen.

Damit ist bereits die zweite Bemerkung angesprochen: das Gesagte betrifft nur den Erwerb der Grammatik, also vor allem von Syntax, Morphologie und Phonologie. Spracherwerb soll zwar nicht auf den Erwerb der Grammatik reduziert werden, aber dem grammatischen Wissen, das im produktiven Gebrauch ab dem Alter von etwa 1,6 (Jahre, Monate) bis 2,0 erkennbar wird, kommt eine besondere Bedeutung zu. Die genannten Charakteristika des Erstspracherwerbs, vor allem die für alle Lerner gleichen Erwerbsphasen und der Erfolg, betreffen nur die Grammatik, das implizite Wissen von formalen Eigenschaften von Sprache. Erklären lassen sie sich mit der angeborenen Spracherwerbsfähigkeit des Menschen, die den Verlauf der Entwicklung bestimmt und in dieser Form überhaupt erst möglich macht. Eben weil hier die biologische Ausstattung der Menschen den Spracherwerb entscheidend mitsteuert, finden sich in diesem Bereich nur in begrenztem Maße Belege für individuelle Variation. Andere Komponenten der Sprachfähigkeit, wie zum Beispiel der Wortschatz oder die pragmatische Kompetenz, sind hingegen stark von spezifischen Lernerfahrungen abhängig, ähnlich wie die individuellen Fertigkeiten beim Gebrauch des erworbenen Wissens.

Bei der Beschäftigung mit dem frühkindlichen Erwerb der Mehrsprachigkeit ist daher zu fragen, ob feststellbare Unterschiede im Vergleich zum monolingualen Erstspracherwerb das Wissen oder das Können betreffen und, wichtiger noch für die hier verfolgte Fragestellung, ob nachweisbare Differenzen in der grammatischen Kompetenz auf die Mehrsprachigkeit zurückzuführen sind oder auf das Alter, in dem der Erwerb der Sprachen begann. Wie im Folgenden gezeigt werden soll, belegen die Forschungsergebnisse der letzten Jahre, dass die menschliche Sprachfähigkeit tatsächlich eine Anlage zur Mehrsprachigkeit darstellt, dass also Kinder, die von Geburt an mit mehr als einer Sprache aufwachsen, in jeder der Sprachen eine muttersprachliche Kompetenz erwerben können Einsprachigkeit ist hingegen die Folge einer nur partiellen Nutzung des Potenzials des Sprachvermögens. Die Forschung über kindliche Mehrsprachigkeit hat aber auch gezeigt, dass die Befähigung zur Mehrsprachigkeit nicht für unbegrenzte Zeit vollständig genutzt werden kann. Die neuronale Reifung bewirkt im Verlauf der kindlichen Entwicklung Veränderungen der Erwerbsfähigkeit, sodass bei einem späteren Erwerbsbeginn qualitative Unterschiede in der grammatischen Kompetenz zu erwarten sind, im Vergleich zum monolingualen und zum multilingualen Erstspracherwerb.

Der simultane Erwerb von zwei oder mehr Erstsprachen: Doppelter Erstspracherwerb

Die eingangs erwähnte kritische Einstellung gegenüber der Mehrsprachigkeit im Kindesalter wird häufig damit begründet, dass sie in sprachlicher, kognitiver oder emotionaler Verwirrung enden könnte. Belastbare Belege dafür, dass dies tatsächlich eintreten könnte, gibt es jedoch nicht. Das gilt ganz besonders für die Sprachentwicklung, für die unterstellt wurde, dass sie bei Mehrsprachigen zu Defiziten in einer oder in allen beteiligten Sprachen führe. Tatsächlich jedoch haben systematische Untersuchungen immer wieder gezeigt, dass beim frühkindlichen Erwerb der Mehrsprachigkeit in jeder Sprache eine muttersprachliche Kompetenz erworben wird, sodass man sogar von einem bilingualen Erstspracherwerb (Meisel, 1989) reden kann. Wie im Folgenden kurz erläutert werden soll, beruht diese Schlussfolgerung vor allem auf zwei Beobachtungen. Zum einen sind Kinder in der Lage, die Sprachen spontan und sehr frühzeitig zu trennen, d.h. separate mentale Repräsentationen zu entwickeln. Zum anderen unterscheiden sich der Erwerbsverlauf und das letztlich erworbene Wissen bilingualer Kinder qualitativ nicht von dem bei monolingualen (Meisel, 2001, 2004).

Die *Differenzierung* der Sprachen zu einem frühen Entwicklungszeitpunkt ist eine entscheidende Voraussetzung für den Erwerb einer muttersprachlichen Kompetenz in den beiden Sprachen, da eine Fusion grammatischer Systeme unter anderem zur Folge hätte, dass der weitere Erwerbsverlauf wegen der unterschiedlichen Ausgangspunkte ein anderer wäre. Außerdem ist es schwierig oder unmöglich, mentale Grammatiken, die in frühen Erwerbsphasen von monolingualen divergieren, im weiteren Erwerbsverlauf so zu restrukturieren, dass sie sich am Ende der Entwicklung nicht mehr von denen der Monolingualen unterscheiden. Die Frage nach der frühen Trennung der Sprachen hat daher die Forschung intensiv beschäftigt und zu dem heute unstrittigen Ergebnis geführt, dass bilinguale Kinder in der Tat schon in frühen Phasen der Sprachentwicklung zwei separate Kompetenzen entwickeln.

Die Befürchtung, es könne zumindest vorübergehend zu Konfusionen kommen, wurde durch die Tatsache ausgelöst, dass Mehrsprachige zwischen Sprachen hin und her wechseln, nicht selten sogar innerhalb eines Satzes. Allerdings findet sich diese Art der Sprachmischung nicht nur bei Kindern, sondern auch bei erwachsenen Bilingualen – und dort gerade bei denen, die in beiden Sprachen besonders kompetent sind; vgl. Poplack (1980). Tatsächlich gilt der Sprachwechsel *(code switching)* eher als Indiz für gut entwickelte bilinguale Fähigkeiten. Bei der Beurteilung der Sprachmischung ist daher das *code switching* vom unsystematischen Mischen zu unterscheiden, das ein Indiz für die Fusion der zugrunde liegenden Wissenssysteme wäre.

Die inzwischen sehr umfangreiche Forschung zum bilingualen Erstspracherwerb hat jedoch bislang keine Beweise für eine Fusion von Grammatiken gefunden. Vielmehr hat sie zahlreiche Belege für eine sehr frühe Differenzierung des grammatischen Wissens erbracht, die übrigens ohne besondere Förderung, also ohne Hilfe von Erwachsenen gelingt. Schon in der Einwortphase (in der ersten Hälfte des zweiten Lebensjahrs) verfügen bilinguale Kinder über zwei Lexika, und in dieser Phase beginnt auch die phonologische Differenzierung, also die Unterscheidung der Lautsysteme. Zudem gelingt bereits mit den ersten produktiven Wortbildungen die morphologische Trennung, d.h. Elemente aus unterschiedlichen Sprachen werden nicht miteinander zu neuen Wörtern kombiniert.

Am klarsten ist die frühe Sprachentrennung im Bereich der Syntax zu belegen. Schon mit Beginn der Mehrwortphase in der zweiten Hälfte des zweiten Lebensjahres, sobald also die Kinder mehrere Wörter zu ersten satzähnlichen Konstruktionen verbinden, gebrauchen sie nur Wortstellungsmuster, die auch bei Monolingualen belegt sind. Als ein Beispiel kann der Erwerb der Verbstellung bei deutsch-französischen Kindern dienen, da die beiden Sprachen sich in dieser Hinsicht deutlich unterscheiden. So verlangt das Deutsche, dass das finite Verb immer in der zweiten Position steht. Taucht also ein anderes Element am Satzanfang auf, muss das Verb vor das Subjekt platziert werden: *man kann hier schlafen/hier kann man schlafen*. Im Französischen hingegen steht das Verb dann in der dritten Position: *on peut dormir ici/ici on peut dormir*. Wie die monolingualen Kinder erwerben auch die bilingualen diese Eigenschaften früh (sobald entsprechende Kontexte auftreten) und mühelos. Wenn etwa in frühen kindlichen Äußerungen ein Adverb am Satzanfang erscheint, steht im Deutschen das Verb nach dem Subjekt, während es im Französischen die dritte Position einnimmt, wie die folgenden Beispiele eines bilingualen Mädchens (Caroline) illustrieren.

(1) da fährt die Caroline 2,03
(2) là elle est cassée 2,02
    ›da sie ist kaputt‹ = da ist sie kaputt

Das ist eines der Indizien dafür, dass die bilingualen Kinder so früh wie dies überhaupt überprüfbar ist, die syntaktischen Besonderheiten der jeweiligen Sprache internalisiert haben, unbeeinflusst von der jeweils anderen. Untersuchungen zum Sprachverstehen lassen vermuten, dass die syntaktische Differenzierung tatsächlich schon früher erfolgt, also bevor dies in der Sprachproduktion nachweisbar ist.

Auch im weiteren Verlauf des Erwerbs entwickeln sich die beiden Sprachen in der gleichen Weise wie bei monolingualen Kindern. Es gibt keine Hinweise für Fusion, also für die Implementierung von Fragmenten einer Grammatik in eine andere. Die grammatischen Kompetenzen bilingualer Kinder unterscheiden sich somit nicht von denen der monolingualen.

Der sukzessive Erwerb von zwei oder mehr Sprachen: Altersabhängige Veränderungen der Erwerbsfähigkeit

Während der simultane Erwerb von zwei oder mehr Sprachen als doppelter Erstspracherwerb charakterisiert werden kann, da er es ermöglicht, in beiden (allen) Sprachen eine Kompetenz zu entwickeln, die sich qualitativ nicht von der der entsprechenden Monolingualen unterscheidet, gilt dies ganz offensichtlich nicht mehr, wenn Jugendliche oder Erwachsene weitere Sprachen erlernen. Mit dem späteren Erwerbsbeginn verschwinden auch die anderen Merkmale des Erstspracherwerbs, dessen Entwicklung früh beginnt und dann schnell, gleichförmig und erfolgreich verläuft. Der Zweitspracherwerb benötigt in der Regel mehr Zeit, der Lernerfolg ist erheblich schlechter, und es gibt deutlich mehr Variabilität zwischen Lernern und auch bei ein und demselben Lerner in verschiedenen Kontexten und im Erwerbsverlauf.

In der L2-Forschung besteht weitestgehend Übereinstimmung darüber, dass sich L1- und L2-Erwerb tatsächlich in dieser Weise unterscheiden. Die Schlussfolgerungen jedoch, die aus diesen Beobachtungen zu ziehen sind, werden kontrovers debattiert. Strittig ist vor allem, ob daraus geschlossen werden kann, dass das sprachliche Wissen der L2-Lerner zumindest in Teilen anderer Natur ist als die muttersprachliche Kompetenz in der L1; für eine ausführliche Diskussion dieser Frage vgl. Meisel (2011). Hier ist kein Raum für eine detaillierte Auseinandersetzung mit dieser Problematik und sie ist für den Zweck dieser Übersichtsdarstellung auch nicht wirklich notwendig. Es sollte genügen, am Beispiel des erreichbaren Lernerfolgs und der Variation im L2-Erwerb zu zeigen, dass sich dieser Erwerbstyp substanziell vom Erstspracherwerb unterscheidet.

Was den *Erwerbserfolg* anbelangt, so ist unstrittig, dass er beim Erwerb einer L2 meist erheblich geringer ist als in der L1. Anders als im L1 zeigen sich im L2 enorme Unterschiede zwischen einzelnen Lernern: während manche nur rudimentäre Kenntnisse der Zielsprache erwerben, erreichen andere Fertigkeiten, die es schwierig machen, sie aufgrund ihres spontanen Sprachgebrauchs als Nicht-Muttersprachler zu erkennen. Allerdings sind nur sehr wenige L2-Lerner so erfolgreich. In der L2-Literatur wurde lange vermutet, dass nicht mehr als 5 % ein solches Niveau erreichen. Eine neuere Studie (Abrahamsson & Hyltenstam (2009) legt nun nahe, dass ihre Zahl tatsächlich noch geringer ist und dass auch diese »perfekten Lerner« in Tests von den Muttersprachlern unterschieden werden können. Es ist daher fraglich, ob eine muttersprachliche L2-Kompetenz jemals erreichbar ist. Die Ergebnisse von Abrahamsson & Hyltenstam (2009) zeigen, dass selbst eine »near-native competence« nur erreichbar ist, wenn der Erwerb schon in der frühen Kindheit beginnt, jedenfalls vor dem Alter von acht Jahren.

Auch die *Variabilität* des L2-Erwerbs unterscheidet ihn von der L1-Entwicklung, die in zentralen Aspekten uniform verläuft. Zwar kann man auch im L2 invariante Erwerbssequenzen beobachten, aber es sind nicht die gleichen wie im L1, und Lerner unterscheiden sich erheblich darin, wie erfolgreich sie von dem erworbenen Wissen Gebrauch machen. In manchen Kontexten gelingt das sehr gut, in anderen weichen sie deutlich von der Zielnorm ab. Hinzu kommt, dass der Erwerb häufig nicht in einer kontinuierlichen Annäherung an dieses Ziel verläuft. Vielmehr kann man beobachten, dass von der Zielnorm abweichende Konstruktionen, die in früheren Stadien des Erwerbs vorkamen und dann verschwanden, später doch wieder auftauchen.

Erwerbserfolg, Uniformität und Erwerbsgeschwindigkeit sprechen für die Annahme einer *angeborenen Spracherwerbsfähigkeit,* die die Entwicklung der L1 bei Monolingualen und Bilingualen leitet, so wie dies im Abschnitt 1 ausgeführt wurde. Aus der Tatsache, dass der L2-Erwerb anders verläuft als die L1-Entwicklung folgt zwar nicht zwingend, dass der zugrunde liegende Erwerbsmechanismus anderer Natur ist. Einige Besonderheiten des L2-Erwerbs sprechen aber dafür, dass zumindest Teile der angeborenen Erwerbsfähigkeit bei einem späteren Erwerbsbeginn nicht mehr verfügbar oder nicht mehr in der gleichen Weise aktiviert werden können. Das bedeutet al.lerdings keineswegs, dass die entsprechenden grammatischen Eigenschaften einer Sprache nicht erlernbar wären, wenn diese als L2 erworben wird. Vielmehr können L2-Lerner auf andere Lernmechanismen rekurrieren, die zwar im L1 normalerweise nicht beim Erwerb der Grammatik eingesetzt werden, die aber dazu dienen können, die nicht mehr verfügbaren Mechanismen zu kompensieren. Der Lernprozess wird dadurch allerdings aufwändiger und führt nicht immer zu vollem Erfolg, und nicht allen Lernern gelingt die Kompensation gleichermaßen gut; vgl. Meisel (2011).

Wenn sich der sukzessive Erwerb von Sprachen in der Tat substanziell unterscheidet vom monolingualen L1 und auch vom simultanen Erwerb von zwei oder mehr Sprachen, dann muss gefragt werden, welche Unterschiede das sind, worauf sie zurückzuführen sind und in welchem Alterszeitraum die entscheidenden Veränderungen geschehen, die solche Differenzen zwischen Erwerbstypen bewirken.

Antworten auf diese Fragen kann das Studium des sukzessiven Spracherwerbs im Kindesalter liefern. Wenn die Annahme richtig ist, dass Komponenten der Erwerbsfähigkeit im Verlauf der kindlichen Entwicklung allmählich unzugänglich werden, dann ist zu erwarten, dass mit zunehmendem Alter bei Erwerbsbeginn das sprachliche Wissen der Lerner immer mehr Unterschiede zu dem aufweist, das im monolingualen oder bilingualen Erstspracherwerb erworben wird. Zugleich sollte eine immer größere Zahl von Gemeinsamkeiten mit dem L2-Erwerb von Erwachsenen zu finden sein. Wenn dies zutrifft, dann sollte der im Kindesalter beginnende sukzessive Spracherwerb als ein Erwerbstyp eigener Art betrachtet werden, da er Gemeinsamkeiten und Unterschiede im Vergleich zu den anderen Erwerbstypen aufweist. Die Bezeichnung »kindlicher *Zweit*spracherwerb« (kL2) ist folglich gerechtfertigt, wenn sich sprachliche Besonderheiten nachweisen lassen, die niemals im Erstspracherwerb auftreten, möglicherweise jedoch im erwachsenen L2-Erwerb.

Was nun die Frage nach den Besonderheiten des kindlichen L2-Erwerbs anbelangt, so bieten weder die Spracherwerbsforschung noch die Grammatiktheorie oder die Neuropsychologie Einsichten, aus denen zuverlässige Prognosen darüber abzuleiten wären, welche sprachlichen Aspekte zu welchem Zeitpunkt der kindlichen Entwicklung von den Veränderungen der Erwerbsfähigkeit betroffen sind. Daher bleibt nur die Möglichkeit, induktiv vorzugehen und durch empirische Überprüfungen von sukzessiv erworbenem sprachlichem Wissen die Charakteristika des kL2-Erwerbs und deren Entwicklungschronologie aufzudecken. Ein sehr erfolgreiches Verfahren besteht darin, Konstruktionen zu identifizieren, die von erwachsenen L2-Lernern systematisch verwendet werden, nie jedoch von Kindern beim Gebrauch ihrer L1. Wenn diese Konstruktionen auch bei Lernern nachgewiesen werden können, die die Sprache sukzessiv im frühen Kindesalter erworben haben, dann unterstützt das die These, wonach das Wissen in diesem Bereich der Grammatik eher als L2- denn als L1-Kompetenz zu gelten hat, dass es sich also in der Tat um kindlichen L2-Erwerb handelt.

Bevor an einigen Beispielen gezeigt werden kann, dass es für diese These in der Tat starke empirische Evidenzen gibt, muss der Alterszeitraum abgegrenzt werden, in dem eine kL2 erworben wird, die in manchen Aspekten noch dem bilingualen L1-Erwerb gleicht, in anderen jedoch Gemeinsamkeiten mit einer L2 von Erwachsenen aufweist. In der Folge von Lenneberg (1967) galt das Alter von circa zehn bis zwölf Jahren lange als der kritische Bereich, ab dem eine Sprache nicht mehr als L1 erworben werden könnte. Obwohl die L2-Forschung dem Erwerb einer L2 vor dem Alter von zehn Jahren zunächst überraschend wenig Aufmerksamkeit schenkte, wurde dennoch bald deutlich, dass es nicht einen einzigen Altersbereich gibt, der L1 und L2 trennt, sondern dass die verschiedenen Komponenten der Grammatik (Phonologie, Morphologie, Syntax) und sogar verschiedene Teilaspekte innerhalb dieser Komponenten in unterschiedlichen Altersbereichen von den Veränderungen der Spracherwerbsfähigkeit betroffen sind; vgl. Long (1990) oder Hyltenstam & Abrahamsson (2003), die in einer verdienstvollen Übersichtsdarstellung den jeweiligen Forschungsstand zusammenfassen und kritisch diskutieren.

Altersbedingte Veränderungen der Erwerbsfähigkeiten sind demnach bis zum Alter von etwa 16 Jahren zu beobachten. Einige Alterszeiträume innerhalb dieser Spanne sind für die sprachliche Entwicklung jedoch von besonderer Bedeutung. Deren exakte Abgrenzung erweist sich zwar als schwierig, linguistische Analysen legen aber nahe, dass im Alter von ungefähr sieben Jahren entscheidende Veränderungen stattfinden, sodass ab acht Jahren von L2-Erwerb zu sprechen ist. Johnson & Newport (1989) waren die ersten, die zeigten, dass wichtige Veränderungen auch schon erheblich früher, zwischen 4 und 6 Jahren, einsetzen. Das Alter um vier Jahre erwies sich auch in späteren Untersuchungen als bedeutungsvoll; vgl. Meisel (2004) und Schwartz (2004). Weitere Studien führten schließlich zu einer Präzisierung, wonach ab etwa 3,6 morphologische und syntaktische L2-Merkmale zu finden sind; vgl. Meisel (2009). Somit kann die Phase von circa 3,6 bis 7 als die des kindlichen L2-Erwerbs identifiziert werden. Da diese Festlegung der Alterszeiträume induktiv und nicht durch prinzipielle Überlegungen begründet ist, ist es durchaus möglich, dass künftige Studien zu noch früheren Zeitpunkten L2-Merkmale entdecken und damit Nicholas & Lightbown (2008) bestätigen, die bereits ab dem Alter von zwei Jahren solche Effekte gefunden haben.

Nachzutragen bleiben einige Beispiele für L2-Merkmale im frühkindlichen L2-Erwerb. Die frühesten morphosyntaktischen Belege betreffen die Flexionsmorphologie, wie etwa Finitheitheitsmerkmale (Personalkongruenz und Tempusmarkierungen), die im L1 sehr früh und weitestgehend fehlerfrei erworben werden, während frühkindliche L2-Lerner damit auch nach Jahren noch Probleme haben; vgl. Preißler (2011) und Schlyter (2011) zum Erwerb des Französischen durch deutsch- bzw. schwedischsprachige Kinder. Dabei sind im kL2-Erwerb Konstruktionen belegt, die auch im erwachsenen L2-, nie aber im L1-Erwerb auftreten. So werden nicht finite Verben in finiten Kontexten verwendet, sogar in eingebetteten Sätzen.

(3) un petit [n]enfant qui *mang[e]* une pomme   Nadja
    ›ein kleines Kind das essen einen Apfel‹
(4) et après *il(s) devenir* deux copins
    ›und danach sie werden (inf.) zwei Freunde‹   Veronika

Beispiel (4) illustriert noch ein weiteres Phänomen, das ebenfalls bei erwachsenen L2-, aber nicht bei L1-Lernern belegt ist. Subjektklitika, d. h. Personalpronomina, die im Französischen nie allein stehen und nur mit finiten, niemals mit infiniten Verben kombiniert werden, stehen hier bei infiniten Verben; vgl. Meisel (2009). Solche Konstruktionen wurden auch bei schwedischen Lernern des Französischen beobachtet, die sich zudem beim Gebrauch von Tempusformen, bei der Stellung von Objektspronomina und in der Verwendung von Genusmarkierungen wie L2-Lerner verhielten; vgl. Granfeldt/Schlyter & Kihlstedt (2007). Beim sukzessiven Spracherwerb haben deutsche Kinder ebenfalls erhebliche Probleme mit dem Erlernen der französischen Genusmarkierungen und verhalten sich wie L2-Lerner, obwohl sie in ihrer Erstsprache Deutsch bereits ein mindestens ebenso komplexes Genussystem mit drei Genera (nur zwei Genera im Französischen) erworben haben; vgl. Meisel (2009).

Auch beim Erwerb der Syntax wurden frühe Veränderungen der Erwerbsfähigkeit dokumentiert, die in diesem Fall vor allem die Verbstellung betreffen. In ihrer Analyse des Erwerbs des Deutschen durch drei polnische Jungen (Alter zu Erwerbsbeginn 3,8–4,7) fand Sopata (2009, 2011), dass diese Kinder zum Beispiel infinite Verben in die zweite Satzposition stellen (5) und dass finite Verben häufig in der dritten Position (6) und nicht in der zweiten erscheinen, anders als bei bilingualen Kindern; vgl. Beispiel (1) oben, S. X.

(5) ich brauchen hier nur eine Auto   Jan
(6) jetzt du baust   Witek
    (Sopata, 2009: 196 ff.)

Ähnliche Bobachtungen haben Kroffke/Rothweiler & Babur (2007) bei türkischen Lernern des Deutschen gemacht. Während ein Kind, das im Alter von drei Jahren mit dem Erwerb des Deutschen begann, die Personalflexion und die Verbstellung wie L1-Lerner erwarb, fanden sich bei einem anderen, das erst ab dem Alter von sechs Jahren Deutsch lernte, die vom erwachsenen L2-Erwerb bekannten Wortstellungen.

Zusammenfassend kann festgehalten werden, dass deutliche Evidenz dafür spricht, dass der kL2-Erwerb in manchen grammatischen Bereichen dem L2 von Erwachsenen gleicht und sich selbst nach längerer Erwerbsdauer und bei frühem Erwerbsbeginn vom monolingualen und bilingualen L1 unterscheidet. Die Ursachen, die zu diesem Ergebnis führen, sollen im nächsten Abschnitt kurz besprochen werden.

Reifungsbedingte Veränderungen

Da Kinder, die zwei oder mehr Sprachen simultan erwerben in jeder Sprache eine Kompetenz erwerben können, die derjenigen der entsprechenden Monolingualen qualitativ in nichts nachsteht, ist die Annahme plausibel, dass die beobachtbaren Unterschiede zwischen L1 und L2 auf altersbedingte Veränderungen der Erwerbsfähigkeit zurückzuführen sind. Das bestätigt die von Penfield & Roberts (1959) und Lenneberg (1967) entwickelte Hypothese von der Kritischen Periode (CPH) für den Spracherwerb. Allerdings muss man statt von einer Kritischen Periode von einer Reihe von sensiblen Phasen für Teilaspekte der Grammatik ausgehen, wobei jede Phase den optimalen Erwerbszeitraum für ein grammatisches Phänomen definiert. Zwar beginnen und enden nicht alle Phasen simultan, aber es gibt Alters- bzw. Entwicklungszeiträume, in denen ein Bündel solcher Phasen gleichzeitig ausläuft.

Die nur noch teilweise Verfügbarkeit der Erwerbsfähigkeit ist als Folge neuronaler Reifung erklärbar. Sie bewirkt, dass während den sensiblen Entwicklungsphasen eine optimale Unterstützung des Erwerbs spezifischer Aspekte der Grammatik gegeben ist. Vor dem Beginn der Phase ist der Erwerb des entsprechenden grammatischen Phänomens nicht möglich, und nach ihrem Ausklingen ist der Erwerb kognitiv aufwändiger und in der Regel weniger erfolgreich. Natürlich sind nicht alle Unterschiede zwischen L1- und L2-Erwerb auf neuronale Reifung zurückzuführen, aber sie ist die Ursache für einige fundamentale Unterschiede und definiert den Rahmen, innerhalb dessen die Lerner sich bewegen.

Die Erklärung altersabhängiger Veränderungen der Erwerbsfähigkeit als Folge neuronaler Reifung wird gestützt durch die Tatsache, dass die Ergebnisse linguistischer Analysen mit denen aus neuropsychologischen Forschungen kongruent sind und beide sich gegenseitig stützten. Die funktionale Organisation des Gehirns verändert sich hinsichtlich der Sprachverarbeitung im Verlauf der individuellen Entwicklung. Beginnt der Erwerb innerhalb der optimalen Periode, wird Sprache bevorzugt in den typischen Arealen verarbeitet, vor allem Broca (Brodman 44, 45–46) und Wernicke (Brodman 22). Das ist auch dann der Fall, wenn in diesem Zeitraum mehr als eine Sprache erworben wird. Beginnt der Erwerb einer Sprache jedoch nach der optimalen Periode, zeigen sich andere Aktivierungsmuster, und es können zusätzliche Areale aktiviert werden. Bildgebende Verfahren haben in der Tat solche unterschiedlichen Aktivierungsmuster und andere räumliche Organisationsformen bei der Verarbeitung morphosyntaktischer Stimuli gefunden. Besonders interessant ist, dass die L1/L2-Unterschiede ab dem Alter von circa 4 Jahren und auch im Alter von etwa 6 bis 7 Jahren beobachtet wurden, also in genau den Alterszeiträumen, in denen linguistische Analysen des sukzessiven Erwerbs von Mehrsprachigkeit L2-Eigenschaften entdeckt haben. Auch wenn aus solchen Parallelitäten nicht zwingend auf Kausalzusammenhänge geschlossen werden kann, gewinnt die These, die die neuronale Reifung als wesentliche Ursache für die partiellen Defizite der Erwerbsfähigkeit postuliert, erheblich an Plausibilität.

Schlussfolgerungen

Diese Forschungsergebnisse führen zu der Empfehlung, den Erwerb der Mehrsprachigkeit im Vorschulalter zu fördern, selbst wenn der Spracherwerb auch in späteren Alterszeiträumen noch erfolgreich sein kann. Denn während der monolinguale oder bilinguale L1-Erwerb zumindest im grammatischen Bereich immer erfolgreich ist, spielen beim L2-Erwerb individuelle Faktoren eine bedeutende Rolle, und Lerner unterscheiden sich ganz erheblich im letztlich erreichbaren Erwerbserfolg.

Eltern von Kindern mit anderen Muttersprachen als Deutsch sollte bewusst gemacht werden, dass nur der frühe Kontakt mit dem Deutschen einen »muttersprachlichen« Erwerb ermöglicht und dass dadurch keine Nachteile für die Entwicklung der Herkunftssprache zu befürchten sind. Wenn der Lebensmittelpunkt des Kindes auf absehbare Zeit in Deutschland liegt, muss der muttersprachliche Erwerb von »zwei Erstsprachen« unverzichtbares Ziel sein. Die beste Voraussetzung dafür ist, dass der Erwerb der zweiten Sprache möglichst früh beginnt – wenn nicht unmittelbar nach der Geburt, dann in den ersten vier Lebensjahren.

Auch das Erlernen von Fremdsprachen sollte so früh wie möglich beginnen, um eine weit entwickelte Kompetenz erreichbar werden zu lassen. Optimal hierfür wäre, mit dem Erwerb vor der Schule zu beginnen. Auf jeden Fall aber sollte der Fremdsprachenerwerb in der Grundschule anfangen, da sich die Spracherwerbsfähigkeit im Alterszeitraum zwischen acht und zehn Jahren deutlich verschlechtert.

Literatur

Abrahamsson, N. & Hyltenstam, K.: Age of onset and nativelikeness in a second language: Listener perception versus linguistic scrutiny. Language Learning 59, 2009; S. 249-306

Friederici, A. D./Friedrich, M. & Weber, C.: Neural manifestation of cognitive and precognitive mismatch detection in early infancy. NeuroReport 13, 2002; S. 1251-1254

Granfeldt, J./Schlyter, S. & Kihlstedt, M.: French as cL2, 2L1 and L1 in pre-school children. Petites Études Romanes de Lund 24, 2007; S. 5-42

Hyltenstam, K. & Abrahamsson, N.: Maturational constraints in second language acquisition. In C. Doughty & M.H. Long (Eds.). Handbook of Second Kanguage Acquisition. Oxford: Blackwell 2003; S. 539-588

Johnson, J. S. & Newport, E. L.: Critical period effects in second language learning. The influence of maturational state on the acquisition of English as a second language. Cognitive Psychology 21, 1989; S. 60-99

Kroffke, S./Rothweiler, M. & Babur, E.: Turkish-German successive bilingual children: Age of onset and the development of German V2. Vortrag beim 6th International Symposium on Bilingualism. Hamburg, Mai 2007

Lenneberg, E. H.: Biological Foundations of Language. New York: Wiley and Sons 1967

Long, M. H.: Maturational constraints on language development, Studies in Second Language Acquisition 12, 1990; S. 251-285

Mehler, J./Jusczyk, P./Lambertz, G./Halsted, N./Bertoncini, J./Amiel-Tison, C.: A precursor of language acquisition in young infants. Cognition 29, 1988; S. 143-178

Meisel, J. M.: Early differentiation of languages in bilingual children. In K. Hyltenstam & L. Obler (Eds.), Bilingualism across the Life Span: Aspects of Acquisition, Maturity, and Loss. Cambridge: Cambridge University Press 1989; S. 13-40

Meisel, J. M.: The simultaneous acquisition of two first languages: Early differentiation and subsequent development of grammars. In J. Cenoz & F. Genesee (Eds.), Trends in Bilingual Acquisition. Amsterdam: John Benjamins 2001; S. 11-41

Meisel, J. M.: The bilingual child. In T.K. Bhatia & W.C. Ritchie (Eds.), The Handbook of Bilingualism. Oxford: Blackwell Publishers 2004; S. 91-113

Meisel, J. M.: Second language acquisition in early childhood. Zeitschrift für Sprachwissenschaft 28 2009; S. 5-34

Meisel, J. M.: First and Second Language Acquisition: Parallels and Differences. Cambridge: Cambridge University Press 2011

Nicholas, H. & Lightbown, P. M.: Defining child second language acquisition, defining roles for L2 instruction. In J. Philp/R. Oliver & A. Mackey (Eds.), Second Language Acquisition and the Younger Learner. Child's Play? Amsterdam: John Benjamins 2008; S. 27-51

Penfield, W. & Roberts, L.: Speech and Brain Mechanisms. New York: Athenaeum 1959

Poplack, S.: Sometimes I'll start a sentence in Spanish y termino en español: Toward a typology of code-switching. Linguistics 18 1980; S. 581-618

Preißler, A.-K.: Subject clitics in child L2 acquisition of French. In E. Rinke & T. Kupisch (Eds.), The Development of Grammar: Language Acquisition and Diachronic Change. Amsterdam: John Benjamins 2011; S. 75-103

Redlinger, W.; Early developmental bilingualism, a review of the literature. The Bilingual Review/La Revista Bilingüe 6, 1979; S. 11-30

Schlyter, S.: Tense and aspect in early French development in aL2, 2L1 and cL2 learners. In E. Rinke & T. Kupisch (Eds.), The Development of Grammar: Language Acquisition and Diachronic Change. Amsterdam: John Benjamins 2011; S. 47-74

Schwartz, B. D.: On child L2 development of syntax and morphology. Lingue S. Linguaggio 3 2004; S. 97-132

Sopata, A.: Erwerbstheoretische und glottodidaktische Aspekte des frühen Zweitspracherwerbs:

Sprachentwicklung der Kinder im natürlichen und schulischen Kontext. Poznań: Wydawnictwo Naukowe UAM 2009

Sopata, A.: Placement of infinitives in successive child language acquisition. In E. Rinke & T. Kupisch (Eds.), The Development of Grammar: Language Acquisition and Diachronic Change. Amsterdam: John Benjamins 2011; S. 105–121

Weisgerber, L: Vorteile und Gefahren der Zweisprachigkeit. Wirkendes Wort 16, 1966; S. 73–89

3.2 Mehrsprachigkeit und interkulturelle Bildung
Christa Kieferle

Wir leben in einer sich schnell verändernden Welt, in der Menschen sich zunehmend in einem mobilen Prozess befinden. Das betrifft nicht nur die Entwicklung der Familien, sondern auch die Umstände, die sie dazu bringen, für eine gewisse Zeit oder für immer in einem anderen Land zu leben. Es gibt viele Gründe, weshalb Familien ihre Heimat verlassen, Kriege, Wirtschaftskrisen, Verfolgung, Heirat, Scheidung, Arbeit oder Studium.

In Kindertageseinrichtungen und Schulen kommen zunehmend Kinder aus Familien, die für kurze oder längere Zeit in einem anderen Staat leben. Jedes Kind bringt dabei seinen eigenen Hintergrund und seine individuelle Geschichte mit in die Gemeinschaft. Dies hat Auswirkungen auf die Bildungseinrichtungen, die sich vor große und zum Teil auch neue Herausforderungen hinsichtlich des Umgangs mit kulturell und sprachlich heterogenen Gruppen gestellt sehen.

Die Zuordnung zu einer sprachlichen oder ethnischen Gruppe an sich sagt noch wenig aus über das einzelne Individuum, denn auch innerhalb einer Migrantengruppe gibt es religiöse, sozio-ökonomische, einstellungs- und wertebezogene Unterschiede, Unterschiede hinsichtlich der Bildungsaspiration, der individuellen Erfahrungen mit anderen Bildungssystemen, der eigenen Bildungsbiographie, der Menge an Kontakten mit Menschen aus der Mehrheitskultur oder anderen Minoritäten, um nur einige zu nennen. Und ebenso wenig sagt die Zuordnung zu einer Sprachgruppe noch nichts über das Niveau der sprachlichen Kompetenz aus, auch nicht darüber, wie kompetent der Sprecher/die Sprecherin z. B. die Standardform der Herkunftssprache und/oder neuen Umgebungssprache spricht, ob er/sie einen Dialekt oder einen Soziolekt spricht, wie vertraut er/sie mit der Bildungssprache sowohl der Herkunfts- als auch der Aufnahmegesellschaft ist, wie viele andere Sprache auf welchem Niveau er/sie beherrscht, wie intensiv seine/ihre Begegnung mit Schriftsprache war oder ist, usw. Aber all diese Faktoren können sich auf den Bildungsverlauf von Kindern auswirken.

Damit heutige Kinder in den nächsten Jahren erfolgreich in den Arbeitsmarkt und in das soziale Leben in dieser Gesellschaft und in anderen Gesellschaften starten können, müssen sie eine ganze Reihe von Fähigkeiten und persönlichen Qualifikationen entwickeln: Mehrsprachigkeit, multikulturelle Kompetenzen, Fähigkeit zur Teilnahme an interkulturellen Zusammenkünften, die Fähigkeit mit Vertretern anderer Kulturen, Religionen oder Sprachen zusammenarbeiten zu können, die Fähigkeit, Probleme und Konflikte zu lösen und die Fähigkeit zu erkennen, was Menschen verbindet (Griebel & Kieferle, 2012).

Die Grundsteine für die Entwicklung dieser Fähigkeiten können nur in einem effizienten Bildungssystem und durch eine nachhaltige Bildung gelegt werden. Damit verbunden ist die Anpassung der Bildungsziele und -inhalte sowie der Vermittlungsmethoden auf die Bedürfnisse der im Globalisierungsprozess lebenden Generation.

»Bildung wird als wesentliches Entwicklungspotenzial verstanden, dem eine hohe Aufmerksamkeit beigemessen wird. Das findet auch darin seinen Ausdruck, allen Kindern und Jugendlichen gleiche Bildungschancen zu ermöglichen, wozu insbesondere auch die frühzeitige schulische Befähigung und Förderung benachteiligter Gruppen von Schülern gehört. Dem liegt in der Regel ein Schulverständnis zugrunde, das über den Fachunterricht hinaus die Unterstützung und Förderung möglichst jedes Schülers durch Teilhabe am schulischen Leben sowie durch vielfältige extracurriculare Angebote zu realisieren versucht« (BMBF 2007, 258).

Bereits 1997 erhoben europäische Staatsoberhäupter und Regierungschefs die Erziehung zu demokratischer Staatsbürgerschaft zur Priorität für den Europarat und seine Mitgliedsstaaten. Damit erklärten sie das Thema Sprachen zu einem zentralen Anliegen der demokratischen Staatsbürgerschaft in Europa. Der Europarat hat demnach im »Guide for the Development of Language Education Policies in Europe« (Beacco & Byram, 2007) individuelle Mehrsprachigkeit als einen fundamentalen Aspekt einer grundsätzlichen Politik der sozialen Integration und Erziehung zu demokratischer Bürgerschaft bezeichnet und diese als Schlüsselkonzept für die Sprach- und Sprachunterrichtspolitik festgelegt. Individuelle Mehrsprachigkeit hat einerseits einen funktionalen Aspekt, wodurch die europäischen Bürger und Bürgerinnen befähigt werden sollten, effektiv und in geeigneter Weise mit anderen europäischen Bürgern und Bürgerinnen zu interagieren und andererseits sollte sie zur Anerkennung der Vielfalt des mehrsprachigen Repertoires der Sprecher und Sprecherinnen, zu sprachlicher Toleranz und zur Achtung für sprachliche Unterschiedlichkeit führen (Beacco & Byram, 2007). Individuelle Mehrsprachigkeit in diesem Kontext meint das Beherrschen der Mutter- oder Erstsprache und zusätzlich eine unbestimmte Anzahl anderer Sprachen oder Varietäten auf allen möglichen Kompetenzstufen (Beacco & Byram, 2007).

Inzwischen haben nahezu alle deutschen Bundesländer eigene Bildungs-, Orientierungs- oder Rahmenpläne für den frühpädagogischen Bereich erstellt, in denen sprachliche Bildung und Hinführung zur Schriftsprache wichtige Bildungsbereiche darstellen. Mehr oder weniger komplex hingegen sind die Ausführungen zu Diversität, Interkultureller Kompetenz und Mehrsprachigkeit im oben dargestellten Sinne. In der Hälfte der 16 Bildungspläne kommt der Begriff Mehr- bzw. Zweisprachigkeit im Sinne von explizit formulierten Bildungszielen vor. Aber nur in zwei Bildungsplänen wird explizit auf die Möglichkeit einer Förderung der Sprachen aus den Nachbarstaaten hingewiesen. Sechs Bildungspläne verweisen auf die Wichtigkeit der Förderung der Erstsprache, aber kein Bildungsplan erwähnt als Bildungsziel die Förderung von Minoritätensprachen (Dänisch, Sorbisch, Friesisch, Romani). Drei Bildungspläne sprechen den Umgang mit Dialekten an und in zwei Bildungsplänen wird »Englisch«

bzw. »Französisch« als Zusatzangebot in Kindertageseinrichtungen thematisiert. Insgesamt scheint in den Bildungsplänen aber Mehrsprachigkeit und Interkulturalität häufig im Zusammenhang mit Kindern mit Migrationshintergrund wahrgenommen zu werden und weniger als wichtiges Bildungsziel für alle Kinder im Sinne der im Europarat entwickelten Ideen. Dabei ist Deutschlands sprachliche Situation an sich sehr vielfältig, denn die deutsche Sprache innerhalb Deutschlands weist selbst viele regionale Varianten auf.

Interkulturelles Verstehen und Handeln sowie der Aufbau einer mehrsprachigen Gesellschaft ist als pädagogische Antwort auf die Anforderungen, die die zunehmende Globalisierung aller Lebensprozesse an uns stellt, zu begreifen. Dabei reicht es keinesfalls aus, dass nur die Bildungseinrichtungen die Voraussetzungen schaffen bzw. mitgestalten, um Kindern einen erfolgreichen Eintritt in die Welt der Erwachsenen zu ermöglichen, vielmehr sind alle an den Bildungsprozessen Beteiligte zum gemeinsamen Handeln aufgefordert.

Auch wenn in den letzten Jahren große Anstrengungen seitens der Bildungspolitik und der Bildungsinstitutionen unternommen werden, so ist Mehrsprachigkeit doch in der Praxis nicht überall die dominante Repräsentation von sprachlicher Bildung, es besteht teilweise immer noch eine sehr monolinguale und ethnozentrische Sicht auf Mehrsprachigkeit, sowohl auf Seiten der pädagogischen Fachkräfte als auch auf Seiten der Eltern. Deshalb besteht die Notwendigkeit, falsche Vorstellungen zu korrigieren. Die Forschung zeigt deutlich, dass Kinder ohne Probleme mehrere Sprachen simultan oder sequentiell lernen können (Tabors, 1997). Das erreichte Niveau hängt jedoch in hohem Maße von der Qualität der Umgebung ab, die den Erwerb der jeweiligen Sprachen unterstützen (McLaughlin et al., 1995; Saville-Troike, 1987; Tabors et al., 2000). Die Rolle der Lernumgebung ist für die Unterstützung des Zweitspracherwerbs besonders wichtig. Cummins (1991) stellte fest, dass zweitsprachlernende Kinder die grundlegenden Sprachfertigkeiten, die für die soziale Kommunikation nötig sind, schon nach relativ kurzer Zeit erwerben können, dass aber die komplexeren kognitiven Fertigkeiten viel stärker von der Sprachlernumgebung abhängig sind.

Um diese Lernumgebungen effektiv zu gestalten, müssen wir erst einmal wissen, wie das vorhandene Potenzial (z. B. an Sprachkenntnissen, Sprachlernerfahrung) bei Kindern mit Migrationshintergrund genutzt und erweitert werden kann unter Berücksichtigung anderer wichtiger Kontextbedingungen. Des Weiteren brauchen wir Bildungs- und Lehrpläne, in denen Mehrsprachigkeit und interkulturelles Verstehen und Handeln explizit formulierte Bildungsziele darstellen, Fort- und Weiterbildungscurricula, die den pädagogischen Fach- und Lehrkräften fehlendes Wissen vermitteln und Haltungsänderungen herbeiführen können und wir brauchen Beispiele guter Praxis für die notwendige Vernetzung einer gelebten Vielfalt im Gemeinwesen.

In den folgenden drei Kapiteln werden erfolgreiche Projekte vorgestellt, die in ganz unterschiedlichen Kontexten versuchen, die Herausforderungen, die kulturelle und sprachliche Diversität mit sich bringen, zu meistern.

Literatur

Beauftragte der Bundesregierung für Migration, Flüchtlinge und Integration: Bericht der Beauftragten der Bundesregierung für Migration, Flüchtlinge und Integration über die Lage der Ausländerinnen und Ausländer in Deutschland. Berlin, 2007; S. 7

Beacco J.-C. & Byram M.: From Linguistic Diversity to Plurilingual Education: Guide for the development of Language Education Policies in Europe. Main Version. Council of Europe, Strassbourg, 2007

Cummins, J.: Interdependence for first and second language proficiency in bilingual children. In: Bialystok, E. (Hg.): Language processing in bilingual children. Cambridge, MA: Cambridge University Press. 1991; S. 70–89

Gogolin, I.: Mehrsprachigkeit und interkulturelle Bildung. Vortrag beim 3. IFP-Fachkongress »Sprachliche Bildung von Anfang an«. München am 7. Juni 2011

Griebel, W. & Kieferle, C.: Mehrsprachigkeit, sozio-kulturelle Vielfalt und Altersmischung als Merkmale von heterogen zusammengesetzten Gruppen. In Ulrich, W. (Hg.). Deutschunterricht in Theorie und Praxis (DTP). Band I. Günther, H. & Bindel, R. (Hg.). Deutsche Sprache in Kindergarten und Vorschule. Baltmannsweiler: Schneider Verlag Hohengehren, 2012; S. 389–408

McLaughlin, B., Blanchard, A., & Osanai, Y.: Assessing language development in bilingual children. Washington, DC: George Washington University. The National Clearinghouse for Bilingual Education, 1995

Saville-Troike, M.: Bilingual discourse: The negotiation of meaning without a common code. Linguistics, 25, 1987; S. 81–106

Tabors, P. O.: One child, two languages: A guide for preschool educators. Baltimore, MD: Paul H. Brookes Publishing Co., 1997

Tabors, P. O./Aceves, C./Bartolomé, L./Pàez, M. M. & Wolf, A.: Language development of linguistically diverse children in Head Start classrooms: Three ethnographic portraits. NHSA Dialog, 2000; S. 409–440

3.2.1 Über die Chancen, die in der Mehrsprachigkeit liegen
Ingrid Gogolin

Vorbemerkung

Mehrsprachigkeit ist eine nicht mehr rückgängig zu machende Folge von Migration und weltweitem Austausch zwischen den Menschen. Die gelebte sprachliche Praxis ist gewiss nicht die einzige, aber wohl eine der größten Herausforderungen an das deutsche Bildungssystem, wenn es gilt, seine Integrationskraft zu erhöhen. Hier ist in der Vergangenheit vieles versäumt worden – nicht zuletzt wurden die Chancen verschenkt, die in der Mehrsprachigkeit liegen. Aber vielleicht ist hier Besserung in Sicht. Dafür spricht jedenfalls, dass der Frage, wie eine erfolgreiche Sprachbildung in mehrsprachigen Lernkonstellationen gelingen kann, in jüngerer Zeit mehr und mehr Aufmerksamkeit gewidmet wurde. Die hier vorgelegte Tagungsdokumentation ist ein Zeichen dafür.

In meinem Beitrag stelle ich zunächst einige Grundlagen vor, die die Forschung über Sprachbildung in mehrsprachigen Konstellationen ergeben hat. Sodann schildere ich das Konzept der »Durchgängigen Sprachbildung«, das im Modellprogramm »Förderung von Kindern und Jugendlichen mit Migrationshintergrund FÖRMIG« entwickelt wurde (siehe www.foermig.uni-hamburg.de) und von dessen Stärken ich überzeugt bin. An Beispielen aus dem Kontext des Programms möchte ich zeigen, welche Herausforderungen, aber auch konstruktiven und produktiven Angebote dieses Konzept bereithält – auch für die Qualifizierung pädagogischen Personals.

Sprachbildung in multilingualen Konstellationen

Seit den bekannten internationalen Vergleichsstudien wie IGLU oder PISA ist auch die deutsche Öffentlichkeit darauf aufmerksam geworden, wie eng die Abhängigkeit schulischer Leistungsfähigkeit von sprachlichen Fähigkeiten ist. Besonders deutlich wird diese Abhängigkeit bei Kindern aus Migrantenfamilien, die in der Regel mit zwei (oder mehr) Sprachen aufwachsen und leben: mit der (oder den) Sprache(n) der Herkunft und der deutschen Sprache. Aber was für ein sprachliches Können und Wissen ist es genau, das den Lernenden Chancen auf Bildungserfolg gibt – oder nimmt? Zur Beantwortung dieser Frage ist die eingehende Auseinandersetzung mit der – vor allem internationalen – Forschung über Bildungschancen zwei- oder mehrsprachiger Kinder hilfreich. Sie lässt zutage treten, dass es für das Schaffen besserer Voraussetzungen für Bildungserfolg keineswegs beliebig ist, welche sprachlichen Fähigkeiten unterstützt werden und wie diese Unterstützung geschieht. Insbesondere Arbeiten aus »migrationserfahreneren«, zugleich im multilingualen Kontext erfolgreichen Ländern wie Kanada und Australien haben gezeigt, dass spezielle bildungsrelevante sprachliche Fähigkeiten in das Zentrum Lehrens und Lernens gerückt werden müssen, um Bildungserfolgschancen in mehrsprachigen Lern- und Lebenslagen tatsächlich zu erhöhen. Erfolgreiches Lernen hängt nämlich nicht nur vom Verfügen über allgemeine Möglichkeiten ab, sich sprachlich zu verständigen. Am Anfang einer Bildungskarriere – im vorschulischen Bereich, in der ersten Zeit der Grundschule, oder auch: bei der Ankunft in einem neuen Sprachraum – sind allgemein- oder alltagssprachliche Fähigkeiten von großer Bedeutung für die Chance, zu lernen und sich überhaupt zu orientieren. Je weiter aber eine Bildungsbiographie fortschreitet, desto mehr unterscheiden sich die sprachlichen Anforderungen vom alltäglichen Sprachgebrauch. Verkürzt, aber griffig ist die Formel, dass bildungsspezifische Sprache mehr mit den Merkmalen der Schriftsprache gemeinsam hat als mit Mündlichkeit – auch dann, wenn es um gesprochene Äußerungen bei der Förderung oder im Unterricht geht.

Im Anschluss an diese Erkenntnisse haben wir eine Unterscheidung zwischen »Bildungssprache« und alltäglicher Sprache vorgeschlagen (Gogolin 2006). Mit »Bildungssprache« wird eine Art der Sprachverwendung bezeichnet, die durch Traditionen, Auftrag und Ziele der Bildungseinrichtungen selbst geprägt ist. Bildungssprache und Alltagssprache unterscheiden sich zum Beispiel darin, dass manches, was im alltäglichen Sprachgebrauch durch andere als sprachliche Mittel ausgedrückt werden kann (zum Beispiel durch Mimik, Gestik oder andere Formen des Verweises), im formalen bildungssprachlichen Gebrauch ausdrücklich verbalisiert werden muss. An zwei Beispielsätzen sei der Unterschied von Alltags- und Bildungssprache veranschaulicht. Ein alltagssprachlicher Bericht über eine Beobachtung könnte lauten: »Ich hab's rausgeschüttet und da war noch was Braunes drin.« In bildungssprachlicher Formulierung könnte die gleiche Beobachtung etwa folgendermaßen ausgedrückt sein: »Als ich die Flüssigkeit abgoss, sah ich einen braunen Bodensatz« (Tajmel, 2009).

Charakteristisch für »Bildungssprache« ist ihre Verzweigung über die Zeit. Sie differenziert sich immer stärker in unterschiedliche Register aus, je weiter eine Bildungsbiographie voranschreitet. Dies geht einher mit der Differenzierung des Unterrichts in Fächer oder Fächergruppen. Zu den bildungssprachlichen Anforderungen gehören verschiedene fachliche Begrifflichkeiten, also zum Beispiel die Möglichkeit und die Notwendigkeit, zwischen einer Strecke in der Mathematik, im Bergbau oder der Strecke, die ein paar Menschen bei einem Spaziergang zurücklegen wollen, zu unterscheiden. Aber die Konzentration auf die Wortebene greift zu kurz. Mindestens ebenso bedeutsam, und in manchen Stadien des Lernprozesses wichtiger als Wörter zu einem gerade besprochenen Thema, sind sprachliche Strukturmittel: die besonderen Regeln, mit denen Sätze und Texte gebaut werden (Ortner, 2009). Nur ein Beispiel: Während in der Alltags- oder umgangssprachlichen Kommunikation eher Aktivformen gebräuchlich sind (»In Bad Friedrichshall bauen sie Steinsalz ab.«), werden in bildungssprachlichen Texten Passivformen bevorzugt (»In Bad Friedrichshall wird Steinsalz abgebaut.«). – In der Handreichung »Durchgängige Sprachbildung« sind die Merkmale, die bildungssprachliche Ausdrucksweisen kennzeichnen, zusammengefasst dargestellt und mit vielen Beispielen illustriert (Lange and Gogolin, 2010).

Die Bildung im vorschulischen Bereich legt wichtige Grundlagen für die Aneignung bildungssprachlicher Fähigkeiten. Hier werden erste Voraussetzungen für die differenzierte sprachliche Eroberung des Bildungswissens geschaffen. Gerade dabei können die besonderen Kenntnisse und Erfahrungen, die Kinder mitbringen, wenn sie in zwei oder mehr Sprachen leben, eine reiche Quelle für die Förderung und das Lernen darstellen (Tracy, Weber et al., 2006; Reich, 2008). Es gehört zu den Besonderheiten – und im Prinzip vorteilhaften – Umständen ihrer sprachlichen Lebenslage, dass sie schon sehr früh eine ausgeprägte Sprachbewusstheit entwickeln, also zum Beispiel die Fähigkeit, zwischen einem Namen für etwas und dem »Ding« selbst zu unterscheiden, oder bei einem Wort, das ihnen in verschiedenen grammatischen Formen begegnet, den gleichwohl gemeinsamen Bedeutungskern zu erkennen, oder die Laute, die sie hören, den verschiedenen Sprachen, in denen sie sich bewegen, klar zuzuordnen. Mehrsprachige Kinder gewinnen durch ihre sprachliche Lebenslage schon sehr früh reiche Erfahrung damit, dass derselbe Inhalt nicht immer auf dieselbe Weise ausgedrückt werden kann. Dieses »Wissen über Sprache« – das im frühen Kindesalter gewiss anders ausgedrückt wird, als dies ältere Kinder oder gar Erwachsene tun würden – ist eine großartige Voraussetzung dafür, sich weitere Sprache anzueignen.

Durchgängige Sprachbildung – das FÖRMIG-Konzept

Mit Zwei- oder Mehrsprachigkeit als Spracherwerbsbedingung sind Vorteile, aber auch Nachteile für die individuelle Sprachentwicklung verbunden, die im pädagogischen Handeln berücksichtigt werden müssen. Von großem Vorteil ist, dass Kinder, die früh mit zwei oder mehr Sprachen umgehen müssen, eher und intensiver als einsprachige Kinder ein Bewusstsein für die Funktionsweisen von Sprache entwickeln und Fähigkeiten besitzen, ihre sprachlichen Mittel differenziert einzusetzen (Bialystok, 2001). Zugleich sind sie vor die Herausforderung gestellt, Lernprozesse in einer Sprache bewältigen zu müssen, die nicht ihre einzige und möglicherweise nicht ihre stärkste Sprache ist. Dies bringt Nachteile mit sich. In der einschlägigen Forschung besteht Konsens über die beiden folgenden ungünstigen Begleiterscheinungen der Mehrsprachigkeit: Die erste ist, dass Kinder, die in ihrer zweiten (oder dritten) Lebenssprache lernen, oft eine längere Zeitspanne benötigen, um sprachliche Anforderungen in dieser Sprache zu bewältigen – zum Beispiel zum Erlesen von Aufgaben (Cummins, 2002). Die zweite nachteilige Begleiterscheinung der Mehrsprachigkeit ist, dass mehrsprachige Kinder üblicherweise in jeder der beteiligten Sprachen einen geringeren Wortschatz entwickeln, als dies Einsprachige in der jeweiligen Sprache tun. Zwar bilden sprachliche Mittel aus mehr als einer Sprache ein insgesamt größeres sprachliches Repertoire und die durch Mehrsprachigkeit geförderten kognitiven Fähigkeiten bieten sehr gute Voraussetzungen für weiteres sprachliches Lernen und für Lernen überhaupt (Bialystok, 2009), aber eine Bedingung für die glückliche Weiterentwicklung dieser vorteilhaften Ausgangslage ist, dass sie bei der Förderung und dem Lernen angemessen berücksichtigt werden.

Diesen Forschungsstand haben wir bei der Entwicklung des Konzepts für das Modellprogramms FÖRMIG aufgegriffen. Zusammengefasst sind von Mehrsprachigkeit als Bildungsvoraussetzung keine Nachteile zu erwarten, wenn:
– eine dauerhafte, kontinuierliche und systematische Sprachbildung über weite Teile der Bildungsbiographie hinweg erfolgt,

- diese Sprachbildung auf die Förderung bildungssprachlicher Fähigkeiten konzentriert ist und
- in dieser Sprachbildung Mehrsprachigkeit angemessen berücksichtigt und produktiv aufgegriffen wird.

Zu den bedeutendsten Innovationsleistungen des Programms FÖRMIG gehört es, dass die Vermittlung von Bildungssprache als explizite Aufgabe des Bildungssystems verstanden wird. Das bedeutet, dass Sprache als Medium des Lehrens und Lernens bewusst wahrgenommen, bewusst verwendet und bewusst vermittelt wird, und zwar grundsätzlich in allen Lernfeldern, Lernbereichen und im Unterricht aller Fächer.

Das Kernanliegen des FÖRMIG-Modells ist der kumulative Aufbau bildungssprachlicher Fähigkeiten. Dies beruht auf dem Gedanken, dass Sprache wirkungsvoller angeeignet wird, wenn die unterstützenden Angebote mit der Entwicklung und dem Lernen der Kinder und Jugendlichen insgesamt verbunden sind. Durchgängige Sprachbildung in diesem Sinne ist eine Aufgabe des gesamten Bildungsangebots (und nicht nur einer zeitlich befristeten oder additiven Förderung): Die Aufgabe nämlich, dafür zu sorgen, dass in der Bildungslaufbahn die sprachlichen Fähigkeiten der Schülerinnen und Schüler mit den inhaltlichen Anforderungen und den Lernzielen der jeweiligen Bildungsinstitution Schritt halten.

Nicht nur in inhaltlicher, sondern auch in struktureller Hinsicht hat FÖRMIG Neuland betreten. Dies betrifft insbesondere folgende Bereiche:
- Die Aufgaben des Elementarbereichs. Erst in allmählicher Reaktion auf die PISA-Ergebnisse wurde für den vorschulischen Raum auch Sprachbildung als generelle Aufgabe erkannt. Allerdings gab es weder gut fundierte Konzepte dafür, noch waren die pädagogischen Fachkräfte genügend auf diese Aufgabe vorbereitet (Jampert, Best et al., 2005).
- Zusammenarbeit in Bildungseinrichtungen. Zur deutschen Schultradition gehört es, Sprachbildung als Aufgabe des Sprachunterrichts anzusehen, nicht aber als grundsätzliche Aufgabe eines jeden Unterrichts.
- Institutionenübergreifende Zusammenarbeit: Sich um angemessene Sprachentwicklung des Kindes zu kümmern, wird vielfach als Pflicht des Elternhauses angesehen. Eltern sollen dafür sorgen, dass ihre Kinder die sprachlichen Kompetenzen mitbringen, die beim Lernen in Bildungsinstitutionen vorausgesetzt werden. Eher unüblich war es, Eltern als willkommene Partner in die Sprachbildungsanstrengungen der Institutionen einzubeziehen. Eher abgrenzend als kooperativ gestaltet sich traditionell auch die Beteiligung der verschiedenen Erziehungs- oder Bildungseinrichtungen am Sprachbildungsprozess. Es war und ist keineswegs selbstverständlich, dass abgebende und aufnehmende Institution miteinander kooperieren (also etwa Kindergarten und Schule).

Diese für den kumulativen Aufbau bildungssprachlicher Fähigkeiten ungünstigen Bedingungen soll das FÖRMIG-Konzept der »Durchgängigen Sprachbildung« überwinden helfen. Als dafür geeignetes Strukturmodell wurde die Entwicklung »regionaler Sprachbildungsnetzwerke« vorgeschlagen und erprobt. Sie bestehen aus Zusammenschlüssen mehrerer Bildungseinrichtungen in einer Region, die sich mit Partnern verbinden, welche die Sprachbildungsmaßnahmen unterstützen und stärken können. Kooperation und Vernetzung soll sich dabei auf drei Bereiche beziehen: (1) auf die Zusammenarbeit über die Schnittstellen in der Bildungsbiographie hinweg, also beispielsweise zwischen Kindergärten und Schulen in einer Region; (2) auf die Zusammenarbeit zwischen den Fachleuten innerhalb einer Bildungsinstitution, also den pädagogischen Fachkräften oder Lehrkräften; und (3) auf die Partnerschaft zwischen Bildungseinrichtungen und anderen Personen oder Institutionen, die Beiträge zur gezielten Sprachbildung leisten. Hier ist besonders die Bildungspartnerschaft zwischen der Institution und den Eltern hervorzuheben.

Einige Beispiele aus FÖRMIG: Übergang vom Elementarbereich in die Grundschule

Am Übergang von der Elementarstufe in die Grundschule arbeiteten die meisten FÖRMIG-Projekte. Es erwies sich in den beteiligten Einrichtungen, dass die Aufgabe der sprachlichen Förderung in den frühen Jahren des Kindergartens noch verlässlich in der Hand der pädagogischen Fachkräfte liegt. Im letzten Jahr vor der Einschulung jedoch greift die Institution Schule zunehmend in den Bildungsprozess ein: Ihre Erwartungen und Anforderungen werden im Elementarbereich antizipiert, und auf sie wird hingearbeitet. Reich weist darauf hin, dass Erwartungen an das Niveau der Deutschkenntnisse bei Schuleintritt die Praxis der Sprachförderung im Elementarbereich in sehr viel stärkerem Maße prägen, als Haltungen optimistischen Vertrauens in die Kräfte sprachlicher Selbstbildung des Kindes (Reich, 2008).

Die FÖRMIG-Erfahrungen zeigen, dass das unterschiedliche berufliche Selbstverständnis von Lehrkräften und pädagogischen Fachkräften durchaus zunächst zur Erschwernis der Zusammenarbeit beitragen kann. Insbesondere musste das Verhältnis zwischen dem Freiraum, den der Kindergarten von seinem pädagogischen Auftrag her für die Entwicklung lässt, und dem Versuch, mittels gezielter Interventionen den Sprachentwicklungsprozess zu beschleunigen, balanciert werden. Als unabdingbare Voraussetzung für das Gelingen der Kooperation erwies sich die Akzeptanz der professionellen Verschiedenheit der Kooperationspartner. Zu den weiteren Gelingensbedingungen gehörten klare und verbindliche Absprachen (z. B. in der Form von regelrechten Kooperationsverträgen) über die Inhalte der Kooperation und die Verantwortlichkeiten der Beteiligten.

Zu den Erfolgsgrundlagen gehörten ferner die aktive Beteiligung und Unterstützung durch die Leitungen der beteiligten Einrichtungen. Ein Hemmnis für die Zusammenarbeit bestand zum Beispiel in der unterschiedlichen Arbeitszeit von pädagogischen Fachkräften und Lehrkräften. In den erfolgreichen Projekten gelang es aber, dass Einrichtungsleitungen und Träger gemeinsam die nötigen Freiräume für die Zusammenarbeit schaffen konnten; dazu gehörte auch die Möglichkeit der gemeinsamen institutionenübergreifenden Qualifizierung. Die Erfahrungen der FÖRMIG-Projekte zeigen im Positiven, dass es – regional sehr unterschiedliche – Quellen dafür gibt, die Eroberung der notwendigen Freiräume zu unterstützen; sie reichten von der Bewilligung von Freistellungen der Beteiligten durch die beteiligten Behörden bis zur Einwerbung von Zusatzmitteln, zum Beispiel Spenden, mit denen Vertretungspersonal für die Zeit gewonnen werden konnte, die für die Kooperationsaufgaben benötigt wurde.

»Durchgängige Sprachbildung« beruht auf der Prämisse, dass sich sprachliche Fähigkeiten am besten entwickeln, wenn sie in vielfältiger Weise angeregt werden und diese Anregungen nicht gegeneinander gerichtet sind, sondern sich gegenseitig ergänzen und erweitern. Die sprachliche Bildung von Kindern und Jugendlichen ist ein Kontinuum, das vom einfachen mündlichen Austausch über das Verstehen von Sach- und Erzähltexten und das Hervorbringen zusammenhängender mündlicher Darstellungen bis zur Aneignung von Textfähigkeiten im Schriftlichen und zu fachlicher Vortrags- und Argumentationsfähigkeit reicht, also bis zu ausgebildeter bildungssprachlicher Kompetenz. Am Übergang vom Kindergarten in die Grundschule werden Grundlagen hierfür gelegt. Dazu gehört, dass schon im vorschulischen Alter Erfahrungen mit Schriftkultur gemacht werden, die die Schule weiterführt. Als gute inhaltliche Ansatzpunkte für gelingende inhaltliche Zusammenarbeit erwies sich in FÖRMIG die Einigung auf gemeinsame Instrumente zur Sprachdiagnostik und auf gemeinsam verwendete, oft auch zusammen entwickelte Materialien. Dabei wurden beispielsweise Absprachen über die Vermittlung von Minimalwortschatz für eine Reihe von Themenfelder getroffen. Darüber hinaus gab es Verabredungen über Lehrmethoden, die in den Kindergärten eingeführt und in der Schule weitergeführt wurden. Wechselseitige Besuche und Hospitationen der Fach- und Lehrkräfte schufen Voraussetzungen dafür, die unterschiedlichen (oder auch gemeinsamen) Vorstellungen und Praktiken kennen- und schätzenzulernen.

Eine für die Kindergärten und Schulen gleichermaßen große Herausforderung für erfolgreiches Arbeiten ergibt sich aus den unterschiedlichen Lebenslagen und Bildungsvoraussetzungen der Lernenden. Sie stellen hohe Ansprüche an die Differenzierung in der Bildungsarbeit. Reagiert werden muss vor allem auf die Sprachenvielfalt, die die Kinder mitbringen. Sie sprechen unterschiedliche Familiensprachen und Dialekte; sie besitzen unterschiedliche sprachliche Lebensgeschichten. An die Stelle der herkömmlichen Zweiteilung in eine (durch Primärsozialisation erworbene) Muttersprache und die (schulisch zu erlernenden) Fremdsprachen ist eine große Bandbreite von Sprachenbiographien getreten: Kinder, die mit zwei Muttersprachen aufwachsen; Dialekte, die sich neben der Standardsprache behaupten; Migrantensprachen, die in die Kommunikationen von Einheimischen übernommen werden – auch Sprecher und Sprecherinnen, die grundsätzlich einsprachig sozialisiert sind, begegnen der Sprachenvielfalt in ihrer Lebenswelt und kommen nicht umhin, Einstellungen zu anderen Sprachen und Gewohnheiten des Umgangs damit zu entwickeln. Die frühe Sprachbildung bietet ausgezeichnete Ansatzpunkte dafür, dass Kinder lernen, mit Vielsprachigkeit selbstbestimmt und produktiv umzugehen. Hierfür können insbesondere von den mehrsprachigen Kindern selbst mitgebrachte Spracherfahrungen als Quelle dienen. Ihre sprachlichen und metasprachlichen Fähigkeiten bieten gute Ansatzpunkte dafür, dass alle Kinder dabei gefördert werden, mit Sprache bewusster umzugehen. Schon kleine

Kinder treiben »Sprachvergleiche«, etwa durch die spielerische Beschäftigung mit den Klängen verschiedener Sprachen oder mit Übersetzungsversuchen. Diese »Talente« der Mehrsprachigen können in der Förderung explizit zum Vorschein gebracht werden, sie bilden Brücken hin zum Bewusstmachen sprachlicher Sachverhalte (language awareness). Ein weiterer Vorteil bei der aktiven Einbeziehung von Mehrsprachigkeit in die Sprachbildung ist es, dass Kinder die Erfahrung der Wertschätzung ihrer Persönlichkeit und ihrer Fähigkeiten machen. Hiervon gehen positive Impulse auf die Entwicklung der Motivation und des Selbstkonzepts aus. Kinder, die sich selbst als »erfolgreiche Lerner« erleben, haben die größeren Chancen, tatsächlich erfolgreich zu lernen, als Kinder, die die Zurückweisung ihrer Person und ihrer Talente erleben.

Erfolgreiche Ansatzpunkte für die Einbeziehung der Mehrsprachigkeit wurden in FÖRMIG-Projekten entwickelt, die mit Expertinnen und Experten für die anderen Sprachen als Deutsch aus ihrem Umfeld zusammenarbeiteten. Eine hervorragende Ressource hierfür sind die Eltern der mehrsprachigen Kinder und weitere Mitglieder der herkunftssprachlichen Communities, in die diese eingebettet sind. Die Einbeziehung von Eltern, beispielsweise in mehrsprachige Erzähl- oder Vorleseprojekte, brachte mehrfachen Gewinn. Zunächst gelang es auf diese Weise, Mehrsprachigkeit aktiv in das Bildungsgeschehen einzubeziehen und zum selbstverständlichen Element der Sprachbildungskultur in der Institution zu machen. Des Weiteren gelang es, Wege der vertrauensvollen Zusammenarbeit zwischen Eltern und Bildungseinrichtungen zu ebnen, auch in Fällen, in denen üblicherweise eher soziale Distanz zur Bildungsinstitution zu erwarten wäre. Die Eltern erfuhren sich als echte Partner, die auf Augenhöhe mitwirkten und so auch ihrerseits Wertschätzung wahrnahmen. Ein weiterer Gewinn war es, dass viele Eltern auch selbst eine neue Bildungserfahrung machten. Im Anschluss an erste Begegnungen und positive Erfahrungen ergab sich oft die Chance für die Einrichtungen, Bildungsangebote zu machen, die interessiert wahrgenommen wurden, beispielsweise Angebote zum Deutschlernen oder zur Alphabetisierung von Müttern – oder auch zur Qualifizierung von Müttern für die Sprachbildung mit den eigenen Kindern oder als Beraterinnen für andere Mütter. Etliche Beispiele für solche Aktivitäten bietet FÖRMIG Berlin (http://www.foermig.uni-hamburg.de/web/de/all/lpr/berlin/kurz/index.html), wo viele positive Erfahrungen in anschaulichen Broschüren festgehalten werden konnten, die nun zum kostenlosen Herunterladen zur Verfügung stehen.

Die Erfahrungen der FÖRMIG-Projekte zeigen, dass es – trotz objektiv vorhandener Hindernisse – möglich ist, Bildungseinrichtungen und ihr Angebot so zu gestalten, dass sie ein Klima bieten, das die Entwicklung der Bildungssprache unterstützt. Die Einbeziehung der Mehrsprachigkeit besitzt dabei ein hohes Potenzial, von dem nicht nur die vielsprachigen Kinder selbst profitieren können, sondern alle, die in der mehrsprachigen Gesellschaft heranwachsen.

Literatur

Bialystok, E.: Bilingualism in development: Language, literacy, and cognition, Cambridge 2001

Bialystok, E.: Effects of Bilingualism on Cogitive and Linguistic Performance. Streitfall Zweisprachigkeit – The Bilingualism Controversy. I. Gogolin and U. Neumann, Wiesbaden 2009; S. 53–67

Cummins, J.: BICS and CALP. Encyclopedia of Language and Teaching. M. Byram. London 2002; S. 76–79

Gogolin, I.: Bilingualität und die Bildungssprache der Schule Die Macht der Sprachen. Englische Perspektiven auf die mehrsprachige Schule P. Mecheril and T. Quehl, Münster 2006; S. 79–85

Jampert, K./P. Best et al. (eds.): Schlüsselkompetenz Sprache. Sprachliche Bildung und Förderung im Kindergarten. Konzepte, Projekte und Maßnahmen, Weimar 2005

Lange, I. & I. Gogolin: Handreichung Durchgängige Sprachbildung. Unter Mitarbeit von Dorothea Grießbach, Münster 2010

Ortner, H.: Rhetorisch-stilistische Eigenschaften der Bildungssprache. Rhetorik und Stilistik (Rhetorik and Stilistics). Teilband 2. U. Fix/P. Gadt & J. Knape, Berlin 2009: S. 2227–2240

Reich, H. H.: Sprachförderung im Kindergarten. Grundlagen, Konzepte, Materialien, Weimar 2008

Tajmel, T.: Unterrichtsentwicklung im Kontext sprachlich-kultureller Heterogenität am Beispiel naturwissenschaftlichen Unterrichts. Migration und schulischer Wandel: Unterrichtsqualität. S. Fürstenau and M. Gomolla, Wiesbaden 2009; S. 139–156

Tracy, R./A. Weber, et al.: Frühe Mehrsprachigkeit. Mythen – Risiken – Chancen, Stuttgart 2006

3.2.2 Das Stadtteilmütter-Projekt in Augsburg

Hamdiye Cakmak/Marianna Schepetow-Landau & Maria Berlin-Kohlschreiber

In der Stadt Augsburg beträgt der Anteil der Bürger mit Zuwanderungsgeschichte an der Gesamtbevölkerung über 41,2 %. In den Leitgedanken der Stadt ist die Kindertageseinrichtung als Schlüssel zu kultureller Vielfalt und Ort der Mehrsprachigkeit definiert.

Voraussetzung für gelungene Sprachbildung in sprachlich und kulturell heterogenen Gruppen ist die Vielfalt an Möglichkeiten, alle Sprachen in unterschiedlichen Kontexten zu erleben, zu begreifen und zu lernen. Es bedarf einer Familie, die sich ihrer sprachlichen Kompetenz bewusst ist, einer Bildungseinrichtung, die ihre Lernlandschaft anregend und interessant gestaltet und einer Stadtgesellschaft, in der die Netzwerkpartner rund um den Bereich der sprachlichen Bildung eng zusammenarbeiten. Und somit liegt der Fokus in diesem Beitrag auf der Darstellung der Zusammenarbeit von Sprachberatung, Kindertageseinrichtung und dem Projekt »Statteilmütter« in Augsburg. Diese Vernetzungsarbeit wird als eine der wichtigsten Voraussetzungen im Sprachbildungsprozess mehrsprachiger Kinder gesehen.

Stadtteilmütter in Augsburg – Ein Konzept für Mehrsprachigkeit und Elternbildung in der Familie, Kindertageseinrichtung und Schule

»Warum gab es euch nicht früher?« Diese Frage wird immer wieder von Eltern gestellt, die am Programm der Stadtteilmütter in Augsburg teilnehmen. Sie bedauern einerseits, dass sie bisher wertvolle Entwicklungszeiten ihrer Kinder verpasst haben, berichten aber andererseits über die positiven Auswirkungen ihrer neu erworbenen Erziehungskompetenz. Vor zehn Jahren standen engagierte Augsburger pädagogische Fach- und Lehrkräfte vor einer Reihe von Fragen, die auch in anderen Bundesländern gestellt wurden:

- »Warum haben Kinder aus Zuwandererfamilien trotz Kindergartenbesuch beim Schuleintritt mangelnde Deutschkenntnisse, die sich meist durch die gesamte Schullaufbahn ziehen?«
- »Sind mangelnde Deutschkenntnisse der einzige Grund, warum Kinder auf ihrem Bildungsweg scheitern?«
- »Sind nicht die Risikofaktoren, die für Migrantenkinder eine Hürde auf ihrem Bildungsweg darstellen, auch für deutschstämmige Kinder ein Hindernis?«
- »Wie lange würde es dauern, bis die Mütter in ›Mama-lernt-Deutsch-Kursen‹ so gut Deutsch lernen könnten, um dann ihre Kinder sprachlich zu unterstützen?«
- »Wussten wir nicht aus eigener Erfahrung, dass anfängliche Erfolge eines Sprachkurses bald verfliegen, wenn die Sprache nicht im Alltag angewandt wird?«

- »Besagten nicht zahlreiche Untersuchungen, dass die Grundlagen für eine erfolgreiche Sprachentwicklung von Kindern bereits in den ersten Lebensjahren gelegt werden und damit in der Regel noch außerhalb der öffentlichen Elementarerziehung?«
- »Und geschieht dies nicht in der Familiensprache?«
- »Sollten nicht deshalb für den Erfolg eines Sprachbildungskonzeptes, die Eltern miteinbezogen werden?«

Das Besondere in Augsburg war, dass vor dem Hintergrund einer großen Anzahl von Migranten und dem Fehlen einer übergreifenden Konzeption zur sprachlichen Bildung der Kinder mit einer Zuwanderungsgeschichte nach Lösungsmöglichkeiten und nicht nach Schuldigen gesucht wurde. Die einzuschlagenden Wege sollten die verschiedenen Bereiche der Elternbildung und der sprachlichen Bildung in Bildungseinrichtungen in ein Gesamtkonzept einbinden.

Auf der Suche nach einem geeigneten Konzept wurde das Kompetenzzentrum Familie – KOFA – auf das »Rucksack-Projekt« in Essen aufmerksam. Dieses Elternbildungs- und Sprachförderprojekt der Regionalen Arbeitsstelle für Kinder und Jugendliche aus Zuwandererfamilien (RAA, www.raa.de) unterstützt und aktiviert neben der Sprachbildung der Kinder, die Eigenpotenziale von Eltern mit Migrationshintergrund. Zweisprachige Mütter werden zu Multiplikatorinnen sowohl für die Arbeit mit weiteren Müttern als auch für die Zusammenarbeit mit der Kita qualifiziert. Dafür erhalten sie einmal wöchentlich eine Anleitung in deutscher Sprache. Das Erlernte geben sie an ihre Gruppe in den Räumen der eigenen Kindertageseinrichtung in der Muttersprache weiter. Die teilnehmenden Mütter bekommen Hausaufgaben, die Aktivitäten mit ihren Kindern wie z. B. gemeinsames Vorlesen, Malen oder Singen in der Familiensprache umfassen. Die Kindertageseinrichtung greift das gleiche Thema in deutscher Sprache mit allen Kindern auf. Durch die Wiedererkennung sollen die Kinder auch effektiver Deutsch lernen. In der Stadtbücherei lesen die Stadtteilmütter monatlich in den verschiedenen Sprachen der Welt zweisprachig Märchen vor.

Die Herkunftssprachen der Kinder wurden in den Kindertageseinrichtungen durch die vielfältigen und kreativen Methoden der Fachkräfte aufgewertet und damit auch die Herkunftskultur der Kinder und ihrer Familien. Die Kindertageseinrichtungen öffneten sich auch räumlich für die Eltern und machten interkulturelle Bildung zu einem wichtigen Faktor des pädagogischen Alltags. Im Sinne einer optimalen Umgebungsgestaltung für die Entwicklung der Kinder kam es zu einer echten Partnerschaft zwischen der Kindertageseinrichtung und den Eltern. Beide Seiten berichten, dass die teilnehmenden Kinder sprachfreudiger geworden sind und Sprache ein lebendiges Thema in den Familien, auf Spielplätzen und in den Vereinen geworden ist.

Obwohl das Projekt ursprünglich »nur« zum Zwecke der Sprachförderung von Migrantenkindern gestartet war, hat sich daraus weit mehr entwickelt als zunächst geplant. Zum Erfolg dieses Projekts haben die kontinuierliche, speziell auf die örtlichen Bedingungen in Augsburg konzipierte Qualifikation der Stadtteilmütter und die anerkennende Unterstützung durch die Stadtpolitik erheblich beigetragen.

Mütter die sich in der Kindertageseinrichtung bei verschiedenen Gelegenheiten oft nur kulinarisch einbringen konnten, wurden in kurzer Zeit wesentlicher und selbstverständlicher Teil des Hauses. Sie kamen aus einer defensiven Haltung heraus, übernahmen Verantwortung für die Sprachentwicklung ihrer Kinder und gaben diese weiter, brachten sich selbstbewusst, aktiv und kreativ ein. Sie galten nach kurzer Zeit als Modell im Stadtteil und übernahmen wichtige gesellschaftliche Funktionen, die sich weit über die sprachliche Bildungsarbeit hinaus fortsetzten und wurden als freiwillig Engagierte für Bildung und Sprache ein Teil des »Bündnisses für Augsburg«, das 2011 mit dem »Deutschen Engagementpreis« ausgezeichnet wurde (www.buendnis.augsburg.de). Dennoch erweitern die Stadtteilmütter ihre Interessen ständig, sodass klassische Familienbildungskonzepte und verschiedene Fortbildungen als Kompetenzerweiterung angeboten und angenommen werden.

Seit Dezember 2005 hat der Kinderschutzbund die Trägerschaft des Projekts übernommen. Zurzeit arbeiten 38 Bildungseinrichtungen in 52 Gruppen mit 53 Stadtteilmüttern. Jede Stadtteilmutter erreicht durchschnittlich zehn Mütter mit ein bis vier Kindern. In den 23 sprachlich homogenen Gruppen (Russisch, Türkisch, Assyrisch, Italienisch, Französisch, Spanisch, Arabisch) wird auch Müttern ohne Deutschkenntnisse eine hohe Anerkennung als Expertinnen für die Sprachentwicklung ihrer Kinder zuteil.

Die Teilnahme an den 29 sprachlich und kulturell heterogen zusammengesetzten Gruppen ist von ausreichenden Deutschkenntnissen abhängig. Die Möglichkeit, auch Eltern ohne Zuwanderungsgeschichte einzubeziehen, erweist sich hier als ein besonders positiver Aspekt. Gegenseitiger Respekt, Achtung vor der jeweiligen Kultur, Tradition, Religion und Sprache kommen in diesem Zusammenhang als integrierende Wirkfaktoren hinzu.

Die Väter werden in der Regel von den Müttern in die Projektarbeit mit einbezogen. Von Zeit zu Zeit werden auch gemeinsame themenspezifische Seminare, Vater-Kind-Wochenenden oder Sportfeste organisiert. Das Programm wird für drei verschiedene Elterngruppen angeboten:
- für Eltern von 0–3-jährigen Kindern in den Mutter-Kind-Gruppen »Hand in Hand«,
- für Eltern von 3–6-jährigen Kindern in den Kindertageseinrichtungen,
- für Eltern von 6–8-jährigen Kindern in der 1. und 2. Klasse der Grundschule.

Zusammenarbeit der Stadtteilmütter mit der Sprachberatung in Augsburg

Im Jahr 2009 startete in der Stadt Augsburg das Projekt der Sprachberatung, einem auf einem Coaching-Konzept basierenden Fort- und Weiterbildungsangebot für die Teams von Kindertageseinrichtungen. Die Stelle war bei dem damaligen Kompetenzzentrum Familie der Stadt Augsburg angesiedelt. Durch die gelungene Netzwerkarbeit des KOFA wurde das Projekt in allen Gremien der Stadt vorgestellt und gewann dadurch schnell an Präsenz und Akzeptanz in der Stadtgesellschaft.

Das Sprachberatungsprojekt wurde innerhalb von zwei Jahren in 22 Kindertageseinrichtungen (davon drei Krippen, 14 Kindergärten und fünf Horte) erfolgreich durchgeführt. Der Projektverlauf in den Einrichtungen mit den Stadtteilmüttern (acht von 22 Kitas) war besonders effektiv. Gespräche mit der Leitung und mit dem KITA-Team, regelmäßiger Austausch zwischen der Sprachberatung und Stadtteilmütter-Gruppenleiterinnen trugen zu folgenden Erfolgsfaktoren bei:

Gemeinsame Zielformulierung
- Mehrsprachigkeit als Schlüsselkompetenz für Bildung und Entwicklung
- Interkulturelle Kompetenz bei allen Beteiligten
- Elternkompetenzen erkennen und die vorhandenen Ressourcen stärken
- Sprachliche Bildung als ganzheitlicher Prozess

Verbesserung der Bildungs- und Erziehungspartnerschaft
- Die Bildungsarbeit in der KITA gewann an Verständnis und Transparenz bei den Eltern
- Lebenssituation und Bedürfnisse der Familien wurden dem pädagogischen Team nähergebracht

Stärkung der Kompetenzen im pädagogischen Team und in der Familie
- Mehr Bewusstsein und Kompetenz zum Thema »Mehrsprachigkeit« im pädagogischen Team und in den Familien
- Teilnahme der Stadtteilmütter an den Fortbildungen und Fachveranstaltungen für pädagogische Fachkräfte
- Elternabende und Einzelgespräche zum Thema »Sprachbildung und Mehrsprachigkeit« für alle Eltern

Als Ergebnis guter und intensiver Zusammenarbeit wurden im Jahr 2010 Qualifizierungsmaßnahmen für Stadtteilmütter gestartet, die ko-konstruktiv von KOFA/Jugendamt Augsburg, Kinderschutzbund, Stadtteilmüttern, Sprachberatung und Kindertageseinrichtungs-Leitungen gemeinsam entwickelt wurden.

Die zweijährige Weiterbildung beinhaltet mehrere Module zu Themen wie z.B.: Sprachentwicklung von 0–9 Jahre, Literacy und Mehrsprachigkeit, Entwicklung einer Gesprächskultur in der Familie und gemeinsame Einheiten für pädagogische Fachkräfte und Stadtteilmütter-Koordinatorinnen zum Thema »Interkulturelle Kompetenz«. Die ersten drei Module sind erfolgreich von den Stadtteilmüttern und pädagogischen Kräften abgeschlossen.

Fazit

Vernetzungsarbeit zwischen den unterschiedlichen Organisationen und eine kulturelle Vielfalt der Akteure bieten die besten Voraussetzungen für das Gelingen von Sprachbildungsprojekten.

Die Entwicklung mehrsprachiger und interkultureller Kompetenz muss auf der strukturellen, politischen und organisatorischen Ebene geschehen. Erst dann kann von Mehrsprachigkeit als einer Chance und Zukunftsvision gesprochen werden.

3.2.3 Übergänge und Mehrsprachigkeit – Das Comenius-Projekt TRAM

Christa Kieferle & Wilfried Griebel

Im »Guide for the Development of Language Education Policies in Europe« (2007) fordert die Europäische Kommission die europäischen Mitgliedsstaaten dazu auf, dafür Sorge zu tragen, dass jedes Kind in Europa mindestens drei Sprachen spricht – und dabei stehen die Sprachen der Familien, in denen sie leben, und der Bildungseinrichtungen, die sie besuchen, am Beginn ihrer Sprachentwicklung.

Die Akzeptanz der sprachlichen und kulturellen Vielfalt in den Bildungseinrichtungen sowie der alltägliche Umgang mit der gegebenen Unterschiedlichkeit in den Gruppen (Heterogenität) stellen die Professionalität der pädagogischen Fach- und Lehrkräfte vor komplexe Aufgaben. Ihnen wird ein grundlegender Perspektivenwechsel zugemutet: weg von einer einsprachigen (monolingualen) und monokulturellen Sichtweise auf das einzelne Kind und dessen Eltern hin zu einer ökosystemischen, vielsprachigen und plurikulturellen Perspektive. Dies erfordert die Kompetenz einer berufsbezogenen Selbstreflexion, ein entsprechend theoriegeleitetes Fachwissen zum Erst- und Zweitspracherwerb und zur sprachlichen Bildung der Kinder, ein Fachwissen über Theorien und Konzepte zum Umgang mit Vielfalt im Sinne einer vorurteilsbewussten Erziehung in der Arbeit mit mehrsprachigen Kindern und deren Eltern bzw. Familien. Dieses Wissen ist notwendig, um vor allem an den Schnittstellen der Bildungssysteme, den Bildungsübergängen, mehrsprachige Kinder und deren Eltern professionell unterstützen und begleiten zu können (Griebel et al. 2013).

Das mit Mitteln der EU-Kommission geförderte Kooperationsprojekt TRAM – Transition and Multilingualism (www.tram-project.eu), verfolgt das Ziel, genau diese Kompetenzen zu stärken. Mit Hilfe eines zwischen 2010 und 2012 entwickelten Curriculums zur Aus- und Fortbildung sollen pädagogische Fach- und Lehrkräfte dabei unterstützt werden, Mehrsprachigkeit für alle Kinder weiterzuentwickeln, Diversität im pädagogischen Alltag leben zu können und Übergänge in Bildungseinrichtungen ko-konstruktiv mit allen Beteiligten zu gestalten, um das Recht aller Kinder in einer Gesellschaft auf erfolgreiche Bildungswege zu verwirklichen.

In der Erarbeitung des TRAM-Curriculums zeigte sich, dass sich auf der Suche nach einer gemeinsamen theoretischen Grundlage über die unterschiedlichen Fachdisziplinen der Projektpartner hinweg, sozialkonstruktivistisch angelegte Theorien als gemeinsamer Ausgangspunkt für die Modulentwicklungen am besten eignen. Das betrifft sowohl linguistische Theorien zum Spracherwerb als auch Theorien zu (Bildungs-)Übergängen.

Entwicklung von Mehrsprachigkeit

Einige theoretische Aspekte zur Sprache und zur Entwicklung von Mehrsprachigkeit erläutern die Komplexität des Spracherwerbs bei Kindern, die mit mehr als einer Sprache aufwachsen.

Sprachkompetenz ist ein sehr komplexer Begriff. Als Sprachkompetenz bezeichnet man eine Fülle von sprachlichen und nicht sprachlichen Fertigkeiten, die dazu dienen, miteinander erfolgreich auf allen sprachlichen Ebenen kommunizieren zu können. Außer grammatischen und pragmatischen Kompetenzen erfordert dies natürlich auch persönlichkeitsbezogene Kompetenzen, wie z. B. Einstellungen, Wertvorstellungen, ein gewisses Maß an Lernfähigkeit und Sprachlernbewusstsein, aber auch Weltwissen und soziales Wissen (Kieferle, 2011).

Sprache besteht aus vielen Teilbereichen; denn in Wirklichkeit gibt es die Sprachkompetenz nicht als einzelne Fähigkeit, sondern als ganz unterschiedliche Kompetenzen in verschiedenen Teilbereichen der Sprache, die allerdings nicht immer gleichzeitig und gleich gut entwickelt werden. So gibt es unterschiedliche Sprachstile und Sprachebenen in der gesprochenen Sprache und in der Schriftsprache. Dabei gelten die Unterschiede sowohl für die sprachstrukturellen Anforderungen (z. B. Grammatik) als auch für strategische und sprachhandlungsbezogene Aspekte. Während die sprachstrukturelle Seite der Sprache alles beschreibt, was die formalen Aspekte der Sprache anbelangt, umfassen die Fähigkeiten bezüglich des sprachlichen Handelns (pragmatische Kompetenz) neben dem Wissen, Sprache je nach Kontext angemessen einzusetzen (soziolinguistische Kompetenz), auch das Wissen darüber, was man mit der Sprache beim Zuhörer bewirkt und mit welchen sprachlichen Mitteln und mit welchem funktionsspezifischen Repertoire (Register) man diese Wirkung erzielen kann (illokutionäre Kompetenz) (Kieferle, 2011).

Aus sozial-konstruktivistischer Sicht (Wygotski, 1971) dient Sprache zunächst der Kommunikation im sozialen Umfeld. Sprache in ihrer mündlichen und schriftlichen Form wird in dynamischer Wechselbeziehung mit dem Lernumfeld durch Interaktion mit Bezugspersonen erlernt. Dies ist kein einseitiger Prozess, bei dem das Kind nur aufnimmt. Vielmehr ist seine kognitive Entwicklung eine »gemeinsame Konstruktion« des Kindes und seiner sozialen Welt – es werden kulturelle Wissensbestände rekonstruiert sowie auf aktive und kreative Weise transformiert (ko-konstruktivistische Perspektive).

Nach Wygotski (1971) eignet sich das (Klein-)Kind in der Interaktion mit Erwachsenen und anderen (älteren) Kindern die Kultur seiner Gesellschaft an – Sprache, Mathematik, Schriftzeichen, Symbole, Wissensbestände, Werte, Denkweisen, Problemlösungsstrategien usw. Einer funktionalen Spracherwerbstheorie folgend (Tomasello, 2003), wird Spracherwerb als sozial pragmatischer Ansatz verstanden. In solch einem Modell werden enge Beziehungen zwischen dem Erlernen von Wörtern und anderen Handlungen hergestellt und sprachliche Symbole als soziale Konventionen definiert. Demnach findet Spracherwerb in einem sozial-kommunikativen Kontext statt und ist Teil der sozialen Entwicklung des Kindes. In den sozialen Interaktionen versucht das Kind, die kommunikativen Absichten Erwachsener zu verstehen, und lernt in sozialen Kontexten, so wie es auch andere kulturelle Fertigkeiten und Routinen lernt.

Eine der wichtigsten Entwicklungsaufgaben in den ersten fünf Lebensjahren ist die Sprachentwicklung. Die Sprachfertigkeiten des Kindes beeinflussen das Lernen und die Entwicklung in allen Bereichen. Sprache bestimmt den späteren Erfolg beim Lesen- und Schreiben lernen (Snow et al., 1998). Bei der Aneignung von Sprache steht das Kind vor drei Hauptaufgaben: (1) Sprachverständnis und Sprachproduktion, (2) Kommunikation und Bedeutung, (3) Grammatik und Kreativität (Tomasello, 2001).

Wie alle Entwicklungsbereiche ist das Lernen von Kommunikation das Resultat von gesammelten Erfahrungen von der Geburt an (Weitzman, 1992). Kinder lernen schrittweise über viele Jahre hinweg über verbale Interaktionen mit Erwachsenen und anderen Kindern. Kinder im Kindergartenalter sind schon erfahrene Sprachanwender, denn bis zum Schuleintritt entwickeln sich die sprachlichen Fertigkeiten schneller als zu irgendeiner anderen Zeit (Tomasello, 2001). Weil die Sprache, die Kinder verwenden, im Kontext ihrer Familie und kulturellen Gemeinschaften erworben wird, kann sie sich von der Sprache, die in der Kindertageseinrichtung und in der Schule gesprochen wird, unterscheiden.

Die Sprachentwicklung zweisprachiger Kinder verläuft sehr ähnlich wie die einsprachiger (siehe Genesee & Nicoladis, 2006, für einen Literaturüberblick). Untersuchungen zum Zweitspracherwerb (z. B. Meisel, 2008; Schlyter et al., 2008; Rothweiler & Kroffke, 2006) deuten darauf hin, dass die Kompetenz in der zweiten Sprache, die ein Kind lernt, von vier Faktoren abhängig ist:

1. Erwerbsalter
2. Kontaktdauer
3. Qualität und Quantität des sprachlichen Inputs
4. Sprechgelegenheiten

Individuelle Mehrsprachigkeit bzw Vielsprachigkeit basiert auf der grundlegenden Fähigkeit des Menschen, in verschiedenen Sprachen zu kommunizieren und sie beschreibt ein Phänomen, das eingebettet ist in kulturelle Entwicklungen und hierfür durch hohe kulturelle Sensitivität gekennzeichnet ist (Franceschini, 2011, 346). Zweitsprachen entwickeln Menschen nach Bedarf und Motivation unterschiedlich weit, öfter ohne eine schriftliche Form zu beherrschen. Maßstab ist nicht die schulische Abweichungsperspektive oder was in Regelwerken steht, sondern eine kommunikativ-pragmatische Funktionalität (Angemessenheit, Reichweite etc.). Alter, Dauer und Häufigkeit des Zugangs zu kommunikativen Praktiken, sozialer Bedarf, Motivation und Einstellung zur Erst- und Zweit-/Fremdsprache sind zentrale Faktoren des Lernerfolgs. Der Zweitspracherwerb ist variabel in Prozessverlauf und Tempo.

Kenntnis von mehr als einer Sprache ist Teil der individuellen Fähigkeit einer Person und entwickelt sich in der Interaktion mit der sozialen Umgebung und der Bildungsumgebung (Cook, 2001). Mehrsprachigkeit ist demnach ein Zustand und ein Werkzeug und nimmt Bezug auf das komplexe, flexible, integrative und adaptive Verhalten, das mehrsprachige Individuen zeigen (Franceschini, 2011). Wenn ein Kind keine Alltagserfahrung mit einer Sprache machen kann, hat das Erlernen einer Sprache (z. B. eine Stunde pro Woche Japanisch in einem deutschen Kindergarten) keine Effekte. Sprache ist ein Prozess, der verschwindet, wenn er nicht unterstützt wird. Das gilt auch für Kinder, deren Eltern zwar wollen, dass ihr Kind zweisprachig aufwächst, aber nicht dafür Sorge tragen, dass es genug Gelegenheiten erhält, die Sprachen in vielen verschiedenen Kontexten zu erfahren und anzuwenden (viele Beispiele hierfür bei De Houwer, 2009).

Theoretisches Modell für Bildungsübergänge

Geht man von der Schule in Europa als einer historisch gewachsenen, dem Gesellschaftsmodell verpflichteten, hierarchisch verwalteten und relativ unveränderlichen Institution aus (vgl. Röbe, 2013), liegt ein Modell von Transition nahe, das sich in soziologisch-anthropologischer Tradition auf Arbeiten von Bourdieu und van Gennep beruft und das in der englischsprachigen Literatur (Dunlop, 2007) vorherrschend ist (Griebel, 2011). Dieses kommt aber ohne Bezug zum ökopsychologischen Systemmodell von Bronfenbrenner (1989) und der kognitiven Lerntheorie von Bruner (1990) nicht aus, dessen Mehrperspektivität bereits auf den Konstruktivismus verweist. Nicht zuletzt von daher ist die Perspektive des Kindes im Übergang zur Schule wichtig geworden (Einarsdóttir, 2007), wobei Einarsdóttir aus einer skandinavischen Tradition der Pädagogik mit einer modernen Sichtweise von Kindern als Akteuren ihrer Entwicklung und aus einer ethischen Position der UN-Kinderrechte kommt. Der soziologisch-anthropologische Ansatz fokussiert auf einen Wechsel zwischen Kulturen, schließt vertikale Übergänge (Wechsel in höhere Bildungsabschnitte) und horizontale Übergänge (Wechsel von Betreuungs- und Bildungssettings im Laufe eines Tages) ein, betont sehr stark das Herstellen von Kontinuität zwischen den Bildungsabschnitten bzw. Settings und das Kind als Lerner; die Eltern werden als Unterstützer ihres Kindes gesehen.

Die Perspektive des Kindes ist von Anfang an zentral gewesen in einem Ansatz zum Verstehen und Untersuchen von Bildungsübergängen, der aus der Familienentwicklungspsychologie stammt (Fthenakis, 1999; Griebel & Niesel, 2011). Dieser Ansatz fokussiert auf Veränderungen in der Lebensumwelt bzw. im pädagogischen Setting im Sinne von vertikalen Übergängen, betont die Bedeutung von Diskontinuität in der Erfahrung für die Entwicklung des Kindes schließt die Entwicklung von Eltern in einer Familienperspektive ein (vgl. Nagel et al., 2013). Die Kompetenz zur Bewältigung des Übergangs wurde als Kompetenz des sozialen Systems aufgefasst (Griebel & Niesel, 2009) – vgl. den Begriff »transitions capital« im Sinne von Bourdieu bei Dunlop (2007, S. 165) – und Schulfähigkeit nicht länger als ausschließliche Eigenschaft des Kindes angesehen (Niesel & Griebel, 2012). Schließlich ist die zunehmende Heterogenität der Gruppen von Lernenden nach Mehrsprachigkeit, sozio-kultureller Vielfalt und Alter zu berücksichtigen, die von der Erwartung einer einfachen Anpassung aller Kinder an eine gegebene Schulkultur abrückt (Griebel & Kieferle, 2012).

Dieses Transitionsmodell wurde zum Verständnis der Bedeutung von Bildungsübergängen aus der Sicht der Beteiligten und zur Entwicklung von kooperativen Aktivitäten im Rahmen eines Transitionsmanagement für das TRAM-Projekt vorgezogen (Griebel & Sassu, 2013). Dabei gab die Erkenntnis den Ausschlag, dass die Bewältigung des Übergangs in die nationalen Schulsysteme die Eltern stärker in den Mittelpunkt rücken lässt, ohne die weder die Entwicklung von Mehrsprachigkeit noch die Unterstützung der Kinder bei der Bewältigung des Schulübertritts gelingen kann. Es wurde also ein Modell gebraucht, das diese Übergänge auch in ihrer Bedeutung für Mütter und Väter angehender Schulkinder thematisiert (vgl. Nagel et al., 2012). Damit wird die Beteiligung der Eltern am Übergangsmanagement neu begründet. TRAM thematisiert dies im Modul »Elternbeteiligung – Bildungspartnerschaft mit Eltern von mehrsprachigen Kindern« (Cobet-Rohde, 2013). In einer sozio-konstruktivistischen Perspektive des Übergangs ist eine Transition ein Prozess von Verständigung der Beteiligten aus Familie und Bildungseinrichtungen über die Bedeutung und den Inhalt der verschiedenen Übergänge durch Kommunikation und Partizipation der Beteiligten, eine Ko-Konstruktion. Ein Wechsel in Bezug auf nachhaltige Veränderungen im Erleben und Verhalten als Kriterium für Entwicklung wird als biographische Transition betrachtet (Griebel & Niesel, 2011). Dabei wird kein vollständiger Wechsel zwischen Kulturen impliziert, sondern eine interkulturelle Verständigung erforderlich, wie sie in TRAM angeregt wird (Pavitola et al., 2013).

Ein neuerer Ansatz aus der kritischen Theorie (Petriwskyj, im Druck) thematisiert darüber hinaus die Ungleichheit im Rahmen der theoriebezogenen Forschung zum Übergang in die Schule. Die Auseinandersetzung mit Fragen der Ungleichheit ist in TRAM im Modul »Diversität« (Pavitola et al., 2013) repräsentiert.

Entwicklungsaufgaben für mehrsprachige Kinder beim Übergang zum Schulkind

Havighurst (1976) hat den Lebenslauf als eine Abfolge von biologischen Veränderungen des Organismus (z. B. Pubertät), als Abfolge von Veränderungen über von der Gesellschaft gestellte Aufgaben (z. B. Schuleintritt) und als Abfolge von Zielen, die der Einzelne sich selbst gibt, strukturiert. Deren Bewältigung in der Lebensspanne bezeichnete er als Entwicklungsaufgaben. Dieser Gedanke ist in der Forschung zu Übergängen im Bildungssystem vielfach aufgegriffen worden. Entwicklungsaufgaben implizieren allerdings ein Entwicklungsverständnis, dem eine Gerichtetheit der Prozesse innewohnt (Griebel, 2011), und das bei der Unterscheidung von erfolgreichen gegenüber nicht erfolgreichen Bildungslaufbahnen bei Kindern mit Zuwanderungsgeschichte (vgl. Denner, 2010) wieder relevant wird.

Der Übergang in die Schule für Kinder mit Zuwanderungsgeschichte bedeutet Unterschiedliches im Vergleich mit deutschen Kindern. Die Anforderungen für die Kinder, deren sprachlicher und kultureller Hintergrund sich von dem der deutschen Kinder unterscheidet, sind vielfältiger, denn sie müssen nicht nur, wie die monolingualen Kinder der Mehrheitskultur auch, den Übergang in eine neue Bildungsinstitution mit allen ihren Herausforderungen meistern, sondern sie und ihre Eltern stehen zusätzlich vor der Aufgabe, neben dem Erwerb der sprachstrukturellen Aspekte des Deutschen zusätzlich die spezifischen kulturellen und sprachpragmatischen Konventionen und die damit verbundenen Handlungs- und Vorgehensweisen der Lehrkräfte zu erkennen und zu verstehen, um sich aktiv am Bildungsprozess beteiligen zu können. Dies soll in einer Synthese aus dem Modul 3 (Griebel & Sassu, 2013) und dem Modul 2 (LePichon-Vorstman, 2013) verdeutlicht werden.

Individuelle Ebene

Zur Entwicklung der Identität eines Schulkindes gehört die Sprache als Ausdruck der Zugehörigkeit zu einer Sprechergemeinschaft. Weitere kulturelle Merkmale sind damit verknüpft, wie z. B. die Art Erwachsene zu begrüßen oder Blickkontakt zu halten. Das Erlernen der Umgebungssprache bedeutet nicht automatisch, gleichzeitig auch die Regeln des Umgangs miteinander zu beherrschen. Der ko-konstruktive Erwerb der Identität eines Schulkindes über mimetische, gestische und sprachliche Rituale (Kellermann, 2008) kann hier auf Grenzen des gegenseitigen Verstehens stoßen. Die Anpassung an neue soziale Situationen hängt von den Ressourcen des Kindes, von den Gewohnheiten zu Hause, der emotionalen Kontrolle und den Kompetenzen in der Sprache und Kultur der Lebensumwelt der (neuen) Umgebung ab (LePichon-Vorstman, 2013). Kinder, die aufgrund ihres Verhaltens/ihrer Sprache öfter zurückgewiesen werden, können eine oppositionelle Identität entwickeln (Cummins, 2009, zit. nach LePichon-Vorstman, 2013), die auch längerfristig der Entwicklung eines Zugehörigkeitsgefühls zur Gemeinschaft aller Lernenden in der Schule entgegenwirkt (Skrobanek, 2007). Im Sinne von Kontinuität bei der Bewältigung von Übergängen hat die Erhaltung und Weiterentwicklung der Familiensprache und die kontinuierliche sprachliche Begleitung eine große Bedeutung (Kieferle & Seifert, 2011). Das gilt sowohl für die weitere Entwicklung der Familiensprache als auch für den Erwerb der Schulsprache.

Starke Emotionen müssen bewältigt werden. Im Kontakt mit seiner Muttersprache kann ein Kind Gefühle z. B. von Zuwendung am besten erleben und ausdrücken. Die Sprache in der Schule ruft andere Emotionen hervor. Das ist wichtig für die Bewältigung starker Emotionen, die mit dem Übergang einhergehen. Unsicherheit in einer neuen, unklaren Situation dürfte eher verstärkt werden, die bei schüchternen Kindern Schüchternheit erhöhen, bei ausagierenden Kindern eher das Ausagieren erhöhen kann (Caspi & Moffitt, 1993).

Neue Kompetenzen werden erworben. Frühe Spracherwerbskompetenz allgemein und Deutschkenntnisse, die bereits vor der Schule erworben wurden, stellen eine wichtige Ressource dar, ebenso wie größere Freude und Zufriedenheit in der Schule, die viele Kinder mit Zuwanderungsgeschichte mitbringen, vor allem in Verbindung mit Anstrengungsbereitschaft (Denner, 2010). Die mehrsprachigen Kinder müssen eine starke Motivation entwickeln, um in Situationen, in denen Sprachlosigkeit herrscht, (exolingualen Kommunikationssituationen) die Kommunikation nicht abbrechen zu lassen. Je mehr Kommunikationsstrategien, wie z. B. um Hilfe bitten, Verständnis für etwas aus dem Kontext ableiten oder zwischen den Sprachen wechseln (LePichon-Vorstman, 2013), ein Kind kennt und einsetzen kann, desto leichter kann es kommunikative Störungen erkennen, eine gestörte Kommunikation wieder in Stand setzten, mit sprachlichen Lücken umgehen und mehr über die Sprache und den Kontext, in dem sie gebraucht wird, lernen (Baauw & Kieferle, 2013, 26).

Bildungsaspirationen, Lernmotivation und Selbstkonzept werden als die wichtigsten Kompetenzen angesehen, mit denen mehrsprachige Kinder ihren Bildungserfolg beeinflussen können (Fresow et al., 2012).

Interaktive Ebene

Bestehende Beziehungen verändern sich, neue Beziehungen müssen aufgenommen werden. Hier steht ein Kind mit einem sprachlich-kulturellen Minderheitenstatus vor der Herausforderung, sich beim Aufbau von Beziehungen zu anderen Kindern oder auch zur Lehrkraft mit deren Einstellungen und Gefühlen, die diese seiner Herkunftskultur oder -sprache entgegenbringen, auseinandersetzen zu müssen. Das Ausmaß des Austausches in der Schulsprache ist wichtig für deren Erwerb. Wenn es eine Präferenz für diese Sprache entwickelt und sie auch zu Hause einsetzt, kann das Einfluss auf die Beziehungen zur Familie nehmen (De Houwer, 2009).

Zu den Erwartungen an ein Schulkind kommen die Erwartungen der Lehrkraft und der Mitschüler an ein Mädchen bzw. an einen Jungen aus einer anderen Kultur und mit einer anderen Familiensprache hinzu. Es ist davon auszugehen, dass jedes deutsche Kind sehr schnell erkennt, wie Schule in Deutschland funktioniert und was die Lehrkräfte von ihr/ihm erwarten. Für Kinder mit Zuwanderungsgeschichte dürften die Erwartungen unklarer sein. Das wiederum hat Einfluss auf die Emotionen und die Motivation. Die neue Erfahrung des Bewertet-Werdens als Schulkind wird verschärft, weil von einem mehrsprachigen Kind mit Zuwanderungsgeschichte das gleiche sprachliche Funktionieren erwartet wird wie von Kindern, die als Muttersprachler bessere Voraussetzungen mitbringen, da dieses Funktionieren immer auch kulturell geprägt ist, und manchmal stehen die Wertvorstellungen der Minderheitenkultur konträr zur Mehrheitskultur. Dabei sind die Beurteilungen/Bewertungen auf beiden Seiten nicht selten mit stereotypen Vorstellungen und Zuweisungen behaftet. Das mehrsprachige Kind muss sich mit dem Risiko auseinandersetzen, dass seine Bemühungen, sich dem neuen sozialen Kontext anzupassen, als unzureichend bewertet werden und es sich deshalb ausgeschlossen fühlen kann (LePichon-Vorstman, 2013). Dies findet zudem im Spannungsfeld zwischen seiner Familie und deren Bildungserwartungen sowie den oft niedrigeren Erwartungen von Lehrkräften statt (Denner, 2010). Das Kind muss Bewältigungsstrategien einsetzen, um sich Wertschätzung zu sichern.

Kontextuelle Ebene

Aufgabe ist die Auseinandersetzung mit institutioneller Diskriminierung von Zuwandererkindern (Gomolla & Radke, 2002). Geringere Besuchszahlen bzw. kürzere Besuchszeiten von Kindern aus Familien mit Zuwanderungsgeschichte bedeuten geringere außerfamiliäre Unterstützung des Erwerbs der deutschen Verkehrssprache und geringerer Zugang zur deutschen Schriftsprache; Ungleichheiten zeigen sich auch in der Häufigkeit von Zurückstellungen vom Schulbesuch oder der häufigeren Überweisungen an Förderschulen, besonders bei Jungen (Denner, 2010). Die Zusammensetzung der Schülerschaft einer Schule beeinflusst wiederum die Bildungsaussichten der einzelnen Schüler mit: Hohe Anteile von Migranten in sozialen Brennpunkten verringern die Wahrscheinlichkeit des späteren Wechsels in die Realschule oder das Gymnasium (Denner, 2010).

Kinder mit einem sprachlichen und kulturellen Minoritätenhintergrund, die in den nationalen Bildungssystemen nicht ausreichend berücksichtigt werden, müssen kompetent interagieren im sozialen System, das große Bedeutung hat für die Bewältigung schwieriger Lebensumstände und belastender Lebensveränderungen (Griebel et al., 2009, 2011). Kinder benötigen für den Erwerb der akademisch geprägten Schul- bzw. Bildungssprache ca. 5–7 Jahre (Cummins, 1979). Kinder, die mit dem Erwerb der zweiten Sprache erst im Kindergarten beginnen, haben dieses Register bei Schulbeginn noch nicht in dem Maße entwickelt wie ihre monolingualen Mitschüler. Das bedeutet, dass sie eine zusätzliche Unterstützung von außen brauchen, um diesen Rückstand schneller aufholen zu können.

Übergang in die Schule bedeutet auch den Übergang von der Erst- in die Zweitsprache für eine bestimmte Zeit des Tages, im täglichen Hin- und Herpendeln von der Minoritätskultur in die Majoritätskultur (Denner, 2010) und von der Zuwanderungserfahrung der Familie in die gesellschaftlich etablierte Bildungseinrichtung (Röbe, 2013). Das bedeutet, zu lernen, verschiedene Sprachen und Register in verschiedenen Situationen, mit verschiedenen Personen und zu verschiedenen Zwecken einzusetzen. Das müssen monolinguale Kinder auch, nur lernen sie diese Dinge schon sehr früh. Um eine hohe Performanz in jeder Sprache, die ein Kind spricht, zu erreichen, bedarf es möglichst vieler verschiedener Situationen und Kommunikationsanlässe, damit das Kind soziolinguistische und sprachpragmatische Kompetenzen aufbauen kann. Diese Fähigkeiten sind jedoch stark kulturell beeinflusst. So wissen Kinder aus den westlich geprägten Industrienationen genau, worauf eine Frage der Lehrkraft zielt, welche Art von Betrachtung hinter der Frage steckt. Dies kann ein Kind aus einer anderen Kultur nicht unbedingt wissen und deshalb liefert es unter Umständen eine für die Lehrkraft nicht nachvollziehbare Antwort, obwohl es über ausreichende Grammatik- und Wortschatzkenntnisse in der jeweiligen Landessprache verfügt.

Die Komplexität der Anforderungen an mehrsprachige Kinder wird anschaulich, wenn man sich ihre Leistungen im Alltag der Kindertageseinrichtung und im Übergang zum Schulalltag vergegenwärtigt. Pädagogische Fach- und Lehrkräfte können nur mit einem breiten Fachwissen die vielfältigen Herausforderungen, vor denen Kinder mit Zuwanderungsgeschichte stehen, erkennen und entsprechend professionell handeln. Insbesondere die Reflexivität des pädagogischen Handelns wird in diesem Lichte hervorgehoben (Seifert, 2013). Ziel des TRAM-Curriculums ist, den fachlichen Hintergrund der Fach- und Lehrkräfte zu erweitern und die vielen Projekte, die jetzt schon auf lokalen Ebenen installiert sind, zu unterstützen.

Literatur

Baauw, S. & Kieferle, C.: Was ist Sprache? In Griebel, W. et al. (Hg.): Übergang in die Schule und Mehrsprachigkeit – Ein Curriculum für pädagogische Fach- und Lehrkräfte/Transition to School and Multilingualism – A Curriculum for Educational Professionals. Hamburg: Verlag Dr. Kovač, 2013; S. 21–32

Bronfenbrenner, U.: Die Ökologie der menschlichen Entwicklung. Frankfurt/M: Fischer; 1989

Bruner, J. S.: Acts of meaning. Cambridge, Mass.: Harvard University Press; 1990

Caspi, A. & Moffitt, T. E.: When do individual differences matter? A paradoxical theory of personality coherence. Psychological Inquiry 4(4), 1993; S. 247–271

Cobet-Rohde, A.: Modul 5: Elternbeteiligung – Bildungspartnerschaft mit Eltern von mehrsprachigen

Kindern. In: Griebel, W. et al. (Hg.): Übergang in die Schule und Mehrsprachigkeit – Ein Curriculum für pädagogische Fach- und Lehrkräfte/Transition to School and Multilingualism – A Curriculum for Educational Professionals. Hamburg: Verlag Dr. Kovač, 2013; S. 134–160

Cook, V.: Second Language Learning and Language Teaching. London: Arnold, 2001

Cummins, J.: Cognitive/academic language proficiency, linguistic interdependence, the optimum age question and some other matters. Working Papers on Bilingualism 19, 1979; S. 121–129

Cummins, J.: Fundamental psychological and sociological principles underlying educational success for linguistic minority students. In Skutnabb-Kangas, T./Phillipson, R./Mohanty, A. K &. Panda, M. (Hg.): Social Justice through Multilingual Education. Linguistic Diversity and Language Rights. Multilingual Matters, 2009; S. 19–35

De Houwer, A.: Bilingual First Language Acquisition. Bristol: Multilingual Matters, 2009

Denner, L.: Bildungsteilhabe von Zuwandererkindern – Zufall oder Ergebnis gemeinsamer Bemühungen von Kind, Familie und Grundschule? In Lin-Klitzing, S./Di Fuccia, D. & Müller-Frerich, G. (Hg.): Übergänge im Schulwesen. Bad Heilbrunn: Klinkhardt, 2010; S. 81–104

Dunlop, A.-W.: Bridging research, policy and practice. In Dunlop, A.-W. & Fabian, H. (Hg.): Informing transitions in the early years. Maidenhead, Berkshire: Open University Press, 2007; S. 152–168

Einarsdóttir, J.: Children's voices on the transition from preschool to primary school. In Dunlop, A.-W. & Fabian, H. (Hg.): Informing transitions in the early years. Maidenhead, Berkshire: Open University Press, 2007; S. 74–91

Franceschini, R.: Multilingualism and multicompetence: A conceptual view. In: The Modern Language Journal, 95, 2011; S. 344–355

Fresow, M./Rettich, P./Gniewiosz, B. & Reinders, H.: Individuelle Bedingungen für erfolgreiche Bildungskarrieren bei Schülerinnen und Schülern mit Migrationshintergrund. In Diskurs Kindheits- und Jugendforschung 4, 2012; S. 473–480

Fthenakis, W.E.: Transitionspsychologische Grundlagen des Übergangs zur Elternschaft. In Deutscher Familienverband (Hg.): Handbuch Elternbildung. Band 1. Opladen: Leske+Budrich, 1999; S. 31–68

Genesee, F. & Nicoladis, E.: Bilingual acquisition. In Hoff, E. & Shatz, M. (Hg.): Handbook of Language Development. Oxford: Blackwell, 2006; S. XX

Gomolla, M. & Radke, F.-O.: Institutionelle Diskriminierung. Die Herstellung ethnischer Differenzen in der Schule. Opladen: Leske + Budrich, 2002

Griebel, W.: Allgemeine Übergangstheorien und Transitionsansätze. In Manning-Chlechowitz, Y./Oehlmann, S. & Sitter, M. (Hg.): Frühpädagogische Übergangsforschung. Von der Kindertagesstätte in die Grundschule. Weinheim: Juventa, 2011; S. 35–48

Griebel, W./Heinisch, R./Kieferle, C./Röbe, E./Seifert, A. (Hg.): Übergang in die Schule und Mehrsprachigkeit – Ein Curriculum für pädagogische Fach- und Lehrkräfte/Transition to School and Multilinguism – A Curriculum for Educational Professionals. Hamburg: Verlag Dr. Kovač, 2013

Griebel, W. & Kieferle, C.: Mehrsprachigkeit, sozio-kulturelle Vielfalt und Altersmischung als Merkmale von heterogen zusammengesetzten Gruppen. In Ulrich, W. (Hg.): Deutschunterricht in Theorie und Praxis (DTP). Band I. Günther, H. & Bindel, R. (Hg.): Deutsche Sprache in Kindergarten und Vorschule. Baltmannsweiler: Schneider Verlag Hohengehren, 2012; S. 389–408

Griebel, W. & Niesel, R.: A developmental psychology perspective in Germany: Co-construction of transitions between family and education system by child, parents and pedagogues. Early Years 29 (1), 2009; S. 1–10

Griebel, W. & Niesel, R.: Übergänge verstehen und begleiten. Transitionen in der Bildungslaufbahn von Kindern. Berlin: Cornelsen Scriptor, 2011

Griebel, W. & Sassu, R.: Modul 3: Übergang in die Schule. In Griebel, W. et al. (Hg.): Übergang in die Schule und Mehrsprachigkeit – Ein Curriculum für pädagogische Fach- und Lehrkräfte/Transition to School and Multilingualism – A Curriculum for Educational Professionals. Hamburg, Germany: Verlag Dr. Kovač, 2013; S. 90–114

Griebel, W./Niesel, R. & Wustmann, C.: Mit Risiken und Veränderungen als Familie umgehen lernen: Bewältigung von Transitionen und Förderung von Resilienz. In Macha, H. (Hg.): Handbuch Familie, Kindheit, Jugend, Gender. Band III/1 Teil V des Handbuches für Erziehungswissenschaft, Hg. v. G. Mertens/U. Frost/W. Böhm,/V. Ladenthin. Paderborn: Ferdinand Schöningh, 2009; S. 461–472

Griebel, W./Niesel, R. & Sassu, R.: Fostering transitions and resiliency in education of children with linguistic-cultural minority status. In Milcu, M./Schmidt-Brasse, U./Westhoff, K./Milcu, M. & Grabovschi, C. (Hg.): Prospecting advanced research in health, education and social sciences. Conference proceedings. Sibiu, Rumänien: Editura Universitară, 2011; S. 59–64

Havighurst, R. J.: Developmental task and education. 4. Aufl. New York: McKay, 1976

Kellermann, I.: Vom Kind zum Schulkind. Die rituelle Gestaltung der Schuleingangsphase. Opladen: Budrich UniPress, 2008

Kieferle, C.: Wissen über Sprache. In: Reichert-Garschhammer, E. & Kieferle, C. (Hg.): Sprachliche Bildung in Kindertageseinrichtungen. Freiburg: Herder, 2011; S. 16–28

Kieferle, C. & Seifert, A.: Mehrsprachigkeit im Übergang vom Elementar- zum Primarbereich. Das europäische Projekt »Transitions and Multilingualism«. In Kucharz, D./Irion, T. & Reinhoffer, B. (Hg.): Grundlegende Bildung ohne Brüche. Jahrbuch Grundschulforschung. Wiesbaden: Springer, 2011; S. 251–256

LePichon-Vorstman, E.: Modul 2: Umgang mit Mehrsprachigkeit in der Kindertageseinrichtung und in der Grundschule. In: Griebel, W. et al. (Hg.): Übergang in die Schule und Mehrsprachigkeit – Ein Curriculum für pädagogische Fach- und Lehrkräfte/Transition to School and Multilingualism – A Curriculum for Educational Professionals. Hamburg, Germany: Verlag Dr. Kovač, 2013; S. 67–89.

Meisel, J.: Child second language acquisition or successive first language acquisition? In: Haznedar, B. & Gavruseva, E. (Hg.): Current trends in child second language acquisition: A generative perspective. Amsterdam: John Benjamins, 2008; S. 55–80

Nagel, B./Wildgruber, A./Held, J. & Griebel, W.: BMBF-Transitionsprojekt: Auch Eltern kommen in die Schule. Bildung, Erziehung und Betreuung von Kindern in Bayern. In IFP-Infodienst 17, 2012, S. 22–26

Niesel, R. & Griebel, W.: Schulfähigkeit im Wandel der Zeit. Schulfähigkeit – Leistung aller, die am Übergang beteiligt sind. In Katholische Bildung 113 (4), 2012, S. 154–161

Pavitola, L./Wallander, A. & Bethere, D.: Modul 4: Diversität. In Griebel W. et al. (Hg.): Übergang in die Schule und Mehrsprachigkeit – Ein Curriculum für pädagogische Fach- und Lehrkräfte/ Transition to School and Multilingualism – A Curriculum for Educational Professionals. Hamburg: Verlag Dr. Kovač, 2013; S. 115–133

Petriwskyj, A.: Critical theory and inclusive transitions to school. In Perry, B./Dockett, S. & Petriwskyj, A. (Hg.): Transition to school: International research, policy and practice. New York: Springer, im Druck

Röbe, E.: Modul 7: Übergänge in pädagogischen Institutionen. In Griebel, W. et al. (Hg.): Übergang in die Schule und Mehrsprachigkeit – Ein Curriculum für pädagogische Fach- und Lehrkräfte/ Transition to School and Multilingualism – A Curriculum for Educational Professionals. Hamburg: Verlag Dr. Kovač, 2013; S. 193–233

Rothweiler, M. & Kroffke, S.: Bilingualer Spracherwerb: Simultane und sukzessive Mehrsprachigkeit. In Siegmüller, J. & Bartels, H. (Hg.): Leitfaden Sprache-Sprechen-Schlucken-Stimme. München: Elsevier, 2006; S. 44–49

Seifert, A.: Pädagogische Professionalität im Umgang mit mehrsprachigen Kindern. In: Griebel, W. et al. (Hg.): Übergang in die Schule und Mehrsprachigkeit – Ein Curriculum für pädagogische Fach- und Lehrkräfte/Transition to School and Multilingualism – A Curriculum for Educational Professionals. Hamburg: Verlag Dr. Kovač, 2013; S. 161–192

Schlyter, S./Granfeldt, J. & Ågren, M.: Stades de développement en français – perspectives historiques et futures. Proceedings of the conference on Complexity, Accuracy and Fluency in Second Language Use, Learning and Teaching. Brussels, March 2008; S. 29–30

Skrobanek, J.: Wahrgenommene Diskriminierung und (Re)Ethnisierung bei Jugendlichen mit türkischem Migrationshintergrund und jungen Aussiedlern. In: Zeitschrift für Soziologie der Erziehung und Sozialisation 27(3), 2007; S. 265–284

Snow, C. E., Burns, M. S. & Griffin, P. (Hg.): Preventing reading difficulties in young children. Washington, DC: National Academy Press, 1998
Tomasello, M.: Perceiving intentions and learning words in the second year of life. In Tomasello, M. & Bates, E. (Hg.): Language development. The essential readings. Malden, Oxford, Melbourne, Berlin: Blackwell Publishing, 2001; S. 111–128
Tomasello, M.: Constructing a language. Harvard University Press, 2003
Weitzman, M. L.: On diversity. In: Quarterly Journal of Economics, 107(2), 1992; S. 363–406
Wygotski, L. S.: Denken und Sprechen. Frankfurt/M.: S. Fischer Verlag, 3. Aufl. 1971

4 Zentrale Aspekte einer sprach- und literacy-anregenden Umgebung

4.1 Aus der Forschung in die Praxis: Spiel als Mittel der Sprachförderung[1]

*Haruka Konishi/Megan Johanson/Jennifer Chang Damonte/
Roberta Michnick Golinkoff & Kathy Hirsh-Pasek
(Übersetzung: Pamela Oberhuemer)*

Wenn sich verlieben wie buchstabieren lernen ist, dann will ich's nicht. Es dauert zu lange. (Glenn, 7 Jahre)

Wie Glenn feststellt, dauert buchstabieren zu lernen lange. Das Gleiche gilt für den Spracherwerb und das lesen lernen. Manchen Kindern gelingt das mühelos, für andere bedeutet es harte Arbeit. Vieles hängt davon ab, in welchem Umfeld sich die Kinder befinden. Es gibt Familienumgebungen, die Sprach- und frühe Literacy-Kompetenzen von Anfang an unterstützen, während andere alles andere als optimal sind. Hart und Risley (1995) berichteten, dass bis zum Alter von drei Jahren Kinder aus Familien mit einem niedrigen sozioökonomischen Status nur etwa 25 % der Wörter hören, die Gleichaltrige aus Familien mit einem höheren sozioökonomischen Status zu Ohren bekommen. In ihrer klassischen Studie fanden sie heraus, dass die Menge an elterlichem Input eng mit Unterschieden im kindlichen Wortschatzumfang verbunden war. Mit drei Jahren beherrschten Kinder aus Familien mit sehr hoher Bildung 1116 Wörter, während Kinder, deren Eltern auf Sozialhilfe angewiesen waren, nur 525 Wörter kannten. Darüber hinaus zeigen Follow-up-Untersuchungen eine starke Korrelation zwischen dem Wortschatzumfang von Kindern mit drei Jahren und ihren Schulleistungen mit neun Jahren – gemessen durch den *Peabody Picture Vocabulary Test* zur Feststellung des rezeptiven Wortschatzes. In den USA sind Unterschiede in den Schulleistungen der Kinder (z. B. Wortschatzumfang, Literacy) oft mit dem sozioökonomischen Status verbunden (Hoff, 2009).

Außerdem haben frühe Sprachkompetenzen erhebliche Auswirkungen auf die späteren Literacy-Kompetenzen der Kinder (Dickinson/Golinkoff, & Hirsh-Pasek, 2010; Fernald/Zangl/Portillo & Marchman, 2008). Gut entwickelte frühe Sprachfertigkeiten helfen Kindern, kompetente Leser zu werden. Kinder müssen sich sowohl eine *phonologische Bewusstheit* als auch *Entschlüsselungskompetenzen* aneignen, um lesen zu lernen. Phonologische Bewusstheit oder die Erkenntnis, dass gesprochene Wörter aus separaten Lauten bestehen (Liberman, 1973), ist eine Voraussetzung, um die englischsprachige Orthografie zu verstehen. Die englische Sprache ist eine alphabetische Schriftsprache; Schriftsymbole (d. h. Buchstaben) stellen die kleinsten Lauteinheiten systematisch dar (Scarborough, 2009). In ähnlicher Weise erfordert die Entschlüsselung von

---

[1] Fördermittel für diese Studie wurden durch die vierte und die fünfte Autorin beantragt: von NSF (SBR9615391), NIH (R01HD050199), und IES (R305A100215; R305A110284). Aus der Forschung in die Praxis: Spiel als Mittel der Sprachförderung.

gedruckten Wörtern das Erlernen der Korrespondenzen zwischen bestimmten Buchstaben oder Buchstabengruppen und Lauten (Scarborough, 2009). Eine Längsschnittstudie von Storch und Whitehurst (2002) fand einen Effekt moderater Größe (d =.43) zwischen mündlicher Sprachkompetenz und Lesekompetenz in der vierten Klasse; sie bekräftigte damit die Behauptung, dass frühe Spracherfahrungen für Kinder wichtig sind, wenn sie ihren Wortschatz aufbauen und sich auf das Lesehandwerk einlassen.

In den USA wird die Korrelation zwischen dem sozio-ökonomischen Status der Kinder und deren Schulleistungen manchmal damit in Zusammenhang gebracht, dass ein Teil dieser leistungsschwachen Schüler Kinder aus Familien mit Migrationshintergrund sind. Die Armutsquote für Immigrantenfamilien liegt in den USA bei 21 % im Vergleich zu 14 % für Familien ohne Migrationshintergrund (Haskins/Greenberg, & Fremstad, 2004). Inwieweit ist dieser Trend auf andere Länder übertragbar? Ein ähnliches Phänomen scheint es auch in Deutschland zu geben. Die letzte PISA-Studie *(Program for International Student Assessment)* zeigte, dass in Deutschland ein Unterschied von durchschnittlich 90 Punkten zwischen Migrantenkindern der zweiten Generation und Schülern ohne Migrationshintergrund liegt, ein Bildungsdefizit, das mit zwei Schuljahren vergleichbar ist. Dieser Bericht zeigt die enorme Herausforderung, der das deutsche Bildungssystem gegenübersteht. Die Größe der deutschen Migrantenpopulation erklärt nicht ganz die Leistungsschwäche der Kinder mit Migrationshintergrund in deutschen Schulen. Länder mit einem großen Anteil von Einwanderern wie Kanada, Australien und Neuseeland zeigen signifikant bessere Ergebnisse als Deutschland (OECD, 2002). 15-jährige Migranten der zweiten Generation in Kanada erreichen Testergebnisse, die durchschnittlich *dreimal so hoch* sind wie die gleichaltriger Migranten in Deutschland. In Deutschland ist der Unterschied zwischen Kindern mit und ohne Migrationshintergrund dort besonders stark, wo die Familien arm sind und kein Deutsch sprechen (Auernheimer, 2006). Darüber hinaus sind deutsche Grundschulen anscheinend kaum in der Lage, den sozio-ökonomischen und kulturellen Problemen der Schülerinnen und Schüler mit Migrationshintergrund entgegenzuwirken (s. o.).

In den USA sieht die Lage nicht viel besser aus als in Deutschland – wenn überhaupt. Das amerikanische Bildungssystem leidet noch unter einem seit 25 Jahren fortbestehenden Leistungsgefälle. Genau genommen, wurde seit der Implementierung der Bildungsinitiative *No Child Left Behind* im Jahr 2001 der Kindergarten[2] bis zum Ende der dritten Grundschulklasse im ganzen Land auf Testergebnisse in Lesen und Mathematik eingeengt. Ein Bericht der *Alliance for Childhood* (Miller & Almon, 2009) weist darauf hin, dass 30 % der Kindergarten-Lehrkräfte in Los Angeles und New York behaupten, keine Zeit für Aktivitäten oder Spiele zu haben, die vom Kind selbst gewählt wurden. Rund 80 % der befragten Fachkräfte berichten, dass sie jeden Tag 20 Minuten für Testvorbereitung verbringen. So verbringen die Kinder beispielsweise einen erheblichen Teil ihrer Zeit im Kindergarten für das Einüben neuer Wörter für den nächsten Test. Die *Motivation,* den Wortschatz-Input zu stärken, ist ja ein zentrales Kriterium

---

2   *Anmerkung der Übersetzerin:* Kindergartenklassen für etwa 5- bis 6-Jährige sind an Elementarschulen angegliedert und Teil des amerikanischen Schulsystems.

für den Sprach- und Literacy-Erwerb (Hart & Risley, 1995). Hingegen widersprechen die *Methoden,* die für die Erweiterung des Wortschatzes verwendet werden, 40 Jahren Forschung über Sprachentwicklung (Harris, Golinkoff, & Hirsh-Pasek, 2011).

Die umfangreiche Forschungsliteratur über den Erwerb von Sprache und Literacy kann eine nützliche Anleitung bereitstellen, um bei Kindern die Entwicklung solider Sprachkompetenzen zu stärken. In Anlehnung an diese Literatur schlagen wir sechs Prinzipien vor, die für den Spracherwerb aller Kinder förderlich sein können, auch wenn sie aus Familien mit Migrationshintergrund kommen, wo die offizielle Landessprache zu Hause nicht gesprochen wird. Wir stellen jedes Prinzip und stützende Beweise vor und sprechen uns dafür aus, dass Sprachentwicklung eher durch spielerisches Lernen als durch Auswendiglernen gefördert wird.

Prinzip Nr. 1: Kinder lernen die Wörter, die sie am häufigsten hören

Es ist unbestritten, dass die Menge des sprachlichen Inputs, den Kinder erhalten, ihren Spracherwerb beeinflusst (Goodman/Dale & Li, 2008; Hart & Risley, 1995; Hoff, 2003; McCartney/Scarr/Philips & Grajek, 1985; Naigles & Hoff-Ginsberg, 1998; Smolak & Weinraub, 1983). Die ersten Wörter, die Kinder sprechen, sind in der Regel die Wörter, die sie am häufigsten von ihren Müttern gehört haben (Harris/Barrett/Jones & Brookes, 1988; Huttenlocher/Haight/Bryk/Seltzer & Lyons, 1991; Naigles & Hoff-Ginsberg, 1998). Darüber hinaus weisen Forschungsergebnisse darauf hin, dass die Menge an Sprache, der Kinder schon früh ausgesetzt sind, einen Prädiktor für die spätere Zuwachsrate der Wortschatzerweiterung darstellt (siehe z. B. Hart & Risley, 1995; Huttenlocher et al., 1991). Auch hier sind die Unterschiede im sozio-ökonomischen Status markant: Eltern mit einem niedrigen sozio-ökonomischen Status sprechen weniger mit ihren Kindern als Eltern mit höherem sozio-ökonomischen Status (Gottfried, 1984; Heath, 1989); damit beginnen Einflüsse auf die spätere Sprachentwicklung in der frühesten Kindheit.

Neben der reinen Anzahl von Wörtern, die Kinder hören, ist auch die *Vielfalt* der Wörter, der sie begegnen, eine Schlüsselkomponente ihrer Sprachentwicklung. Forschungsstudien zeigen, dass Kinder, die einer breiteren Varietät von Wörtern ausgesetzt sind, selbst eine größere Vielfalt an Wörtern in ihrer Sprache verwenden (Huttenlocher/Waterfall/Vasilyeva/Vevea & Hedges, 2010). Die lexikalische Reichhaltigkeit (die Anzahl der verschiedenen Wortarten), die Kinder aufnehmen, korreliert positiv mit ihrem Wortschatzniveau sowohl mit Blick auf das Verstehen der Sprache von anderen als auch hinsichtlich der eigenen gesprochenen Sprache (Bornstein et al., 1998). Außerdem ist das Verhältnis zwischen Wort*arten* und der Gesamtzahl von Wörtern ein zuverlässigerer Prädiktor der Wortschatzentwicklung von Kindern als nur die Anzahl verschiedener Wortarten, mit denen Kinder in Berührung kommen (Hoff, 2003; Hoff & Naigles, 2002; Huttenlocher et al., 1991; Pan/Rowe/Singer & Snow, 2005). Vielleicht von noch größerer Bedeutung als das Verhältnis zwischen Wortarten und der Gesamtzahl gehörter Wörter ist die Begegnung mit anspruchsvollen Begriffen, die sich die Kinder selbst in der Regel noch nicht angeeignet haben (Dickinson/Flushman & Freiberg, 2009; Malvern/Richards/Chipere & Durán, 2004). Solch ein anspruchsvoller Input ermöglicht Kindern vermutlich, ihren Wortschatz zu erweitern.

Eltern sind wichtig für den Wortschatzzuwachs, aber auch Fachkräfte in frühpädagogischen Tageseinrichtungen (Hoff, 2006; Hoff & Naigles, 2002; Hoff-Ginsberg, 1991; McCartney, 1984; NICHD Early Child Care Research Network, 2000, 2002, 2005). Die Qualität der Sprache pädagogischer Fachkräfte (hinsichtlich Komplexität und Vielfalt) ist ein Schlüsselfaktor für die syntaktische Entwicklung bei Kindern (Huttenlocher/ Levine & Vevea, 1998; Huttenlocher/Vasilyeva/Cymerman & Levine, 2002).

Das Vorlesen von (Bilder-)Büchern stand im Mittelpunkt vieler Forschungsstudien, die den Zusammenhang zwischen Wortschatzzuwachs bei Kindern und sprachlichem Input von Fachkräften untersucht haben. Bücher sind ein Medium, das die Wortschatzerweiterung durch Texte unterstützt – auch begegnen Kinder hier Wörtern, die kaum im Alltag vorkommen (Dickinson & Tabors, 2001; Weizman & Snow, 2001). Bücher ermöglichen Wiederholungen und Vielfalt von Texten in einer förderlichen Lernumgebung, die Kindern Unterstützung und Partizipation bietet (Elley, 1989). Neben der Wortschatzerweiterung bietet das Vorlesen von Geschichten die Möglichkeit, Kinder in ein Gespräch über die Bedeutung der Geschichte einzubinden, und dies wiederum begünstigt den Wortschatzzuwachs (Feitelson, Goldstein/Iraqi & Share, 1993). Zusammenfassend können wir feststellen, dass sowohl die Quantität als auch die Qualität des sprachlichen Inputs aus vielfältigen Quellen die Wortschatzentwicklung beeinflusst und gleichzeitig potenzielle Schwierigkeiten im Sprach- und Literacy-Erwerb verringert. Das zweite Prinzip bezieht sich auf die Inputarten, die die Sprachentwicklung erleichtern.

Prinzip Nr. 2: Kinder profitieren davon, wenn sie vielfältige Wortbeispiele und Sprachstrukturen hören

Kinder können einem Objekt oder einer Handlung schon nach einer einzigen Präsentation eine neue Bezeichnung zuweisen, ein Phänomen, das als »fast mapping« – »schnelles Zuordnen« bezeichnet wird (Arunachalam & Waxman, 2011; Carey & Bartlett, 1978; Golinkoff/Hirsh-Pasek/Bailey & Wenger, 1992; Kucker & Samuelson, 2012; Waxman/Lidz/Braun & Lavin, 2009). Ihr Verständnis des neu gelernten Wortes ist aber begrenzt und die Fähigkeit, die Verbindung zwischen dem neuen Begriff und dem Referenten im Alltag beizubehalten, ist kurz (Horst & Samuelson, 2008). Horst und Samuelson haben festgestellt, dass Kinder sich schwer tun, eine Objekt-Bezeichnung-Zuordnung über eine fünfminütige Verzögerungszeit zu behalten. Die zeitliche Speicherung einer Objekt-Begriff-Verbindung ist wichtig für »langsames Mapping«, dem Prozess, bei dem Kinder zusätzliche Informationen über neue lexikalische Einträge gewinnen und erwachsenenähnliche Repräsentationen des Wortes bilden (Kucker & Samuelson, 2012). Im Laufe des langsamen Mappings hilft Kindern das wiederholte Hören von Wörtern in verschiedenen Kontexten dabei, eine vollständigere Repräsentation des neu gelernten Begriffs zu bilden (Booth, 2009).

Teil des Wortwissens bedeutet, in der Lage zu sein, die neu gelernte Bezeichnung auf andere dazugehörige Kategorienelemente auszudehnen und sie gleichzeitig nicht auf die nicht dazugehörigen Kategorienelemente anzuwenden. Zum Beispiel das Wissen, dass Katzen »Miau« und Hunde »Wuff« sagen, auch wenn sie viele wahrnehmbare

Merkmale teilen, ist ein wichtiger Teil der vollständigen und differenzierten Konzepte von Katzen und Hunde. 13 Monate alte Kinder können diese Aufgabe lösen, indem sie die Bezeichnung eines bestimmten Gegenstands auf neue Elemente der gleichen Objektkategorie übertragen (Waxman & Markow, 1995). Ähnliche Studien haben die Fähigkeit von Kindern untersucht, neue Wörter für Gegenstände und Handlungen auszuweiten (Arunachalam & Waxman, 2011; Imai et al., 2008; Waxman et al., 2009). In diesen Studien haben die Kinder Videoclips mit unbekannten Handlungen und unbekannten Gegenständen angeschaut. Die Kinder hörten eine neue Bezeichnung entweder für die Handlung (z. B. »Er *pilkt* den Ballon«) oder für den Gegenstand (z. B. »Er schwenkt das *Pilk!*«/Waxman et al., 2009). Nachdem sie das Ereignis gesehen hatten, behielten die 24 Monate alten Kinder das neue Nomen, selbst wenn sich die Handlung änderte; hingegen behielten sie das neue Verb nur dann, wenn es im Kontext einer reichhaltigen sprachlichen und beobachtbaren Struktur angeboten wurde (z. B. »Der Mann wird den Ballon *pilken!*«; Arunachalam & Waxman, 2011; Waxman et al., 2009).

Imai et al. (2008) untersuchten das Mapping von unbekannten Nomen und Verben auf ähnliche Gegenstände und Ereignisse auf Englisch, Japanisch und Chinesisch. Auch hier war es einfacher, Nomen zu lernen und zu behalten als Verben, aber das Lernen von Verben setzte – je nach Sprache – unterschiedlich viel an grammatischer und pragmatischer Unterstützung voraus. So haben zum Beispiel Chinesisch sprechende Kinder sowohl pragmatische als auch grammatische Hilfen gebraucht, während Englisch sprechende Kinder nur grammatische Unterstützung benötigten. Demzufolge können Kinder ein neues Nomen oder Verb nach kurzer Begegnung lernen und ein Nomen auf unbekannte Gegenstände übertragen; für das Behalten eines neu gelernten Verbs brauchen sie aber mehr sprachliche und kontextuelle Unterstützung.

Es wird deutlich, dass das Wortschatzlernen mehr voraussetzt, als nur die Begegnung mit einem Wort im Rahmen eines einzigen Instruktionsangebots und mit nur wenigen linguistischen Hinweisen. Je mehr neuen Wörtern Kinder begegnen und je breiter die Verwendungskontexte sind, desto vollständiger wird ihr Verständnis von neuen Wörtern sein (Elley, 1989). Weil Kinder aus unterschiedlichen familialen Kontexten auch Unterschiede im Umfang des sprachlichen Inputs durch Erwachsene erleben (Weizman & Snow, 2001), ist es wichtig zu fragen, wie wir den Wortschatz der Kinder verbessern können. Können frühpädagogische Tageseinrichtungen das Wortschatzniveau der Kinder stärken? Eine explorative Studie über die spontane Sprachverwendung von Erwachsenen legt nahe, dass Mahlzeiten eine vielfältigere und komplexere Sprache als das Vorlesen mit Kindern hervorbringen (ebd.). Hingegen zeigte ein Experiment bei einer gemeinsamen Bilderbuchbetrachtung, dass das Wortverständnis der Kinder anwuchs, wenn die Erwachsenen ein Scaffolding bereitstellten, das im Schwierigkeitsgrad jedes Mal anstieg, wenn das Wort erschien (Blewitt/Rump/Shealy & Cook, 2009). Ein Beispiel: Zuerst könnten die Eltern die Kinder darum bitten, auf den Bezeichnungsreferenten (z. B. das Bild von einem Affen) zu zeigen. Wenn das Wort »Affe« das nächste Mal vorkommt, fragen die Eltern, ob das Kind sich daran erinnern kann, einen Affen im Zoo gesehen zu haben. Schließlich fragen die Eltern, was Affen essen. Diese Studie deutet darauf hin, dass das bloße Vorlesen einer Geschichte Kindern nicht automatisch neue Wörter lehrt. Nur bestimmte Methoden des Bilderbuchvorlesens (d. h. Scaffolding) unterstützen das Kind bei der Sprachentwicklung.

Zusammenfassend kann festgehalten werden, dass Kinder vielfältige Beispiele von Wort-Objekt-Zuordnungen brauchen sowie Zeit, um die vollständige Bedeutung eines Wortes zu verarbeiten. Darüber hinaus wird dieser Prozess unterstützt, wenn Erwachsene zunehmend schwierige Fragen über neue Begriffe stellen – mehr als wenn sie lediglich Wortdefinitionen anbieten.

Das nächste Prinzip untersucht die Verbindung zwischen Grammatik und Wortschatz und deren Auswirkung auf die Sprachentwicklung.

Prinzip Nr. 3: Wortschatzlernen und Grammatikentwicklung sind wechselseitige Prozesse

Der Wortschatzumfang und das grammatische Verständnis von Kindern nehmen nicht nur simultan zu (Dixon & Marchman, 2007), sondern beeinflussen sich gegenseitig. Erstens, das *syntactic bootstrapping*, d. h. der Prozess, syntaktische Elemente im Satz zu verwenden, um die Bedeutung eines neuen Wortes herauszufinden, hilft Kindern bei der Einschätzung neuer Begriffsdeutungen, indem sie den sprachlichen Kontext der Wortnutzung beachten (Gleitman, 1990; Gleitman/Cassidy/Nappa/Papafragou & Trueswell, 2005). So verwenden Kinder zum Beispiel in transitiven Sätzen Informationen über die Position des Nomens, um neue Verben zu deuten (Gertner/Fisher & Eisengart, 2006). Genauer gesagt deuten Kinder die erstgenannte Person in einem Satz als den Handelnden und nicht als den Betroffenen eines Ereignisses. Umgekehrt wird die zweitgenannte Person als Betroffener gesehen, nicht als Handelnder. In dem Satz »Maria küsste Johannes« ist Maria die Handelnde und Johannes der Betroffene. Diese Methode führt aber manchmal zu inkorrekten Deutungen, wie im Satz »Maria und Johannes rannten«, weil sie hier beide Subjekte und deshalb beide Hauptakteure sind (Gertner & Fisher, 2012). Außerdem steht die Menge an syntaktischer Information, die beim Lernen eines neuen Verbs bereitgestellt wird, direkt damit in Verbindung, ob Kinder das Verb auf Ereignisse ausdehnen können, die verschiedene Objekte enthalten (Arunachalam & Waxman, 2011; Imai et al., 2008). Kinder, die den vollständigen Satz »Der Mann *pilkt* den Ballon!« hörten, verknüpften die Bezeichnung »*pilken*« mit neuen Szenarien, während Kinder, die einen ähnlichen Satz jedoch mit Subjekt- und Objektpronomen gehört haben (»Er *pilkt* es!«), waren dazu nicht in der Lage (Arunachalam & Waxman, 2011). Arunachalam and Waxman (2011) legen nahe, dass Kinder eine linguistische Struktur brauchen, um ein neues Verb zu deuten; und die Verwendung eines bekannten Objekts (in diesem Fall der Ballon) bietet diese Information. Imai et al. (2008) merken an, dass die Menge an linguistischer Struktur, die notwendig ist, um ein Verb zu lernen, möglicherweise sogar von Sprache zu Sprache variiert.

Mehrere andere Faktoren beeinflussen die Fähigkeit von Kindern, neue Wörter zu lernen, u. a. wahrnehmungsbezogene Hinweise, soziale Hinweise, Wortschatzumfang und Vorerfahrungen mit dem Referenten (Wortgegenstand) (Blewitt et al., 2009; Golinkoff & Hirsh-Pasek, 2006; Jones & Smith, 2005; Kucker & Samuelson, 2012; Smith/Jones/Landau/Gershkoff-Stowe & Samuelson, 2002). Tatsächlich beeinflussen sich Wortschatzumfang und die Fähigkeit, Wörter mit neuen Dingen zu verknüpfen, gegenseitig. So ordneten 18 Monate alte Kinder mit einem großen räumlichen Wortschatz eine unbekannte Präposition (z. B. »She's putting it toke!«) einer neuen räumlichen Beziehung zu, während Kinder mit einem kleineren Wortschatzumfang eine neue räumliche Beziehung entdeckten, wenn sie entweder eine neue Präposition oder ein neues Nomen hörten (Casasola & Bhagwat, 2007). Die Kinder bildeten nicht die gleiche Zuordnung, wenn ein neues Nomen gezeigt wurde (»It is a toke!«). Vermutlich erkennen diese Kinder, dass Präpositionen auf Beziehungen verweisen müssen und Nomen nicht. Kleinkinder mit einem kleineren räumlichen Wortschatz sind unbefangen in ihren Wort-Gegenstand-Zuordnungen, wahrscheinlich weil sie kein ausreichendes Sprachwissen haben, um diese Zuordnungen durcheinanderzubringen. Im Allgemeinen ist das Wortschatzniveau ein besserer Prädiktor für die Grammatikentwicklung als das Alter (Mariscal & Gallego, 2012).

Außer grammatische Informationen zu nutzen, um die Bedeutungen von neuen Wörtern zu lernen, können Kinder ihr Wortschatzwissen einsetzen, um ihr grammatisches Wissen voranzubringen. Der Wortschatz von Kindern ist ein Prädiktor für ihre Grammatik (Conboy & Thal, 2006; Mariscal & Gallego, 2012) und die kindliche Grammatik profitiert davon, ein bekanntes Wort in unterschiedlichen Kontexten zu hören. Z. B. verbesserten sich die syntaktischen Fähigkeiten von vierjährigen Kindern, wenn sie mit komplexer Sprache konfrontiert waren (Huttenlocher et al., 2002). Außerdem erfuhren vierjährige Kinder einen Zuwachs im Verstehen und Erzeugen von Passivsätzen, nachdem sie diesen im Rahmen einer Bilderbuchstudie wiederholt begegnet waren (Vasilyeva/Huttenlocher & Waterfall, 2006).

Zusammenfassend lässt sich feststellen, dass Wortschatz und grammatische Fähigkeit wechselseitige Prozesse sind, und Kinder mit schwächeren Sprachfertigkeiten möglicherweise nicht in gleichem Maße von der Begegnung mit Sprache profitieren wie Gleichaltrige, die ein besseres Sprachverständnis haben. Um diesen Unterschied anzusprechen, müssen spezifische Sprachinterventionen und Bildungsansätze eingerichtet werden, um Kindern, die mit dem Erlernen der Sprache Mühe haben, zusätzliche Unterstützung anzubieten. Die folgenden drei Prinzipien bieten Vorschläge an, wie wir interessante, faszinierende und sinnvolle Interaktionen anbieten können, um die Sprachentwicklung von Kindern zu unterstützen.

Prinzip Nr. 4: Kinder lernen die Wörter für Dinge und Ereignisse leichter, die sie interessieren

Kinder begegnen vielen Dingen und Ereignissen, die ihnen in ihrem Alltag unbekannt sind. Wie wählen sie aus, welchen Objekten und Ereignissen sie sich zuwenden sollen? Untersuchungen weisen darauf hin, dass Kinder erfolgreicher beim Spracherwerb sind, wenn Bezugspersonen auf Dinge aufbauen, die Kinder attraktiv finden. Pruden et al. haben herausgefunden, dass bereits zehn Monate alte Kleinkinder eine Bezeichnung mit interessanten, wahrnehmungsstarken Objekten (z. B. *farbenfroh, Krachmacher*) verbinden konnten, nicht aber mit langweiligen Objekten (z. B. einem eintönigen, beigefarbenen Flaschenöffner aus Plastik) (Pruden/Hirsh-Pasek/Golinkoff & Hennon, 2006).

Das Gleiche gilt beim Lernen von Handlungswörtern. Brandone/Pence/Golinkoff & Hirsh-Pasek (2007) zeigten, dass Kinder die Bezeichnungen für Handlungen, die sie interessant fanden, bereits mit 22 Monaten lernten, während sie die Bezeichnungen für langweilige Handlungen nicht vor einem Alter von 34 Monaten lernten.

Diese Ergebnisse unterstreichen, in Verbindung mit der Forschung im Bereich der geteilten Aufmerksamkeit, die Wichtigkeit der Themenwahl, wenn Eltern sich mit ihren Kindern unterhalten. Geteilte Aufmerksamkeit findet dann statt, wenn zwei Personen gleichzeitig ihr Interesse auf ein Objekt oder ein Ereignis richten (Baldwin, 1991; Bruner, 1978). Dies geschieht, wenn eine Person die Aufmerksamkeit einer anderen durch Hinzeigen, Blickkontakt und andere verbale und nicht-verbale Signale auf sich zieht, um gemeinsam auf einen Gegenstand zu fokussieren. Geteilte Aufmerksamkeit stimuliert und unterstützt das frühe Wortschatzlernen bei Kindern (Akhtar/Dunham & Dunham, 1991; Harris/Jones/Brookes & Grant, 1986; Tomasello/Mannle & Kruger, 1986; Tomasello & Todd, 1983). So lernen Kinder den Namen eines Objektes dann schneller, wenn die Eltern ein Objekt benennen, auf das ihr Kind seine Aufmerksamkeit bereits gerichtet hat, als wenn Eltern ein Objekt bezeichnen, für das ihr Kind kein Interesse gezeigt hat (Dunham/Dunham & Curwin, 1993). Genau genommen lernen Kinder weniger Wörter in Situationen, in denen ihre Mütter deren Aufmerksamkeit umlenken anstatt der Aufmerksamkeit des Kindes zu folgen (z. B. Dunham et al., 1993; Hollich/Hirsh-Pasek/Tucker & Golinkoff, 2000; Golinkoff, 1981). Je stärker Eltern die Aufmerksamkeit von Kindern umlenken, umso weniger Wörter lernen diese (Baldwin & Markman, 1989; Carpenter/Akhtar et al., 1998; Carpenter/Nagell et al., 1998; Schmitt/Simpson, & Friend, 2011).

Eine andere Möglichkeit der Stimulierung kindlicher Interessen zum Vorteil des Wortschatzlernens liegt in der Beteiligung des Kindes am symbolischen Spiel mit anderen Kindern. Symbolisches Spiel bezieht sich auf eine »geschichten-bezogene Wirklichkeit« (Hirsh-Pasek & Golinkoff, 2008), bei der Kinder in die Rollen von fiktiven Personen hineinschlüpfen und eine Geschichte mit passenden Requisiten und kontextuellen Darstellungen aufführen (Dickinson/Cote & Smith, 1993; Nicolopoulou/McDowell & Brockmeyer, 2006; Pellegrini & Galda, 1990). Symbolisches Spiel setzt Vorstellungskraft, soziale Kompetenzen, Problemlöseverhalten und Kooperation mit anderen voraus, um sich an der Geschichte zu beteiligen (Nicolopoulou, 1993). Kinder stützen sich auf die verbale Kommunikation, um Aspekte des Spiels selbst zu besprechen, wie z. B. die Hauptpunkte der Handlungsstruktur, die Beschreibung der Figuren, die Aufgabe der Figuren und das zulässige Rollenverhalten (z. B., was ist ein akzeptables Verhalten für einen Arzt?) (Vedeler, 1997). Während des Spielens arbeiten sie daran, das Gespräch, das mit bestimmten Rollen assoziiert wird, zu reproduzieren (z. B., sprechen wie ein Arzt). Dies ermöglicht ihnen, seltenere Wörter zu verwenden und bietet ihnen Gelegenheiten, einen Fachwortschatz zu benutzen (z. B. Stethoskop) (Harris et al., 2011).

Darüber hinaus beteiligen sich Vorschulkinder in Als-ob-Spielen an Gesprächen, in deren Mittelpunkt die Sprache steht, indem sie sich imaginäre Szenarien ausdenken und komplexe, befindlichkeits-bezogene Verben *(z. B., sagen, reden)* nutzen (Pellegrini & Galda, 1990; Pellegrini/Galda/Dresden & Cox, 1991). Die Beteiligung am Als-ob-Spiel ist ein Prädiktor für die Sprach- und Lesefertigkeiten auf Kindergartenniveau (Bergen & Mauer, 2000; Dickinson & Moreton, 1991; Dickinson & Tabors, 2001; Pellegrini & Galda, 1990). Außerdem gibt es Befunde, die besagen, dass die Dauer, die Dreijährige in Als-ob-Spielen verbringen, ihren Wortschatzumfang zwei Jahre später prognostiziert (Dickinson, 2001a). Darüber hinaus trägt das Als-ob-Spiel zur Entwicklung sprachlicher Fertigkeiten, die notwendig für die Literacy-Kompetenz sind, bei (Nicolopoulou et al., 2006). Wie diese Beispiele zeigen, steigern spielerische Aktivitäten das Interesse der Kinder, ihre Aufmerksamkeit und ihre Lernmotivation, was in verbesserten Sprachfertigkeiten resultiert (Hirsh-Pasek & Golinkoff, 2003; Hirsh-Pasek/Golinkoff/Berk & Singer, 2009; Singer/Golinkoff & Hirsh-Pasek, 2006).

Prinzip Nr. 5: Interaktive und zuwendungsstarke Umwelten fördern den Spracherwerb

Welche Interaktionsformen fördern die Sprachentwicklung von Kindern? Die Sprachfertigkeiten von Kindern scheinen eng mit proximalen Qualitätsfaktoren in der Eltern-Kind-Beziehung wie Einfühlungsvermögen, Kooperation, Akzeptanz und Zuwendung zusammenzuhängen (Hirsh-Pasek & Burchinal, 2006; Landry/Smith/Swank/Assel & Vellet, 2001; Tamis-LeMonda & Bornstein, 2002; Wakschlag & Hans, 1999). Was macht aber eine einfühlende, interaktive und zuwendungsstarke Eltern-Kind-Beziehung aus?

Einfühlsame und zuwendungsstarke Umgebungen schließen eher interaktive als passive Kontexte ein. So garantiert z. B. das passive Hören von Wörtern beim Fernsehen nicht, dass Sprachlernen stattfindet (Kuhl/Tsao & Liu, 2003; Roseberry/Hirsh-Pasek/Parish-Morris & Golinkoff, 2009) und es nimmt unter Umständen den Erwachsenen die Zeit weg, die sich sonst mit ihren Kindern unterhielten und mit ihnen Zeiten mit gemeinsamen Interessen und positiver Zuwendung teilten, um ihnen das Gerüst (Scaffolding) zur Verfügung zu stellen, das für die Sprachentwicklung notwendig ist (Bradley et al., 1989; Bronfenbrenner & Morris, 1998; Clarke-Stewart, 1973; Howes, 2000; Katz, 2001; Tomasello & Farrar, 1986). Anders formuliert: es ist wichtig, *mit* dem Kind als *an* das Kind zu reden, denn interaktive Kontexte begünstigen einen optimalen Spracherwerb.

Ein weiteres Element zuwendungsstarker Interaktion beinhaltet, die Interessen von Kindern zu beachten und sie zu kommentieren. Wissenschaftliche Studien zeigen, dass körperliche oder verbale Zuwendung sowie das einfühlsame Eingehen auf Fragen, Interessen und Gefühle von Kindern maßgeblich mit schulischer Leistung und kognitivem Wachstum einhergehen (Bornstein & Tamis-LeMonda, 1989; Burchinal/Campbell/Bryant/Wasik & Ramey, 1997; Cunningham & Stanovich, 1997; Howes/Phillips & Whitebook, 1992; Howes & Smith, 1995; Landry et al., 2001). Außerdem haben in dialogischen Vorlese-Situationen diejenigen Kinder, deren Eltern über die im Buch präsentierten expliziten Informationen im Gespräch hinausgingen, bessere Wortschatzleistungen erzielt als die Kinder, deren Eltern sich vorwiegend auf die explizite Botschaft der Geschichte konzentrierten (De Temple & Snow, 1992). Folglich bauen einfühlsame elterliche Interaktionen auf den Interessen und der Perspektive des Kindes auf und regen zu Gesprächen eher an als dass sie sie einschränken.

Einfühlsame Interaktionen sind besonders nutzbringend, wenn sie mit einem reichhaltigen sprachlichen Input begleitet werden. Eine Studie, die die Effekte von interaktiven Buchsituationen auf die Sprach- und Literacy-Entwicklung von 4-Jährigen untersuchte, zeigte, dass Kinder, denen offene Fragen gestellt wurden und die dazu ermuntert wurden, sich an Gesprächen zu beteiligen, signifikant bessere Leistungen im *Peabody Picture Vocabulary Test III* erzielten, als diejenigen, denen nur vorgelesen wurde (Wasik & Bond, 2001). In ähnlicher Weise fand eine Längsschnittstudie, in der die Fachkraft-Kind-Gespräche (mit Vierjährigen) untersucht wurden, heraus, dass es einen Zusammenhang gibt zwischen der Begegnung mit qualitativ hochwertigeren Gesprächen und reichhaltigerem Wortschatz während des Freispiels und beim Vorlesen in der Gruppe und dem Sprachverständnis und den Schreibkompetenzen von Kindern am Ende des Kindergartenbesuchs (Dickinson, 2001b; Tabors, Snow, & Dickinson, 2001). Dies traf auch dann zu, wenn die Ergebnisse bezüglich der kindlichen Sprachkompetenz (d. h. die durchschnittliche Äußerungslänge) im Alter von drei Jahren, hinsichtlich des elterlichen Einkommens und Bildungsniveaus sowie der Unterstützung von Literacy-Aktivitäten in der Familie (z. B. Vorlesen) kontrolliert wurden. Insgesamt begünstigen diejenigen Interaktionen die Sprachentwicklung, die die Perspektive des Kindes einnehmen, engagierte Gespräche anregen und einen reichhaltigen sprachlichen Input verwenden.

Prinzip Nr. 6: Kinder lernen am besten in sinnstiftenden Kontexten

Die Gedächtnisforschung legt nahe, dass Menschen am besten lernen, wenn Informationen in integrierten Kontexten und nicht als isoliertes Faktenwissen präsentiert werden (Bartlett, 1932; Bransford & Johnson, 1972; Bruner, 1972; Neisser, 1967; Tulving, 1968). Sich an einen Schauspieltext zu erinnern, ist beispielsweise einfacher als das Erinnern der gleichen Worte ohne sinnstiftenden Kontext. Das Gleiche gilt für Kinder. Sinntragende Verbindungen zwischen Wörtern werden auch in Untersuchungen gestärkt, die das themenzentrierte Spiel als Stütze für die Sprachentwicklung nutzen. Christie und Roskos (2006) fanden heraus, dass sich Kinder, die zusammenhängende Wortschätze für Kategorien von Objekten wie *Hämmer, Schutzhelme, Schraubenzieher, Werkzeuggürtel* (d. h. für die Kategorie »bauen«) lernen, besser an diese Wörter erinnern und sie besser verwenden als Kinder, die auf eine nicht integrative Art lernen. Zusätzliche Nachweise für eine erhöhte Sprachproduktion bei Kindern in bedeutungsvollen Kontexten kommt aus der Forschung von Ferrara/Hirsh-Pasek/Newcombe/Golinkoff & Lam (2011). Um zu untersuchen, wie sich das Spiel auf die Verwendung von räumlicher Sprache auswirkt (Begriffe wie *oben, um ... herum, hindurch*), wurden Eltern und Kinder einer von drei Bedingungen zugeordnet: *freies Spiel* mit Bauklötzchen, *gelenktes Spiel* oder *Spiel mit vorgegebenen Strukturen*. In der *Freispielsituation* wurden Eltern und Kinder gebeten, mit einem Bauklötzchensatz zu spielen, wie sie das zu Hause machen würden. In der *gelenkten* Spielsituation wurden dem Elternteil und dem Kind fünf nummerierte Fotos gegeben, die Anleitungsschritte für den Bau entweder einer Garage oder eines Hubschrauberlandeplatzes enthielten (ähnlich wie die IKEA-Anleitungen zum Möbelbau). In der Spielsituation mit *vorgegebenen Struktu-*

ren erhielt das Eltern-Kind-Gespann ein zusammengeklebtes Modell der Garage oder des Hubschrauberlandeplatzes. Die Ergebnisse verweisen darauf, dass Eltern in der gelenkten Spielsituation signifikant mehr räumliche Sprache verwendeten als Eltern in den anderen beiden Spielsituationen. Die Kinder in der gelenkten Spielsituation produzierten signifikant mehr räumliche Sprache als diejenigen in der Freispielsituation. Obwohl das Spiel mit Bauklötzchen normalerweise einen stärkeren Einsatz von räumlicher Sprache im Vergleich zu anderen Spielbedingungen auslöst, erhöhte sich die Produktion von räumlicher Sprache vor allem beim gelenkten Spiel. Pädagogische Ansätze, die sich eines Aufgabengerüsts mit vordefinierten Zielen bedienen, bieten für Kinder besondere Vorteile.

Auch bildungstheoretische Ansätze legen nahe, dass gelenkte Spielsituationen die Lernqualität, Speicherung und kognitive Leistung besser unterstützen als direkte Instruktion oder multimethodische Ansätze (Burts/Hart, Charlesworth, & Kirk, 1990; Burts et al., 1992; Hirsh-Pasek & Golinkoff, 1991; Lillard & Else-Quest, 2006; Love/Ryer & Faddis, 1992; Marcon, 1993; Roskos/Tabors & Lenhart, 2004). Durch gelenkte Spielansätze können Fachkräfte ein Lernumfeld um ein allgemeines Bildungsziel herum anlegen, indem sie die natürliche Neugier und das Explorationsverhalten von Kindern anregen (Fein & Rivkin, 1986; Harris et al., 2011; Hirsh-Pasek et al., 2009; Marcon, 2002). Die Wissenschaft unterstützt auch die Ansicht, dass das Wortschatzlernen erfolgreich ist, wenn es in einem spielerischen Kontext stattfindet. Han/Moore/Vukelich & Buell (2010) untersuchten den Einfluss von spielerischer Instruktion auf die Wortschatzentwicklung. Leistungsschwache Vier- und Fünfjährige in *Head-Start*-Einrichtungen wurden nach dem Zufallsprinzip zwei verschiedenen Lernsettings zugeordnet: entweder *nur explizite Instruktion* oder *explizite Instruktion und Spiel*. Durch den Einsatz von Bilderbüchern wurde den Kindern in beiden Settings 64 Wörter pro Woche vermittelt – zweimal in der Woche über vier Monate. Die Ergebnisse zeigen, dass am Ende der Studie die Kinder aus der Gruppe *explizite Instruktion und Spiel* signifikant häufiger die Zielwörter korrekt benannten als die Kinder aus dem Setting *nur explizite Instruktion*. Empirische Forschung und Bildungstheorie unterstreichen die Bedeutung von Gesprächen zwischen Erwachsenen und Kindern, die im Kontext von spielerischem Lernen stattfinden sowie auf den Interessen der Kinder aufbauen. Spielerisches Lernen bietet Kindern möglicherweise neue lexikalische Konzepte an, die eher behalten werden als direkte Anweisungen allein (Harris et al., 2011; Golinkoff, 1986).

Fazit

In den USA und in anderen Ländern wie z. B. Deutschland gibt es ein erhebliches Leistungsgefälle zwischen armen und nicht benachteiligten Schulkindern (Post & Pong, 2000; Rowan/Cohen & Raudenbush, 2004). Das amerikanische Bildungsministerium (The U.S. Department of Education) legte 2001 einen Bericht vor, der folgende Schlüsselergebnisse hinsichtlich der Effekte von Armut auf Schulleistungen in Lesen und Mathematik enthielt. Die Schülerinnen und Schüler waren aus den dritten bis fünften Klassen von 71 Schulen mit hohen Armutsquoten. Ihre Testergebnisse über alle Klassen und Jahrgangsstufen hinweg waren unterdurchschnittlich. Die Testleistungen der

Schülerinnen und Schüler aus armen Familien waren signifikant niedriger als diejenigen von anderen Kindern. Die Leistungsergebnisse der Schulen mit den höchsten Quoten von in Armut lebenden Kindern waren signifikant niedriger als die Leistungen von anderen Schulen. Zahlreiche Studien haben ähnliche Zusammenhänge zwischen sozio-ökonomischem Status und Schulleistung herausgefunden. Darüber hinaus tendieren arme Schülerinnen und Schüler dazu, verglichen mit Mitschülern aus besser gestellten Familien, durch die gesamte Schullaufbahn hindurch hinter den Leistungserwartungen zurückzubleiben (Strand, 2010).

Eine frühe Sprachkompetenz ist äußerst wichtig für den Bildungserfolg der Kinder. Sprache ist eine Schlüsselkompetenz für das Mathematikverständnis (z. B. Jordan/Glutting & Ramineni, 2010), für das naturwissenschaftliche Verständnis (z. B. Bornstein et al., 2006) und für das Verstehen von Literatur. Ein schwacher Sprachstart bremst die spätere Bildungsperformanz (Rowe/Raudenbush & Goldin-Meadow, 2012). Demnach könnte die Implementierung von forschungsbasierten Prinzipien für das Erlernen von Sprache eine wichtige Rolle in der Unterstützung einer optimalen Sprachentwicklung und in der Verringerung von Leistungsdiskrepanzen spielen. Die Prinzipien, die hier präsentiert werden, plädieren für eine Mischung von pädagogischen Ansätzen; darunter befinden sich u. a. klare und leicht verdauliche Definitionen sowie die Exploration von Wortdeutungen durch spielerische Interaktionen. Viele Jahre der Sprachentwicklungsforschung belegen diese Prinzipien. Wir wissen, dass wir durch die Erhöhung der Menge (Prinzip Nr. 1) und der Vielfalt des sprachlichen Inputs (Prinzip Nr. 2), durch die Beachtung der komplementären Rollen von Wortschatz und Grammatik (Prinzip Nr. 3), durch Gespräche über Themen, die Kinder interessieren (Prinzip Nr. 4), in interaktiven (Prinzip Nr. 5) und für sie bedeutungsvollen Kontexten (Prinzip Nr. 6) Kindern sowohl in den USA als auch in Deutschland helfen können, erhebliche Fortschritte in ihrer Sprachentwicklung und ihren Schulleistungen zu erzielen. Kinder mit allen Hintergründen können von der Implementierung dieser Prinzipien profitieren. Es ist an der Zeit, die umfangreichen Forschungsarbeiten in unserem Feld in die Praxis zu überführen!

Literatur

Akhtar, N./Dunham, F. & Dunham, P. J.: Directive interactions and early vocabulary development: The role of joint attentional focus. Journal of Child Language 18, 1991; S. 41–49, doi: 10.1017/S0305000900013283

Arunachalam, S. & Waxman, S.: Grammatical form and semantic context in verb learning. Language Learning and Development 7, 2011; S. 169–184, doi: 10.1080/15475441.2011.573760

Auernheimer, G.: The German education system: Dysfunctional for an immigration society. European Education, 37(4), 2006; S. 75–89, doi: 10.2753/EUE1056–4934370406

Baldwin, D. A.: Infants' contribution to the achievement of joint reference. Child Development 62 1991; S. 875–890, doi: 10.1111/j.1467–8624.1991.tb01577.x

Baldwin, D. A. & Markman, E. M.: Establishing word-object relations: A first step. Child Development 60, 1989; S. 381–398, doi: 10.2307/1130984

Bartlett, F. C.: Remembering: A study in experimental and social psychology. Cambridge, UK: Cambridge University Press 1932

Bergen, D. & Mauer, D.: Symbolic play, phonological awareness, and literacy skills at three age levels.

In K. A. Roskos & J. F. Christie (Eds.), Play and literacy in early childhood: Research from multiple perspectives. New York: Erlbaum 2000; S. 45–62

Blewitt, P./Rump, K./Shealy, S. & Cook, S.: Shared book reading: When and how questions affect young children's word learning. Journal of Educational Psychology 101, 2009; S. 294–306, doi: 10.1037/a0013844

Booth, A. E.: Causal supports for word learning. Child Development 80, 2009; S. 1243–1250, doi: 10.1111/j.1467-8624.2009.01328.x

Bornstein, M. H./Hahn, C. S./Bell, C./Haynes, O. M./Slater, A./Golding, J./Wolke, D./ALSPAC Study Team: Stability in cognition across early childhood. A developmental cascade. Psychological Science 17, 2006; S. 151–159, doi:10.1111/j.1467-9280.2006.01678.x

Bornstein, M. H./Haynes, O. M./Azuma, H./Galperín, C./Maital, S./Ogino, M./Painter, K./Pascual, L./Pêcheux, M./Rahn, C./Toda, S./Venuti, P./Vyt, A. & Wright, B.: A cross-national study of self-evaluations and attributions in parenting: Argentina, Belgium, France, Israel, Italy, Japan, and the United States. Developmental Psychology 34, 1998; S. 662–676, doi:10.1037/0012-1649.34.4.662

Bornstein, M. H. & Tamis-LeMonda, C. S.: Maternal responsiveness: Characteristics and consequences. New Directions for Child and Adolescent Development 43, 1989; S. 1–112

Bradley, R. H./Caldwell, B. M./Rock, S. L./Ramey, C. T./Barnard, K. E./Gray, C./Hammond, M. A./Mitchell, S./Gottfried, A. W./Siegel, L. & Johnson, D. L.: Home environment and cognitive development in the first 3 years: A collaborative study involving six sites and three ethnic groups in North America. Developmental Psychology 25, 1989; S. 217–235, doi: 10.1037/0012-1649.25.2.217

Bransford, J. D. & Johnson, M. K.: Contextual prerequisites for understanding: Some Investigations of Comprehension and Recall. Journal of Verbal Learning and Verbal Behavior 11, 1972; S. 717–726, doi: 10.1016/S0022-5371(72)80006-9

Bronfenbrenner, U. & Morris, P. A.: The ecology of developmental processes. In W. Damon (Series Ed.) & R. M. Lerner (Vol. Ed.), Handbook of Child Psychology: Theoretical models of human development. New York: Wiley 5th ed., Vol 1 1998; S. 993–1028

Bruner, J.: Nature and uses of immaturity. American Psychologist 27, 1992; S. 687–708, doi:10.1037/h0033144

Bruner, J.: The role of dialogue in language acquisition. In A. Sinclair/R. Jarvella & W. J. M. Levelt (Eds.), The Child's Concept of Language. Berlin, Germany: Springer-Verlag 1978; S. 241–256

Burchinal, M. R./Campbell, F. A./Bryant, D. M./Wasik, B. H. & Ramey, C. T.: Early intervention and mediating processes in cognitive performance of children of low-income African American families. Child Development 68, 1997; S. 935–954, doi:10.1111/j.1467-8624.1997.tb01972.x

Burts, D. C./Hart, C. H./Charlesworth, R./Fleege, P. O./Mosley, J. & Thomasson, R. H.: Observed activities and stress behaviors of children in developmentally appropriate and inappropriate kindergarten classrooms. Early Childhood Research Quarterly 7, 1992; S. 297–318, doi: 10.1016/0885-2006(92)90010-V

Burts, D. C./Hart, C. H./Charlesworth, R. & Kirk, L.: A comparison of frequencies of stress behaviors observed in kindergarten children in classrooms with developmentally appropriate versus developmentally inappropriate instructional practices. Early Childhood Research Quarterly 5, 1990; S. 407–423, doi: 10.1016/0885-2006(90)90030-5

Carey, S. & Bartlett, E.: Acquiring a single new word. Papers and Reports on Child Language Development 15, 1978; S. 17–29

Carpenter, M./Akhtar, N. & Tomasello, M.: Fourteen- through eighteen-month-old infants differentially imitate intentional and accidental actions. Infant Behaviour and Development 21, 1998; S. 315–330, doi: 10.1016/S0163-6383(98)90009-1

Carpenter, M./Nagell, K. & Tomasello, M.: Social cognition, joint attention, and communicative competence from 9–15 months of age. Monographs of the Society for Research in Child Development, 63(4) 1998; S. 1–143

Casasola, M. & Bhagwat, J.: Do novel words facilitate 18-month-olds' categorization of a spatial relation? Child Development 78, 2007; S. 1818–1829, doi: 10.1111/j.1467-8624.2007.01100.x

Christie, J. & Roskos, K.: Standards, science, and the role of play in early literacy education. In D. G.

Singer/R. M. Golinkoff & K. Hirsh-Pasek (Eds.) Play = Learning: How play motivates and enhances children's cognitive and social-emotional growth and Social-Emotional Growth. New York: Oxford University Press 2006; S. 57–73, doi: 10.1093/acprof:oso/9780195304381.003.0004

Clarke-Stewart, K. A.: Interactions between mothers and their young children: Characteristics and consequences. Monographs of the Society for Research in Child Development 38, 1973; S. 1–109, doi:10.2307/1165928

Conboy, B. T. & Thal, D. J.: Ties between the lexicon and grammar: Cross-Sectional and longitudinal studies of bilingual toddlers. Child Development 77, 2006; S. 712–735, doi: 10.1111/j.1467-8624.2006.00899.x

Cunningham, A. E. & Stanovich, K. E.: Early reading acquisition and its relation to reading experience and ability 10 years later. Developmental Psychology 33, 1997; S. 934–945, doi: 10.1037/0012-1649.33.6.934

De Temple, J. M. & Snow, C. E.: Styles of parent-child book reading as related to mothers' views of literacy and children's literacy outcomes. Paper presented at the Conference on Human Development, Atlanta, GA 1992, April

Dickinson, D. K.: Large-group and free-play times: Conversational settings supporting language and literacy development in kindergarten. In D. K. Dickinson, & P. O. Tabors (Ed.), Beginning literacy with language: Young children learning at home and school. Baltimore, MD: Brookes 2001a; S. 223–255

Dickinson, D. K.: Putting the Pieces Together: Impact of Preschool on Children's language and Literacy Development in Kindergarten. In D. K. Dickinson & P. O. Tabors (Ed.), Beginning literacy with language: Young children learning at home and school. Baltimore, MD: Brookes 2001b; S. 257–288

Dickinson, D. K./Cote, L. R. & Smith, M. W.: Learning vocabulary in preschool: Social and discourse contexts affecting vocabulary growth. In W. Damon (Series Ed.) & C. Daiute (Vol. Ed.), New directions in child development: The development of literacy through social interaction. San Francisco, CA: Jossey-Bass, 61. Aufl. 1993; S. 67–78, doi: 10.1002/cd.23219936106

Dickinson, D. K./Flushman, T. R. & Freiberg, J. B.: Language, reading and classroom supports: Where we are and where we need to be going. In B. Richards, M. H. Daller, D. D. Malvern, P. Meara, J. Milton & J. Trefers-Daller (Eds.), Vocabulary studies in first and second language acquisition: The interface between theory and application. Hampshire, UK: Palgrave-MacMillan 2009, S. 23–38

Dickinson, D./Golinkoff, R. M. & Hirsh-Pasek, K.: Speaking out for language: Why language is central for learning development. Educational Researcher 29, 2010; S. 305–310, doi: 10.3102/0013189X10370204

Dickinson, D. & Moreton, J.: *Predicting specific kindergarten literacy skills from three-year-olds preschool experience.* Paper presented at the biennial meetings of the Society for Research in Child Development, Seattle, WA, April 1991

Dickinson, D. & Tabors, P. (Eds.): *Beginning literacy with language: Young children learning at home and school.* Baltimore, MD: Paul H. Brookes Publishing 2001

Dixon, J. A. & Marchman, V. A.: Grammar and the lexicon: Developmental ordering in language acquisition. Child Development 78, 2007; S. 190–212, doi: 10.1111/j.1467-8624.2007.00992.x

Dunham, P. J./Dunham, F. & Curwin, A.: Joint attentional states and lexical acquisition at 18 months. Developmental Psychology 29, 1993; S. 827–831, doi: 10.1037/0012-1649.29.5.827

Elley, W. B.: Vocabulary acquisition from listening to stories. Reading Research Quarterly 24, 1989; S. 174–187, doi: 10.2307/747863

Fein, G. & Rivkin, M.: The young child at play: Reviews of the research. Washington, D.C.: NAEYC, 4. Aufl. 1986

Feitelson, D./Goldstein, Z./Iraqi, J. & Share, D. L.: Effects of listening to story reading on aspects of literacy acquisition in a diglossic situation. Reading Research Quarterly 28(1), 1993; S. 70–79, doi: 10.2307/747817

Fernald, A./Zangl, R./Portillo, A. L. & Marchman, V. A.: Looking while listening: Using eye movements to monitor spoken language comprehension by infants and young children. In I. A. Sekerina, E. M. Fernandez & H. Clahsen (Eds.), Developmental Psycholinguistics: On-line methods in children's language processing. Amsterdam: John Benjamins 2008; S. 97–135

Ferrara, K./ Hirsh-Pasek, K./Newcombe N. S./Golinkoff, R. M. & Lam, W. S.: Block talk: Spatial language during block play. Mind, Brain and Education 5, 2011; S. 143–151, doi: 10.1111/j.1751-228X.2011.01122.x

Gertner, Y. & Fisher, C.: Predicted errors in children's early sentence comprehension. Cognition 124, 2012; S. 85–94, doi: 10.1016/j.cognition.2012.03.010

Gertner, Y./Fisher, C. & Eisengart, J. B.: Learning words and rules: Abstract knowledge of word order in early sentence comprehension, Psychological Science 17, 2006; S. 684–691, doi: 10.1111/j.1467-9280.2006.01767.x

Gleitman, L.: The structural sources of verb meanings. Language Acquisition 1, 1990; S. 3–55, doi:10.1207/s15327817la0101_2

Gleitman, L./Cassidy, K./Nappa, R./Papafragou, A. & Trueswell, J.: Hard words. Language Learning and Development 1 2005; S. 23–64, doi: 10.1207/s15473341lld0101_4

Goldin-Meadow, S.: Language and the manual modality: How our hands help us talk and think. In N. J. Enfield/P. Kockelman & J. Sidnell (Eds.), The Cambridge Handbook of Linguistic Anthropology. New York: Cambridge University Press 2012

Golinkoff, R. M.: The case for semantic relations: Evidence from the verbal and nonverbal domains. Journal of Child Language 78, 1981; S. 413–438, doi: 10.1017/S0305000900003275

Golinkoff, R. M.: I beg your pardon?: The preverbal negotiation of failed messages. Journal of Child Language 13, 1987; S. 455–476, doi: 10.1017/S0305000900006826

Golinkoff, R. M. & Hirsh-Pasek, K.: The emergentist coalition model of word learning in children has implications for language in aging. In E. Bialystok & F. Craik (Eds.), Lifespan cognition: Mechanisms of change. New York, NY: Oxford University Press 2006; S. 207–222, doi: 10.1093/acprof:oso/9780195169539.003.0014

Golinkoff, R. M. & Hirsh-Pasek, K.: Language development: The view from the radical middle. In H. Caunt-Nulton/S. Kulatilake & I. Woo (Eds.), Proceedings of the 31st Annual Boston University Conference on Language Development. Somerville, MA: Cascadilla Press 2007; S. 1–25

Golinkoff, R. M./Hirsh-Pasek, K./Bailey, L. & Wenger, N.: Young children and adults use lexical principles to learn new nouns. Developmental Psychology 28, 1992; S. 99–108, doi: 10.1037/0012-1649.28.1.99

Goodman, J. C./Dale, P. S. & Li, P.: Does frequency count? Parental input and the acquisition of vocabulary. Journal of Child Language 35, 2008; S. 515–531, doi: 10.1017/S0305000907008641

Gottfried, A.: Home environment and early cognitive development: Integration, meta-analysis, and conclusions. In A. Gottfried (Ed.), Home environment and early cognitive development. Orlando, FL: Academic Press 1984; S. 329–342

Han, M./Moore, N./Vukelich, C. & Buell, M.: Does play make a difference?: Effects of play intervention on at-risk preschoolers' vocabulary learning. American Journal of Play 3(1) 2010; S. 82–105

Harris, J./Golinkoff, R. M. & Hirsh-Pasek, K.: Lessons from the crib for the classroom: How children really learn vocabulary. In S. B. Neuman & D. K. Dickinson (Eds.), Handbook of early literacy research. NY: Guilford Press, 3. Aufl. 2011; S. 49–65

Harris, M./Barrett, M./Jones, D. & Brookes, S.: Linguistic input and early word meaning. Journal of Child Language 15 1988; S. 77–94, doi:10.1017/S030500090001206X

Harris, M./Jones, D./Brookes, S. & Grant, J.: Relations between the non-verbal context of maternal speech and the rate of language development. British Journal of Developmental Psychology 4, 1986; S. 261–268, doi: 10.1111/j.2044-835X.1986.tb01017.x

Hart, B. & Risley, T. R.: Meaningful differences in the everyday experience of young American children. Baltimore, MD: Brookes Publishing Company 1995

Haskins, R./Greenberg, M. & Fremstad S.: Federal Policy for Immigrant Children: Room for Common Ground? The Future of Children, 14(2) 2004; S. 1–6. Retrieved August 7, 2012 from http://futureofchildren.org/futureofchildren/publications/docs/14_02_PolicyBrief.pdf

Heath, J.: From code-switching to borrowing: Foreign and diglossic mixing in Moroccan Arabic. London, UK: Kegan Paul International 1989

Hirsh-Pasek, K. & Burchinal, M.: Mother and caregiver sensitivity over time: Predicting language and academic outcomes with variable- and person-centered approaches. Merrill Palmer Quarterly 52, 2006; S. 449–485, doi: 10.1353/mpq.2006.0027

Hirsh-Pasek, K. & Golinkoff, R. M.: Language comprehension: A new look at some old themes. In N. Krasnegor/D. Rumbaugh/M. Studdert-Kennedy & R. Schiefelbusch (Eds.), Biological and behavioral determinants of language development. Hillsdale, NJ: Lawrence Erlbaum Associates 1991; S. 301–320

Hirsh-Pasek, K. & Golinkoff, R. M.: Why play = learning. In R. E. Tremblay/M. Boivin & R. D. Peters (Eds.), Encyclopedia on Early Childhood Development 2008 (Summer, 2012 Ed.). Retrieved from http://www.child-encyclopedia.com/documents/Hirsh-Pasek-GolinkoffANGxp.pdf

Hirsh-Pasek, K./Golinkoff, R. M./Berk, L. & Singer, D.: A mandate for playful learning in preschool: Presenting the evidence. NY: Oxford University Press 2009

Hirsh-Pasek, K. & Golinkoff, R. M. with Eyer, D.: Einstein never used flash cards: How our children really learn and why they need to play more and memorize less. Emmaus, PA: Rodale Press 2003

Hoff, E.: The specificity of environmental influence: Socioeconomic status affects early vocabulary development via maternal speech. Child Development 74 2003; S. 1368–1378, doi: 10.1111/1467-8624.00612

Hoff, E.: Language experience and language milestones during early childhood. In D. Phillips & K. McCartney (Eds.), Handbook of early childhood development. Oxford: Blackwell Publishers 2006; S. 233–251

Hoff, E.: Do vocabulary differences explain achievement gaps and can vocabulary-targeted interventions close them? Unpublished Manuscript, Department of Psychology, Florida Atlantic University, Davie, FL 2009

Hoff-Ginsberg, E.: Mother-child conversation in different social classes and communicative settings. Child Development 62, 1991; S. 782–796, doi: 10.1111/j.1467-8624.1991.tb01569.x

Hoff, E. & Naigles, L.: How children use input to acquire a lexicon? Child Development 73, 2002; S. 418–433, doi: 10.1111/1467-8624.00415

Hollich, G./Hirsh-Pasek, K./Tucker, M. L. & Golinkoff, R. M.: A change is afoot: Emergentist thinking in language acquisition. In P. Anderson/C. Emmeche/N. O. Finnemann & P. V. Christiansen (Eds.), Downward causation. Oxford, UK: Aarhus University Press 2000; S. 143–178

Horst, J. S. & Samuelson, L. K.: Fast mapping but poor retention by 24-month-old infants, Infancy 13, 2008; S. 128–157, doi: 10.1080/15250000701795598

Howes, C.: Social-emotional classroom climate in childcare, child-teacher relationships and children's second grade peer relations. Social Development 9, 2000; S. 191–204, doi: 10.1111/1467-9507.00119

Howes, C. Phillips/D. & Whitebook, M.: Thresholds of quality: Implications for the social development of children in center-based child care. Child Development 63, 1992; S. 449–460, doi: 10.2307/1131491

Howes, C. & Smith, E. W.: Relations among child care quality, teacher behavior, children's play activities, emotional security, and cognitive activity in child care. Early Childhood Research Quarterly 10, 1995; S. 381–404, doi: 10.1016/0885-2006(95)90013-6

Huttenlocher, J./Haight, W./Bryk, A./Seltzer, M. & Lyons, T.: Early vocabulary growth: Relation to language input and gender. Developmental Psychology 27, 1991; S. 236–248, doi:10.1037/0012-1649.27.2.236

Huttenlocher, J./Levine, S. C. & Vevea, J.: Environmental effects on cognitive growth: A Study Using Time-Period Comparisons. Child Development 69, 1998; S. 1012–1029, doi: 10.1111/j.1467-8624.1998.tb06158.x

Huttenlocher, J./Vasilyeva, M./Cymerman, E. & Levine, S.: Language input and child syntax. Cognitive Psychology 45, 2002; S. 337–374, doi: 10.1016/S0010-0285(02)00500-5

Huttenlocher, J./Waterfall, H./Vasilyeva, M./Vevea, J. & Hedges, L.: Sources of variability in children's language growth. Cognitive Psychology 61, 2010; S. 343–365, doi: 10.1016/j.cogpsych.2010.08.002

Imai, M./Li, L./Haryu, E./Okada, H./Hirsh-Pasek, K./Golinkoff, R. & Shigematsu, J.: Novel noun and verb learning in Chinese-, English-, and Japanese-speaking children. Child Development 79, 2008; S. 979–1000, doi: 10.1111/j.1467-8624.2008.01171.x

Jones, S. & Smith, L. B.: Object name learning and object perception: A deficit in late talkers. Journal of Child Language 32, 2005; S. 223–240, doi: 10.1017/S0305000904006646

Jordan, N. C./Glutting, J. & Ramineni, C.: The importance of number sense to mathematics achievement in first and third grades. Learning and Individual Differences 20, 2010; S. 82–88, doi:10.1016/j.lindif.2009.07.004

Katz, J. R.: Playing at home: The talk of pretend play. In D. K. Dickinson & P. O. Tabors (Eds.), Beginning literacy with language. NY: Brookes 2001; S. 53–73

Kucker, S. C. & Samuelson, L. K.: The first slow step: Differential effects of object and word-form familiarization on retention of fast-mapping words. Infancy 17, 2012; S. 295–323, doi: 10.1111/j.1532-7078.2011.00081.x

Kuhl, P. K./Tsao, F. M. & Liu, H. M.: Foreign-language experience in infancy: Effects of short-term exposure and social interaction on phonetic learning. Proceedings of the National Academy of Sciences, USA 100, 2003; S. 9096–9101, doi:10.1073/pnas.1532872100

Landry, S. H./Smith, K. E./Swank, P. R./Assel, M. A. & Vellet, S.: Does early responsive parenting have a special importance for children's development or is consistency across early childhood necessary? Developmental Psychology 37, 2001; S. 387–403, doi:10.1037//0012-1649.37.3.387

Liberman, I. Y.: Segmentation of the spoken word and reading acquisition. Bulletin of the Orton Society 23, 1973; S. 65–77, doi: 10.1007/BF02653842

Lillard, A. & Else-Quest, N.: The early years: Evaluating Montessori education. Science 313, 2006; S. 1893–1894, doi: 10.1126/science.1132362

Love, J./Ryer, P. & Faddis, B.: Caring environments: Program quality in California's publicly funded child development programs. Portsmouth, NH: RMC Research 1992

Malvern, D./Richards, B./Chipere, N. & Durán, P.: Lexical diversity and language development: Quantification and assessment. UK: Palgrave Macmillan 2004

Marcon, R. A.: Socioemotional versus academic emphasis: Impact on kindergartners' development and achievement. Early Child Development and Care 96, 1993; S. 81–91 m, doi: 10.1080/0300443930960108

Marcon, R. A.: Moving up the grades: Relationship between preschool model and later school success. Early Childhood Research and Practice 4, 2002; S. 1–20

Mariscal, S. & Gallego, C.: The relationship between early lexical and grammatical development in Spanish: Evidence in children with different linguistic levels. The Spanish Journal of Psychology 15(1), 2012; S. 112–123, doi: 10.5209/rev_SJOP.2012.v15.n1.37293

McCartney, K.: Effect of quality of day care environment on children's language development. Developmental Psychology 20, 1984; S. 244–260, doi: 10.1037//0012-1649.20.2.244

McCartney, K./Starr, S./Phillips. D. & Grajek, S.: Day care as intervention: Comparisons of varying quality programs. Journal of Applied Developmental Psychology 6, 1985; S. 247–260, doi:10.1016/0193-3973(85)90061-9

Miller, E. & Almon, J.: Crisis in the kindergarten: Why children need to play in school. College Park, MD: Alliance for Childhood 2009

Naigles, L. R. & Hoff-Ginsberg, E.: Why are some verbs learned before other verbs? Effects of input frequency and structure on children's early verb use. Journal of Child Language 25, 1998; S. 95–120, doi: 10.1017/S0305000997003358

Neisser, U.: Cognitive psychology. New York: Appleton-Century-Crofts 1967

NICHD Early Child Care Research Network: The relation of child care to cognitive and language development. Child Development 71, 2000; S. 960–980, doi: 10.1111/1467-8624.00202

NICHD Early Child Care Research Network: Early child care and children's development prior to school entry: Results from the NICHD Study of Early Child Care. American Educational Research Journal 39, 2002; S. 133–164, doi: 10.3102/00028312039001133

NICHD Early Child Care Research Network: Pathways to reading: The role of oral language in the transition to reading. Developmental Psychology 41, 2005; S. 428–442, doi: 10.1037/0012-1649.41.2.428

Nicolopoulou, A.: Play, cognitive development, and the social world: Piaget, Vygotsky, and beyond. Human Development 36, 1993; S. 1–23, doi:10.1159/000277285

Nicolopoulou, A./McDowell, J. & Brockmeyer, C.: Narrative play and emergent literacy: Storytelling and story-acting meet journal writing. In D. G. Singer/R. M. Golinkoff & K. Hirsh-Pasek (Eds.), *Play = Learning: How play motivates and enhances children's cognitive and social-emotional growth*. New York: Oxford University Press 2006; S. 124–144, doi: 10.1093/acprof:oso/9780195304381.003.0007

Organisation for Economic Co-operation and Development: PISA 2000: Overview of the Study. Berlin, Germany: OECD Publishing 2002

Pan, B. A./Rowe, M./Singer, J. & Snow, C. E.: Maternal correlated of growth in toddler vocabulary production in low-income families. Child Development 76, 2005; S. 763–782, doi:10.1111/j.1467-8624.2005.00876.x

Pellegrini, A. D. & Galda, L.: Children's play, language, and early literacy. Topics in Language Disorders 10, 1990; p–88

Pellegrini, A. D./Galda, L./Dresden, J. & Cox, S.: A longitudinal study of the predictive relations among symbolic play, linguistic verbs, and early literacy. Research in the Teaching of English 25, 1991; S. 219–235

Post, D. & S. Pong: International policies on early adolescent employment: An evaluation from the U.S. and TIMSS participant nations. International Journal of Educational Policy, Research, and Practice 1, 2000; S. 153–170

Pruden, S. M./Hirsh-Pasek, K./Golinkoff, R. & Hennon, E. A.: The birth of words: Ten-month-olds learn words through perceptual salience. Child Development 77, 2006; S. 266–280, doi: 10.1111/j.1467-8624.2006.00869.x

Roseberry, S./Hirsh-Pasek, K./Parish-Morris, J. & Golinkoff, R. M.: Live action: Can young children learn verbs from video? Child Development 80, 2009; S. 1360–1375, doi: 10.1111/j.1467-8624.2009.01338.x

Roskos, K./Tabors, P. & Lenhart, L.: Oral language and early literacy in preschool. Newark, DE: International Reading Association 2004

Rowan, B./Cohen, D. K. & Raudenbush, S. W.: Improving the educational outcomes of students in poverty through multidisciplinary research and development. Unpublished manuscript 2004

Rowe, M. L./Raudenbush, S. W. & Goldin-Meadow, S.: The pace of vocabulary growth helps predict later vocabulary skill. Child Development 83, 2012; S. 508–525, doi: 10.1111/j.1467-8624.2011.01710.x

Scarborough, H. S.: Connecting early language and literacy to later reading (dis)abilities: Evidence, theory, and practice. In S. B. Neuman & D. K. Dickinson (Eds.), Handbook of early literacy research. New York: Guilford Press 2009; S. 97–110

Schmitt, S. A./Simpson, A. M. & Friend, M.: A longitudinal assessment of the homeliteracy environment and early language. Infant and Child Development 20, 2011; S. 409–431, doi: 10.1002/icd.733

Singer, D./Golinkoff, R. & Hirsh-Pasek, K.: Play = learning: How play motivates and enhances children's cognitive and social-emotional growth. New York, NY: Oxford University Press 2006

Smith, L. B./Jones, S. S./Landau, B./Gershkoff-Stowe, L. & Samuelson, L.: Object Name Learning Provides On-the-Job Training for Attention. Psychological Science 13, 2002; S. 13–19, doi: 10.1111/1467-9280.00403

Smolak, L. & Weinraub, M.: Maternal speech: strategy or response? Journal of Child Language 10, 1983; S. 369–380, doi: 10.1017/S0305000900007820

Strand, S.: Do some schools narrow the gap? Differential school effectiveness by ethnicity, gender, poverty and prior attainment. School Effectiveness and School Improvement 21, 2010; S. 289–314, doi:10.1080/09243451003732651

Storch, A. & Whitehurst, G. J.: Oral language and code-relate precursors to reading: Evidence from a longitudinal structural model. Developmental Psychology 38, 2002; S. 934–947, doi:10.1037/0012-1649.38.6.934

Tabors, P. O./Snow, C. E. & Dickinson, D. K.: Homes and schools together: Supporting language and literacy development. In D. K. Dickinson & P. O. Tabors (Eds.), Beginning literacy with language: Young children learning at home and school. Baltimore, MD: Brookes Publishing 2001; S. 313–334

Tamis-LeMonda, C. S. & Bornstein, M. H.: Maternal responsiveness and early language acquisition. Advances in Child Development and Behavior 29, 2002; S. 89–127, doi:10.1016/S0065-2407(02)80052-0

Tomasello, M. & Farrar, J.: Joint attention and early language. Child Development 57, 1986; S. 1454–1463, doi: 10.2307/1130423

Tomasello, M., Mannle, S. & Kruger, A. C.: Linguistic Environment of 1- to 2-year-old twins. Developmental Psychology 22 1986; S. 169–176, doi:10.1037/0012-1649.22.2.169

Tomasello, M. & Todd, J.: Joint attention and lexical acquisition style. First Language 4, 1983; S. 197–212, doi: 10.1177/014272378300401202

Tulving, E.: When is recall higher than recognition? Psychonomic Science 10, 1968; S. 53–54

U.S. Department Of Education: The longitudinal evaluation of school change and performance (LESCP) in title I schools. Washington, D.C.: Government Printing Office 2001

Vasilyeva, M./Huttenlocher, J. & Waterfall, H.: Effects of language intervention on syntactic skill levels in preschoolers. Developmental Psychology 42, 2006; S. 164–174, doi: 10.1037/0012-1649.42.1.164

Vedeler, L.: Dramatic play: A format for ›literate‹ language? British Journal of Educational Psychology 67, 1997; S. 153–167, doi: 10.1111/j.2044-8279.1997.tb01234.x

Wakschlag, L. S. & Hans, S. L.: Relation of maternal responsiveness during infancy to the development of behavior problems in high-risk youths. Developmental Psychology 35, 1999; S. 569–579, doi:10.1037/0012-1649.35.2.569

Wasik, B. A. & Bond, M. A.: Beyond the pages of a book: Interactive book reading and language development in preschool classrooms. Journal of Educational Psychology 93, 2001; S. 243–250, doi:10.1037/0022-0663.93.2.243

Waxman, S. R./Lidz, J. L./Braun, I. E. & Lavin, T.: 24-month-old infants' interpretations of novel nouns and verbs in dynamic scenes. Cognitive Psychology 59, 2009; S. 67–95, doi: 10.1016/j.cogpsych.2009.02.001

Waxman, S. R. & Markow, D. B.: Words as invitations to form categories: Evidence from 12-month-old infants. Cognitive Psychology 29, 1995; S. 257–302, doi: 10.1006/cogp.1995.1016

Weizman, Z. O. & Snow, C. E.: Lexical input as related to children's vocabulary acquisition: Effects of sophisticated exposure and support for meaning. Developmental Psychology 37, 2001; S. 265–279, doi:10.1037/0012-1649.37.2.265

4.2 Sprachliche Bildung als durchgängiges Prinzip

Eva Reichert-Garschhammer

»Sprachliche Bildung als durchgängiges Prinzip« – dies ist ein unbestimmter Fachbegriff, mit dem sich viele verschiedene Vorstellungen und Bedeutungen in Verbindung bringen lassen, je nachdem, welche Perspektive eingenommen wird. Dies ist das Ergebnis der zehn Lehrgänge im Rahmen der Weiterbildung zur Sprachberatung in Bayern, in denen die Bedeutung dieses Begriffs gemeinsam erforscht wurde. Die Zusammenschau der eingebrachten Sichtweisen ergibt folgendes Bild.

Lebens- und Bildungsgrundlage für das Kind

Sprache ist eine urmenschliche Ausdrucksform, die mit dem Denkvermögen zusammenhängt und wie Essen und Schlafen zum Leben gehört, da sie im Alltag durchgängig und jederzeit gebraucht wird. Sprache zeichnet unseren Kulturraum aus, ist ein kultur- und generationenübergreifend bedeutsames Instrument und wichtiger Bestandteil einer Wissensgesellschaft.

- Sprache verschafft den Zugang und Kontakt zu Menschen, sprachliches Mitteilen stellt Verbindungen und Nähe her. Sprache ist daher die Grundlage für Kommunikation, Beziehungsaufbau und Chance für gewaltfreie Konfliktlösung.
- Sprache bedeutet eine Stimme zu haben, durch Sprache bekommt jede Person einen Platz im Leben, Selbstwirksamkeitserfahrungen beruhen auf Sprache und Kommunikation.
- »Man kann nicht nicht kommunizieren« (Watzlawick). Kommunikation ist mehr als verbale Sprache – auch Körpersprache, Zuhören, Sprechpausen bzw. Gebärden gehören dazu. Sprachlicher Ausdruck ist vielfältig und umfasst neben Schrift- und Bildsprache auch weitere Ausdrucksweisen wie Bewegung, Kunst und Musik.
- Sprache ist mehr als Kommunikation, sondern auch Werkzeug zum Denken, Reflektieren und zur Selbstregulation (Gefühle, Handeln) und »Kino im Kopf« (innere Bilder). Sprache ermöglicht sich innere Prozesse bewusst zu machen und Verbindungen zwischen seiner Innen- und Außenwelt herzustellen, so z. B. seine Gedanken mitzuteilen und seine Gefühle auszudrücken.
- Sprache erweist sich als Schlüsselqualifikation, sie verschafft Zugang zu Bildung und ist Grundlage von Bildung. Sprache und Wortverständnis ermöglichen Gehörtes und gestellte Aufgaben zu verstehen.
- Sprache ist damit der Schlüssel zur Welt und zu deren aktiven Mitgestaltung, denn: Die Grenzen meiner Sprache sind die Grenzen meiner Welt.

Basisthema und Querschnittsaufgabe im pädagogischen Kitaalltag

Sprache und Dialog sind die Basis für alle Bildungsprozesse und gemeinsames Lernen. Sprache und Literacy durchziehen den pädagogischen Alltag, finden immer und überall statt, sind in allem Bildungsbereichen enthalten, brauchen keine künstlichen Situationen, lassen sich immer einbinden und sind Bestandteil eines jeden Projekts.

- Sprache ist etwas Lustvolles, Motivation zum Sprechen mit Emotionen verbunden. Um bei Kindern Freude und Spaß an Sprache, Kommunikation und weiteren Ausdrucksformen zu erhalten und zu wecken, braucht es vielfältige Anlässe und Räume zum angstfreien Sprechen und damit Wertschätzung und Vertrauen.
- Das Zeitfenster der frühen Bildungsjahre gilt es zu nutzen durch Schaffung einer sprach- und literacyanregenden Lernumgebung und Alltagskultur, einer mehrsprachigen Orientierung des Bildungsgeschehens, das sich in der Wertschätzung und Präsenz der vielfältigen Familiensprachen und -dialekte der Kinder zeigt, und durch eine enge partnerschaftliche Kooperation und Vernetzung mit dem Bildungsort Familie, die Eltern aktiv einbezieht.
- Alltagssituationen sind permanente Sprachchancen, sie bieten vielfältige Gesprächs- und Literacyanlässe. Der Sprache Raum und Zeit geben heißt, Sprache im Alltagshandeln und als Instrument in der Gemeinschaft bewusst, gezielt und intensiv zu nutzen, eine Gesprächs- und Erzählkultur zu schaffen und einen permanenten Dialog in der Kita zu etablieren, die vielfältige Ausdrucksweisen einbezieht, auch Sprache sichtbar zu machen durch Präsenz von Buchstaben, Schrift und Büchern in der Kita und durch Literacyaktivitäten Wissen und Wortschatz der Kinder zu erweitern. Bildungsprozesse zu Sprache und Literacy alltagsintegriert, bereichsübergreifend und dialogorientiert mit Kindern zu gestalten – dies steht im Widerspruch zu jedem Sprachförderprogramm.
- Zuhören und einander Verstehen sind zentrale Ziele sprachlicher Bildung. Sprachräume zu gestalten, erfordert fundiertes Wissen über Erst- und Zweitspracherwerb, ein Bewusstsein für die Anwendung verbaler und nonverbaler Ausdrucksweisen und die Bedeutung des Zuhörens, für Sprache in verschiedenen Registern und Bildungsbereichen, für Kommunikationsstile, für konstruktive Konfliktbewältigung und für das Sprachverhalten der Pädagogin als Vorbild.

Haltung und Kernaufgabe der pädagogischen Fachkräfte

Begleitung sprachlicher Bildungsprozesse ist mehr als Sprechen – es geht vor allem auch um die innere Haltung, d.h. um Interesse und Offenheit, sich auf das Kind und seine Interessen, Themen, Sichtweisen und Ideen einzulassen, als Grundlage für eine gute Beziehung und Kommunikation.

Anknüpfend am Wissen und Können und an den sprachlichen Erfahrungen der Kinder nutzen pädagogische Fachkräfte eine Vielfalt an Strategien und Methoden, um die Bildungsprozesse der Kinder im Bereich Sprache und Literacy gezielt zu beobachten, anzuregen und aktiv mitzugestalten und die Kinder in ihrer Kompetenz und ihrem positiven Selbstbild zu stärken.

»Sie gestalten mit den Kindern eine sprach- und literacyanregende Lernumgebung, die voll ist mit Dingen zum Lesen, Schreiben, Zuhören und Darüberreden (Lese-, Schreib-, Rollenspielecke, Bibliothek in der Einrichtung). Sie bieten täglich Gelegenheiten zum Zuhören und Sprechen und begleiten und unterstützen Kinder in ihren Rollenspielen. Sie lesen den Kindern jeden Tag aus einer Vielfalt von Geschichten- und Sachbüchern vor und nehmen sich auch Zeit für dialogisches Bilderbuchbetrachten und Lesen in Kleinstgruppen. Sie verankern die Möglichkeit für tägliche Schreibversuche im pädagogischen Angebot. Sie setzen Sprachspiele, Reime, Gedichte und andere Methoden ein, um Kinder auch in ihrer phonologischen Bewusstheit zu stärken. Sie besuchen mit den Kindern regelmäßig Bibliotheken, aber auch Theater, um sie zu eigenem Theaterspiel anzuregen. Sie planen und gestalten mit den Kindern immer wieder Literacy-Center und Projekte« (Reichert-Garschhammer/Kieferle 2011, S. 105).

4.2.1 Kreatives Lernen im Dialog in Alltagssituationen und Projekten

Eva Reichert-Garschhammer

»In der *Wissens- und Ideengesellschaft des 21. Jahrhunderts* kommt es (…) darauf an, Gestaltungsfreiräume zu schaffen und Menschen zu kreativem Denken und Arbeiten einzuladen. Dadurch ändert sich unsere Vorstellung von Bildung und Erziehung grundlegend. Überall dort, wo Bildung stattfindet oder stattfinden soll, geht es nun viel stärker um die Aneignung sogenannter Metakompetenzen: um die Lust am Entdecken und Gestalten, um Engagement, Teamfähigkeit und Verantwortungsbereitschaft« (Hüther 2009, S. 4).

Zugleich erfordert das *Leitbild der inklusiven Bildungseinrichtung für alle* die vorhandene Heterogenität der Lernenden als Chance und Bereicherung im Sinne eines voneinander Lernens und Profitierens wahrzunehmen und gezielt zu nutzen und auf diese in nicht-hierarchischer demokratischer Weise einzugehen im Sinne einer Pädagogik der Vielfalt (vgl. Booth/Ainscow – Boban/Hinz 2003).

»Inklusive Qualität wird spürbar, sobald die Absicht greift, die Teilhabe für alle Mitglieder einer [Kita- und] Schulgemeinschaft zu steigern. Teilhabe bedeutet mit anderen gemeinsam zu lernen und mit ihnen bei gemeinsamen Lernprozessen zusammenzuarbeiten. Dies erfordert eine aktive Beteiligung am Lernprozess, das Gespräch über die Lernerfahrungen sowie Wahrnehmung, Akzeptanz und Wertschätzung eines jeden« (a. a. O., S. 10).

Diesen Anforderungen entsprechend gilt es das *Bildungsgeschehen* auf der Basis demokratischer Grundsätze *als gelebte Alltagsdemokratie* zu gestalten, die Partnerschaft, Partizipation und Ko-Konstruktion als durchgängiges Prinzip versteht. Um Wohlbefinden und Engagiertheit aller Beteiligten und damit bestmögliche Bildungschancen zu erreichen, wird in die Qualität der Beziehungen und Interaktionen viel investiert. Anzustreben ist eine *Bildungs- und Lernkultur der Potenzialentfaltung* (Initiative Schule im Aufbruch 2012); die nach dem Inklusionsindex hierfür zu schaffende Basis ist eine »sichere, akzeptierende, zusammenarbeitende und anregende Gemeinschaft (…), in der jede(r) geschätzt und respektiert wird«, in die sich alle einbringen, miteinander wachsen und gemeinsam über sich hinaus wachsen (Booth u. a. 2003, S. 15; Hüther 2009).

Die im Schulbereich derzeit intensiv (u. a. Steffens/Höfer 2012, Zeitschrift Grundschule 2012) und im Kita-Bereich noch kaum diskutierte Hattie-Studie (2009) stellt heraus, dass Bildungseinrichtungen in erster Linie durch die Tätigkeit erfolgreicher

Pädagoginnen und Pädagogen wirksam sind. Die identifizierten wirksamsten Einflussfaktoren auf Lernerfolg zeichnen ein Bild, wonach Pädagoginnen und Pädagogen bei Bildungsprozessen eine aktive und zugleich aktivierende Rolle einnehmen.

»Erfolgreiches Lehren und Lernen ist (...) unmittelbar sichtbar. Je mehr der Lernende dabei selbst zum Lehrenden und der Lehrende zum Lernenden werden, desto erfolgreicher verlaufen die jeweiligen Lernprozesse. Erkennbares Unterrichten und Lernen findet statt,
- wenn das aktive Lernen jedes einzelnen Lernenden das explizite Ziel ist und (...) es angemessen herausfordert,
- wenn der Lehrer und der Schüler (auf ihren unterschiedlichen Wegen) überprüfen, ob und auf welchem Niveau die Ziele erreicht werden,
- wenn es eine bewusste Praxis gibt, die auf gute Qualität der Zielerreichung gerichtet ist,
- wenn Feedback gegeben und nachgefragt wird und
- wenn aktive, leidenschaftliche und engagierte Menschen am Akt des Lernens teilnehmen« (Hattie 2009, zitiert in Steffens/Höfer 2012, S. 8).

Die Hattie-Studie unterstreicht ein ko-konstruktives Vorgehen.

»Ko-Konstruktion greift auf die interaktionistische Theorien zurück, die den Erwerb von Wissen und die Ko-Konstruktion von Sinn als Ergebnis der Interaktion zwischen Erwachsenen und Kindern bzw. der Kinder untereinander begreifen. Die kindgerechte Gestaltung dieser Interaktionen stellt den Schlüssel für höhere Bildungsqualität dar. Jeden Tag finden etwa 1000 Interaktionen in der jeder Gruppe statt. Das sind 1000 Chancen, um Bildungsprozesse zu optimieren und damit die Entwicklung der Bildungsbiografie des Kindes zu stärken« (Fthenakis 2009, S. 11).

Bildung im Dialog – Ganzheitlicher Ansatz sprachlicher Bildung

Vor diesem Hintergrund beruhen zukunftsfähige Konzepte zur sprachlichen Bildung auf Lernformen, die die Mitsprache der Kinder an Entscheidungen (Partizipation), das Von- und Miteinanderlernen in lernenden Gemeinschaften (Ko-Konstruktion) und das vernetzte Lernen in Alltagssituationen und Projekten (ganzheitliche Bildung) als die Schlüssel für hohe Bildungsqualität betonen. Basierend auf dem Bild vom kompetenten Kind als aktivem Mitgestalter seiner Bildung sind Partizipation und Ko-Konstruktion auf Dialog, Kooperation, Aushandlung und Verständigung gerichtet und schaffen damit einen optimalen Rahmen, in dem sich eine inklusive Pädagogik der Vielfalt entwickeln und ihre Potenziale entfalten kann. Eine partizipative und ko-konstruktive Gestaltung der Lernumgebung führt im pädagogischen Alltag automatisch zu einer Verankerung von sprachlicher Bildung als durchgängiges Prinzip und zu einem ganzheitlichen Ansatz, weil Bildung im permanenten Dialog mit Kindern geschieht.

Spracherwerb zählt zu den Musterbeispielen für Ko-Konstruktion. Obgleich Kinder eine biologisch vorgeprägte Bereitschaft mitbringen, sind sie auf einfühlsame Interaktions- und Dialogpartner angewiesen, um Sprache zu lernen (Bruner 2002, zit. in Fthenakis u. a. 2009).

> »Von Anfang an versucht das Kind mit seiner Umwelt zu kommunizieren – mit Gestik, Mimik und Lauten – und es ist für seine Entwicklung von Kommunikation abhängig. Sprache kann sich nur in der Interaktion, im ›Wechselgespräch‹ entfalten. Sprache erwirbt ein Kind nicht nur beim Zuhören, sondern auch und ganz wesentlich bei der aktiven Sprachproduktion, beim Sprechen. (...) Kinder lernen Sprache in der Beziehung zu Personen, die sich ihnen zuwenden, die ihnen wichtig sind, und im Versuch, die Umwelt zu verstehen und zu strukturieren. Spracherwerb ist gebunden an Dialog und persönliche Beziehung, Interesse und Handlungen, die für Kinder Sinn ergeben (Sinnkonstruktion). (...) In der Begegnung mit (Bilder-) Büchern, Geschichten, Märchen, Fingerspielen oder Reimen entwickeln Kinder literacybezogene Kompetenzen, die ganz wesentlich zur Sprachentwicklung gehören« (BayStMAS/IFP 2012, S. 195 f.).

Der ganzheitliche Ansatz sprachlicher Bildung berücksichtigt das vernetzte Lernen junger Kinder und das Zusammenspiel von Kompetenzentwicklung und Wissenserwerb. In der eigenaktiven, kooperativen und kommunikativen Auseinandersetzung mit konkreten Alltagsanforderungen, Themen und Lerninhalten entwickeln sie ihre Kompetenzen in Abhängigkeit voneinander weiter:
- Bildungsprozesse, die im Dialog und durch Einbezug vielfältiger Literacy-Aktivitäten mit den Kindern gestaltet sind, stärken Kinder in ihrer Sprach- und Literacykompetenz bei allen Bildungsprozessen quer durch alle Bereiche. Sie verbinden Sprach- und Sachlernen und bieten jedem Kind vielfältige Gelegenheiten, mit anderen Kindern und Erwachsenen zu kommunizieren und mit Sprache in unterschiedlichen Kontexten kreativ umzugehen (BayStMAS/BayStMUK 2012). So wird ein Rahmen geschaffen, in dem sich eine lebendige Gesprächskultur entwickeln kann.
- Bildungsprozesse, die aktuelle Situationen und Themen, die Kinder interessieren, aufgreifen und Kinder aktiv mitgestalten, fordern und stärken Kinder in ihren kommunikativen und allen weiteren Kompetenzen. Partizipative und ko-konstruktive Bildungsprozesse in Alltagssituationen und Projekten bewirken eine Vernetzung aller Kompetenz- und Bildungsbereiche, je mehr auf die vielfältigen Ideen, Sichtweisen und Interessen der Kinder flexibel und ergebnisoffen eingegangen wird.

Kultur des gemeinsamen Lernens und Entscheidens

Aus der zu schaffenden Kultur des gemeinsames Lernens und Entscheidens, die Kindern viel Mitsprache und Mitgestaltung am Bildungs- und Einrichtungsgeschehen einräumt, ergibt sich eine neue Rolle und Haltung des Personals. Kindern als Bildungs- und Dialogpartner zu begegnen und sie in ihren Äußerungen und Gestaltungsmöglichkeiten wahr- und ernst zu nehmen, ist Voraussetzung für gelingende Partizipation und Ko-Konstruktion.

»Kinder als gleichwertige, eigensinnige Partner anzusehen, ihnen ehrlich, authentisch, ohne (pädagogisch begründeten) Hintergedanken entgegenzutreten, ist nicht leicht. Zu sehr sind wir [Erwachsene] daran gewöhnt, für Kinder zu denken [und zu entscheiden] und ihnen Verantwortung abzunehmen, die sie selbst besser tragen können« (Hansen 2005, S. 7).

»In Deutschland besteht nach wie vor eine Tendenz, Kinderrechte ausschließlich als Schutzrechte (...) und als Versorgungsrechte (Bildung und Teilhabe an gesellschaftlichen Ressourcen) zu thematisieren. Kinderrechte als Beteiligungsrechte werden dagegen insbesondere für jüngere Kinder nach wie vor seltener berücksichtigt. Diese Vorgehensweise bei der Umsetzung der UN-Konvention folgt einer fürsorglichen und damit bevormundenden Sichtweise: Kinder seien mit Beteiligungsrechten überfordert, man müsse daher zu ihrem Wohl entscheiden. Häufig ist Erwachsenen, die so handeln und entscheiden, gar nicht bewusst, dass sie damit Kinderrechte entscheidend beschneiden« (Hansen/Knauer/Sturzenhecker 2011, S. 40).

Partizipation ist Bestandteil ko-konstruktiver Bildungsprozesse und Voraussetzung für deren Gelingen.

»Wir Pädagoginnen sind herausgefordert zu lernen, da wir in der Ausbildung einen anderen pädagogischen Ansatz erfahren und verinnerlicht haben. Es wurde viel zu schnell erklärt, bestimmt. Die Erwachsenen wussten immer, was Kinder brauchen, und es wurde nie so richtig überprüft, ob wir da richtig liegen« (BayStMAS/IFP 2010, S. 127).

Durch seine rechtsverbindliche Verankerung erweist sich Partizipation als Einstiegsprozess in eine Bildungsgestaltung mit Kindern und als Wegbereiter und Türöffner für Ko-Konstruktion. Partizipation ist ein Recht des Kindes, das in den letzten Jahrzehnten in zahlreichen internationalen und nationalen Gesetzestexten festgeschrieben worden ist (Art. 12 UN-KRK, § 8 Abs. 1 Satz 1 SGB VIII). Der Rechtsausübung des Kindes steht die Verpflichtung der Erwachsenen gegenüber, jedes Kind – unabhängig von seinem Alter – zu beteiligen und sein Interesse an Beteiligung zu wecken und zu erhalten. Je jünger bzw. je unselbstständiger Kinder sind,
- desto weniger können sie selbst Beteiligungsrechte einfordern
- desto größer ist die Verantwortung der Erwachsenen, Kindern Partizipation zu ermöglichen
- desto höher sind die Ansprüche daran, wie Partizipation methodisch umzusetzen ist
- desto wichtiger ist es, über die pädagogische Grundhaltung nachzudenken, die das eigene Handeln bestimmt (BMFSFJ 2010, S. 14).

Alle Bildungsorte und -einrichtungen stehen daher heute in der Verantwortung, der Partizipation der Kinder einen festen Platz einzuräumen und strukturell und konzeptionell zu verankern, damit Kinder ihre Beteiligungsrechte personenunabhängig regelmäßig wahrnehmen können (vgl. § 45 Abs. 2 Nr. 3 SGB VIII). Partizipation hat einen breiten Einsatzbereich und einen hohen Wirkungsgrad:

- Partizipation geht über Kinderkonferenzen weit hinaus. Kindern ein selbstbestimmtes Handeln im Lebensalltag zu ermöglichen, gehört ebenso dazu wie sie an den Planungs- und Gestaltungsentscheidungen des gesamten Bildungs- und Einrichtungsgeschehens zu beteiligen und mitbestimmen zu lassen (siehe Tabelle 16).
- Bildungsprozesse, die von Kindern und Erwachsenen partnerschaftlich und gemeinsam gestaltet werden, steigern den Lerngewinn der Kinder auf beeindruckende Weise. Kinder bringen Ideenreichtum und Perspektivenvielfalt ein, wenn sie bei Planungs- und Entscheidungsprozessen unterstützt werden. Lernangebote, die den Interessen und Bedürfnissen der Kinder entsprechen, sind wirkungsvoll und nachhaltig, denn als Co-Produzenten sind die Kinder ernsthaft bei der Sache. Kinder an Raumgestaltungsprozessen zu beteiligen leistet einen wichtigen Beitrag zur Verbesserung kindlicher Lebensräume (Hansen/Knauer/Friedrich 2004).

Tabelle 16: Reichweite und Inhalte von Partizipation in Kindertageseinrichtungen

Selbstbestimmung – Verantwortungsübernahme für sich und andere	Mitbestimmung – soziale Mitverantwortung
- Eigene körperliche, emotionale und soziale Bedürfnisse befriedigen (z. B. Essen und Trinken, Rückzug und Schlafen, Wickeln und Körperhygiene, körperliche Nähe, Aufbau von Beziehungen und Freundschaften) - Eigenen Interessen nachgehen (z. B. Auswahl unter mehreren Angeboten und Räumen, Realisierung eigener Ideen) - Verantwortung für andere übernehmen (z. B. Hausdienste, Patenschaften für andere Kinder)	Mitgestaltung von - Übergängen (z. B. Eingewöhnung in die Kita, Übergang in Schule) - Bildungsräumen (z. B. Raumgestaltung, Materialanschaffung) - Bildungsprozessen und Dokumentationen (z. B. Bildungsinhalte, Projekte, Ausflüge, Portfolio, sprechende Wände) - Zusammenleben (z. B. Regelaufstellung, Konfliktlösung, Speiseplanung) - Weiterentwicklung der Kita (z. B. Kinderbefragungen)

Sprach- und literacyanregende Alltagsgestaltung – Partizipation als Basisprozess

Merkmale eines sprach- und literacyanregenden Kita-Alltags sind eine *kommunikative Alltagsgestaltung,* die Gesprächen viel Raum und Zeit gibt und bei der pädagogische Fachkräfte den Kindern als Dialogpartner so oft wie möglich verfügbar sind, und die *Alltagsverankerung von Literacy-Aktivitäten* in Form von täglichen Ritualen (z. B. feste Vorlese- und Erzählzeiten), steter Bücher- und Mediennutzung für Recherchen und regelmäßiger Einbettung von Schreiben in Alltagshandlungen (z. B. Einkaufslisten, Einladungen schreiben, Notizen machen). Die notwendige Basis hierfür sind
- eine räumlich-materielle Lernumgebung, die zur Kommunikation einlädt und Kinder zu vielfältigen Literacy-Aktivitäten anregt (z. B. gute, für Kinder stets gut zugängliche Ausstattung mit Büchern, Medien, Schrift, Schreib- und Rollenspielutensilien), und
- eine Kultur des gemeinsamen Lernens und Entscheidens, die Partizipation der Kin-

der hoch gewichtet und mit Ko-Konstruktion verknüpft, wodurch eine lebendige Gesprächs-, Dialog- bzw. Kommunikationskultur entsteht.

Im Erwachsenen-Kind-Verhältnis betreffen Partizipation und Ko-Konstruktion die Beziehungsgestaltung zwischen Menschen mit verschiedener Lebenserfahrung und ungleich verteilter Macht und Verantwortung und damit den Kern der Pädagogik. Die Bereitschaft und Fähigkeit, in einen offenen Dialog mit Kindern einzutreten und dabei auch selbst zu lernen, wurzelt in einer *dialogischen Grundhaltung*, die mit zunehmender Methodenkompetenz wächst.

Partizipation und Ko-Konstruktion erfordern einen *gleichberechtigten Dialog* mit Kindern, keine Dominanz der Erwachsenen. Trotz Erfahrungsvorsprung und Erziehungsverantwortung nehmen sie nicht mehr die alleinige Expertenrolle ein. Kommunikations- und Lernprozesse mit Kindern werden gemeinsam getragen. Wichtig ist, Kindern »mit Neugier und Interesse zu begegnen« und auf inhaltlicher Ebene die »Expertenschaft der Kinder für ihre Lebensräume, ihre Empfindungen, ihre Weltsicht anzuerkennen« (Hansen 2005, S. 5) und eine aktive und das Kind aktivierende Moderatorenrolle einzunehmen.

Partizipation und Ko-Konstruktion beruhen auf einer *achtsamen Kommunikation*, sodass der Qualität wirksamer Interaktions- und Kommunikationsweisen der Erwachsenen mit Kindern (vgl. Tabelle 4 in 1.3), einer feinfühligen Balance zwischen Impulsgebung und Zurückhaltung z. B. mit Antworten und der Anregung der Kinder zu eigenständigen Problemlösung zentrale Bedeutung zukommen. »Dazu gehört auch eine Kultur des Zuhörens, in der Kinder und Erwachsene täglich die Erfahrung machen können: Meine Sicht der Welt und meine Interessen haben hier eine Bedeutung, auch wenn sie möglicherweise nicht immer direkt umgesetzt werden können« (BMFSFJ 2010, S. 6). Aktives Zuhören und offene Fragen stellen sind eine Kunst, von der sich Kinder inspirieren lassen, die sie zum Sprechen anregt, weil sie sich ernst genommen fühlen.

> »In Lerngemeinschaften mit anderen erkennen Kinder, dass sie [gemeinsam] mehr erreichen als jeder Einzelne von ihnen allein. Nicht Konflikte und fehlende Übereinstimmung treiben die Bildung und Entwicklung von Kindern voran, sondern Einigung bei Meinungsunterschieden, geteilte Verantwortung und demokratischer Umgangs- und Diskussionsstil, der Kooperation und gegenseitigen Respekt ausdrückt. Nur durch geteiltes Engagement kann es Erwachsenen gelingen, mit Kindern die Ziele und Werte der Gesellschaft zu reflektieren. Damit Kinder die Bedeutung eines Lebens in demokratischer Gemeinschaft verstehen, sind sie zu ermutigen nachzufragen und darüber nachzudenken, ob Dinge besser werden können, wenn man sie anders macht« (BayStMAS/IFP 2012, S. 35).

Partizipation und Ko-Konstruktion zeichnen sich durch ein *weites Dialogverständnis* aus, das nicht auf verbalen Austausch beschränkt ist: Beobachtung und nonverbale Ausdrucks- und Interaktionsweisen sind Teile dieses Dialogs vor allem mit Kindern, die sich noch nicht oder kaum sprachlich ausdrücken können. Je jünger die Kinder sind, desto wichtiger ist die Beachtung der Signale, die sie aussenden, und ihrer Körpersprache.

> »Ein Kind, das mit uns flirtet, macht deutlich, dass es sich unterhalten und Zuwendung will, was zugleich ein Zeichen für Wohlbefinden ist. Sie zeigen das mit ihrer Mimik und Körpersprache. Auch ihr Weinen ist als Ausdrucksform ernst zu nehmen. Das Wichtigste für Kinder sind feinfühlige Erwachsene, die ihre Signale erkennen. Wenn wir Erwachsene diese nicht erkennen oder zulassen, dann wird ein Kind irgendwann nicht mehr den Versuch machen, sich mitzuteilen. Die Frage, was trau ich dem Kind zu, spielt in den ersten Lebensjahren eine zentrale Rolle. Oft stehen wir Erwachsene uns bei deren Beantwortung selbst im Weg, weil wir Hypothesen aufstellen, wie: Dafür ist es noch zu klein, das kann es noch nicht. Wichtig ist zu überprüfen, ob diese Hypothesen auch stimmen, d. h. sich und dem Kind mehr zuzutrauen und im Weiteren mal genau hinzuschauen, was passiert« (BayStMAS/IFP 2010, S. 124).

Deutlich wird, dass feinfühlige Bezugspersonen mit einer offenen, kompetenzorientierten, dialogischen und wertschätzenden Grundhaltung und deren Kommunikations- und Interaktionsqualität wesentliche Voraussetzungen und Gelingensfaktoren für die Partizipation sehr junger Kinder sind. *Partizipationsfreundliche Einrichtungsstrukturen* sind

> »oft schon an scheinbar unbedeutenden Nebensächlichkeiten zu erkennen. Um den Elementarkindern die Speisepläne der kommenden Woche zugänglich zu machen, fotografierte eine Erzieherin über Wochen die wiederkehrenden Speisen und hängte die Bilder neben die schriftlichen Pläne« (Hansen 2005, S. 9).

Letztlich richtet sich diese Frage an die pädagogische Kita-Konzeption und in diesem Kontext ist Partizipation eng verknüpft mit dem *Ansatz der offenen Arbeit* in Kindertageseinrichtungen (a. a. O.), der im Kontext einer inklusiven Pädagogik der Vielfalt und bei qualitativ guter Umsetzung zukunftsweisend ist. Offene Arbeit gesteht Kindern ein hohes Maß an Selbst- und Mitbestimmungsrechten im Alltag zu, ihre Entscheidungsspielräume werden durch vielfältige Formen der inneren Differenzierung und Öffnung bewusst erweitert. Einrichtungen, die offen arbeiten, schaffen für Kinder viele Gelegenheiten, um Selbst- und Mitbestimmung erfahren und einüben zu können, wie z. B.:
- Durch Gruppenöffnung, strukturierte und transparente Alltagsgestaltung und Auswahlmöglichkeiten Kindern mehr selbstbestimmtes Handeln ermöglichen (z. B. in Freispielphasen selbst bestimmen, was sie wo mit wem oder allein wie lange spielen und lernen; in Angebotsphasen unter mehreren Angeboten auswählen)
- Im alltäglichen Bildungsgeschehen Ideen und Themen der Kinder aufgreifen, aber auch eigene einbringen, um bei Kindern das Interesse auch für neue Inhalte zu wecken
- Projekte mit Kindern finden, planen und realisieren
- Weitere Bildungsangebote vorplanen und Kinder daran ergebnisoffen beteiligen, was dazu führen kann, dass Planungen zu verändern, zu verwerfen sind

Für Kinder transparente Strukturen und Informationen über Beteiligungsmöglichkeiten und dokumentierte Beteiligungsprozesse sind wichtige Voraussetzungen, um einen guten Zugang zu Beteiligung zu ermöglichen.

Praxisbeispiele aus dem Alltag in Kinderkrippen

Die folgenden Beispiele aus Kinderkrippen zeigen, dass bereits mit sehr jungen Kindern eine partizipative Bildungsgestaltung sehr weitreichend sein kann und Austausch, Aushandlung und Verständigung durch vielfältige Formen der verbalen und non-verbalen Kommunikation gelingt:

Partizipation bei der Übergangsgestaltung von der Familie in Einrichtung

»Das Verhalten des Kindes ist der wichtigste Punkt. Herkömmlich bestimmen wir Erwachsene, wann unserer Meinung nach das Kind eingewöhnt ist. Wenn wir jedoch auf die Signale des Kindes mehr achten, wird deutlich, dass ein Kind klar zeigt: Ich will von meiner Mutter schon weg und Kontakt zur Bezugserzieherin aufnehmen oder ich will das jetzt noch nicht. Ein Kind, das bei Trennungssituationen weint und sich nicht trösten lässt, sagt, ich bin noch nicht bereit, und zeigt, mir geht es nicht gut. Diese Zeichen zu erkennen, hängt von uns Erwachsenen ab. Das Kind kann nur partizipieren, wenn wir seine Signale wirklich ernst nehmen und dadurch seine Mitgestaltung zulassen. Entsprechend beraten wir Eltern, die auf schnelles Eingewöhnen drängen, weil ihr Arbeitgeber ruft; wenn sie ihr Kind weinen sehen und wir ihnen erklären, wie wichtig es ist, dass ihr Kind die Eingewöhnung mitgestalten darf, das überzeugt die Eltern regelmäßig« (BayStMAS/IFP 2010, S. 125).

Partizipation am Wickeltisch

»Bei uns hat jedes Kind, direkt im Wickeltisch integriert, seine eigene Schublade. Die Kinder wissen auch, wo ihre Schublade ist, die wir mit Schriftzug ihres Vornamens markiert haben. Sie kennen schon den Schriftduktus, was mich immer wieder überrascht. (...) Wir haben auch eine Treppe am Wickeltisch, d.h. die Kinder können so selbst hinaufsteigen. Meist bringen sie dabei auch ihre Windel mit, die sie zuvor aus der Schublade herausgeholt haben. Die Kinder cremen sich auch selbst ein, und sie zeigen, ob sie lieber im Stehen gewickelt werden wollen« (BayStMAS/IFP 2011, S. 124).

Als exklusive Eins-Eins-Begegnung zählt Wickeln zu den Schlüsselsituationen für Beziehungsgestaltung, Partizipation, Interaktion, Kommunikation, Sprach- und Autonomieentwicklung (DJI 2011).

Partizipation in Bezug auf Wahrnehmung und Befriedigung
eigener Bedürfnisse und Interessen

»Als wir noch rein stammgruppenbezogen gearbeitet haben, ist uns irgendwann aufgefallen, dass stets wir bestimmt haben, wann wir z. B. rausgehen, wann ein Kind in den Flur darf. Wir haben uns damals viele Fragen gestellt: Wenn ein Kind mitentscheiden will, dann muss es auch die Möglichkeit haben, dass es jederzeit in den Garten gehen und andere Räume aufsuchen kann, weil es eher Lust auf die andere Erzieherin hat. Kindern ist dies verwehrt, wenn sie auf den Gruppenraum beschränkt werden. Durch unsere Öffnung nach innen hat sich bestätigt, dass Kinder bereits in den ersten Lebensjahren eigenaktiv sein können und in den Raum gehen, der sie gerade interessiert. Wir merken ganz stark ihre Fähigkeit zur Selbstregulation, dass sie, wenn sie z. B. in den Garten wollen, zur Garderobe krabbeln bzw. gehen und hinzeigen. Wenn wir dies registrieren und ihnen beim Anziehen helfen, dann funktioniert Verständigung. Kinder zeigen, ich will mich woanders hin bewegen. Wenn das möglich ist und in allen Räumen Erwachsene präsent sind, dann geht das sehr gut und die Kinder nützen das unglaublich, wenn ihre Bezugsperson für sie immer sichtbar bleibt« (BayStMAS/IFP 2010, S. 125).

»Wichtig ist, dass die Räume transparent sind, die Kinder wissen, wo was passiert und der Tagesablauf für sie erkennbar ist. Wenn Kinder z. B. etwas trinken wollen, dann wissen sie, ich kann in die Küche gehen; wenn Getränke für sie sichtbar bereit stehen, zeigen kleine Kinder dort hin. Nachhaltig in Erinnerung geblieben ist mir ein Beispiel, wie sich ein Kind mitteilen kann, weil es einfach nur diese Transparenz vorfindet: Ein 10 Monate alter Junge krabbelt in die Küche, trinkt von seiner Flasche, zeigt sie uns und schüttelt den Kopf. Als es bemerkt, dass wir seine Äußerung nicht sofort verstehen, krabbelt er zur Schublade mit den Saugern. Es wusste, wo wir diese herausholen, weil die Kinder immer dabei sind, wenn wir ihre Milchflaschen herrichten. Er nahm einen Sauger heraus, den wir gegen den anderen austauschten. Er trinkt und nickt mit dem Kopf. Als wir uns den abgemachten Sauger ansehen, wurde klar, er war verstopft« (BayStMAS/IFP 2010, S. 124).

Mitgestaltung von Bildungsräumen und -prozessen

»Wenn die Kinder Materialien, die ihnen im Moment wichtig sind, in den Räumen oder im Garten vorfinden, werden sie lernend tätig. Wenn sie sehen, dass wir aufschreiben, was sie tun, nehmen sie uns als wache Begleiterinnen wahr, die ihnen Wertschätzung und Zuwendung entgegenbringen. Dies steigert ihre Motivation, weiter tätig zu sein. Die Lerngeschichten reflektieren wir mit dem Kind. Je nachdem, wie die Kinder unsere gestaltete Lernumgebung nutzen und unsere Impulse aufnehmen, entwickeln wir diese weiter oder gar neu. (…)

All unsere Vorkehrungen haben wir uns erarbeitet, weil wir die Kinder laufend beobachtet und die unseren gesetzten Strukturen zugrunde liegenden Hypothesen immer wieder überprüft haben. Viele unserer Hypothesen haben nicht gestimmt. So dachten wir z. B., dass die Kinder in dem großen Haus einen ruhigen Platz brauchen, eine Kuschelecke mit weichen Matten. Sobald die Kinder jedoch robben konnten, zogen sie den harten Boden den weichen Matten vor. Im großen Flur mit Treppe, wo wir gemeint haben, der ist für Säuglinge und Kleinkinder wirklich ungeeignet, haben sich die Kinder viel bewegt und so ihre Grobmotorik trainiert. Sie brauchen, wie Emmi Pikler bereits sagte, den harten Untergrund, um sich zu spüren, oder die Treppe, die erst einmal den meisten Erwachsenen Angst macht, Kinder aber sehr fasziniert. Für das Gleichgewichtstraining ist die Treppe unglaublich, auch dieses rückwärts herunter krabbeln – all diese wichtigen Lernprozesse dürfen wir schlichtweg nicht verbieten« (BayStMAS/IFP 2010, S. 126).

Partizipation in Konfliktfällen

»Rieke (1,5 Jahre alt, seit 1 Jahr in der Gruppe) sitzt auf einem Teppich. Yunis (8 Monate alt, erst seit 4 Wochen in der Gruppe) robbt und greift sich ein Papier, das auf dem Boden liegt. Rieke sagt ›Nein‹ zu ihm und nimmt es ihm weg. Yunis schaut sie kurz an und robbt weiter. Er greift sich einen Weichball und befühlt ihn für eine kurze Zeit. Rieke war in der Zwischenzeit weggegangen; kommt jetzt wieder, sagt ›Nein‹ und nimmt den Ball weg. Yunis robbt jetzt in Richtung der Erzieherin und macht deutlich, dass er auf den Arm genommen werden möchte. Die Erzieherin nimmt ihn auf den Schoß und Yunis bekommt Sicherheit, Trost und Verständnis. Rieke beobachtet die Situation und lässt Yunis bei den Erzieherinnen sitzen – ohne einen weiteren Kommentar. Die Erzieherin signalisiert Rieke, dass ihr Verhalten nicht in Ordnung war und sagt zu ihr, dass sie sich gleich um sie kümmern wird, sobald Yunis wieder spielt. Nachdem Yunis getröstet war und weiterspielte, erklärte die Erzieherin Rieke, dass sie ihre Gefühle zwar verstehen könne, dass sie sich jedoch in dieser Situation falsch verhalten habe. (…)

Rieke war gegenüber dem neuen Kind in der Gruppe eifersüchtig. Durch ihr Verhalten versuchte sie, die Aufmerksamkeit der Erzieherinnen auf sich zu lenken. Diese reagierten darauf bewusst nicht, um Rieke nicht zu signalisieren, dass sie über so ein Verhalten mehr Zuwendung erhält. Die Erzieherin zeigte hingegen Yunis, dass es in Ordnung ist, wenn er nach einer negativen Erfahrung Trost bei einem Erwachsenen sucht. Yunis lernt dadurch, um Hilfe zu bitten, falls er diese benötigt. Da Rieke die Situation beobachtet, erfährt auch sie, dass der ›Schwächere‹ von den Erzieherinnen Unterstützung erhält, wenn er diese benötigt (Modelllernen). Bereits kurze Handlungssequenzen erweisen sich als Gelegenheit, effektives Konfliktverhalten zu erlernen. Ein voreiliges Eingreifen der Pädagogin hätte sich ungünstig ausgewirkt« (BayStMAS/IFP 2012, S. 187).

Verantwortungsübernahme für andere

»Kinder lieben Dinge selber zu tun und zu machen, sie holen sofort einen Besen oder einen Lappen, wenn etwas verschüttet wird, sie helfen Tische abzuwischen oder räumen ihre Kleidung wieder in die Garderobe. Bei uns gibt es keine zugewiesenen Dienste, aber jeden Tag decken einige Kinder den Mittagstisch. Wir steuern, dass nicht stets die gleichen Kinder das machen, und jene, die das machen wollen, aber auch dran kommen. Ältere Kinder helfen den Jüngeren beim Ausziehen, sie wischen den Jüngeren auch den Mund ab oder zeigen ihnen das Zähneputzen. Und wenn neue Kinder kommen, dann kümmern sich die ›alten‹ Kinder auch ohne unser Zutun um die Neuen. Sie trösten und binden sie sogleich in Spielsituationen mit ein oder zeigen Dinge, die die neuen Kinder am Anfang so noch nicht entdecken« (BayStMAS/IFP 2010, S. 126 f.).

Praxisbeispiele aus dem Alltag in Kindergärten

Mit zunehmendem Alter kommt bei Partizipationsprozessen viel verbale Sprache hinzu und zugleich vergrößert sich deren Reichweite und inhaltliche Tragweite:

Mitentscheidung der eigenen Gruppenzugehörigkeit

»Die Gruppenzugehörigkeit ist für jedes Kind ein wichtiges Moment der Beheimatung. Innovative Wege der Gruppenbildung können z. B. sein: Nach [Schnuppertagen oder] der Elternhospitationsphase wird gemeinsam mit dem Kind und seinen Eltern entschieden, welche Bezugsgruppe für das Kind die beste ist. Dies setzt beim Team die Bereitschaft zu möglicherweise ungleichen Gruppengrößen voraus. Das Konzept der offenen Kindertageseinrichtung ist ein dynamisches Modell. Es verzichtet nicht auf Stammgruppen, lebt jedoch von der ständigen Weiterentwicklung auch der sozialen Beziehungen. Kinder können sich in einer nach diesem Konzept geöffneten Einrichtung ihre erwachsene Hauptbezugsperson auch selbst aussuchen. Dies kann für Kinder wichtig sein, die zu Hause nicht die Zuwendung und Wärme erfahren, die sie brauchen« (BayStMAS/IFP 2012, S. 182).

Freundschaften unter Kindern

»Die Tageseinrichtung ist für Kinder ein zentrales Erfahrungsfeld für das Schließen von Freundschaften mit anderen Kindern, für Nähe und Vertrautheit, aber auch für Neid und Eifersucht. Mit zunehmender innerer Öffnung von Kindertageseinrichtungen verändern sich auch die Beziehungen der Kinder untereinander. Die Kinder sind nicht mehr auf die Kinder ihrer Gruppe beschränkt, sondern entscheiden, mit wem sie wann wo spielen. Damit erweitert sich der Kreis an Kindern, mit denen sie Freundschaften schließen können. Wenn zum eigenen Geburtstag nicht mehr automatisch alle Kinder der Gruppe eingeladen sind, sondern das Kind entscheiden darf, welche Kinder aus der Einrichtung es einladen möchte, dann ergeben sich hieraus viele Lernprozesse für das Kind« (BayStMAS/IFP 2012, S. 182).

Mitgestaltung von Portfolioarbeit

»Der fünfjährige Berke zeigt seiner Mutter seinen Portfolio-Ordner. Der Ordner ist nach den Bereichen Identität (Ich bin), Ressourcen (Ich kann) und Zielen (Ich will) aufgeteilt. Berke kann zu allen Blättern, Fotos, Bildern, Bildungs- und Lerngeschichten etwas erzählen. Er kann zwar nur einzelne Buchstaben lesen, orientiert sich aber an Merkmalen wie den Namen seiner Freunde und seiner Erzieherin und der Verknüpfung von Text und Bild. Berke überlegt, fragt nach und kombiniert. Da er selbst entscheidet, was alles in seinen Ordner abgeheftet wird, und er den Ordner auch sehr oft anschaut, füllt, umräumt, mit Freunden vergleicht und diskutiert, kennt er sich sehr gut aus. Er achtet sorgsam darauf, dass alle neuen Blätter mit Datum und ein paar Bemerkungen versehen werden. Berke hat begriffen, wie hilfreich Schrift ist« (King/Ranger 2011, S. 126).

Übernahme von Patenschaften für neue Kinder

»Indem die Kinder in der Gruppe darüber reden, wie es ihnen in der Anfangsphase selbst ergangen ist, werden sie für die Situation der neuen Kinder sensibilisiert. Auf die Frage, wer bereit ist, eine Patenschaft für ein neues Kind zu übernehmen, melden sich interessierte Kinder. Durch diese Aufgabe lernt das ältere Kind, Mitverantwortung für ein anderes Kind zu übernehmen; es wird in seiner Selbstständigkeit gestärkt und erfährt positive Wertschätzung auch in der Gruppe. Das neue Kind wird auf der Gleichaltrigenebene in die neue Umgebung eingeführt; es hat sofort einen Ansprechpartner und vertrauten Begleiter« (BayStMAS/IFP 2012, S. 412).

Mit Kindern Regeln und Grenzen setzen

»Einrichtungsregeln offen zu thematisieren und gemeinsam mit den Kindern auszuhandeln stärkt den Zusammenhalt in der Gemeinschaft und die Identifikation mit diesen Regeln. Regeln sind immer wieder aufs Neue – unter Einbezug der neuen Kinder im neuen Jahr – auf den Prüfstand zu stellen. Auch aus demokratiepädagogischen Erwägungen heraus sollten Regeln und Grenzen für Kinder stets hinterfragbar bleiben – Überschreitungen sind oft als Hinweis auf eine unbefriedigende Situation und als Dialogangebot zu verstehen. Für die Entwicklung demokratischer Kompetenzen ist es hilfreicher, sich mit Kindern über Sinn und Unsinn einer Grenze auseinander zu setzen, als deren unbedingte Einhaltung durchzusetzen. Wenn sie erleben, dass Regeln nicht nur zu beachten sind, sondern auch aufgehoben und verschoben werden können, dann machen sie dabei elementare Demokratieerfahrungen. Gerade das aktive Aushandeln von Regeln und die Bereitschaft der Erwachsenen, Regeln zu diskutieren, führen dazu, dass Regeln für Kinder wichtiger und bedeutsamer werden« (BayStMAS/IFP 2012, S. 413)

Diese Erkenntnis verdeutlichen folgende Praxisbeispiele:

»*Im Gruppenraum wird nicht getobt.* Einige Jungen toben laut und impulsiv durch den Gruppenraum, um ihre Kräfte auszuprobieren. Dabei stoßen sie mehrmals an den Tisch, an dem zwei Mädchen sitzen und Perlen auffädeln. Die Perlen kullern durch den ganzen Raum – den lauten Protest der beiden Mädchen scheinen die tobenden Jungen kaum wahrzunehmen. (...) Die Kinder [anzuregen], zu überlegen, wie es ihnen ergehen würde, wenn jemand ihre aktuelle Arbeit zerstört – durch diesen Impuls kann es Kindern gelingen, Einsicht in die Bedürfnisse, Wünsche und Gefühle anderer zu nehmen. In der konkreten Situation können sie Folgen wahrnehmen, die ihr Verhalten für das Wohlergehen anderer hat. Gemeinsam kann im Weiteren überlegt werden, welche Regelungen getroffen werden könnten, damit sowohl die ruhig tätigen Kinder als auch die bewegungsbedürftigen Kinder zu ihrem Recht kommen. Wenn Kinder sich in ihren Bedürfnissen anerkannt fühlen, fällt es ihnen leichter, die Bedürfnisse anderer zu berücksichtigen.

Vor dem Mittagessen wird aufgeräumt. Immer nur drei Kinder dürfen gleichzeitig in die Bauecke. Gemeinsam mit Kindern lässt sich überlegen, warum es diese Regeln gibt und ob andere Regeln besser wären. Durch solche Gespräche können Lösungen gefunden werden, die bisher bestehende Regeln verändern: Vielleicht wird die Kinderanzahl in der Bauecke nicht mehr begrenzt, sondern situationsbedingt davon abhängig gemacht, wer mit wem und was in der Bauecke spielen kann und wie sehr Spielgruppen einander stören oder gut miteinander spielen. Vielleicht kann ausnahmsweise beim Essen an einem Tisch etwas näher zusammengerückt werden, damit das Bauwerk auf dem zweiten Tisch den Kindern auch noch nach dem Mittagessen zur Verfügung steht« (Völkl 2003 zitiert in BayStMAS/IFP 2012, S. 184 f.).

Partizipation bei der Innen- und Außenraumgestaltung

»In Tageseinrichtungen bietet sich immer wieder die Gelegenheit, Innenräume (z. B. Umwandlung der Gruppen- in Funktionsräume) und Außenanlagen (z. B. Garten, Spielplatz) neu- bzw. umzugestalten. Solche Vorhaben sind ideal, Kinder, auch jüngere, bei der Gestaltung ihres Lebensraums aktiv zu beteiligen und sie zu dessen Mitgestaltern werden zu lassen – auch dann, wenn externe Planungspartner einbezogen sind. Kinder können in allen Phasen kontinuierlich oder punktuell eingebunden sein, wobei ihnen auch jenseits von Sprache über kreativ-gestalterische Elemente Beteiligung ermöglicht werden kann: in der Planungsphase (z. B. Ideensammlung über Malwettbewerb, Modellbau, Kinderumfragen), Entscheidungsphase (z. B. Erörtern der Pläne in der Kinderkonferenz, Punkte vergeben) und Realisierungsphase (z. B. Wände bunt bemalen, Möbel umstellen, Garten neu bepflanzen)« (Hansen u. a. 2004, zit. in BayStMAS/IFP 2012, S. 411).

Projektarbeit erweist sich hierfür als geeigneter methodischer Ansatz.

Moderation von Beteiligungsprozessen in Kinderkonferenzen

Bei gemeinsamen Entscheidungsprozessen sind Kinder bei ihrer Meinungsbildung und Entscheidungsfindung durch ein Höchstmaß an Information und gute Moderation zu unterstützen. Wichtige Aspekte hierbei sind (Hansen u. a. 2004):

- Kindern ihre Entscheidungsspielräume zunächst bekanntgeben
- Das für die Entscheidung nötige Wissen entwicklungsangemessen bereitstellen und visualisieren, d. h. abstrakte Zusammenhänge möglichst konkret, mit allen Sinnen begreifbar und direkt an der Erfahrungswelt der Kinder anknüpfend darstellen
- Kindern signalisieren, dass ihre Meinung gefragt und wichtig ist, und sie bei ihrer Meinungsbildung unterstützen
- Kindern behilflich sein, Gesprächsregeln zusammen zu entwickeln und darauf achten, dass alle zu Wort kommen können und ausreden dürfen, keiner ausgelacht oder verspottet wird
- Kindern mit dem eigenen Erfahrungsschatz zur Verfügung stehen und diesen bei Bedarf einbringen (stimulierende Fragen und Ideen)
- Rollenwechsel von Gesprächsleitung zu Gesprächsbeteiligung für die Kinder offenlegen: »Ihr habt jetzt gesagt, wie ihr das seht. Nun will ich auch sagen, wie ich das sehe. Und dann könnt ihr wieder sagen, wie ihr das findet.«
- Gesprächsziel stets im Auge behalten, aber zurückhaltend sein mit Bewertungen und damit, für einzelne Kinder Position zu beziehen

Lernen in Projekten[3]

»In unserer globalisierten Welt mit ihren schnellen Veränderungen sind Kommunikation, Kreativität und Kooperation gefragt. Um Gegenwart und Zukunft mitzugestalten, gilt es, eigene Interessen, Stärken und Ziele einzubringen, sich mit anderen auszutauschen und zu vernetzen. Ganz eng damit verbunden ist die Frage der gesellschaftlichen Teilhabe. (…) Vor diesem Hintergrund sind Fachkräfte gefordert, Gelegenheiten im Kita-Alltag zu schaffen (…), in denen Kinder Verantwortung für sich selbst und andere übernehmen können und lernen, Situationen mitzugestalten. Sie lernen besonders dann, wenn sie [gemeinsam mit anderen] Probleme lösen. Im Wissen um genau dieses Bildungsverständnis setzen auch Projekte bei den Potenzialen und Interessen der Kinder an« (Schuhmann 2010, S. 18).

Definition von Projektarbeit

Projekte sind eine offen geplante Bildungsaktivität einer lernenden Gemeinschaft von Kindern und Erwachsenen. Im Mittelpunkt steht die intensive, bereichsübergreifende Auseinandersetzung mit einem Thema und dessen Einbettung in größere Zusammenhänge. Gemeinsam wird das Thema vielseitig und arbeitsteilig untersucht und erforscht; die dabei auftretenden Frage- und Problemstellungen werden identifiziert und gemeinsam kreative Lösungswege gesucht und entwickelt, was sich über einen längeren Zeitraum erstreckt. Zentrales Kennzeichen von Projekten ist daher ihr Ablauf in mehreren Phasen:
1. Projektfindung und -klärung (Initiierungs- und Einstiegsphase)
2. Projektplanung und -durchführung mit Reflexion der Lernprozesse (Vorbereitungs- und Durchführungsphase)
3. Projektabschluss und -reflexion (Präsentations- und Evaluationsphase)
4. Evtl. Weiterführung

Projektarbeit verbindet innovative didaktische Überlegungen mit forschungsbasierten Theorien (z. B. Bildung als sozialer, ko-konstruktiver Prozess). Sie ist ein *didaktischer Ansatz,* der Partizipation und Beobachtung der Kinder in allen Phasen verlangt, alle interessierten Kinder, Eltern und Gemeinwesen einbezieht, eine inklusive Pädagogik der Vielfalt ermöglicht, die Bildungsprozesse im Projekt durch Dokumentation sicht-, erfass- und nachvollziehbar macht, sich durch Methodenvielfalt und weitere Merkmale und Prinzipien auszeichnet. Sie fordert und stärkt Kinder in allen Basiskompetenzen, ist bereichsspezifisch akzentuiert und integriert möglichst alle Bildungsbereiche.

---

3 Die in diesem Abschnitt enthaltenen Ausführungen sind wörtlich dem Positionspapier »Gelingende BayBEP-Umsetzung in Kitas: Schlüssel Projektarbeit« (Reichert-Garschhammer/AG Projektarbeit im Ko-Kita-Netzwerk Bayern 2012) entnommen und dem vorab veröffentlichen Handbuchbeitrag »Projektarbeit und aktive Medienarbeit« (Reichert-Garschhammer/AG Projektarbeit im Netzwerk Konsulationseinrichtungen Bayern 2011). Darin enthaltene Zitate sind ausgewiesen.

Partizipation als Grundprinzip der Projektarbeit

Grundlage der Projektarbeit »bildet ein neues demokratisches Verständnis der pädagogischen Arbeit« (Schuhmann 2010, S. 20). Als Mitgestalter von Projekten sind Kinder von Anfang an in allen Projektphasen aktiv einzubeziehen und zu beteiligen. Dies bedeutet konkret

- beobachtete Themen der Kinder und von den Kindern direkt eingebrachte Themen, Ideen und Fragen regelmäßig zu sammeln und zu dokumentieren
- die Entscheidung über den Neustart von Projekten mit den Kindern zu treffen, d.h. eine demokratische Auswahlentscheidung zu fällen, wenn mehrere Themenvorschläge vorliegen (z. B. Kinderkonferenz)
- neue Projekte mit Kindern zu planen und sie durch offene Fragen zu ermutigen, ihr bereits vorhandenes Wissen und eigene Gestaltungsvorschläge einzubringen
- die Kinder an der Projektdurchführung und -dokumentation fortwährend zu beteiligen (z. B. neu eingebrachte Ideen aufgreifen, Kinderdiktate aufnehmen)
- Projekte abzuschließen, wenn das Interesse der Kinder schwindet
- Abschlusspräsentation und Projektevaluation mit den Kindern durchzuführen.

Findung neuer Projekte mit Kindern als Schlüsselphase

Projekte gehen primär von den Kindern aus. Die Findung neuer Projektthemen und Projektgruppen erweist sich als Schlüsselphase, der hohe Aufmerksamkeit und viel Zeit zu widmen ist und in der die Interessen und Bedürfnisse der Kinder und damit die Kinder als Impulsgeber und Gestalter im Mittelpunkt stehen. »Wichtig ist, dass die Themen der Kinder zu den Themen der Erwachsenen werden und nicht umgekehrt« (Förster 2009, S. 12). Bei der Themenauswahl ist daher immer das Prinzip der Gegenseitigkeit zu beachten. Gibt es mehrere Projekte zu verschiedenen Themen, können die Kinder frei wählen, wo sie sich beteiligen möchten.

Projektplanung mit Kindern

»Dreh- und Angelpunkt bei der Gestaltung ist die Projektplanung. Erwachsene sind häufig versucht, diese Planung an sich zu ziehen. Nach den Bildungsplänen sind sie jedoch – ganz im Gegenteil – aufgefordert, ... die Kinder in die Planung und Gestaltung einzubeziehen. Das beginnt damit, die Vorschläge der Kinder ernst zu nehmen, auch wenn der Erwachsene sie spontan zunächst für undurchführbar hält. Zu Beginn werden die Ideen also gesammelt und für alle sichtbar notiert. Damit Erwachsene wie Kinder die Ideen jederzeit ›nach-lesen‹ können, kann die Schrift mit Bild kombiniert werden. Für die Ideensammlung selbst eignen sich Fragen wie:

- Was interessiert euch an dem Thema?
- Was wisst ihr schon über das Thema?
- Was wollt ihr noch darüber erfahren? Welche Fragen habt ihr dazu?
- Welche Ideen und ›Forschungsfragen‹ sollen wir verfolgen?« (Schuhmann 2010, S. 19).

»Auch die Pädagogin macht sich ... Gedanken über das Thema. Sie wird jedoch das Vorhaben der Kinder nicht beeinflussen, sondern überlegen, welche Möglichkeiten sie den Kindern bieten kann, sich über das Thema ausführlicher und intensiver zu informieren« (Förster 2009, S. 12).

Die Kinder finden es spannend, wenn daran anschließend ihre Vorkenntnisse und Hypothesen dazu abgefragt und festgehalten werden und die Phase der Überprüfung beginnt. Offene Fragen der Pädagogin fordern die Kinder heraus, ihre Ideen, Hypothesen und Theorien rege einzubringen. Auf dieser Basis werden sodann erste Projektziele formuliert und Schritte festgelegt und das arbeitsteilige Vorgehen geklärt, wobei sich auch die Pädagogin mit Ideen und Vorschlägen aktiv einbringt:
- Was wollen wir nun zusammen tun?
- Wer will wo mitmachen?
- Wer kennt sich da besonders gut aus?
- Wer übernimmt welche Aufgabe z. B. etwas mitbringen, einer Frage nachgehen, bestimmte Information beschaffen?

In der Regel werden nur die nächsten Schritte geplant, aber kein vollständiger Projektplan erstellt, andernfalls besteht die Gefahr des programmatischen Abarbeitens geplanter Aktivitäten. Hingegen bedürfen konkrete Vorhaben einer vorausschauenden Organisation und Besprechung mit den Kindern, evtl. sogar die Aufstellung eines Plans, wie folgendes Beispiel aus der Praxis zeigt. Im Rahmen des Projekts Dinosaurier plante die Gruppe einen Familienausflug zu den Urweltfunden nach Holzmaden. Ein Teil der Gruppe kümmerte sich um folgende Überlegungen:
- Wo ist das genau? Wie kann man da hinkommen?
- Was kostet es, einen Bus zu mieten? Wer ruft beim Busunternehmen an?
- Wie viel muss dann jeder zahlen? Zahlen das die Eltern? Woher kommt das Geld?
- Wie wissen alle, wann es los geht?
- Wer fährt mit? Wenn weniger mitfahren, kostet es mehr ...
- Und wenn der Bus zu teuer ist, wie kommen wir dann hin?
- Wenn alle mit dem Auto fahren und eine Familie keines hat, was kann man da machen?
- Wo lagern wir unsere »Fundstücke« nach dem Ausflug?

Projektdurchführung mit Kindern und Reflexion der Lernprozesse
Während der Projektdurchführung, die sich in allen Projektphasen an den Kindern und ihren Interessen, Wünschen und Bedürfnissen orientiert und in kleinen Arbeitsgruppen geschieht, wechseln sich Aktivitäts-, Reflexions- und erneute Planungsphasen ab.

> »Ich versuche als Projektleiterin die Kinder zu begleiten und übernehme eine beratende, motivierende und unterstützende Funktion. Ich versuche mich zurückzuhalten und nicht zu viel vorzugeben. Das ist nicht immer leicht, wenn man schon so viele Ideen und Lösungen im Kopf hat. Auf der anderen Seite sind jedoch große Vorbereitungen erforderlich, um den Kindern Möglichkeiten zu bieten, ihre Planung umzusetzen« (Förster 2000, S. 40).

Bei der Gewinnung und Sammlung vielfältiger Informationen zum Projektthema »ist in erster Linie die Pädagogin gefordert«, den Kindern dies zu ermöglichen. Informationsquellen können sowohl primärer Art (z. B. Ausflüge zu realen Schauplätzen wie Naturexkursionen, Besuche von Ausstellungen, Museen, Konzerten, Betrieben, Fachleuten; Bereitstellung von einschlägigen Materialien und Objekten in den Räumen) als auch sekundärer Art (z. B. Bücher, Zeitungen, Internet; Gespräche mit Fachleuten; Einbeziehung von Eltern als kompetente Fachberater) sein, wobei deren Kombination die Regel ist. Durch die Erschließung vielfältiger Informationsquellen erfahren die Kinder, wie sie ihre aufgestellten Hypothesen überprüfen können; zugleich ermöglicht ein reiches Quellenstudium flexible Lösungswege zu den aufgeworfenen Fragen gemeinsam im Dialog zu finden.

> »In täglichen *Was-tun-Runden* sprechen wir über unsere Aktivitäten: Was haben wir erlebt, wie geht es weiter? Eine Idee oder eine Begegnung löst die nächste aus. So ist es nicht möglich nach einem Wochen- oder gar Monatsplan zu arbeiten. ... Der Projektverlauf bleibt offen, entwickelt sich in verschiedene Richtungen und führt die Kinder automatisch durch alle Bildungsbereiche« (Förster 2009, S. 34).

Projektabschluss und Projektevaluation mit Kindern

Projekte brauchen Zeit – und es sind wieder die Kinder, die über Ende und Abschluss entscheiden. Feierliche Projektabschlüsse stärken Kinder in vielen Kompetenzen, wenn diese maßgeblich von den Kindern aktiv vorbereitet und durchgeführt werden. Das heißt konkret: Die Kinder laden ihre Eltern ein, schreiben Einladungen, entwerfen Plakate, überlegen, was sie anbieten wollen. Sie backen für die Eltern Kuchen, decken den Tisch, stellen ihre Werke aus und berichten anhand einer Powerpoint-Präsentation oder Fotoausstellung über das was sie gemacht haben, über ihre Erlebnisse und Erfahrungen. Durch die Gegenwart ihrer Eltern und die Aufmerksamkeit, die sie erhalten, fühlen sie sich ernst genommen, sind stolz auf das, was sie geleistet haben.

Jedes Projekt erfordert eine Abschlussreflexion mit der Projektgruppe. Stets notwendig ist eine Evaluation des gesamten Projektgeschehens auf der Meta-Ebene mit den Kindern anhand folgender Reflexionsfragen:
- Was haben wir in dem Projekt gemacht? Warum haben wir dieses Projekt gemacht?
- Was haben wir in dem Projekt gelernt? Wie haben wir es gelernt?
- Was hat Euch am meisten Spaß gemacht? Was ist Euch am stärksten in Erinnerung geblieben?

Projektarbeit – auch mit Kindern bis drei Jahren

Projektarbeit ist von Anfang an möglich, auch wenn diese mit Kindern bis drei Jahren Besonderheiten aufweist wie z. B. die weit höhere Verantwortung der Erwachsenen für deren Steuerung und Planung.

> »Projektarbeit läuft fast immer über die Fragen der Kinder, auch bei den Kleinen. Ein Projekt kann überall beginnen. Im Bauraum können Kinder anfangen, irgendwas zu

bauen, andere Kinder beteiligen und uns einbeziehen. Dann sind wir Mitspieler und Dialogpartner und nicht Belehrende. Bei älteren Kindern, die sich schon verbal äußern können, ist es wichtig, ihre Fragen zu notieren, sie durch unsere Fragen zum Nachdenken anzuregen, um was handelt es sich da, ihre geäußerten Hypothesen aufzuschreiben und damit die Schritte der Antwortfindung zu dokumentieren. Ich habe schon oft erlebt, dass Kinder in Sachbüchern die Antwort selbst gefunden haben, oder bei Reflexionsmomenten ein Zweijähriger aufsteht und eine Antwort gibt, nicht zum Prozess, aber zur Informationsquelle« (BayStMAS/IFP 2010, S. 127).

Stärkung der Kinder in ihren Sprach-, Literacy- und weiteren Kompetenzen durch Projekte

Deutlich wird, dass Projekte und Literacy-Center als spezielle Form der Projektarbeit Kinder auf vielfältige Weise herausfordern, ihre sprachlichen und literacy-bezogenen Kompetenzen aktiv einzusetzen. Der Projektansatz ermöglicht, alle Methoden zur sprachlichen Bildung einzubeziehen. Gute Projektarbeit erfordert ein Gespür dafür zu bekommen, wie viel Sprache und Literacy in den anderen Bildungsbereichen steckt.

- Zu den wichtigsten Merkmalen von Projektarbeit zählt der Dialog mit den Kindern, er steht in verschiedenen Formen in allen Projektphasen im Vordergrund: Bei der Themenfindung, bei der die Themen der Kinder im Mittelpunkt stehen, bei Planungsprozessen, im Rahmen der gemeinsamen Aufgabenlösung, Diskurse beim Erforschen von Bedeutungen, meta-kognitive Dialoge beim Reflektieren der Lernprozesse.
- Projektarbeit ermöglicht zugleich, Literacyaktivitäten aller Art sowie Rollen- und Symbolspiel methodisch einzubinden. Literacy-Aktivitäten gibt es in jedem Projekt – wenn Kinder Planungsideen sammeln und dokumentieren, für die Gewinnung von Informationen verschiedene Quellen zu Rate ziehen (z. B. Bücher in der Einrichtung, Bibliotheksbesuch, Internet-Recherche, Zeitung, Zeitschriften, Radio und Fernsehen zu Hause). Im Rahmen der gemeinsamen Projektdokumentation und Abschlusspräsentation sind Kinder in vielfältiger Weise gefordert, Erfahrungen mit Schrift und Schreiben zu machen. Alle Aktivitäten rund um Bücher (z. B. Bilderbuchbetrachtungen, Vorlesen) ebenso wie Geschichten und Begebenheiten erzählen sind in jedes Projekt als Methode integrierbar.
- Der thematische Aufhänger mancher Projekte liegt direkt im Bereich Sprache und Literacy, sodass hier Begegnungen mit Erzähl-, Schrift-, Schreib-, Buch- und Medienkultur eine zentrale Rolle spielen (z. B. Literacy-Center, »Wir machen selbst Theater«, »Wie entsteht ein Buch?«, mit Kindern eigene Geschichtenbücher, Hörspiele oder Filme erstellen).

In der Praxis wurde beobachtet, dass Kinder, die in ihrer Einrichtung häufig Projekte durchführen, in all ihren Basiskompetenzen gestärkt werden und dabei vor allem an Selbstständigkeit und Selbstorganisation kontinuierlich hinzu gewinnen. Dies zeigt sich darin, dass Kinder

- Projekte zunehmend einfordern,
- auch von sich aus Themen finden und die Leitung, Dokumentation und Präsentation neuer Projekte übernehmen,
- selbst und weitgehend ohne Begleitung der Erwachsenen Projekte machen und dabei auch unternehmerisch tätig werden.

Mehr Partizipation der Kinder verändert die Vorbereitung der Pädagoginnen und erhöht die Effektivität der pädagogischen Arbeit, die zu nachhaltigen Lernprozessen bei den Kindern führt. Die Fähigkeit zur Selbststeuerung und Selbstorganisation der Kinder wächst in dem Maße als ihnen Möglichkeiten zur Auswahl und freien Entscheidung zugestanden werden.

Entwicklung einer Partizipationskultur – Strukturelle Verankerung

Die Entwicklung einer Partizipationskultur in Kindertageseinrichtungen wird als kontinuierlicher Prozess der Organisations- und Teamentwicklung gesehen. Partizipation ist nachhaltig verankert, wenn Kitas als demokratische Orte gestaltet werden. Dafür gibt es kein Patentrezept, aber folgende Forschungsbefunde und Standards (Hansen u. a. 2004, 2011, BMFSFJ 2010):

1. Gelingende Partizipation der Kinder erfordert zugleich Partizipation der Eltern, des pädagogischen Personals und des Trägers. Erwachsene und ihre Umgangsformen sind stets Vorbild und Anregung für die Kinder. Partizipation im Team als notwendige Basis für die Partizipation der Kinder und Eltern setzt voraus, das eigene pädagogische Handeln und die eigene Grundhaltung regelmäßig zu reflektieren. Damit Partizipation auf allen Ebenen gelingen kann, sind die Leitung der Bildungseinrichtung und der Träger gefordert, diesen Prozess zum wichtigen Thema zu machen, den Veränderungsprozess zu moderieren und den strukturellen Rahmen für reflexive Teamprozesse zu schaffen.
2. Entscheidungsräume für Kinder öffnen bedeutet Abgabe von Macht – »eine Verschiebung der Entscheidungsmacht« zugunsten der Kinder ist »wesentlicher Bestandteil ernst gemeinter Partizipation« (BMFSFJ 2010, S. 5). Partizipation braucht strukturelle Verankerung, denn gerade bei jungen Kindern ist es wichtig, dass sie Partizipation als Recht wahrnehmen können, das ihnen unabhängig von der Gnade und den Launen der Erwachsenen zusteht, dass Kinder ihre Entscheidungsrechte kennen und einfordern können. Strukturelle Verankerung kann es Form institutionalisierter Beteiligungsgremien geben (z. B. Kinderkonferenzen, Kinderräte, Kinderparlamente). Am deutlichsten geschieht sie »im Rahmen der Erarbeitung einer Kita-Verfassung, in der Kinderrechte, Entscheidungswege und Entscheidungsgremien verbindlich festgeschrieben sind. Sie sichert Kindern Partizipation als eigenständiges Recht« (Hansen/Knauer/Sturzenhecker 2011, S. 56).
3. Partizipation gelingt nur, wenn die in der Kita arbeitenden Personen dies auch wollen. Daher steht jede Einrichtung vor der Aufgabe, ihren eigenen Weg der Kinderbeteiligung im Team gemeinsam zu finden und für sich zu klären, welche Beteiligungsrechte sie den Kindern zugestehen will. Dabei ist Qualität wichtiger

als Quantität. Entscheidend ist, dass Kinder die eingeräumten Mitwirkungsrechte auch wirklich in Anspruch nehmen können.

Notwendig ist, dass das Team konkrete Absprachen trifft und dabei folgende Fragen ernsthaft klärt (Hansen u. a. 2004, Hansen/Knauer 2010):
- Was ist mein Bild vom Kind? Stimmt dieses mit dem im Bildungsplan verankerten Bild überein? Was können und wissen unsere Kinder eigentlich schon alles? Was traue ich Kindern zu? An welchen Kompetenzen unserer Kinder können wir ansetzen?
- Welche Entscheidungen werden in unserer Kita täglich getroffen? Was dürfen die Kinder bisher selbst/mit entscheiden und was nicht? Wie werden sie in Entscheidungen einbezogen?
- Wie weit bin ich zunächst bereit, mich auf die anstehenden Veränderungen einzulassen? Was trauen wir uns als Team gemeinsam zu?
- Worüber sollen die Kinder in unserer Kita künftig auf jeden/auf keinen Fall allein/mit entscheiden? Mit welchen Beteiligungsformen und Entscheidungsmodalitäten können wir uns derzeit anfreunden? Welche Bereiche wollen wir vorerst ausklammern und später erneut diskutieren?

Haltungen lassen sich nur verändern durch neue positive Erfahrungen (Hüther 2009). Daher braucht es Kita-Leitungen, die Mut machen, neue Wege zu gehen und im pädagogischen Alltag mit vielfältigen partizipativen und ko-konstruktiven Methoden zu experimentieren und die gesammelten Erfahrungen sodann im Team gemeinsam zu reflektieren. Auf diese Weise entsteht »eine neue Kultur des Sich-Einbringens, des Miteinander-Wachsens und des gemeinsamen Über-Sich-Hinauswachsens«, die wir für gelingende Veränderungsprozesse im Bildungswesen dringend benötigen (Hüther 2009, S. 7). Die Teamentscheidung, sich von einer angeleiteten Beschäftigungspädagogik bzw. erwachsenenzentrierten Förderpädagogik wegzubewegen und Kinder stärker in die Gestaltung von Bildungsprozessen einzubeziehen (moderieren statt belehren), setzt bei den pädagogischen Fachkräften eine Rollenveränderung in Gang. Als Bildungsmoderatoren, Dialogpartner und Impulsgeber ermöglichen sie den Kindern nun mehr Partizipation und verstehen sich selbst zunehmend als Mitgestaltende und Mitlernende im Sinne von Ko-Konstruktion. Dieser Veränderungsprozess setzt Zeitressourcen frei. Es ist sinnvoll, diese Ressourcen für eine intensivere Beobachtung der Kinder zu nutzen, um ihre individuellen Lern- und Entwicklungsprozesse besser verstehen und die sie interessierenden Lernthemen komplexer gestalten zu können. Dies weitet den pädagogischen Blick für individuelle Unterschiede und die damit notwendige individuelle Bildungsbegleitung der Kinder. Den Dialog mit Kindern zu intensivieren und qualitativ weiterzuentwickeln ist ein Folgeschritt – dafür eignet sich die Methode der kollegialen Beobachtung (Reichert-Garschhammer/Netta/Prokop 2010).

Literatur

BayStMAS – Bayerisches Staatsministerium für Arbeit und Sozialordnung, Familie und Frauen & BayStMUK – Bayerisches Staatsministerium für Unterricht und Kultus (Hg.): Gemeinsam Verantwortung tragen. Die Bayerischen Leitlinien für die Bildung und Erziehung von Kindern bis zum Ende der Grundschulzeit. München. URL: http://www.km.bayern.de/eltern/meldung/1578/bildungsleitlinien-kinder-profitieren-von-besserer-abstimmung-in-kita-und-grundschule.html und http://www.zukunftsministerium.bayern.de/imperia/md/content/stmas/stmas_internet/kinderbetreuung/bildungsleitlinien_barrierefrei.pdf 2012[4]

BayStMAS – Bayerisches Staatsministerium für Arbeit und Sozialordnung, Familie und Frauen & IFP Staatsinstitut für Frühpädagogik (Hg.): Der Bayerische Bildungs- und Erziehungsplan für Kinder in Tageseinrichtungen bis zur Einschulung, 5. Aufl. Berlin 2012

BayStMAS – Bayerisches Staatsministerium für Arbeit und Sozialordnung, Familie und Frauen & IFP Staatsinstitut für Frühpädagogik (Hg.): Bildung, Erziehung und Betreuung von Kindern in den ersten drei Lebensjahren. Handreichung zum Bayerischen Bildungs- und Erziehungsplan. Weimar/Berlin 2010

BMFSFJ – Bundesministerium für Familie, Senioren, Frauen und Jugend (Hg.): Qualitätsstandards für die Beteiligung von Kindern und Jugendlichen. Allgemeine Qualitätsstandards und Empfehlungen für die Praxisfelder Kindertageseinrichtungen, Schule, Kommune, Kinder- und Jugendarbeit und Erzieherische Hilfen. URL: http://www.kindergerechtes-deutschland.de/publikationen/qualitaetsstandards-zur-beteiligung/ 2010

Booth, T. & Ainscow, M.: Index für Inklusion. Lernen und Teilhabe in der Schule der Vielfalt entwickeln. Deutschsprachige Ausgabe, übersetzt von I. Boban & H. Hinz, Martin-Luther-Universität Halle-Wittenberg. URL: http://www.eenet.org.uk/resources/docs/Index %20German.pdf. 2003

Bruner, J. S.: Wie das Kind sprechen lernt. Bern 2008

DJI Deutsches Jugendinstitut: Kinder in den ersten drei Lebensjahren. Ein Wegweiser der Weiterbildungsinitiative Frühpädagogische Fachkräfte (WiFF). URL: http://www.weiterbildungsinitiative.de/uploads/media/http_www.weiterbildungsinitiative.de_index.php_eID_tx_nawsecuredl_u_1697_file_uploads_tx_ketroubletickets_WW_U3_01.pdf 2011

Förster, M.: Keine Sonderveranstaltung, sondern ganz normaler Alltag. Projekte als Kern der Kindergartenzeit. In TPS 2, 2009, S. 11–13

Förster, M.: »Ich höre was, was Du nicht siehst!« Projekte als ideale Arbeitsform des offenen Kindergartens. In TPS 2, 2000, S. 39–41

Fthenakis, W. E./Schmitt, A./Daut, M./Eitel, A. & Wendell, A.: Natur-Wissen schaffen. Band 5: Frühe Medienbildung. Troisdorf 2009

Hansen, R.: Die Kinderstube der Demokratie. Begleitbroschüre zum Film von L. Müller & T. Plöger, Die Kinderstube der Demokratie. Wie Partizipation in Kindertageseinrichtungen gelingt. Ministerium für Justiz, Frauen, Jugend und Familie des Landes Schleswig-Holstein (Hg.). URL: http://home.arcor.de/hansen.ruediger/pdf/Video-Booklet_2005.pdf 2005

Hansen, R./Knauer, R. & Friedrich, B.: Die Kinderstube der Demokratie. Partizipation in Kindertagesstätten. Ministerium für Justiz, Frauen, Jugend und Familie des Landes Schleswig-Holstein (Hg.). URL: http://home.arcor.de/hansen.ruediger/pdf/Hansen%20et%20al_Die %20Kinderstube %20der %20Demokratie.pdf 2004

Hansen, R./Knauer, R. & Sturzbecher, B.: Partizipation in Kindertageseinrichtungen. So gelingt Demokratiebildung mit Kindern. Weimar/Berlin 2011

Hattie, J.A.C.: Visible Learning. A synthesis of over 800 meta-analyses relating to achievement. London/New York 2009

Hüther, G.: Welcher »Geist« prägt ihre KiTa? Die besondere Bedeutung von Geist und Haltung für die pädagogische Arbeit. In Das Leitungsheft, kindergarten heute 2, 2009, S. 4–8

King, M./Ranger, G.: Spielerisch entdeckende Erfahrung mit Schreiben und Schrift. In E. Reichert-

---

[4] Die Verfügbarkeit aller Online-Dokumente wurde im Januar 2013 geprüft.

Garschhammer/C. Kieferle. Sprachliche Bildung in Kindertageseinrichtungen. Fachwissen KITA. Freiburg 2011, S. 124–128

Knauer, R. & Hansen, R.: Zum Umgang mit Macht in Kindertageseinrichtungen. Reflexionen zu einem häufig verdrängten Thema. In TPS 8, 2010, S. 24–28. URL: http://home.arcor.de/hansen.ruediger/pdf/Knauer_Hansen_Macht.pdf

Reichert-Garschhammer, E. & AG Projektarbeit im Ko-Kita-Netzwerk Bayern: Gelingende BayBEP-Umsetzung in Kitas: Schlüssel Projektarbeit. München: IFP. URL: http://www.ifp.bayern.de/projekte/laufende/konsultation.html 2012

Reichert-Garschhammer & AG Projektarbeit des Netzwerks Konsultationseinrichtungen in Bayern: Projektarbeit und aktive Medienarbeit. In E. Reichert-Garschhammer & C. Kieferle, Sprachliche Bildung in Kindertageseinrichtungen. Freiburg 2011; S. 137–147

Reichert-Garschhammer, E. & Kieferle, C. (Hg.). Autorenteam: Sprachliche Bildung in Kindertageseinrichtungen. Reihe Fachpraxis Kita (Handbuch), Freiburg 2011

Reichert-Garschhammer, E./Netta, B. & Prokop, E. (2010): Wir sind auf dem Weg. Die Umsetzung des Bayerischen Bildungs- und Erziehungsplans für Kinder in Tageseinrichtungen bis zur Einschulung in Kitas in Amberg und München. In H. Hoffmann et al., nifbe (Hg.), Starke Kitas – starke Kinder. Wie die Umsetzung der Bildungspläne gelingt. Freiburg 2010; S. 75–90

Schuhmann, M.: Projektarbeit. Nicht das Ergebnis zählt, sondern der Weg dorthin. In kindergarten heute, 9/2010, S. 17–22

Schule im Aufbruch: Website. http://www.schule-im-aufbruch.de, 2012

Steffens, U. & Höfer, D.: Was ist das wichtigste bei Lernen? John Hatties Forschungsbilanz aus über 50.000 Studien. In: ZBV (Zeitschrift für Bildungsverwaltung) 1, 2012, 5–25

Zeitschrift Grundschule. Was wirkt? – Was das Lernen positiv beeinflusst und was ihm schadet. Heft Nr. 7/8 2012 (zur Hattie-Studie)

4.2.2 Literacy-Center in der Theorie und Praxis

Alexandra Großer & Evelyn Däschlein

Wenn Kinder spielen, dann tun sie so, als ob sie Lastwagenfahrer, Baggerfahrer, Helden, die Gefahren bestehen und die Welt retten, Ärzte und Patienten, Handwerker, Büroangestellte oder Friseure sind. Ihre Fantasie kennt hier keine Grenzen. Viele Dinge, die sie dafür brauchen werden umfunktioniert und so wird aus einem Stecken ein Laserschwert, einem Bauklotz ein Handy, einem Buch ein Laptop. Auch hier kennt die Kreativität der Kinder keine Grenzen. Dieses Umfunktionieren ist für die kognitive Entwicklung der Kinder von großer Bedeutung, da sie damit die Basis schaffen für die Entwicklung anderer Repräsentationssysteme wie z. B. die Schrift. Dies zeigt sich auch im Spiel, wenn Kinder ganz selbstverständlich lesen und Schreiben in ihr Spiel integrieren, indem sie ihrer Puppe vorlesen oder der Oma einen Brief schreiben.

Im Konzept des Literacy Centers wurden Rollenspiel und Schriftmaterialien integriert und wissenschaftlich untersucht:
- Verschiedene Studien belegen, dass Rollenspielbereiche, die mit Schriftmaterialien ausgestattet wurden, Kinder dazu anregen, diese mehr in ihr Spiel zu integrieren und sich über Schrift, Schrifthandlungen und -zeichen zu unterhalten (vgl. Morrow 1990; Neuman/Roskos 1992, 1997).
- Neuman und Roskos (1997) zeigen in einer weiteren Studie, dass Kinder im Spiel Rollen übernehmen, mit denen sie vertraut sind, die sie also aus ihrer kulturellen und sozialen Umwelt kennen, wie z. B. Arzt, Patient, Einzelhandelskauffrau, Bedienung, etc. In dieser Studie wurden Rollenspielbereiche nicht nur mit Schriftmaterialien ausgestattet, sondern auch unter ein bestimmtes Thema wie Arztpraxis, Postagentur und Restaurant gestellt. In den Rollenspielen zeigten die Kinder nicht nur ihr Wissen über Schrift, sondern ihr prozedurales und deklaratives Wissen oder mit anderen Worten sie zeigten z. B., wie sich ein Ober bzw. eine Kellnerin benimmt (z. B. nimmt freundlich die Bestellung von Speisen und Getränke auf, indem er/sie diese notiert) und was ein Ober bzw. eine Kellnerin macht (z. B. reicht den Gästen die Speisekarte, stellt die Rechnung aus). Gleichzeitig zeigten sie auf, dass Kinder sich u. a. über ihre Rolle und ihre Spielhandlungen unterhalten, gegenseitig korrigieren, Informationen einholen, Rückmeldungen geben (vgl. Neuman/Roskos 1997).

Literacy-Center in der Theorie
Anhand all dieser Studien kann ein Literacy Center als ein thematischer Rollenspielbereich, welcher sich an reellen Vorbildern orientiert und mit Schriftmaterialien ausgestattet ist, definiert werden. Wie die Studien gezeigt haben, zeichnen sich Literacy

Center durch die Erforschung eines Themas, sprachliche Bildung durch Rollenspiel und themenspezifische Skripte, eine motivierende Begegnung mit Schrift und Projektarbeit aus:

- Pädagogische Fachkräfte und Kinder stellen Vertrautheit mit einem *Thema* durch die gemeinsame Erforschung der Lebensumwelt (z. B. Supermarkt, Gärtnerei, Restaurant, Postagentur) her. Über Bücher, Exkursionen und gezielte Fragen an das Thema werden pädagogische Fachkräfte und Kinder ko-konstruktiv aktiv und das Lebensweltwissen aller Beteiligten wird erweitert.
- Indem Kinder und pädagogische Fachkräfte Rollenträger in ihrer natürlichen Arbeitsumgebung beobachten und interviewen bekommen sie Anregungen für ihr *Rollenspiel* im Literacy Center. Gleichzeitig erfahren sie aktiv sprachliche Bildung, da sie z. B. Kommunikationsabläufe in einer Praxis oder Büro wahrnehmen. Dieses Skript übertragen sie in ihr Rollenspiel und nehmen gleichzeitig die Perspektive eines Patienten oder Kunden ein und handeln nach Wygotsky in der Zone der nächsten Entwicklung.
- Das Literacy Center ermöglicht es Kindern, sich auf vielfältige Weise mit *Schriftmaterialien* zu beschäftigen. Sie schlagen Telefonnummern im Telefonbuch nach, geben Bestellungen auf, notieren Termine im Kalender, machen Inventur, stellen Quittungen aus, u.v.m.
- Literacy Center werden nach den *Grundsätzen der Projektarbeit* konzipiert. Sie sind zeitlich begrenzt, ziel- und themenorientiert. Kinder und pädagogische Fachkräfte erarbeiten sich gemeinsam ein klar begrenztes Thema, initiieren und gestalten gemeinsam Bildungsprozesse.

Die Umsetzung in die Praxis erfolgt in drei Phasen, die in sieben Stufen unterteilt sind. Das Kernstück des Literacy Centers ist das Rollenspiel.

Phase eins beinhaltet die Vorbereitung des Literacy Centers mit der Themenfindung, der Information an die Eltern über das Projekt, die Erforschung des Themas sowie das Einrichten des Rollenspielbereichs. Themen für Literacy Center lassen sich z. B. durch die Interessen der Kinder finden (Beobachtung und Dokumentation), durch Themenwahl in Kinderkonferenzen oder aktuelle Anlässe (z. B. Ferien → Reisebüro).

Hat sich ein Thema gefunden, werden die Eltern der Kinder über das Projekt informiert. Damit können sie als Bildungspartner in das Projekt eingebunden werden, indem sie als Experten (z. B. Reisekauffrau) an ihren Arbeitsplatz einladen oder in der Kita von ihrem Beruf erzählen und vielleicht sogar Materialien für die Einrichtung des Literacy Centers zur Verfügung stellen. Zur Erforschung des Themas gehören natürlich auch Exkursionen, die zusammen mit den Kindern geplant werden, indem die Kinder zusammen mit den pädagogischen Fachkräften Fragen aufschreiben, die sie dem jeweiligen Rollenträger (z. B. Postagenturleiter, Friseuse, Einzelhandelskauffrau) stellen wollen. Nach der Exkursion erstellen Kinder und pädagogische Fachkräfte miteinander eine Liste über die Dinge, die sie für ihr Literacy Center benötigen, wie z. B. Briefmarken, Stempel und Stempelkissen, Quittungen, Geld, Kuverts, selbstgewerktes Essen (Spaghetti, Spiegeleier, Eis), u.v.m. Des Weiteren wird miteinander überlegt, was davon besorgt werden kann und was davon in Eigenproduktion hergestellt werden kann, z. B. Filzblumen für die Gärtnerei.

Ist das Literacy Center eingerichtet, kann es mit dem Rollenspiel losgehen. Das Rollenspiel ist das Kernstück des Literacy Centers, denn hier findet die motivierende Begegnung mit der Schrift statt. Die Kinder zeigen sich gegenseitig, was sie bereits über Schrift wissen, wie Rollen auszufüllen sind und was z. B. eine Floristin macht. Hier haben sie Gelegenheit mit Schrift zu experimentieren und diese zu erforschen.

Die Reflexionsphase ist die *letzte Phase* des Projekts Literacy Center. Es empfiehlt sich für diese Phase schon vorab alle anderen Phasen und Schritte des Literacy Centers mit Filmmaterial (Foto oder Video) zu dokumentieren sowie die Fragen der Kinder, die sie an das Thema und die Rollenträger stellten. Dies erleichtert die gemeinsame Reflexion sowie die Erinnerung an vorhergehende Phasen. Da pädagogische Fachkräfte auch Lern- bzw. Bildungsbegleiterinnen sind, gilt es hier die Lernprozesse sichtbar zu machen und die Kinder zu fragen, was sie gelernt haben bzw. was sie jetzt wissen, was sie vorher noch nicht gewusst haben. Nicht nur die gemeinsame Reflexion mit den Kindern ist wichtig, sondern auch die der pädagogischen Fachkräfte über das Projekt und dessen Ablauf. Es gibt bestimmt Dinge, die man wieder so machen würde und anderes, was sich verbessern ließe. Eine Dokumentation mit Film- bzw. Fotomaterial ermöglicht, im Sinne der Bildungspartnerschaft, auch die Reflexion mit den Eltern an einem gemeinsamen Abschlussnachmittag oder -abend, bei dem das Literacy Center in seiner ganzen Fülle vorgestellt wird. Und Eltern als auch pädagogische Fachkräfte erzählen können, was die Kinder gelernt haben.

Das Literacy-Gartencenter des Kath. Kindergartens St. Nikolaus, Großlellenfeld

Die Idee entwickelte sich nach einer Fortbildung zur Methode des Literacy-Center als spezifische Form der Projektarbeit. Im Rahmen einer *Kinderkonferenz* entschieden sich unsere Kindergartenkinder von insgesamt vier vorgestellten Themen für das Thema *Die Gärtnerei*. Zur Auswahl standen *Friseurladen, Bücherei, Post* und *Gärtnerei*. Das Ziel des Literacy-Centers war, dass sich die Kinder mit den Materialien zum Schrift-Spracherwerb auseinandersetzen. In die Rollenspiele waren auch die Eltern und Erzieherinnen mit eingebunden. Die Kinder orientierten sich an reellen Beobachtungen.

Beim *Besuch der ortsansässigen Gärtnerei* war schon großes Interesse der Kinder erkennbar. Bei der Betriebsführung stellten sie der Besitzerin viele Fragen, packten eine Blumenlieferung mit aus und wurden bei diversen Verkaufsgesprächen mit beteiligt. Sie durften Küchenkräuter umtopfen und kauften einige Pflanzen für ihr Hochbeet im Kindergarten, die sie auch selbst bezahlen durften. Zurück in der Einrichtung wollten die Kinder ihr eigenes Gartencenter eröffnen und hatten viel zu tun:
- Die gekauften Erdbeeren, Kohlrabi, Lauch, Salat und Pfefferminze wurden gepflanzt
- Ein Name für die eigene Gärtnerei wurde im Rahmen einer weiteren Kinderkonferenz ausgesucht
- Das Logo der Gärtnerei wurde von den Kindern gemalt
- Geschäftszeiten wurden vereinbart

– Der Verkaufsraum mit Ladentheke, Kasse, und Fachzeitschriften wurde eingerichtet, ...

Einige der Utensilien waren in der Einrichtung vorhanden, andere mussten gebastelt (z. B. Blumen und Gemüse aus Fotokarton) oder gefilzt (Blumen) werden.

Aus der *Stadtbücherei Gunzenhausen* wurden Bücher mit dem Thema *Garten* ausgeliehen und den Kindern zur Verfügung gestellt. Sie schauten dort öfter nach, um mehr über die Pflanzen und (Heil-)Kräuter in Erfahrung zu bringen.

Beim *Besuch eines Blumenladens,* zu dessen Einweihung die Kindergartenkinder eingeladen waren, sammelten die Kinder weitere Erfahrungen zum Thema. Sie durften zuschauen, wie Gestecke und Blumensträuße gefertigt und verpackt wurden und dies sodann auch selbst ausprobieren. Zuletzt erhielten die Kinder ein kleines Geschenk.

Zurück im Kindergarten überlegten die Kinder, dass auch sie eine *Eröffnungsfeier gestalten* wollten und dass jeder Kunde, der etwas kauft, eine kleine Schleife als Präsent bekommen soll. Nun wurden Einladungskarten hergestellt und Schleifen gebunden. Bald schon fand eine *interne Eröffnungsfeier* mit den Kindern statt. Im Rollenspiel wurden schon vorher sämtliche Fachbereiche einer Gärtnerei erprobt. In der Freispielzeit führten die Kinder viele Verkaufsgespräche, nahmen Bestellungen entgegen, quittierten, rechneten ab, führten Inventarlisten, beschrifteten sämtliche Blumen und Kräuter etc., verpackten und berieten sich gegenseitig. Die Fachkräfte waren in die Rollenspiele der Kinder eingebunden und versuchten sich als Kunden oder Blumenlieferanten.

Endlich war der Tag der offiziellen Eröffnung der *Gärtnerei kunterbunt* gekommen. Die Eltern baten wir vorab, das Projekt aktiv zu unterstützen und mitzugestalten, die Kinder in ihrem Tun ernst zu nehmen und wie Kunden Verkaufsgespräche zu führen und sich beraten zu lassen. Es war jetzt Mitte Mai und die im März gepflanzten und gesäten Kräuter und Blumen waren schon beachtlich gewachsen, sodass wir sie bereits gut verkaufen konnten. Die Kinder waren stolz zu wissen, dass man z. B. aus Thymian und Salbei heilende Tees herstellen kann und banden kleine Teesträuße, die sie dann mit dem dazu passenden Rezept (natürlich selbst »geschrieben«) an die Kunden verkauften. Alle Kinder werkelten begeistert. Sie schnitten Kräuter und Tee ab, banden Sträußchen, führten Verkaufsgespräche, packten ein, nahmen Bestellungen auf und alle Beteiligten hatten großen Spaß. Der Tag war ein schöner Erfolg, alle Blumen waren verkauft und es wurden sogar noch Nachbestellungen der Eltern aufgenommen.

In der weiteren Entwicklung unseres Projekts gab es immer neue Themen und Fragestellungen in Nebenprojekten. Wir experimentierten z. B. mit Kresse: Wächst sie besser mit oder ohne Wasser, mit oder ohne Licht, auf Watte, Erde oder ohne etwas? Usw.

Aus den *Reflexionsgesprächen mit den Kindern* erfuhren wir Pädagoginnen was sie gelernt hatten und was ihnen besonders gut gefiel. Fragestellungen und Aktivitäten, die sie noch weiter bearbeiten wollten, und auch was ihnen nicht so gut gefiel (z. B. das lange Anstehen an der Kasse) wurde erörtert. Auch *neue Ideen der Kinder* wurden besprochen wie Erdbeermarmelade kochen oder aus den gepflanzten Tees und Kräutern Parfüm herzustellen.

Zum *Projektabschluss* luden wir die Eltern zu einem Elternabend ein, an dem wir den gedrehten Videofilm vorführten und Fachkräfte wie auch die Sprachberaterin die persönlichen Eindrücke schilderten. So konnten alle die erlebten Stunden noch einmal Revue passieren lassen. Auch die aufgenommenen Fotos des Eröffnungstages fanden großen Anklang. Anhand des Films erfuhren wir als Fachkräfte wie auch die Eltern viel über den Wissensstand, die Lernprozesse und die sprachliche Bildung unserer Kinder.

Das Kindergartenteam beschloss, dem Literacy Center einen festen Platz auch in der Konzeption zu geben. Im Laden wurde immer noch weiter verkauft, es entstand sogar ein kleines Sachbilderbuch von der »Zwetschge«, an dem die Kinder fleißig mitarbeiteten und texteten. Was wohl als nächstes aus den Ideen der Kinder entstehen wird? Wir Erzieherinnen sind schon sehr gespannt und freuen uns darauf!

Literatur

Morrow. L. M.: Preparing the Classroom Environment to Promote Literacy during Play. In Early Childhood Research Quarterly 5, 1990; S. 537–554

Neuman, S. B. & Roskos, K.: Literacy Objects as Cultural Tools: Effects on Children's Literacy Behaviors in Play. In Reading Research Quarterly 3, 1992; S. 202–225

Neuman, S. B. & Roskos, K.: Literacy knowledge in practice: Contexts of participation for young writers and readers. In Reading Research Quarterly 1, 1997; S. 10–32

4.3 Video-Interaktionsbegleitung – eine Methode zur Professionalisierung von Fachkräften

Irene Golsche/Anna Spindler & Melanie Gerull

Die Vorschulkinder eines Kindergartens machen einen Ausflug mit der Bahn in die nahe Stadt, sie wollen dort in den Zoo gehen. Die Kinder sind gerade in den Zug eingestiegen und finden mehrere Bänke, auf die sie sich setzen können. Man merkt, dass die Kinder sehr aufgeregt sind, sie reden viel und stellen viele Fragen an die begleitenden Erzieherinnen.

Die Erzieherinnen sind jedoch abgelenkt, die Schaffnerin kommt gerade und sie suchen das Ticket. Ein Mädchen versucht mindestens fünfmal, ihre Erzieherin anzusprechen, ohne eine Antwort oder eine Reaktion zu bekommen. Sie will ihr sagen, dass sie schon oft dorthin gefahren ist und dass sie sich auch an die Bahnstrecke erinnert. Ganz kurz sagt eine andere Erzieherin: »Setz dich hin, Jonas«, als ein anderes Kind aufstehen will.

Nach kurzer Zeit hat sich die Situation entspannt, die Schaffnerin hat erst einmal an alle Kinder Kinderfahrkarten verteilt und die Erzieherin kommt jetzt zur der Kindergruppe. Das Mädchen spricht jetzt mit der Schaffnerin, die Erzieherin schaut ihnen kurz zu und setzt sich neben die Kindergruppe, doch es kommt kein Gespräch mehr zustande. Die Kinder haben jetzt ein anderes Thema.

Die Interaktionsqualität und Alltagsdialoge sind wahrscheinlich eine der wichtigsten Variable der prozessualen Qualität von Kindertageseinrichtungen (vgl. Tietze u. a. 1996, Morrison & Connor, 2002; Pianta, 2006). Dialoganlässe gibt es dabei unzählige: Alltagsroutinen wie Essen, Anziehen, Aufräumen usw., aber auch die dialogische Begleitung von Aktionen, Spielen oder Bildungsprozessen. Nicht immer gelingt es den Erwachsenen jedoch diese Anlässe angemessen aufzugreifen. So können z. B. Stresssituationen – wie sie im obigen Beispiel beschrieben sind, die Aufmerksamkeit und Sensitivität für die Interaktionsinitiativen der Kinder stark beeinträchtigen.

Für die Professionalisierung von Fachkräften ist es also eine zentrale Herausforderung, die Fähigkeiten zur Interaktion und Dialog mit Kindern zu stärken. Die *Videointeraktionsberatung* ist eine Methode, durch die diese pädagogischen Kompetenzen in Fortbildungen oder Supervisons- und Coachingkontexten gestärkt werden können. VIB kommt ursprünglich aus der Familienbildung, in der sie sehr häufig und von den unterschiedlichsten Programmen eingesetzt wird. Im Bereich der Professionalisierung von pädagogischen Fachkräften oder auch Lehrkräften wird sie in Deutschland allerdings nur zögerlich, aber doch mit großem Erfolg eingesetzt.

Interventionen, die Videofeedback-Elemente enthalten, erweisen sich als effektiv, effizient und nachhaltig: In einer Meta-Analyse von insgesamt 26 Studien zur Effektivität von videointeraktionsbasierten Elternbildungsprogrammen (Fukkink, 2008) fand der Autor, dass auch kurze Einheiten von Videointeraktionsberatung signifikante Effekte auf das elterliche Interaktionsverhalten, die Sensitivität und Responsivität und auch die elterliche Haltung zum Kind mit sich brachten.

Auch für die Pädagoginnen-Kind-Interaktion lassen sich diese deutlichen Effekte zeigen: Im pädagogischen Kontext zeigten sich ebenfalls signifikante Effekte auf das Interaktionsverhalten und auch die pädagogische Haltung von Pädagoginnen, die langfristig wirksam waren (Fukkink & Tavecchio 2010; Kieferle & Goltsche, 2012).

Beschreibung der Methode Video-Interaktions-Begleitung (VIB)

Video-Interaktions-Begleitung (VIB) wurde seit 1986 in den Niederlanden von der Stiftung SPIN e. V. (Stichting Intensieve Thuisbehandeling Nederland) als Methode in der Kinder-, Jugend- und Familienhilfe eingesetzt und dort flächendeckend verbreitet. In familiären Kontexten wird diese Methode als Video-Home-Training (VHT) bezeichnet, in anderen professionellen Kontexten als VIB. 1994 wurde der gemeinnützige Bundesverband SPIN Deutschland e. V. (www.spindeutschland.de) gegründet.

Harrie Biemans (1990), der diese Methode in den frühen 80er-Jahren entwickelte, war inspiriert von Colwyn Trevarthens (2010) Theorien zur primären und sekundären Intersubjektivität und zum kulturellen Lernen. Er lieferte für diese Methode den theoretischen Kern und beteiligte sich von Anfang an an der Entwicklung. Trevarthen (1990) beobachtete, dass frühkindliche Regulation durch das »Ankoppeln« an das Gehirn der Bezugsperson über emotionale Kommunikation im Kontext einer intimen, positiven affektiven Beziehung geschieht.

Das Konzept der Videointeraktionsbegleitung nimmt enge Bezüge zur Kommunikationsforschung, der Bindungstheorie (vgl. Held, 2009) und Lerntheorien, es basiert auf der humanistischen Psychologie und Pädagogik und deren Idee von *Empowerment*. Man arbeitet mit den Fachkräften ressourcen- und lösungsorientiert und nutzt das Modell-Lernen dazu, pädagogische Situationen und Teamarbeit nachhaltig, positiv und effektiv zu gestalten. VIB geht von einem positiven Menschenbild aus, das impliziert, dass alle Menschen Ressourcen haben, die es zu entdecken und entwickeln gilt und dass Bezugspersonen und Kinder von Beginn an einen guten Kontakt zueinander haben wollen.

Der VIB-Prozess beginnt damit, dass der Trainer bzw. die Trainerin der pädagogischen Fachkraft hilft, die eigenen Ziele zu erarbeiten. Die Klienten zu fragen, was sie selbst ändern wollen, bindet sie stärker in den Prozess ein und sorgt dafür, dass sie sich dabei stärker engagieren. Dann werden Erwachsenen-Kind-Interaktionen gefilmt und bearbeitet, um einen kurzen Film zu produzieren, der auf gelungene positive Interaktionen fokussiert. Die Idee hinter VIB ist, die Prinzipien, die einen erfolgreichen frühen Mutter-Kind-Dialog unterstützen, als Bezugssystem zu nutzen, um die positiven Momente einer Kommunikation auszuwählen. Diese werden als *Kontakt-Prinzipien* oder *Prinzipien für erfolgreiche Kommunikation* bzw. *Basiskommunikationsprinzipien* bezeichnet. VIB nutzt diese Kontaktprinzipien als Bezugssystem für die Video-Mikro-Analyse mit einem ausgebildeten Trainer. Abb. 13 zeigt die Schritte, die Erwachsene auf dem Weg zu einer aufeinander abgestimmten Beziehung gehen können.

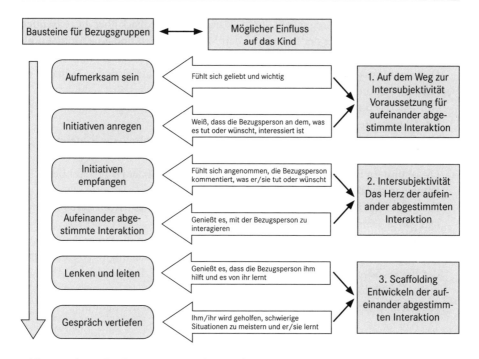

Abb. 13: Aufeinander abgestimmte Interaktion aufbauen (Quelle: Kennedy, 2011)

Das gelungene basiskommunikative Verhalten von Erwachsenen wird in Videosequenzen dargestellt und dient sowohl als »guter Spiegel« als auch als »Blick in die Zukunft«.

Ein VIB-Prozess umfasst in der Regel zwischen drei und sechs Einheiten. Eine Einheit besteht aus einer Aufnahme von drei- bis viermal fünf bis Minuten der für die Beratung relevanten Interaktionen, vorzugsweise in den Räumen der Einrichtung. Die Bearbeitung und Durchsicht des Materials erfolgt dann zuerst durch die Video-Trainerin als Vorbereitung auf die in der Regel eine Woche später stattfindenden Beratung. Diese Video-Präsentation mit Beratungsgespräch dauert je nach Anzahl der Teilnehmenden circa 45–90 Minuten. Die ersten Aufnahmen dienen vorrangig der Video-Interaktionsdiagnostik und Bestandsaufnahme. An diesen Bildern und Videosequenzen werden gemeinsam konkrete Fragen bearbeitet:

- Was gelingt bereits gut in der Gesprächskultur?
- Was sieht die Fachkraft als gelungen an in ihrer Interaktion mit Kindern/Kollegen/Eltern?
- Wie werden die Bilder empfunden und bewertet?
- Wo sind Lernpunkte einzelner Mitarbeitender?
- Wie können die Erkenntnisse in die Praxis umgesetzt werden?
- Was kann das Team tun?
- Was brauchen wir sonst noch für eine gute Gesprächskultur?

Bereits die erste Besprechung schafft durch aktivierendes Feedback über die präsentierten Bilder eine Entlastung der teilnehmenden Mitarbeitenden und eine Motivierung für mehr Engagement für gelungene Kommunikation in der Einrichtung.

Das Beratungssetting kann dann individuell auf die Bedürfnisse der Teilnehmenden und Einrichtung abgestimmt werden:
- Nur eine Fachkraft macht eine Rückschau mit ihren Aufnahmen mit der Video-Interaktions-Begleiterin.
- Nur die Personen aus dem Gruppenteam, das jeweils gefilmt wurde, nehmen teil an der Supervision.
- Die gefilmte/n Person/en nimmt/nehmen zusammen mit der Haus- oder Bereichsleitung an der Besprechung teil.
- Die gefilmte/n Person/en laden andere Kolleginnen aus dem Team dazu ein.
- Das ganze Team nimmt teil an der Beratung.
- Das Gruppenteam zeigt seine Aufnahmen in Anschluss an die Supervision eigenständig im gesamten Team mit einer bestimmten Fragestellung (z. B. Gestaltung der Bring- oder Abholsituation, Bilderbuchbetrachtung, Essenssituation, Aufräumen, Konfliktlösung, Hausaufgaben, ...).
- Fachdienste/Heilpädagoginnen nehmen außerdem teil an der Beratung.

Am Ende jeder Beratung (Rückschau) werden gemeinsam konkrete Ziele und Übungen für die nächste Zeit erarbeitet, die die Teilnehmenden dann selbstständig in den Alltag einbauen.

Bei der nächsten Aufnahme (mit einem Zeitabstand von ein bis drei Wochen) wird dann überprüft, was praktisch umgesetzt wurde und wie gelungen die Interaktionen nun sind. Durch die eingehende Analyse der Video-Supervisorin und der neuerlichen Bewertung in den Verhaltensskalen werden bei der folgenden Video-Beratung die Fortschritte und weitere Lernpunkte sichtbar und diskutierbar. So wird in den nächsten Einheiten an den aus der VIB heraus vereinbarten Zielen weitergearbeitet. In der Regel genügen der geschulten pädagogischen Fachkraft meist drei bis fünf Einheiten zur Zielerreichung. Nach einem Abschlussgespräch gibt es im Laufe von sechs Monaten die Möglichkeit eines Follow-Up-Kontaktes zur Überprüfung der Nachhaltigkeit des erworbenen Gesprächs- und Kommunikationsverhaltens.

Beachtenswertes bei einer VIB
- Die Erziehungsberechtigten der gefilmten Kinder müssen ihr Einverständnis zu den Aufnahmen geben. Kinder werden nicht heimlich aufgenommen.
- Die Aufnahmen sind Eigentum der gefilmten Fachkräfte oder Kinder, können aber der Trainerin zu Präsentations- oder Schulungszwecken freigegeben werden.
- Die Besprechung mit der Fachkraft und der Video-Interaktions-Begleiterin findet wie bei jeder Supervision oder Intervision im geschützten Rahmen statt, sodass sich die Kollegin sicher und frei fühlt für ihren eigenen Lernprozess und die erarbeiteten Ideen nachher im Kontakt mit den Kindern, Kolleginnen oder Eltern ausprobieren kann.

- Eine Video-Interaktions-Diagnostik (VID) kann auch ohne folgende Trainingsphase, nur zur Abklärung des Bedarfes oder für die Analyse im Team durchgeführt werden. Sie kann in einem kürzeren Zeitrahmen ablaufen und kann auch eine spätere VIB befördern.
- VIB ist prozessorientiert, sodass flexibel auf neue Situationen und Prozesse reagiert werden kann.
- Die Aufnahmen mit der Kamera im Berufsalltag, bei der Teambesprechung oder in der Gruppe werden im Optimalfall von der Video-Interaktionsbegleiterin selbst gemacht, sodass sie auch die Einrichtung erlebt und spürt. Im Notfall kann nach einer Einweisung auch eine Kollegin im Haus einmal eine Folgeaufnahme machen.

Das Filmen selbst hat einen großen Einfluss darauf, wie gut die Ergebnisse in der VIB genutzt werden können. Hinweise zum Filmen selbst können bei SPIN-Deutschland abgerufen werden. Hinweise zu technischen Fragestellungen sind in entsprechenden Ratgebern zu finden.

Welche Themen und Szenen eigenen sich zum Filmen?
- Alltagssituationen, die täglich wiederkehren wie: Begrüßungs-/Verabschiedungssituationen, Essen/Brotzeit, geplantes Angebot, freies Spielen, Bilderbuch-Betrachtung, Morgenkreis, etc.
- alle Szenen, in denen Kommunikation stattfindet und eine Fachkraft involviert ist
- einzelne Kinder und deren (Interaktions-)Verhalten, ein Konflikt zwischen den Kindern, den die Fachkraft lösen hilft
- Szenen, in denen die Zusammenarbeit als Team sichtbar wird
- das Handeln der einzelnen Pädagoginnen mit Kindern und Kolleginnen
- spezifische Situationen (wie bspw. Dialoge beim Experimentieren usw.)

In einer internen Befragung zur Wirksamkeit und Nachhaltigkeit der VIB führte das Diakonische Werk Rosenheim im Jahr 2012 eine interne Befragung von Fachkräften in ihren Krippen, Kindertagesstätten und Horten durch. Die Fachkräfte berichten über eine Verbesserung der Basiskommunikation und die Beschäftigung eines Teams mit dem Themenbereich »Gesprächskultur«. Positiv werden auch die nachhaltigen Wirkungen durch das Follow-Up-Prinzip dargestellt.

Schlussfolgerungen für die Professionalisierung
Obwohl die Effekte von Video-basierten Interventionen im pädagogischen Bereich sehr positiv eingeschätzt werden können (sowohl aus empirischer Sicht als auch vor dem Hintergrund der praktischen Anwendung und Akzeptanz), setzt weder die Ausbildung, noch die Fort- und Weiterbildung von pädagogischen Fachkräften oder Lehrkräften diese Methoden in bedeutsamen Umfang ein.

Über die Gründe kann derzeit eigentlich nur spekuliert werden. Ein Grund dafür könnte sein, dass die Methode und deren Anwendung noch zu wenig bekannt sind. Möglicherweise haben auch die Aus-, Fort- und Weiterbildner/innen keine spezifische

Ausbildung und keine Erfahrungen mit dem Einsatz von video-basierten Interventionen. An diesen beiden Punkten könnte angesetzt werden, um mehr Öffentlichkeit für die Methode an sich und deren Anwendung in der Professionalisierung von pädagogischen Kontexten zu erreichen und Personen, die Professionalisierung anbieten, mit der Methode bekannt zu machen und sie darin zu qualifizieren.

Literatur

Biemans, H.: Video home training: theory method and organization of SPIN. In Kool et al. (Ed.), International seminar for innovative institutions, Ryswyck, The Netherlands 1990

Held, U.: Bindungstheorie und ihre Bedeutung für das Video-Home-Training. Eine sichere Basis durch gelungene Bindung. In Goltsche, I.: Anwendungsbereiche des Video-Home-Trainings VHT – Geglücktes im Blick, Bad Heilbrunn 2009

Fukkink, R. G.: Video feedback in widescreen: a meta-analysis of family programs. Clinical Psychology Review, 28(6) 2008; S. 904–916

Fukkink, R. G. & Lont, A.: Does training matter? A meta-analysis and review of caregiver training studies. Early Childhood Research Quarterly 22, 2007; S. 294–311

Fukkink, R. G. & Tavecchio, X.: Effects of Video Interaction Guidance on early childhood teachers. Teaching and Teacher Education 26, 2010; S. 1652–1659

Kennedy, H.: What is Video Interaction Guidance? In: Kennedy, H./Landor, M./Todd, L.: Video Interaction Guidance. A Relationsship-Based Intervention to Promote Attunement, Empathy and Wellbeeing, London 2011

Kieferle, C. & Goltsche, I.: Effects of a video-based interactive advice on the communication behaviour of professionals working with under three years old children. Paper presented at the EECERA-Conference in Porto 2012

Tietze, W./Cryer, D./Bairrão, J., Palacios, J. & Wetzel, G.: Comparison of obsverved process quality in early childhood care and education programs in five countries. Early Childhood Research Quarterly 11, 1996; S. 447–475

Trevarthen, C.: Growth and education of the hemispheres. In: Trevarthen, C. (Hg.): Brain circuits and functions of the mind. Cambridge 1990

Trevarthen, C.: Communication and Cooperation in Early Infancy. A Description of Primary Intersubjectivity. In: Bullowa, M. (Ed.), Before Speech: The Beginning of Interpersonal Communication. NY: Cambridge 2010

4.4 Sprachliche Bildung in Kindertageseinrichtungen – pädagogische Angebote und Aktivitäten sichten und optimieren mit LiSKit

Toni Mayr

Spätestens seit dem PISA-Schock wissen wir, dass es nicht allzu gut steht um die sprachliche Bildung in deutschen Kindertageseinrichtung und Schulen. Immer noch scheitern viele Kinder, insbesondere aus sozial benachteiligten Familien, in unserem Bildungssystem aufgrund mangelnder sprachlicher Kompetenzen (z. B. Biedinger & Becker, 2006; Kiziak/Kreuter & Klingholz, 2012, S. 3 ff.)

Seitdem werden in Kindertageseinrichtungen große Anstrengungen unternommen: Es gibt eine Vielzahl regionaler und überregionaler Projekten, die versuchen, die Dinge zum Besseren zu wenden. Die Forschung bestätigt einerseits, dass Kindertageseinrichtungen hier ein geeigneter Ansatzpunkt sind (z. B. Belsky et al., 2007), zeigt jedoch gleichzeitig auf: Positive Effekte von Kitas auf die sprachliche Entwicklung von Kindern stellen sich vor allem dann ein, wenn Einrichtungen ein qualitativ hochwertiges Angebot machen (Mashburn et al., 2008; McCartney, 1984; Peisner-Feinberg et al., 2001). Für Deutschland fanden Tietze et al. (1998), dass sich Kinder in qualitativ guten Einrichtungen sprachlich deutlich besser entwickeln: Sie hatten einen sprachlichen Entwicklungsvorsprung von mehr als einem Jahr – Effekte, die bis in die Schule hinein Bestand hatten (Tietze/Rossbach & Grenner, 2005).

Was aber macht hier »Qualität« im Einzelnen aus? Was wirkt in Einrichtungen besonders anregend auf Sprache und frühe Literacy von Kindern? Wie soll man in Kindertageseinrichtungen konkret vorgehen?

Auf der Ebene pädagogischer Ansätzen gibt es vielfältige, zum Teil auch gegensätzliche Vorstellungen, wie mit Blick auf sprachliche Kompetenzen in Kindertageseinrichtungen gearbeitet werden soll. Gegenübergestellt werden hier oft »Programme« und »ganzheitliche« Konzepte (z. B. Jüttner & Koch, 2012; Mayr, 2010).

Programme

Kennzeichnend für Sprachprogramme sind ein durchstrukturiertes, stark durch Erwachsene gelenktes Vorgehen und die Konzentration auf bestimmte Ausschnitte von Sprache (vgl. zur Übersicht: Bunse, 2008, S. 156 ff.). Ansätze in diesem Sinn sind z. B.
- »Hören, Lauschen, Lernen« von Küspert & Schneider (2006) zur Förderung der Phonologischen Bewusstheit,
- das Kon-LAB-Modell (z. B. Penner, 2003) mit den Schwerpunkten »Sprachrhythmus und Wortbildung«, »Grammatik« und »Sprachverstehen«,
- das Sprachförderprogramm nach Kaltenbacher & Klages (z. B. 2006) mit den

Förderbereichen Wortschatz, Grammatik, Text und Phonologische Bewusstheit sowie mathematischer Vorläuferfähigkeiten (gedacht als Vorbereitung auf die Schule).

Evaluationsergebnisse zeigen allerdings auf: Anspruch und Wirklichkeit können bei solchen Trainings durchaus auseinander gehen (vgl. Roos/Polotzek & Schöler, 2010). Nicht jedes Sprachförderprogramm hat tatsächlich die Wirkungen, die es verspricht; für manche gibt es einen Wirkungsnachweis für andere nicht.

Sprachförderprogramme zielen auf Kinder mit einer »ungünstigen« Sprachentwicklung; »ungünstig« bezieht sich dabei meist auf das spätere Zurechtkommen dieser Kinder in der Schule. Programme sind in der Regel als zusätzliche Angebote konzipiert. Begründet werden sie oft damit, dass Kinder mit einer ungünstigen Sprachentwicklung im normalen Kindertageseinrichtung-Alltag nicht die Anregungen erhalten, die sie eigentlich bräuchten (Lemke, 2009). Diesem Argument kann man sich mit Blick auf die aktuelle Situation in vielen Kindertageseinrichtungen derzeit nur schwer verschließen. Gleichwohl sollten – idealerweise – auch für solche Kinder ausreichend inklusive individuelle Fördermöglichkeiten im regulären Angebot einer Kindertageseinrichtung bereitstehen.

Andererseits wird damit aber auch klar: Zusätzliche Sprachprogramme können niemals ein Ersatz sein für ein fundiertes Konzept sprachlicher Bildung – im Sinn eines reichhaltigen, Sprache und Literacy anregenden Angebots der Einrichtung für alle Kinder. Zum Problem wird das Ganze also vor allem dann,
- wenn Sprachprogramme und sprachliche Bildung in Konkurrenz zueinander gesetzt oder gegeneinander aufgerechnet werden;
- wenn Programme und Sprachbildungskonzepte unverbunden nebeneinander stehen und nicht aufeinander abgestimmt werden;
- wenn man meint, die Umsetzung eines solchen Programms wäre schon ein Konzept für sprachliche Bildung.

Ganzheitliche Sprachförderung – Sprachliche Bildung

Der zweite Zugang zur Förderung sprachlicher Kompetenzen wird oft mit »ganzheitliche Sprachförderung«, »Sprache als durchgängiges Prinzip«, »Sprache als Querschnittsaufgabe« oder »situationsorientierte Sprachförderung« umschrieben (z. B. List, 2010). Ein guter Überblick über solche Ansätze findet sich in dem Buch »Schlüsselkompetenz Sprache« von Jampert et al. (2007). Fried (2009, S. 39) schlägt vor, für solche Ansätze den Begriff »sprachliche Bildung« zu verwenden – in Abgrenzung zur »Sprachförderung« bei Kindern mit sprachlichen Problemen.

Im Allgemeinen verbindet man (vgl. Justice & Kadevarek, 2004; Millitzer, Demandewitz & Fuchs, 2001) mit »ganzheitlicher Sprachförderung« oder »sprachlicher Bildung« u. a.:
- die Verankerung sprachlicher Bildung in Angeboten, Alltagssituationen und Sprechanlässen der Einrichtung
- eine Orientierung an spielerischen, von Kindern selbst initiierten Lernprozessen

- den Blick auf die ganze Breite und Vielfalt sprachlichen Lernens, nicht nur auf einige wenige Ausschnitte
- eine Ausrichtung auf alle Kinder, d. h. nicht nur auf »Problemkinder«.

Ein Schwachpunkt ganzheitlicher Sprachförderkonzepte ist oft eine gewisse Vagheit und Unverbindlichkeit. Viele »Leitlinien« sind recht abstrakt und lassen (zu) vieles offen (Fried, 2009, S. 42). Deshalb wird »ganzheitliche Sprachförderung« in den Einrichtungen recht unterschiedlich interpretiert und umgesetzt – gelegentlich auch mit dem Verweis auf »Situatives Arbeiten« oder auf »Selbstbildung«. Beide Konzepte sind unbestritten wichtig, können jedoch nicht ein gut durchdachtes und ausgearbeitetes Konzept für sprachliche Bildung ersetzen.

Sprachliche Kompetenzen können in vielen Alltagssituationen gefördert werden, ob beim Mittagessen, im Freispiel, in der Wickelsituation oder bei geplanten pädagogischen Aktivitäten. Besonders geeignet sind Aktivitäten und Situationen, die an den Interessen und Bedürfnissen der Kinder anknüpfen und/oder die von Kindern selbst initiiert werden. Je engagierter und interessierter Kinder an Aktivitäten sind, desto größer ist ihre Lernbereitschaft (z. B. Laevers, 2000; Mayr & Ulich, 2003). Dies gilt grundsätzlich auch für sprach- und literacy-bezogene Aktivitäten (vgl. Mayr & Ulich, 2010, S. 80 ff.), denn sprachliche Kompetenzen entwickeln sich vor allem durch aktives sprachliches Handeln.

Es reicht aber nicht aus, allein auf kindliche Interessen zu setzen und sich darauf zu verlassen, dass Kinder sich schon für die »richtigen« Themen interessieren. Manche Kinder entwickeln im Bereich Sprache und Literacy wenig eigene Initiativen und Interessen – vielleicht, weil sie aus Familien kommen, die nicht den nötigen Hintergrund bereitstellen oder weil Ihnen bestimmte Tätigkeiten schwer fallen und sie diesen deswegen aus dem Weg gehen. Deshalb dürfen bei der sprachlichen Bildung von den Fachkräften initiierte und angeleitete Bildungsangebote nicht fehlen.

Ideal aus unserer Sicht ist also, (a) wenn Fachkräfte in Kindertageseinrichtungen alle möglichen Situationen nutzen, um – anknüpfend an Initiativen und Bedürfnissen von Kindern – sprachliche Kompetenzen und Interessen anzuregen und (b) wenn Fachkräfte Kinder auch gezielt und regelmäßig zu sprachlichem Handeln und zur Beschäftigung mit Literacy anregen und so die erforderlichen Lern- und Übungsmöglichkeiten schaffen (Mayr, 2012).

Sprachliche Bildung in Kindertageseinrichtungen muss also einerseits offen sein für aktuelle Situationen und für Interessen von Kindern, sie muss andererseits aber auch einen systematischen und verlässlichen Rahmen für sprachliche Bildung vorgeben. Dabei geht es nicht um starre, einengende Vorgaben, sondern um eine gewisse Regelmäßigkeit sprachlicher Bildungsangebote und einen gemeinsamen »roten Faden« als Orientierungsrahmen (Mayr, 2010). Hier setzt das Verfahren LiSKit[5] von Mayr, Hofbauer, Kofler und Šimić (2012ab) an.

---

5 Abkürzung für: **Li**teracy und **S**prache in **Ki**ndertageseinrichtungen.

LiSKit – Worum geht es?

LiSKit ist eine Art Checkliste für pädagogische Fachkräfte, um – mit Blick auf Sprache und Literacy – die eigene pädagogische Praxis und das sprachliche Angebot der Gruppe bzw. Einrichtung zu sichten. Dazu gibt es ein Manual, in dem die theoretische Einbettung und Begründung der Fragenkomplexe dargestellt und erläutert wird. Das Verfahren eignet sich vor allem für Einrichtungen, die mit Kinder im Alter von etwa drei bis sechs Jahren arbeiten. Einzelne Teile können aber auch in Krippen eingesetzt werden.

LiSKit kann von Fachkräften auf verschiedenen Ebenen genutzt werden. Auf einer ersten Ebene kann das Verfahren bewusst machen: Welche Aspekte sind in einem ganzheitlichen Konzept für sprachliche Bildung im Einzelnen zu berücksichtigen? Allein das Durchsehen der Fragen liefert viele konkrete Hinweise, was dabei eine Rolle spielt, z. B. eine gute Ausstattung mit Schreibmaterialien oder die gezielte Anregung literacy-bezogener Rollenspiele durch die Fachkräfte. Insofern kann jede Frage als Impuls gesehen werden, wie man die Entwicklung von Sprache und Literacy bei Kindern unterstützen kann.

Auf einer zweiten Ebene kann LiSKit als Instrument zur Selbsteinschätzung genutzt werden. Jede Frage hat ein strukturiertes Antwortraster, mit dem man die eigene Situation selbst einstufen kann. Fachkräfte können so für jede Frage und für jeden Baustein feststellen: Wie ist mein/unser aktueller Stand bei diesem Thema? Wo liegen hier meine/unsere Stärken und Schwächen? Wo sind Veränderungen sinnvoll und notwendig? Ausgehend von einer solchen Bestandsaufnahme lassen sich dann konkrete Ziele setzen, kann man Veränderungen einleiten und überprüfen.

Auf einer dritten Ebene gibt es für den Themenbereich Interaktion, neben der Möglichkeit der Selbsteinschätzung, zusätzlich die Variante der Kollegialen Beobachtung (vgl. hierzu Hofbauer, Šimić, Borger de Guerrero & Mayr, 2011). Gerade mit Bezug auf Kommunikation und Interaktion fällt es oft schwer, sich selbst zutreffend einzuschätzen. Hier kann es helfen, eine Kollegin um Beobachtung und Einschätzung zu bitten. Im Gegensatz zur Selbsteinschätzung, die sich immer auf mehrere Situationen bezieht, kann bei der Kollegialen Beobachtung immer nur eine ganz bestimmte Situation eingeschätzt werden.

Die Qualitätsfeststellung erfolgt bei LiSKit also nicht, wie bei fremdevaluativen Verfahren durch externe Evaluatoren, sondern selbstevaluativ durch die Betroffenen selbst. Ein selbstevaluatives Vorgehen hat, so Spindler (2009, S. 93), den Vorzug,

- dass die Evaluierenden vertraut sind mit der eigenen Tätigkeit und ihr »Insider-Wissen« einbringen können
- dass Evaluationsergebnisse eher akzeptiert werden
- dass die Durchführung immer auch eine Qualifizierungsmaßnahme für die Beteiligten ist.

Andererseits stellt Selbstevaluation aber auch spezifische Anforderungen, etwa an die Selbstverantwortung, aber auch an die Objektivität und die Ehrlichkeit der Beteiligten.

Wissenschaftlicher Hintergrund

Die Zusammenstellung der Fragen beruht auf wissenschaftlichen Arbeiten, in denen erforscht wurde, welche Faktoren in Kindertageseinrichtungen sich positiv auf die Sprach- und Literacy-Entwicklung von Kindern auswirken. Die einschlägigen Forschungsergebnisse – insbesondere zum Thema frühe Literacy – wurden seit etwa 1980 (z. B. Teale & Sulzby, 1986) – überwiegend im angelsächsischen Sprachraum generiert (vgl. zur Übersicht: Dickinson & Neuman, 2006; Neuman & Dickinson, 2001; Mayr & Kofler, 2011). Sie fanden dann Eingang in diverse Femdevaluationsverfahren (z. B. Goodson, Layzer, Smith & Rimdzius; 2006; Grehan & Smith, 2004; Holland Coviello, 2005; Neuman, Dwyer & Koh, 2007; Pianta, La Paro & Hamre, 2008; Sibley & Abbott-Shim, 2009; Smith, Dickinson, Sangeorge & Anastasopoulos, 2002) und selbstevaluative Checklisten (z. B. Morrow 2007; Whitehead, 2006; Whitehurst, 2004) zur Feststellung pädagogischer Qualität in pädagogischen Einrichtungen.

Bezogen auf den Spracherwerb im engeren Sinn wird bei LiSKit von einem »interaktionistischen« Modell ausgegangen. Danach wird Sprachentwicklung von Beginn an stark durch die Umwelt beeinflusst, wobei soziale Interaktion als »Motor« für sprachliches Lernen gesehen wird. In diesem Modell wird (a) das Bedürfnis nach Kontakt und Austausch mit anderen als zentraler Grund gesehen, warum Kinder zu sprechen beginnen (Bruner, 2008) und (b) Erwachsenen eine zentrale Rolle als Modell im Spracherwerb zugedacht (Akthar & Tomasello 1997; Tomasello 2009). Dies scheint gleichermaßen für einsprachig aufwachsende Kinder, wie für Kinder mit Migrationshintergrund zu gelten (z. B. Tomasello, 2009; Hölscher et al., 2006).

Anregend für die Sprach- und Literacy-Entwicklung von Kindern in Kindertageseinrichtungen sind nach Girolametto und Weitzman (2002) insbesondere drei Strategien der Fachkräfte:
- Kind-orientierte Aktivitäten, z. B. »den Kindern Raum zum Sprechen zu geben« oder »Blickkontakt aufnehmen«; sie erleichtern das Lernen und Erproben neuer Wörter, Satzstrukturen und Sprachmuster, weil sie an Impulsen, Interessen und Bedürfnissen der Kinder anknüpfen.
- Interaktionsfördernde Aktivitäten, z. B. »Fragen stellen« *(Was frisst eine Katze, was glaubt ihr?)* oder Kinder ermutigen, sich zu äußern *(Was meinst du, Thomas?)*; sie unterstützen Kinder dabei, sprachliche Strukturen und Muster anzuwenden, einzuüben und zu erweitern.
- Sprachmodellierende Aktivitäten, z. B. »Äußerungen der Kinder erweitern« *(da steht einer – ja, da steht ein alter Mann)* oder »neuen Wortschatz einbringen«; sie machen Kinder mit neuen Wörtern und sprachlichen Strukturen vertraut und haben Vorbildfunktion.

Diese Strategien fördern offenbar nicht nur sprachliche Fähigkeiten, sondern auch allgemeine kognitive Kompetenzen (Dickinson, 2006).

Auch für den Bereich »early literacy«, d. h. für frühe Kenntnisse, Fertigkeiten und Interessen mit Bezug zum Schriftspracherwerb, wird davon ausgegangen, dass Impulse aus der Umwelt eine zentrale Rolle spielen (z. B. Ulich, 2005, 2006; Morrow, 2007).

Auf der methodischen Ebene ist LiSKit als informelles Verfahren konzipiert. Im Sinn einer Praxishilfe soll es Fachkräften helfen, pädagogische Aktivitäten und Angebote im Bereich Sprache und Literacy aus der Praxis heraus zu sichten, zu reflektieren und Schritt für Schritt zu optimieren. LiSKit ist bislang nicht psychometrisch abgesichert und eignet sich aus diesem Grund auch nicht für formelle Evaluationsvorhaben im engeren Sinn. Im Unterschied zu entsprechenden fremdevaluativen Verfahren, etwa von Fried und Briedigkeit (2008), die beanspruchen, »von außen« objektivierende Feststellungen zu treffen, geht es hier auch nicht darum, Fachkräfte und Einrichtungen über Punktwerte systematisch quantitativ zu vergleichen. Im Vordergrund steht vielmehr eine laufende, niedrigschwellige und alltagsnahe Unterstützung der Fachkräfte im Bereich Sprache und Literacy.

Eine Vorform von LiSKit wurde im Rahmen des Projekts »Sprachberatung« (vgl. Reichert-Garschhammer & Kieferle (2011) im breiten Rahmen mit 544 Kita-Fachkräften erprobt; die Erfahrungen wurden bei der Erstellung von LiSKit berücksichtigt.

Sechs Themenbereiche

Ein Konzept für sprachliche Bildung in Kindertageinrichtungen darf sich nicht auf einzelne Ausschnitte beschränken. Es muss vielmehr möglichst alle hier relevanten Themen einbeziehen – auch weil es viele Querbeziehungen gibt. Z. B. hängt eine gründliche Spracherfassung auch davon ab, ob in der Einrichtungskonzeption der notwendige zeitliche Rahmen bereitgestellt wird und Sprachbeobachtungen im Team besprochen werden können.

LiSKit ist deshalb breit angelegt. Er erschließt insgesamt sechs Themenbereiche. Sie werden aufgeschlüsselt in einzelne Bausteine (vgl. Abb. 14). Zu jedem Baustein gibt es im Einschätzbogen strukturierte Fragen sowie zusätzlich Platz für freie Notizen. Im Begleitheft finden sich jeweils erläuternde Hintergrundtexte und Literaturangaben.

Das Thema Mehrsprachigkeit wird bausteinübergreifend berücksichtigt. Neben einsprachig deutschsprechenden Kindern werden immer auch mehrsprachige Kinder in den Blick genommen, weil mehrsprachig aufwachsende Kinder heute zur Wirklichkeit nahezu jeder deutschen Kindertageinrichtung gehören. Wenn in der Einrichtung mehrsprachig aufwachsende Kinder betreut werden, sollten – zusätzlich zum Deutschen – immer auch die anderen Familiensprachen berücksichtigt werden

Themenbereich I: Ausstattung und Räumlichkeiten

Die räumliche Umgebung in Kindertageseinrichtungen hat großen Einfluss auf die Entwicklung von Kompetenzen und Interessen von Kindern. Dies gilt auch für Sprache und frühe Literacy: Wie oft und wie gerne Kinder in den Einrichtungen sprachlich aktiv werden, ob sie sich in Gespräche vertiefen, interessiert zuhören, Bücher anschauen, mit Schrift experimentieren, hängt immer auch von den räumlichen Gegebenheiten ab und von den Entwicklungsimpulsen, die durch Ausstattung und Materialien gesetzt werden. Besonders wichtig sind hier eine gute Ausstattung mit Büchern und Materialien für Schreiben und für Rollenspiele, sowie Räumlichkeiten und eine Aufbereitung von Materialien, die Kinder anregen, sich damit intensiv auseinanderzusetzen.

Themenbereich I: Ausstattung und Räumlichkeiten
A Buchbereich/Raum für Bücher
B Buchbestand
C Medien und Technik für Kinder
D Schreiben und Schriftkultur
E Gesellschaftsspiele
F Rollenspiele

Themenbereich II: Aktivitäten der Fachkraft
G Gespräche mit Kindern
H Anregung von Gesprächen unter Kindern
I Lieder, Reime, Spiele
J Bilderbuchbetrachtung/Vorlesen/Hörbücher
K Rund ums Buch
L Schriftkultur, »Schreiben« und »Lesen« im Rollenspiel

Themenbereich III: Interaktion in ausgewählten Situationen – Selbsteinschätzung
M Bilderbuchbetrachtungen
N Vorlesen
O Freie Gespräche in Gesprächsrunden
P Gespräche bei naturwissenschaftlichen Themen/Projekten

Themenbereich IV: Interaktion in ausgewählten Situationen – Kollegiale Beobachtung
Q Bilderbuchbetrachtungen
R Vorlesen
S Freie Gespräche in Gesprächsrunden
T Gespräche im Rahmen von naturwissenschaftlichem Lernen und Projekten

Themenbereich V: Spracherfassung, Konzeption und Qualifizierung
U Beobachtung und Dokumentation von Sprache und Literacy
V Verankerung von Sprache & Literacy in der Einrichtung
W Qualifizierung des pädagogischen Personals

Themenbereich VI: Zusammenarbeit und Vernetzung
X Bildungs- und Erziehungspartnerschaft mit Eltern
Y Vernetzung beim Thema sprachliche Bildung
Z Vernetzung bei Kindern, die Probleme im sprachlichen Bereich haben

Abb. 14: Themenbereiche und Bausteine von LiSKit

Themenbereich II: Aktivitäten der Fachkraft

Anregende Materialien stimulieren sprachliche Lernprozesse ganz unmittelbar – Fachkräfte haben dabei mehr eine begleitende und unterstützende Rolle. Eine anregungsreiche vorbereitete Umgebung reicht jedoch nicht aus. Kinder brauchen feinfühlige Erwachsene, die mit ihnen im Dialog sind und als sprachliches Vorbild wirken. Hier sind Fachkräfte über den gesamten Alltag hinweg gefordert und sollten speziell auch sprachliche Interaktionen zwischen Kindern anregen und begleiten. Daneben ist es notwendig, dass Fachkräfte bestimmte pädagogische Formate gezielt und regelmäßig einsetzen, z. B. Vorlesen, Bilderbuchbetrachtungen, Sprach- und Reimspiele, literacybezogene Rollenspiele oder das Diktieren von Geschichten. Wir wissen aus der Forschung, dass diese Formate mit Blick auf Sprache und Literacy besonders wichtig sind.

Themenbereiche III und IV: Interaktion in ausgewählten Situationen

In den Themenbereichen III und IV geht es um die Gestaltung der sozialen und sprachlichen Interaktion zwischen Kindern und Fachkräften in bestimmten Situationen. Es wurden vier Situationen herausgegriffen, die im Alltag von Kindertageseinrichtungen häufig vorkommen und die für die Anregung von Sprache und Literacy bei Kindern besonders förderlich sind:
- Bilderbuchbetrachtungen
- Vorlesen
- freie Gespräche in Gesprächsrunden
- Gespräche bei naturwissenschaftlichen Themen/Projekten

Im Mittelpunkt steht jeweils die Frage: Wie kann speziell in dieser Situation die Interaktion mit Kindern möglichst anregend für sprachliches Lernen gestaltet werden? Dabei stellt jede Situation Kinder und Fachkräfte vor spezielle Herausforderungen: Z. B. muss die Fachkraft in freien Gesprächsrunden dafür sorgen, dass alle Kinder Gelegenheit bekommen, sich zu beteiligen. Die Kinder müssen sich hier speziell mit Gesprächsregeln auseinander setzen, z. B. »Aussprechen lassen«.

Bei den vier Situationen gibt es jeweils die Variante Selbsteinschätzung und die Variante Kollegiale Beobachtung bzw. Selbstbeobachtung mit Video. Bei der Selbsteinschätzung wird beurteilt, wie das eigene Verhalten in den jeweiligen Situationen üblicherweise ist; bei der Kollegialen Beobachtung wird nur jeweils eine ganz bestimmte Situation beobachtet und eingeschätzt.

Themenbereich V: Spracherfassung, Konzeption und Qualifizierung

Jedes dieser drei Themen ist auf seine Art wichtig mit Blick auf Qualität sprachlicher Bildung. Weil Sprache ein komplexes Phänomen und der Stand eines Kindes in verschiedenen Teilbereichen sehr unterschiedlich sein kann, brauchen Fachkräfte einen differenzierten Einblick in die sprachliche Situation der Kinder. So wird es möglich, pädagogisches Handeln stärker darauf abzustimmen und eine gute Passung zu erreichen. Qualität bedeutet hier also immer auch: Werden Sprachbeobachtungen auch tatsächlich für die pädagogische Arbeit genutzt, z. B. für Entwicklungsgespräche oder für die Reflexion von Angeboten?

Eine ganz andere Seite von Qualität ist die Verankerung von Sprache und Literacy in der Einrichtungskonzeption, einschließlich der Berücksichtigung von Mehrsprachigkeit. Eine schlüssige und konkrete Darstellung dieser Themen in der Konzeption bricht die Vorgaben der Bildungspläne zu Sprache und Literacy herunter auf die einzelne Einrichtung. Sie schafft Transparenz nach innen und außen und ist eine gute Basis um die Einrichtung in diesem Bereich kontinuierlich weiterzuentwickeln.

Die Qualifizierung des pädagogischen Personals ist ein dritter Qualitätsbaustein. Hier geht es um Inanspruchnahme sprachbezogener Fort- und Weiterbildungen, aber auch darum, wie Fortbildungsinhalten konkret in die Praxis umgesetzt werden, sowie um das ganz »normale« Lernen am Arbeitsplatz, z. B. das Lesen von Fachliteratur über Sprache und Literacy.

Themenbereich VI: Zusammenarbeit und Vernetzung

Wie wirksam sprachliche Bildung in Kindertageseinrichtungen sein kann, hängt wesentlich davon ab, wieweit es den Einrichtungen gelingt, in diesem Bereich mit anderen zusammenzuarbeiten.

Erster und wichtigster Kooperationspartner sind hier sicher die Eltern. Angesichts der Bedeutung der Familie für die sprachliche Entwicklung ist die Einbeziehung von Eltern Bestandteil jedes Konzepts von sprachlicher Bildung in Kindertageseinrichtungen. Qualitätsmomente sind hier u. a. der regelmäßige Austausch über die sprachliche Entwicklung eines Kindes oder – vor allem bei bildungsfernen Familien – die gezielte Stärkung elterlicher Kompetenzen, z. B. durch Information und Elternbildungsangebote im Bereich Sprache.

Vernetzungsbausteine im weiteren Sinn sind z. B. die Zusammenarbeit mit Bibliotheken, Medienfachdiensten oder interkulturellen Beratungsstellen sowie die Kooperation mit Fachdiensten, Ärzten und Schulen, wenn Kinder Probleme oder Störungen im sprachlichen Bereich haben. Dabei geht es nicht nur um das »ob«, sondern auch um das »wie«, d. h. um die Qualität von Vernetzung.

Mit LiSKit arbeiten

Wie mit LiSKiT gearbeitet werden kann, ist im Begleitheft genauer beschrieben. Es gibt viele Möglichkeiten – je nach Zielsetzung, Thematik und beteiligten Fachkräften.

Bausteinprinzip

LiSKiT behandelt viele verschiedene Themen Es ist deswegen nicht sinnvoll, den gesamten Bogen in einem Durchgang zu bearbeiten. LiSKit ist in Bausteinen organisiert; jeder Baustein kann und soll für sich bearbeitet werden. So kann die Arbeit an die unterschiedlichen zeitlichen und personellen Möglichkeiten der Fachkräfte und Einrichtungen angepasst werden. Man verschafft sich zuerst eine Übersicht über die verschiedenen Bausteine und entscheidet sich dann für einen. Maßgeblich dabei sind die Fragen

- Wie relevant und dringlich ist für mich ein Baustein?
- Wie wichtig ist ein Baustein mit Blick auf die Gruppe bzw. Einrichtung?
- Welches Zeitkontingent steht zur Verfügung?

Allein, mit Kolleginnen, im Gesamtteam

Die Situationen in den Einrichtungen und Teams sind höchst unterschiedlich. LiSKiT trägt dem Rechnung:
- Eine Fachkraft kann LiSKiT *für sich allein* bearbeiten und auswerten: Diese Situation ist zwar nicht optimal, kann aber angebracht sein. Sie ist einerseits wenig aufwendig; andererseits nimmt man dabei Einschränkungen in Kauf, z. B. entfällt die Möglichkeit sich mit Kolleginnen auszutauschen, gemeinsam nach Lösungen zu suchen und sich bei Veränderungsmaßnahmen gegenseitig zu unterstützen.
- *Zwei oder mehrere Kolleginnen* tun sich für die Arbeit mit LiSKiT zusammen. Sie können jeweils für sich einen Baustein bearbeiten und schließen sich dann für die Auswertung und für die Einleitung von Veränderungen zusammen.
- LiSKiT kann *im Einrichtungsteam* bearbeitet werden. Beschließt ein ganzes Einrichtungsteam mit LiSKiT zu arbeiten, sind alle in den Prozess der Selbstevaluation und Qualitätsentwicklung involviert. Dies bietet sicher die größten Möglichkeiten für Qualitätsentwicklung. Allerdings muss man bei dieser Arbeitsform in Kauf nehmen, dass eventuelle Unstimmigkeiten im Team natürlich auch hier wirksam werden und bearbeitet werden müssen.

Literatur

Akthar, N. & Tomasello, M.: Young children's productivity with verb order and verb morphology. Developmental Psychology 33, 1997; S. 952–965

Belsky, J./Vandell, D. L./Burchinal, M./Clarke-Stewart, K. A./McCartney, K. & Owen, M. T.: Are there long-term effects of early child care? Child Development 78, 2007; S. 681–701

Biedinger, N. & Becker, B.: Der Einfluss des Vorschulbesuchs auf die Entwicklung und den langfristigen Bildungserfolg von Kindern. Arbeitspapier Nr. 97, Mannheim 2006

Hölscher, P. et al.: Lernszenarien. Die neue Philosophie des Sprachenlernens. DVD mit Begleitbuch, Oberursel 2006

Bruner, J.: Wie das Kind sprechen lernt, Bern 2008

Bunse, S.. Sprachfördermaßnahmen. In Bunse, S. & Hoffschildt, Ch. (Hg.), Sprachentwicklung und Sprachförderung im Elementarbereich, München 2008; S. 153–172

Dickinson. D. D.: Toward a toolkit approach to describing classroom quality. Early Education and Development 17, 2006; S. 177–202

Dickinson, D. K. & Neuman, S. B. (Hg.): Handbook of early literacy research. Volume 2. New York, London 2006

Fried, L.: Sprache – Sprachförderung – Sprachförderkompetenz. In Ministerium für Generationen, Familie, Frauen und Integration des Landes Nordrhein-Westfalen (Hg.), Kinder bilden Sprache – Sprache bildet Kinder, Münster 2009; S. 35–54

Fried, L. & Briedigkeit, E.: Sprachförderkompetenz. Selbst- und Teamqualifizierung für Erzieherinnen, Fachberatungen und Ausbilder, Berlin 2008

Girolametto, L. & Weitzman, E.: Responsiveness of child care providers in interactions with toddlers and preschoolers. Language, Speech, and Hearing Services in Schools 33, 2002; S. 268–281

Goodson, B. D./Layzer, C. J./Smith, W. C. & Rimdzius, T.: Observation Measures of Language and Literacy Instruction in Early childhood (OMLIT), Cambridge 2006

Grehan, A. W. & Smith, L. J.: The Early Literacy Observation Tool (E-LOT), Memphis, TN 2004
Hölscher, P. et al.: Lernszenarien. Die neue Philosophie des Sprachenlernens. DVD mit Begleitbuch, Oberursel 2006
Hofbauer, C./Simic, M./Borger de Guerrero, S. & Mayr, T.: Kollegiale Beobachtung zur sprachlichen Interaktion in Kindertagesstätten und Krippen (KoBesI). Poster, präsentiert am Fachkongress des IFP: Sprachliche Bildung von Anfang an. Strategien, Konzepte und Erfahrungen. 6./7. Juni 2011, München
Holland Coviello, R.: Language and literacy environment quality in early childhood classrooms: Exploration of measurement strategies and relations with chlildren's development. Ann Arbor, MI 2005
Jampert, K./Best, P./Guadatiello, A./Holler, D. & Zehnbauer, A.: Schlüsselkompetenz Sprache. Sprachliche Bildung und Förderung im Kindergarten. Konzepte – Projekte – Maßnahmen, Weimar/Berlin 2007
Justice, L. M. & Kaderavek, J. N.: Embedded-explicit emergent literacy intervention. Language, Speech, and Hearing Services in Schools 35, 2004; S. 201–211
Jüttner, A.-K. & Koch, K.: Sprachförderprogramme in der Kita. Ergebnisse einer Evalaution. kindergarten heute 10/2012, S. 26–31
Kaltenbacher, E. & Klages, H.: Sprachprofil und Sprachförderung bei Vorschulkindern mit Migrationshintergrund. In B. Ahrenholz (Hg.), Kinder mit Migrationshintergrund – Spracherwerb und Fördermöglichkeiten, Freiburg 2006; S. 80–97
Küspert, P. & Schneider, W.: Hören, Lauschen, Lernen: Sprachspiele für Vorschulkinder, Göttingen, 5. Aufl. 2006
Kiziak, T./Kreuter, V. & Klingholz, R.: Dem Nachwuchs eine Sprache geben, Berlin 2012
Laevers, F.: Forward to basics! Deep-level-learning and the experiential approach. Early Years: An International Journal of Research and Development 20, 2000; S. 20–29
Lemke, V.: Sprachförderung im Spannungsfeld von Sprachbad und Sprachtraining. In R. Tracy & V. Lemke (Hg.), Sprache macht stark, Berlin 2009; S. 78–85
List, G.: Frühpädagogik als Sprachförderung. Qualifikationsanforderungen für die Aus- und Weiterbildung der Fachkräfte, München 2010. URL: www.weiterbildungsintitiative.de/fileadmin/download/wiff_list_langfassung_final.pdf
Mashburn, A. J./Pianta, R./Hamre, B. K./Downer, J. T./Barbarin, O./Bryant, D. et al.: Measures of classroom quality in pre-kindergarten and children's development of academic, language and social skills. Child Development 79, 2008; S: 732–749
Mayr, T.: Jede Kindertageseinrichtung braucht ein Konzept für sprachliche Bildung. kindergarten heute – das leitungsheft, 4, 2010; S. 4–11
Mayr, T.: Sprachliche Bildungsangebote sichten und optimieren. Der neue Einschätzbogen LiSKit. kindergarten heute, 9, 2012, S. 16–20
Mayr, T. & Kofler, A.: Qualitätseinschätzung und -entwicklung sprachlicher Bildung in Kindertageseinrichtungen. In Reichert-Garschhammer, E. & Kieferle, C. (Hg.), Sprachliche Bildung in Kindertageseinrichtungen, Freiburg 2011; S. 251–266
Mayr, T./Hofbauer, C./Kofler, A. & Šimić, M.: Liskit – Literacy und Sprache in Kindertageseinrichtungen. Beobachtungsbogen; Freiburg 2012a
Mayr, T./Hofbauer, C./Kofler, A. & Šimić, M.: Begleitheft zum Beobachtungsbogen Liskit, Freiburg 2012b
Mayr, T. & Ulich, M.: Die Engagiertheit von Kindern. In Fthenakis, W. E. (Hg.), Elementarpädagogik nach Pisa, Freiburg 2003; S. 169–189
Mayr, T. & Ulich, M.: Der Beobachtungsbogen »Seldak« – theoretische und empirische Grundlagen. In Fröhlich-Gildhoff, K./Nentwig-Gesemann, I. & Strehmel, P. (Hg.), Forschung in der Frühpädagogik, Band III, Freiburg 2010; S. 75–106
McCartney, K.: Effect of quality of day care environment on children's language development. Developmental Psychology 20, 1984; S. 244–260
Millitzer, R./Demandewitz, H. & Fuchs, R.: Wie Kinder sprechen lernen, Düsseldorf 2001
Morrow, L. M.: Developing literacy in preschool, New York 2007

Neuman, S. B. & Dickinson, D. K. (Hg.): Handbook of early literacy research. Volume 1. New York 2001

Neuman, S. B./Dwyer, J. & Koh, S.: Child/Home Early Language & Literacy Observation Tool (CHELLO), Baltimore 2007

Peisner-Feinberg, E. S./Burchinal, M. R./Clifford, R. M./Culkin, M. L./Howes, C./Kagan, S. L. & Yazejian, N.: The relation of preschool child-care quality to children's cognitive and social developmental trajectories through second grade. Child Development 72, 2001; S. 1534–1553

Penner, Z.: Forschung für die Praxis. Neue Wege der sprachlichen Förderung von Migrantenkindern, Berg 2003

Pianta, R. C./La Paro, K. & Hamre, B. K.: Classroom Assessment Scoring System (CLASS), Baltimore 2008

Reichert-Garschhammer, E. & Kieferle, C.: Sprachberatung auf der Basis eines Coaching-Konzepts. In Reichert-Garschhammer, E. & Kieferle, C. (Hg.), Sprachliche Bildung in Kindertageseinrichtungen, Freiburg 2011; S. 275–280

Roos, J./Polotzek, S. & Schöler, H.: EVAS Evaluationsstudie zur Sprachförderung von Vorschulkindern. Abschlussbericht der Wissenschaftlichen Begleitung der Sprachfördermaßnahmen im Programm »Sag' mal was – Sprachförderung für Vorschulkinder«. Unmittelbare und längerfristige Wirkungen von Sprachförderungen in Mannheim und Heidelberg, Heidelberg 2010

Smith, M. W./Dickinson, D. K./Sangeorge, A. & Anastasopoulos, L.: The Early Language and Literacy Classroom Observation Toolkit (ELLCO), Baltimore 2002

Spindler, A.: Selbstevaluation der Trägerarbeit. In W. E. Fthenakis/K. Hanssen/P. Oberhuemer & I. Schreyer (Hg.), Träger zeigen Profil, Berlin 2009; S. 92–96

Sibley, A. & Abbott-Shim, M.: Assessment Profile. Preschool obervation booklet. Atlanta, GA 2009

Teale, W. H. & Sulzby, E. (Hg.): Emergent literacy, Norwood NJ 1986

Tietze, W. et al.: Wie gut sind unsere Kindergärten? Eine Untersuchung zur pädagogischen Qualität in deutschen Kindergärten, Neuwied 1998

Tietze, W./Roßbach, H.-G. & Grenner, K.: Kinder von 4 bis 8 Jahren. Zur Qualität der Erziehungs-und Bildungsinstitutionen Kindergarten, Grundschule und Familie, Weinheim 2005

Tomasello, M.: The usage-based theory of language acquisition. In Bavin, E. (Hg.), Handbook of child language, Cambridge, Mass. 2009; S. 69–88

Ulich, M.: Literacy und sprachliche Bildung im Elementarbereich. In Weber, S. (Hg.), Die Bildungsbereiche im Kindergarten, Freiburg 2005; S. 106–124

Ulich, M.: Literacy. In Pousset, R. (Hg.), Beltz Handwörterbuch für Erzieherinnen und Erzieher, Weinheim 2006; S. 258–260

Whitehead, M. R.: Sprache und Literacy von 0 bis 8 Jahren, Troisdorf 2006

Whitehurst, G. J.: Classroom Literacy Environment Checklist. National Center of Learning Diabilities. Abrufbar unter http://www.kcls.org/parents/kidsandreading/readytoread/pdf/literacy_class 2004

5 Sprachliche Bildung von Anfang an – Qualitätsentwicklung als permanente Herausforderung

5.1 Zur Qualität pädagogischer Sprachdiagnostik
Lilian Fried

Einleitung
Wie es um die Qualität der aktuellen Sprachdiagnostik bestellt ist, lässt sich nicht ohne weiteres angeben. Allzu vielstimmig, mitunter auch schrill ist der Chor derer, die ihre Meinung dazu äußern. So nehmen Erziehungswissenschaftler/innen etwas anderes wahr als Sprachwissenschaftler/innen, argumentieren Elementarpädagog/innen anders als Logopäd/innen, vertreten Politiker/innen andere Interessen als Pädagog/innen, artikulieren sich Verbandsvertreter/innen anders als Praktiker/innen, äußern sich Eltern anders als pädagogische Fach- und Lehrkräfte usw. Angesichts dessen scheint der Versuch, den gesamten Diskussionsstand zusammen zu fassen, wenig Erfolg versprechend, im Folgenden wird es deshalb ausschließlich darum gehen, welche wissenschaftlich fundierten Argumente zur Bestimmung der Qualität Pädagogischer Sprachdiagnostik derzeit auffindbar sind. Dabei sind mit Pädagogischer Sprachdiagnostik diejenigen wissenschaftlichen Argumente gemeint, welche die Güte derjenigen diagnostischen Tätigkeiten näher zu kennzeichnen vermögen, durch die bei einzelnen Kindern oder Kindergruppen Voraussetzungen und Bedingungen von Sprachaneignungs-, Sprachbildungs- bzw. Sprachförderprozessen ermittelt werden, um mit Hilfe der gewonnenen Informationen kindliche Spracherwerbsprozesse möglichst optimal zu unterstützen und anzuregen (Ingenkamp & Lissmann 2008, S. 13).

Die in den letzten Jahren stattgefundene Etablierung der pädagogischen Sprachdiagnostik sowohl im Früh-, als auch vor allem im Elementarbereich ist Teil umfassender politisch-pädagogischer Reformbestrebungen, welche sich dem Ziel unterordnen, die Qualität der Sprachbildung bzw. –förderung unserer Kindertageseinrichtungen weiterzuentwickeln (vgl. Fried 2008). Ob und wieweit diese Bemühungen bereits hinreichen, wird aktuell in Frage gestellt. Hier denke man nur an die Ergebnisse von Wirksamkeitsstudien, die uns vor Augen geführt haben, dass auch aufwändige Bemühungen nicht unbedingt den mit ihnen erhofften »Instanterfolg« erbringen.

Deshalb haben Fragen, wie z.B., was zukünftig bei der Sprachbildung bzw. –förderung noch besser, im Sinne von wirksamer, gemacht werden könnte, und welchen Beitrag dazu die Pädagogische Sprachdiagnostik leisten könnte, nicht an Aktualität verloren (vgl. Fried 2011). Mögliche Antworten darauf sind allerdings nicht wohlfeil. Vielmehr ist es unumgänglich, den aktuellen wissenschaftlichen Diskurs nach einschlägigen Erkenntnissen abzutasten, die als Basis für weitergehende Entscheidungen tauglich scheinen.

Perspektiven der Erziehungswissenschaft

Im Folgenden werden die vorgefundenen wissenschaftlichen Erkenntnisse gemäß ihrer Zugehörigkeit zu den drei klassischen Paradigmen der Erziehungswissenschaft geordnet. Dadurch soll sichtbarer werden, welchen Status die jeweilige Einsicht für sich beanspruchen kann, also wie Umfang und Grenzen ihrer Aussagekraft einzuschätzen sind. Es handelt sich also um den Versuch, den herrschenden Argumentationswirrwarr zu entflechten, indem die vorgefundenen Argumente – unter Ausschluss der wuchernden ideologischen Unterstellungen – in normative (Philosophie der Erziehung), präskriptive (Praktische Pädagogik) und deskriptive Aussagen (empirische Erziehungswissenschaft) unterteilt werden (vgl. z. B. Brezinka 1989; Klauer 1973). Auf diese Weise lassen sich die vielfältigen wissenschaftlichen Erkenntnisse zu einem theoretisch sinnvollen Gesamtbild der aktuellen Situation der Pädagogischen Sprachdiagnostik integrieren. Dabei wird aber nicht aus den Augen verloren, dass die drei Orientierungen nicht etwa unverbunden nebeneinander stehen, sondern einander wechselseitig bedingen bzw. beeinflussen.

Normative Perspektive

Die Qualität pädagogische Sprachdiagnostik kann nicht bestimmt werden, ohne zuvor normative Erwägungen anzustellen und dementsprechende Festlegungen zu treffen. Derartige Überlegungen betreffen die Ethik der pädagogischen Sprachdiagnostik, also u. a. Fragen, welche anthropologischen Voraussetzungen bzw. Anforderungen bei der pädagogischen Sprachdiagnostik reflektiert und berücksichtigt werden müssen. Allerdings können normative Argumente und daraus resultierende Standards nur diskutiert, abgewogen, begründet und empfohlen werden. Sie können also nicht allein wissenschaftlich bestimmt werden. Dabei sind sie aus wissenschaftlicher Perspektive nur dann akzeptabel, wenn sie auf dem Niveau des wissenschaftlichen Diskurses rational nachvollziehbar behandelt werden.

Fragen der Ethik der Pädagogischen Sprachdiagnostik werden schon seit den 1970er Jahren erörtert. Einschlägige Standards wurden zunächst in der Psychologie entwickelt, später von der Erziehungswissenschaft übernommen (vgl. Häcker/Leutner & Amelang 1998). Sie beschäftigten sich vornehmlich mit messmethodischen Erwägungen. Diese wurzeln in empirischen Untersuchungen, welche bei uns zur Einsicht geführt haben, dass die traditionelle Einschätzungs- und Beurteilungspraxis sehr fehlerbehaftet ist. So konnte man z. B. anhand von Feldversuchen nachweisen, dass verschiedene Beurteiler/innen ein und dieselbe Leistung ganz unterschiedlich bewerteten. Man kam deshalb nicht umhin einzusehen, dass subjektive Beurteilungen von Wahrnehmungsfehlern verzerrt werden, einfach aufgrund des anthropologischen Grundtatbestands, dass die menschliche Wahrnehmungsfähigkeit eingeschränkt ist (vgl. Ingenkamp & Lissmann 2008).

Diese Einsicht verweist auf ethische Probleme. Schließlich kann man Kindern mittels pädagogischer Handlungen nicht gerecht werden, wenn man ihre Realität gar nicht adäquat wahrnimmt. Um diesem Problem entgegenzuarbeiten, entwickelte man Verfahren, deren Zweck man darin sah, subjektive Wahrnehmungsverfälschungen mittels dafür geeigneter Instrumente so weitgehend wie möglich zu kompensieren und damit zu einer Optimierung pädagogischer Entscheidungen beizutragen. Die Idee war dabei, dass Verfahren, die objektivere Beurteilungen erlauben, dabei helfen, Kinder unverzerrter wahrzunehmen und sie so gerechter beurteilen bzw. adäquater unterstützen zu können. Das setzt allerdings voraus, dass man über Instrumente verfügt, welche tatsächlich dazu taugen, subjektive Wahrnehmungsverzerrungen mehr oder weniger stark auszugleichen. Um zu gewährleisten, dass ein Instrument solch eine Qualität aufweist, ist es erforderlich, dessen Konstruktion an spezifischen Vorgaben auszurichten und die dabei erzielten Resultate umfassend empirisch zu evaluieren.

Welches die wesentlichsten messmethodischen Standards sind, ist innerhalb der gesamten Pädagogischen Diagnostik seit den 1970er-Jahren weithin unumstritten (vgl. z. B. Lienert & Raatz 1998). Diese beinhalten sehr differenzierte Qualitätskriterien, denen man bei der Konstruktion und Evaluation, aber auch bei der Anwendung eines Verfahrens entsprechen muss. Ansonsten kann nicht gewährleistet werden, dass es tatsächlich objektiv, zuverlässig und gültig misst, sodass unsicher bleibt, ob und wieweit damit tatsächlich – wie angestrebt – subjektive Wahrnehmungsverzerrungen eingegrenzt bzw. handhabbar gemacht werden. Außerdem umfassen die Standards Hinweise, die verdeutlichen, welche Besonderheiten in spezifischen Handlungsfeldern beachtet werden müssen; also was z. B. bei der Diagnose sprachlicher Minderheiten reflektiert werden muss. Nicht zuletzt verweisen sie auf spezifische Methodologien, mit denen erreicht werden kann, dass Mess- und Prognosefehler substantiell verringert und verbleibende Mess- und Prognosefehler transparent werden, sodass sie der Anwender genauer einschätzen und berücksichtigen kann. Diese Methodologien basierten ursprünglich nur auf der sogenannten Klassischen Testtheorie, sind aber zunehmend auch an der sogenannten Item-Resonse-Theory ausgerichtet. Bei der Pädagogischen Sprachdiagnostik junger Kinder findet Letztere allerdings noch kaum Anwendung (vgl. aber z. B. Fried u. a. 2009).

In der Zwischenzeit sind die Standards mehrfach modifiziert worden. Dabei hat sich der Schwerpunkt, der ursprünglich eher auf der »messmethodischen Qualität der Verfahren« lag, ein Stück in Richtung »Qualität der Applikation der Verfahren« verlagert (z. B. Eignor 2001). Es werden also – über die Vorgaben zur Konstruktion und Evaluation hinaus – umfassendere Kriterien zur Durchführung und Auswertung von Verfahren formuliert sowie Angaben zu einer ethisch korrekten Anwendung generell und in besonderen Situationen gemacht (z. B. Häcker/Leutner & Amelang 1998). Letzteres umfasst Hinweise zum »Fördern und Beachten ethischer Standards« professionellen Handelns, zur »Gewährleistung« von »fachkompetenter Anwendung« und »vertraulichen Behandlung der Diagnoseergebnisse« sowie zum »Übernehmen von Verantwortung für die Anwendung der Verfahren« (vgl. ZPID 2001).

Im Früh- und Elementarbereich hat man erst nach PISA 2001 begonnen, sich explizit mit Standards Pädagogischer Sprachdiagnostik auseinanderzusetzen. Das geschah zum einen im Zusammenhang mit der Einführung verbindlicher Sprachstandsfeststellungen, zum anderen im Umfeld der Einführung der Bildungspläne für Kindertageseinrichtungen.

Die verbindlichen Sprachstandsfeststellungen erfolgen derzeit in 14 Ländern. Es werden dabei 17 unterschiedliche Instrumente eingesetzt (vgl. Autorengruppe Bildungsberichterstattung 2012, S. 62). Nur bei einem Teil von ihnen wurde geprüft, ob die messmethodische Qualität den Standards zu genügen vermag. Bei einigen Verfahren ist also völlig offen, ob sie überhaupt objektiv, zuverlässig und gültig zu messen erlauben, und somit auch unklar, ob es damit überhaupt möglich ist, subjektive Wahrnehmungsverzerrungen mehr oder minder zu kompensieren. Dieser Tatbestand wird von wissenschaftlicher Seite bereits seit geraumer Zeit moniert. Ausgelöst und in Gang gehalten wurde und wird diese Diskussion nicht zuletzt durch die Befunde mehrerer Expertisen (z. B. Ehlich 2005; Fried 2004; Lisker 2010). Angefacht wird sie außerdem durch eine vom Bundesministerium für Bildung und Forschung 2010 im Rahmen der Empirischen Bildungsforschung initiierte Projektgruppe (vgl. z. B. Redder u. a. 2011). In welchem Umfang dies zu Instrumenten(weiter-)entwicklungen führen wird, ist noch nicht genau abzusehen.

Weitere Auseinandersetzungen um Standards beziehen sich auf Beobachtungs-, Dokumentations- bzw. Portfolioverfahren, deren Verbreitung in der Praxis durch die Einführung von Bildungsplänen befördert worden ist (vgl. z. B. Fried 2012). Das hängt mit einschlägigen Aussagen in den Plänen zusammen. So wird z. B. im »Gemeinsamen Rahmen der Länder für die frühe Bildung in Kindertageseinrichtungen der Jugendministerkonferenz/Kultusministerkonferenz« von 2004 das in Kindertageseinrichtungen tätige pädagogische Personal aufgefordert, die Bildungsmöglichkeiten der Kinder in verschiedenen Bereichen, wie z. B. bezüglich der Sprache, zu beachten und zu fördern. Das setzt zum einen voraus, zu erfassen, »was die Stärken und Schwächen einzelner Kinder in dem jeweiligen Bildungsbereich sind, wie sie Anregungen aufnehmen und wie sie sich damit beschäftigen«; zum anderen verlangt es, »aufgrund der gemeinsamen Bildungs- und Erziehungsverantwortung« individuelle strukturierte Entwicklungsgespräche mit den Eltern zu führen, damit diese einen vertieften Einblick in die bereichsspezifischen »Entwicklungspotenziale« bzw. »Bildungsressourcen« sowie »Bildungsprozesse« bzw. »Kompetenzfortschritte« und »Entwicklungsmöglichkeiten« ihres Kindes erhalten (vgl. Groot-Wilken & Warda 2007). Allerdings stehen diesen hochgespannten Ansprüchen nur wenige konkrete Hinweise gegenüber. So sucht man in vielen Plänen vergeblich nach dezidierten Angaben zur Rolle und zur Sicherstellung messmethodischer Standards.

Immerhin haben die Vorgaben in den Bildungsplänen – laut Mischo und Fröhlich-Gildhoff (2011, S. 5) – dazu beigetragen, dass das Thema Diagnose kindlicher Bildungs- und Entwicklungsprozesse bzw. die Beobachtung und Dokumentation »einen wichtigen Stellenwert gewonnen« haben und »zum Standard in den Einrichtungen« geworden sind. Allerdings hat sich das – nach List (2011, S. 39) – in die Richtung entwickelt, dass informelle Verfahren zur Sprachstandserhebung, welche nicht an messmethodischen Standards orientiert sind, den Hauptanteil der Instrumente ausmacht, die in der Praxis Anwendung finden. Die Autorin führt das darauf zurück, »dass die Konstruktion und der Einsatz solcher Verfahren weniger voraussetzungsreich« zu sein scheint, als bei anderen Verfahren der Fall, und dass diese als »authentischer«, im Sinne von »ökologisch valider« empfunden werden, als bei anderen Arten der Fall (ebd.). Übersehen wird dabei jedoch, dass derartige Verfahren die Gefahr bergen, dass die damit erstellten Diagnosen von unerwünschten Wahrnehmungsverzerrungen verfälscht werden. Dabei stehen – gemäß List (ebd.) – »die Aufgaben, die diese Verfahren enthalten, keineswegs von vornherein überzeugender da, was das ökologisch valide Verhältnis zu den Kompetenzen betrifft, über die sie Aussagen machen wollen«, als z. B. Tests, »die immerhin wenigstens rechnerisch abgesichert sind. Denn informelle Verfahren spiegeln jene Plausibilitäten wider, die für die Konstrukteure maßgeblich waren, sie stehen also für deren Verständnis (und ihren Sachverstand), welche Sprachleistungen zu einem bestimmten Zeitpunkt der kindlichen Entwicklung verfügbar sein sollten«.

Es bedarf deshalb dringend eines fachlichen Diskurses, welcher die Forderung nach Gewährleistung messmethodischer Standards nicht auf Tests beschränkt, sondern auf alle Arten von Verfahren ausweitet. Vage Empfehlungen, wie z. B. die Beobachtungsergebnisse (selbst-)kritisch zu reflektieren, sich im Team über die Ergebnisse auszutauschen, die eigene Diagnosekompetenz weiter zu entwickeln, sich in der Durchführung des Verfahrens einzuüben oder differenzierte Beobachtungsprotokolle zu erstellen, sind nicht falsch, aber auch nicht wirklich weiterführend (z. B. Mischo, Weltzien & Fröhlich-Gildhoff 2011). Ebenso wenig reicht es, sich »zu behelfen«, wie z. B. List (2011, S. 40) vorschlägt, indem Praktiker/innen bei der Anwendung informeller Verfahren Prüffragen stellen, wie u. a. »Wurde das Instrument bei einer hinreichend großen Zahl von Kindern erprobt? ... Sind die Bewertungskriterien für die Einschätzung von Sprachleistungen eindeutig? Auf der Basis von Einschätzungen wie ›nie – manchmal – häufig – immer‹ kann kein von der durchführenden Person unabhängiges Ergebnis erwartet werden. Liegen genaue und gut verständliche Durchführungs- und Auswertungsanweisungen vor? ... Ist das Verfahren zeitökonomisch vertretbar und lässt sich seine Handhabung durch eine zumutbare Maßnahme an die Durchführenden vermitteln? ... Inwieweit berücksichtigt das Verfahren die Mehrsprachigkeit von Kindern, die die deutsche Sprache zeitversetzt erwerben? ... Bestehen bei denjenigen Verfahren, die selbst angewandt werden, Routine in der Durchführung, Auswertung und Interpretation sowie strikte Einhaltung der jeweiligen Anweisungen? usw.« Wirklich weiterkommen werden wir aber nur, wenn es selbstverständlich wird, dass für jedes Verfahren dokumentiert sein muss, welche Bemühungen zur Gewährleistung der messmethodischen Standards unternommen wurden und wieweit diese einer empirischen Prüfung standgehalten haben.

Dies ist eine Herausforderung, der sich die Wissenschaft zukünftig stärker wird stellen müssen. Dabei könnte helfen, sich an die internationale Diskussion um »authentische Spracherfassungsmethoden« anzuschließen. Dort ist ebenfalls das Bestreben stark, Pädagogische Sprachdiagnostik so authentisch wie möglich zu gestalten, indem die Aufgaben, welche ein Kind in einem Diagnoseverfahren zu bewältigen hat, möglichst nah an den Aufgaben formuliert werden, die es in seinem unmittelbaren Kontext tagtäglich zu lösen hat. Gleichzeitig wird verantwortungsbewusst reflektiert, was genau dieser Anspruch mit sich bringt, wenn man nicht auf die Einhaltung von u. a. messmethodischen Standards verzichten will. Die einschlägigen Diakussionen haben sichtbar werden lassen, dass zentrale Fragen in diesem Zusammenhang bislang noch nicht hinreichend beantwortet sind, wie z. B., was genau denn eine authentische Sprachstandserfassung von einer nicht-authentischen unterscheidet, welche Art und welcher Umfang an Testaufgaben oder Beobachtungsgesichtspunkten den Alltag von Kindern tatsächlich hinreichend widerzuspiegeln vermögen und natürlich, wie sicher gestellt werden kann, dass ein Verfahren, das all dem gerecht zu werden versucht, am Ende auch noch objektiv, zuverlässig, gültig und noch dazu ökonomisch misst (Lewkowics 2000, S. 50). Derzeit – so das vorläufige Resümee – scheint der Weg noch lang zu sein, bis wir genügend belastbare Erkenntnisse haben, um wirklich einschätzen zu können, wie viel Authentizität bei pädagogischer Sprachdiagnose überhaupt machbar und sinnvoll ist (z. B. Frey, Schmitt & Allen 2012).

Was Standards zur »messmethodischen Qualität von Verfahren« betrifft, gibt es also sowohl wichtige Errungenschaften, als auch definierbaren Entwicklungsbedarf zu vermelden; was dagegen Standards zur »Qualität der Applikation der Verfahren« betrifft, stehen wir mit unseren Erkenntnissen noch ganz am Anfang, denn es gibt kaum einschlägige wissenschaftliche Untersuchungen.

In Bezug auf die verpflichtenden Sprachstandsfeststellungen in den Ländern haben Antunes, Lee und Tietze (2011) im Rahmen einer Evaluation u. a. die Diagnoseprozeduren bei der verpflichtenden Sprachstandsfeststellung in Brandenburg dokumentiert. Dabei trat zutage, dass die Anwendung eines Instruments durch externe Testleiter zu einer deutlich höheren Quote an sprachförderbedürftigen Kindern führte als die reguläre Diagnostik durch fortgebildete Förderkräfte (vgl. auch Mierau, Lee & Tietze 2008). Die Autor/innen halten es deshalb für angebracht, die Sprachstandsfeststellungsverfahren in den Ländern grundsätzlich zu evaluieren, um transparent machen zu können, wie die Anwendung jeweils funktioniert und gegebenenfalls weiter verbessert werden könnte.

Im Hinblick auf den Einsatz von Beobachtungs-, Dokumentations- und Portfolioverfahren resultiert in mehreren Studien, dass Erzieher/innen manche Verfahren nicht adäquat einsetzen können. So haben z. B. Holler-Zittlau, Dux und Berger (2004, S. 67) herausgefunden, dass die pädagogischen Fachkräfte zwar in der Lage sind, einige sprachlich-kommunikative Fähigkeiten adäquat einzuschätzen; dass sie aber häufig falsch liegen, wenn es darum geht, Sprachentwicklungsauffälligkeiten und -störungen bzw. abweichendes Sprachverhaltens zu erkennen (ebd., S. 72). Auch Albers (2010), Mierau, Lee & Tietze (2008) sowie Kretschmann und Schulte (2004) berichten, dass die Einschätzung der frühpädagogischen Fachkräfte nicht ausreicht, um zwischen einem Förderbedarf und einem Therapiebedarf zu unterscheiden. Flender (2005, S. 120 f.) erklärt das damit, dass manche Fähigkeiten im Kindergartenalltag gut, und andere nur schwer beobachtet werden können.

Daneben mahnen insbesondere Sprachwissenschaftler/innen an, die fachlichen Ansprüche an eine adäquate Anwendung von Beobachtungsverfahren nicht zu unterschätzen; denn der Einsatz eines solchen Verfahrens führe nur dann zum gewünschten Erfolg, wenn man über theoretisch fundiertes Wissen zur Sprachentwicklung, aber auch zur wissenschaftlichen Konstruktion und Prüfung von Sprachstandserfassungsverfahren verfügt. Zwar, so z. B. Weinert u. a. (2007, S. 18), »... lassen sich bei jüngeren Kindern in den ersten zwei bis drei Lebensjahren einige (gut beobachtbare) sprachliche Merkmale noch über geeignet konstruierte Einschätzungen erfassen. Mit Zunahme des Wortschatzes und der Komplexität der kindlichen Sprachkompetenz ist eine Beurteilung durch Erzieher und Eltern nicht mehr hinreichend objektiv, zuverlässig und gültig. Eine exakte Erfassung erfordert eine direkte Testung mit hochqualitativen Verfahren«. Dem schließt sich Tracy (2009) dahingehend an, dass die Anwendung von Beobachtungsinstrumenten »ohne erhebliches sprachwissenschaftliches Know-how nur sehr schwer, wenn überhaupt« zu handhaben ist. Wenzel, Schulz und Tracy (2009, S. 48) begründen ihre Haltung, dass »sich die kindliche Sprachkompetenz nicht durch Beobachtungen des Alltagsgeschehens erschließen lässt«, am Beispiel des »informellen Fragebogens SISMIK(Ulich & Mayr, 2003) ... Hier sollen pädagogische Fachkräfte aufgrund informeller Beobachtungen beurteilen, ob und in welchem Ausmaß ein Kind zielsprachliche Äußerungen eines bestimmten Typs produziert. Diese Aufgabe scheint angesichts der Komplexität des Gegenstandes ohne Wissen über den linguistischen Hintergrund, über Methoden der Spontansprachanalyse und nicht zuletzt ohne Quantifizierung relevanter Kontexte nicht lösbar.« Und sie fügen noch hinzu: »Da die Erhebung nicht gezielt und systematisch im Rahmen standardisierter Situationen stattfindet, bleibt die Einschätzung zudem letztlich vage und subjektiv. Ob sich mit diesem Vorgehen tatsächlich das Verstehen von Handlungsanweisungen und Aufforderungen erfassen lässt, scheint folglich fraglich« (ebd., S. 49).

Dies wird durch die Ergebnisse einer Studie von Dollinger und Speck-Hamdan (2011) unterstrichen. Hier tritt zutage, dass Erzieher/innen die phonologische Bewusstheit von Kindern ein Jahr vor Schulbeginn bedeutsam unterschätzten. Außerdem wird erkennbar, dass »Die Genauigkeit der Einschätzungen ... innerhalb der Gruppe der Erzieher/innen beträchtlich (variiert, L. F.) ...« und »dass bei der Genauigkeit der Einschätzungen nicht nur große interindividuelle Unterschiede zwischen den pädagogischen Fachkräften vorhanden sind, sondern auch, dass sich die Genauigkeit der Einschätzungen der einzelnen Erzieher/innen in den verschiedenen Kompetenzen teilweise beträchtlich voneinander unterscheiden ...« (ebd., S. 243).

Laut Röbe/Huppertz & Füssenich (2010, S. 16) sind die Erzieher/innen selbst auch skeptisch, was ihre Möglichkeiten betrifft, Verfahren adäquat anzuwenden. Rund die Hälfte hält den Aufgabenbereich »Beobachtung und Dokumentation« für »eher schwierig« bis »sehr schwierig«. Dementsprechend fordern sie konkretere und auch verbindlichere Ausführungen in den Bildungsplänen, wie z. B. zur Dokumentation und deren Auswertung, zum Aufbau eines Portfolios, zur Auswahl der zur Verfügung stehenden Instrumente usw. (ebd., S. 68). Die Autorinnen folgern daraus, dass entwicklungsdiagnostische Aufgaben noch nicht zum »Kerngeschäft« der Erzieheri/nnen gehören (ebd., S. 16). Auch Honig/Schreiber & Lang (2006, S. 39) berichten, dass die Aussagen der von ihnen befragten Erzieher/innen über die »gemäß Bildungsplan ausgeführte Beobachtung« der Kinder »häufig einen unstrukturierten, unsystematischen und zum Teil auch individuell beliebigen Eindruck« vermitteln; und sie nehmen deshalb an, dass derzeit von einer »methodisch anspruchsvollen Beobachtungskultur« noch keine Rede sein kann. Insofern ist verständlich, wenn Schettler (2011, S. 221) bei pädagogischen Mitarbeiter/innen in sächsischen Kindertagesstätten mit heilpädagogischer und integrativer Ausrichtung »eine deutliche Verunsicherung bei den Erziehern (feststellt, L. F.), wenn es um das Diagnostizieren geht.« Das führt er zum Teil darauf zurück, dass bei nahezu der Hälfte der Einrichtungen die Durchführung von diagnostischen Verfahren nicht zum Standard gehört; mit der für ihn »deutlich alarmierenden« Konsequenz, dass »nur anteilig 11 % der Befragten ihre individuellen pädagogischen Handlungsansätze auf der Grundlage ihres diagnostischen Erkenntnisgewinns entwickeln« (ebd.).

Alles in allem existiert also im Hinblick auf Standards für die Applikation von Verfahren ein noch größerer Erkenntnisbedarf, als in Bezug auf messmethodische Standards. Diese Lücke gilt es in Zukunft aufzufüllen. Wie genau dabei vorzugehen ist, lässt sich aber nicht allein anhand normativer Gesichtspunkte entscheiden, sondern erfordert den Einbezug weiterer Perspektiven.

Präskriptive Perspektive
Präskriptive Pädagogik ist insoweit vorschreibend, als sie handlungsbezogenes, wie z. B. diagnosebezogenes Wissen bereitstellt. Gemeinhin ist dieses in die Form von Konzepten, im Falle der Pädagogischen Sprachdiagnostik in Form von Instrumenten gegossen. Dabei können diese nur dann Anspruch darauf erheben, Teil des wissenschaftlich basierten Handlungswissens zu sein, wenn sie auf systematischer normativer Analyse aufruhen sowie auf empirisch geprüften Thesen aufbauen.

Derzeit wird eine Vielzahl an Sprachdiagnoseinstrumenten angeboten. Die meisten davon sind für den Einsatz im Früh- und Elementarbereich bestimmt. Um welche Verfahren es sich im Einzelnen handelt, wird in mehreren Expertisen herausgestellt. Dort werden – je nach Blickwinkel – zwischen 21 und 37 einschlägige Verfahren identifiziert (vgl. Fried 2008; Kany & Schöler 2007; Redder u. a. 2011). Im Rahmen der einzelnen Expertisen wird durch kommentierte Darstellungen, kriteriengeleitete Einordnungen und begründete Bewertungen klar gestellt, welche der Verfahren inwiefern normativen und empirischen Gesichtspunkten gerecht werden, also wie es um die spezifische Qualität in den Augen der jeweiligen Beurteiler steht. Dabei werden die besprochenen Verfahren nicht einfach grob als geeignet oder ungeeignet charakterisiert. Es wird lediglich verdeutlicht, ob und wieweit diese bestimmte Minimalstandards erfüllen. Die Frage der kind- oder situationsspezifischen Eignung kann nur von den potenziellen Nutzern beantwortet werden. Entscheidend ist nämlich, ob bzw. wieweit die Zielstellung, unter der ein Instrument entwickelt worden ist, sich mit den Zwecken deckt, die ein potenzieller Anwender damit verfolgt.

Ob die ausgewiesene Angebotsvielfalt ausreicht, um damit alle wichtigen und relevanten Bereiche diagnostisch abdecken zu können, scheint Redder u. a. (2011) noch offen zu sein. Das begründen sie damit, dass es bislang noch »an einer systematischen und empirisch basierten Aufarbeitung der Frage (fehlt, L. F.), welche Bereiche sprachlicher Fertigkeiten und Kompetenzen in welchen Altersbereichen für welche späteren Anforderungen bzw. Leistungen im Bildungssystem von Bedeutung sind. Erst auf der Basis einer solchen Analyse lässt sich detailliert darlegen, wo die gravierendsten

Lücken der derzeitigen Sprachstandsdiagnostik im deutschsprachigen Raum liegen.« (ebd., S. 16 f.).

Ungeachtet dieser Zurückhaltung: Einige Lücken sind jetzt schon evident. So merkt z. B. Fried (2004, S. 86) an, dass es uns bislang an Verfahren mangelt, mit denen kommunikative, narrative und komplexere semantische Fähigkeiten näher charakterisiert werden können. Redder u. a. 2011, S. 37) vermissen darüber hinaus Verfahren, mit denen bildungssprachliche Kompetenzen erfasst werden können. Wobei sie einschränkend darauf hinweisen, dass uns »bislang noch die geeignete Erkenntnisbasis«, weil es noch nicht gelungen ist, »den Terminus Bildungssprache linguistisch auszuführen und handlungssystematisch zu begreifen«. Weitere Defizite werden darin gesehen, dass »die wenigsten der vorliegenden Erhebungsverfahren für ihre Normierung und empirische Validierung den sprachkulturellen Hintergrund der untersuchten Kinder« berücksichtigen (ebd.). Noch dazu loten nur die wenigsten Verfahren genauer aus, »ob und wieweit es das Verfahren erlaubt, prognostisch bedeutsame Aussagen zu machen« (ebd.). Fried (2004, S. 86) empfiehlt deshalb, genau zu prüfen, ob und wieweit ein potenziell geeignetes Verfahren sprachentwicklungstheoretisch so begründet ist, dass es prognostisch relevante Informationen zu liefern vermag. Am größten jedoch ist die Lücke, wenn es darum geht, valide Informationen über individuelle Veränderungen in Bezug auf Sprachkompetenzen zu liefern. Ebenso unbefriedigend ist, dass bislang nahezu gänzlich ausgespart bleibt, wie Erzieher/innen die diagnostischen Informationen in Fördermaßnahmen übersetzen können. In der Regel verweisen nämlich die Befunde aus den Sprachstandsfeststellungsverfahren nicht auf konkrete Bildungsangebote bzw. Fördermaßnahmen (vgl. aber Fried u. a. 2009). Redder u. a. (2011, S. 41) vermuten den Grund dafür darin, »dass für einige feststellbare Auffälligkeiten keine empirisch belegten Hinweise zu deren Überwindung vorliegen. Eine systematische Untersuchung und empirische Absicherung der Möglichkeiten und Grenzen bei der Passung der Diagnose von spezifischen Auffälligkeiten und den diesen begegnenden Interventionen ist virulent«.

Bislang war nur generell von Verfahren die Rede. Die Begriffsklammer Pädagogische Sprachdiagnostik bündelt aber ganz verschiedene Erfassungsmethoden, mit deren Hilfe sich pädagogisch relevante Informationen zur Sprachentwicklung und Sprachbildung bzw. -förderung von Kindern erheben lassen. So umfassen die Ressourcen einerseits Sprachscreenings sowie Sprachtests, andererseits generelle oder sprachentwicklungsbezogene Beobachtungs-, Dokumentations- und Portfolioverfahren.

Bei der Bewertung der messmethodischen Qualität der Screenings und Tests helfen die bereits angesprochenen Expertisen. Demnach gibt es eine Reihe von Verfahren, bei deren Konstruktion erhebliche Anstrengungen unternommen worden sind, die entsprechenden Standards zu gewährleisten. Das sieht bei den Beobachtungs-, Dokumentations- bzw. Portfolioverfahren gemeinhin anders aus. So gibt es zwar auch standardisierte Beobachtungsverfahren. Diese werden jedoch nur in begrenzter Zahl angeboten (vgl. z. B. Macha & Petermann 2006). Noch dazu werden sie zum Teil bemängelt. Ausgehend von der Forderung, dass solche Verfahren auf einem wissenschaftlich bestimmten entwicklungstheoretischen Fundament beruhen müssen, welches diejenigen Aspekte identifiziert, welche für die weitere Entwicklung des Kindes bedeutsam sind, sehen z. B. Esser und Petermann (2010, S. 24) z. B. »eine Schwäche der allgemeinen Entwicklungsdiagnostik in dem Fehlen eines einheitlichen, konsistenten theoretischen Fundaments«, welches dazu führt, »dass Verfahren auf unterschiedlichen Annahmen und Konzepten beruhen« bzw. »die Aufgabenzusammenstellungen weniger theoretisch fundiert« und »genaue Vorstellungen wie die Entwicklung hinsichtlich Tempo und Umfang verläuft, häufig fehlen«. Skeptisch betrachtet werden zudem Beobachtungsverfahren die auf die Befragung von Eltern oder Erzieher/innen ganz junger Kinder (Baby-, Kleinkindalter) setzen. Dabei wird die sprachliche Entwicklung der Kinder indirekt erfasst, indem die Eltern oder Erzieher/innen Auskunft über das Sprachverhalten geben. Dies scheint Redder u. a. (2012, S. 23) insofern angreifbar, als gerade »für sehr junge Kinder (0,6–2,6 Jahre)« weitgehend ungeklärt ist, »ab welchem Alter bzw. in welcher Aneignungsphase defizitäre Aneignungsprozesse festgestellt werden können und wie diesen begegnet werden kann.«

Die Diskussion zu Frage, welchen Stellenwert nichtstandardisierte Beobachtungs-, Dokumentations- und Portfolioverfahren (z. B. Beudels & Haderlein 2012) überhaupt haben können, wenn sie den Nachweis schuldig bleiben, an bestimmten Gütekriterien orientiert zu sein, läuft erst in jüngster Zeit richtig an (vgl. Mischo 2012).

Zu den Einschränkungen, welche die »messmethodische Qualität der Verfahren« betreffen, kommen Probleme, welche die »Qualität der Applikation der Verfahren« kennzeichnen. Hier bleiben nahezu alle Verfahren, und zwar unabhängig von der Erhebungsmethodik, den Erweis schuldig, dass bzw. wieweit einschlägige Standards gewährleistet sind. Immerhin sind bei den verpflichtenden Sprachstandserhebungen in verschiedenen Bundesländern einschlägige Bemühungen zu verzeichnen, das pädagogische Personal im Umgang mit Verfahren der Pädagogischen Sprachdiagnostik fortzubilden (vgl. Lisker 2011). Vereinzelte Evaluationsbefunde lassen es jedoch ratsam erscheinen, die Erfolge dieser Maßnahmen nicht zu überschätzen (vgl. z. B. Baden-Württemberg Stiftung 2011). Denn Kucharz u. a. (2011, S. 113) berichten z. B., dass die im Rahmen des von der Baden-Württemberg Stiftung geförderten Sprachförderprogramms »Sag' mal was« »angebotenen Fort- und Weiterbildungen, nicht zuletzt aufgrund der kurzen Schulungszeiten, die erforderlichen expliziten Wissens- und Handlungskompetenzen meist nicht ausreichend vermitteln (konnten, L. F.). … Der große Bedarf an Wissen über eine qualifizierte Durchführung der Sprachförderung wird auch in den Video- und Interviewanalysen deutlich.«

Alles in allem verfügen wir also einerseits über einen beachtlichen Vorrat an Verfahren zur Erfassung sprachentwicklungs- bzw. -förderrelevanter Aspekte; andererseits jedoch besteht noch erheblicher Konstruktionsbedarf. Das gilt vor allem für Verfahren, die spezifische Sprachentwicklungskontexte berücksichtigen bzw. Sprachentwicklungsverläufe abbilden und für bestimmte Spracherfassungsmethoden.

Bis dahin wird man sich in der Praxis wohl behelfen müssen. Angesichts dessen wird in der Literatur u. a. dafür plädiert, sich in regionalen Arbeitsgruppen von Praktiker/innen, Wissenschaftler/innen bzw. sonstigen Expert/innen zusammen zu tun, um herauszufinden, welche vorliegenden Verfahren – gegebenenfalls auch in modifizierter bzw. erweiterter Form – zu einer für die jeweils Beteiligten adäquaten pädagogisch-diagnostischen Strategie weiterentwickelt werden könnten. Holodynski & Seeger (2008) berichten über solch einen Versuch. Mit ihrem Projekt »Bildung von Anfang an – Bildung im Kindergarten organisieren BIKO« wollen sie die wissenschaftlichen Erkenntnisse über die Beobachtung kindlicher Entwicklung für die Praxis nutzbar machen, indem sie den Praktiker/innen helfen, »bereits verfügbare wissenschaftlich geprüfte Beobachtungsverfahren« zusammenzustellen und »an die besonderen Anforderungen der Praxis« in den Kindertageseinrichtungen anzupassen; wie z. B. indem sie diese auf ausgewählte Teilskalen beschränken bzw. durch anschaulichere Durchführungsanleitungen sowie zeitökonomischere Auswertungsbogen erweitern.

Deskriptive Perspektive

Welchen Stellenwert die Standards und Ressourcen der Pädagogischen Sprachdiagnostik in Wahrheit haben, kann letztlich nur mit Hilfe empirischer Forschung beantwortet werden, welche die pädagogische Praxis einerseits zu kennzeichnen, andererseits aber auch zu erklären trachten. Derartige Untersuchungen fungieren somit als entscheidendes Korrektiv sowohl gegenüber den normativen Festlegungen, als auch gegenüber den präskriptiven Handlungsempfehlungen.

Die Realität und damit die Möglichkeiten und Grenzen Pädagogischer Sprachdiagnostik sind bis dato nur ansatzweise empirisch ausgelotet worden. Die meisten der vorliegenden Beiträge erlauben aber insofern zumindest indirekte Einblicke in die »Qualität der Applikation der Verfahren«, als sie erhellen, wie es um die Sprachdiagnosekompetenz von Erzieher/innen steht. Ausgehend von einem Kompetenzbegriff, der gemäß Baumert und Kunter (2011, S. 33 ff.), aus dem Zusammenspiel von »professionellen« Haltungen (nebst »motivationalen Orientierungen« bzw. »Selbstregulationsfähigkeiten«) und von »spezifischem, erfahrungsgesättigtem« Wissen sowie Können erwächst, stellt sich damit die Frage, was derzeit über einschlägige Haltungen und relevantes »Wissen« sowie »Können« bei den betreffenden Berufsgruppen empirisch erwiesen ist.

Haltungen haben eine Schlüsselfunktion bei der Umsetzung von professionellem Wissen in pädagogisches Handeln und dadurch indirekt auch auf die Entwicklung der Kinder (vgl. Kluczniok/Anders & Ebert 2011). Das gilt nicht zuletzt hinsichtlich der Sprachentwicklung von Kindern (vgl. z. B. Emad & Yasser, 2010). So haben z. B. Fried u. a. (2012) in Bezug auf die Erzählkompetenz von Kindern herausgefunden, dass professionelle Förderhaltungen der Erzieher/innen sich indirekt, nämlich über die Qualität der sprachlichen Interaktion zwischen Erzieherin und Kind, in der Erzählentwicklung der Kinder manifestieren. Vor diesem Hintergrund dürfte wichtig sein, dass sich pädagogische Fachkräfte der Bedeutsamkeit pädagogisch-diagnostischer Maßnahmen grundsätzlich bewusst sind (vgl. z. B. Kammermeyer 2000). Wobei ihnen die Diagnose und Förderung der kindlichen Sprachfähigkeit besonders am Herzen liegt (z. B. Pohlmann-Rother, Kratzmann & Faust 2011). Gleichzeitig hat Fried (2009) in ihrer Befragung herausgefunden, dass Erzieher/innen sich in der Mehrzahl unwohl fühlen, wenn von ihnen verlangt wird, standardisierte Verfahren zur Spracherfassung einzusetzen. Darüber hinaus trauen sie sich nur teilweise zu, Verfahren zur Spracherfassung in den Alltag zu integrieren. Damit korrespondieren die Ergebnisse einer Befragung von Schettler (2011, S. 222 f.), welche »auf eine scheinbar große Verunsicherung unter den Pädagogen (verweisen, L. F.), was das Diagnostizieren« betrifft. Bei pädagogischen Fachkräfte scheint also eher ängstliche Zurückhaltung, als vorwärts drängendes Engagement zu herrschen, wenn es um die Pädagogische Sprachdiagnostik geht.

Wissensvorräte beeinflussen die Qualität des pädagogischen Handeln der Erzieher/innen gegenüber Kindern erheblich (z. B. Fried 2009). Sprachwissenschaftler/innen betonen vor allem, dass dem disziplinären Wissen, also dem Fachwissen im engeren Sinne, eine herausgehobene Position zukommt (z. B. Olson, 1994; Wood & Bennett 2000). Wie die dementsprechenden Wissensvorräte beschaffen sein sollen, wird zwar thematisiert, aber nur sehr generell gekennzeichnet und nicht speziell im Hinblick auf Sprachdiagnostik ausdifferenziert (vgl. z. B. Filmore & Snow 2000; Mannhard & Scheib 2007). Demnach benötigen Erzieher/innen dringend Fachwissen über Sprache, Sprachentwicklung, Zweit- bzw. Mehrsprachenerwerb sowie Sprachstörungen bzw. –probleme. Diese Forderung leuchtet insoweit ein, als es in der Tat helfen dürfte, den Sprachentwicklungsstand einzelner Kinder zutreffender bzw. gültiger einzuschätzen, wenn man über diese Kenntnisse verfügt. Aber das allein scheint noch nicht hinreichend zu sein, um belastbare und weiterführende pädagogische Sprachdiagnostik betreiben zu können. Vielmehr benötigen Erzieher/innen über das Fachwissen hinaus noch erhebliche didaktisch-methodische Wissensressourcen. Das beinhaltet vor allem pädagogisch-diagnostisches Wissen. Diesbezüglich vermisst man nähere Hinweise.

Das könnte sich in absehbarer Zeit ändern. es haben sich nämlich in jüngerer Zeit mehrere Forschergruppen auf den Weg gemacht, die Sprachdiagnosekompetenz von Erzieher/innen tiefer auszuloten[1].

Fried (2007) hat eine Untersuchung zur Sprachförderkompetenz von Erzieher/innen vorgelegt. Diese beruht auf einem Untersuchungsinstrument, welches auf einem Kompetenzmodell beruht (vgl. Fried 2009), welches in einen Fragebogen transformiert wurde, der vor allem fachdidaktisches (Schemata, Skripte, Instrumente, Methoden) Wissen, aber auch berichtete Praktiken (Können in Form von Heuristiken bzw. Problemlösestrategien) und vor allem Haltungen erfasst. Daneben wurden auch Reflexionsstrategien sowie Selbstwirksamkeitserwartungen erhoben. Insgesamt 14 Items dienen dabei der Erfassung sprachdiagnoserelevanter Aspekte. Darunter sechs Items zu spezifischen Haltungen (z. B. gegenüber systematischer Beobachtung),vier Items zu einschlägigen Kenntnissen (z. B. Gütekriterien von Verfahren), vier Items zu gängigen Praktiken bzw. Erfahrungen in der eigenen Einrichtung (z. B. Einsatz unterschiedlicher Methoden).

Der Fragebogen wurde bei 974 pädagogischen Fachkräften aus vier Bundesländern angewandt. Auf dieser Basis lässt sich ein erstes Bild zeichnen. Grundsätzlich äußerten die Erzieher/innen, dass sie einen großen Wissensbedarf haben, was Fragen der

---

[1] In all diesen Vorhaben werden sorgfältig entwickelte Erhebungsinstrumente eingesetzt, deren Messgüte evaluiert worden ist und sich als zufrieden stellend herausgestellt hat.

Sprachdiagnostik betrifft. Dennoch trauen sie sich »ziemlich« zu, eigene – vermutlich meist nicht standardisierte – Verfahren zur Spracherfassung in den Alltag zu integrieren. Etwa die Hälfte berichtet, ihr fehle es an genügend Erfahrung, um Sprachtests selbständig einsetzen zu können und sie hätte bisher wenig Gelegenheit gehabt, verschiedene Verfahren zur Spracherfassung kennen zu lernen. Noch deutlich weniger können von sich sagen, sich schon intensiv mit einem Verfahren zur Spracherfassung auseinander gesetzt zu haben oder zu wissen, wie man gute von schlechten Spracherfassungsverfahren unterscheiden kann. Kein Wunder also, dass selbst diejenigen Erzieher/innen, die schon über vergleichsweise viel professionelles Wissen verfügen, den Wunsch äußern, noch mehr zu lernen.

Wie bereits in anderen Untersuchungen der Fall, ließ sich kein genereller Zusammenhang zwischen Berufserfahrungen und Wissensvorräten nachweisen (z. B. Hindman & Wasik 2011). Dagegen waren die Wissensvorräte derjenigen, welche in ihrer Einrichtung besondere Funktionen ausübten, die also Verantwortung innerhalb des Teams übernommen hatten, bedeutsam größer, als die ihrer Teamkolleg/innen ohne Sonderaufgaben. Erwähnenswert ist noch, dass diejenigen Erzieher/innen mit vergleichsweise ausgeprägtem Reflexionsbedürfnis sowie vergleichsweise hoher Selbstwirksamkeitserwartung über vergleichsweise größere Wissensvorräte verfügten. Ansonsten war die Varianz innerhalb der Gruppe der Befragten groß. So unterstreicht das Ergebnis einer Clusteranalyse, dass die Wissensprofile sich je nach Erziehertypus (selbstwirksame Anfänger/innen, erfahrene Expert/innen, unsichere Traditionalist/innen, wissensbedürftige Generalist/innen) bezüglich sprachdiagnoserelevantem Wissen sehr stark unterscheiden.

In einer weiteren Untersuchung im Rahmen des vom Bundesministerium für Bildung und Forschung geförderten Projekts »Sprachliche Kompetenzen Pädagogischer Fachkräfte« wurde mithilfe eines neu entwickelten, computerbasierten Instruments die Sprachförderkompetenz von 144 pädagogischen Fachkräften gemessen. Das Instrument zielt auf drei Komponenten: »Wissen«, »Beobachten Können« und »Fördern Können« (vgl. z. B. Hopp/Thoma & Tracy 2010). Es orientiert sich an einem Modell, das aus linguistischer Sicht definiert, welche Kompetenzen Erzieher/innen benötigen, um erfolgreiche Sprachförderung zu gestalten. Demnach sollen sie in der Lage sein, eine Sprachfördersituation zu schaffen, die an den Sprachstand des Kindes angepasst ist und sich am natürlichen Spracherwerb orientiert.

Allerdings beinhaltet das Untersuchungsinstrument nur drei Items, die das Wissen bezüglich »Sprachstandserhebungen« abfragen. Dabei geht es um Kenntnisse bezüglich Methoden und Instrumente sowie bezüglich der Konsequenzen daraus, also zum Zusammenhang von Sprachdiagnose und Sprachförderung. Die Tatsache, dass die Sprachdiagnostik so selten direkt angetippt wird, dürfte auf eine Sicht der Dinge verweisen, wonach Erzieher/innen am ehesten kompetente Sprachdiagnostik betreiben können, wenn sie differenzierte sprachwissenschaftliche Kenntnisse verinnerlicht haben.

Ergebnisse einer ersten Testung zeigen, dass pädagogische Fachkräfte in den Komponenten »Wissen« und »Beobachten Können« durchschnittlich etwa die Hälfte der Aufgaben richtig lösen konnten. Bei den Aufgaben zu »Fördern Können« trafen sie jedoch nur in knapp einem Drittel aller Fälle (29 %) eine angemessene Auswahl. Die Ergebnisse zeigen aber auch, dass es große individuelle Unterschiede zwischen den getesteten Personen gibt: Einige Fachkräfte erreichen in Teilbereichen 90 %, während andere im Schnitt 29 % aller Aufgaben korrekt lösten. Dabei sind diese Unterschiede eher auf Schul- und Ausbildung als auf allgemeine Berufserfahrung zurückzuführen.[2]

Schließlich soll noch das ebenfalls vom Bundesministerium für Bildung und Wissenschaft geförderte Projekt AVE (Ausbildung und Verlauf von Erzieherinnen – Merkmalen) angetippt werden, in dessen Verlauf – neben allgemeinen Merkmalen zum Hintergrund der Teilnehmer/innen und zu allgemeinen Problemlösefähigkeiten – Einstellungen und Überzeugungen u. a. speziell über das Thema Sprachförderung untersucht werden (vgl. z. B. Mischo u. a. 2012). In diesem Rahmen wurde ein Fragebogen eingesetzt. Dieser umfasst das sprachbezogene Wissen, die sprachbezogene diagnostische Kompetenz und die sprachbezogene Förderkompetenz. Der erste Teil des Instruments wird mittels eines Multiple-Choice-Aufgaben getestet. Es sind vor allem Fragen über Grundbegriffe der Sprachwissenschaft, Sprachdiagnostik u. a. Im zweiten Teil werden schriftliche Vignetten vorgelegt mit wörtlichen Äußerungen von Kindern mit und ohne Spracherwerbsstörung. Anhand der Vignetten sollen die sprachlichen Kompetenzen der Kinder beschrieben werden. Im dritten Teil sollen wiederum mit Vignetten sprachliche Fördermöglichkeiten aufgrund von wörtlichen Äußerungen von Kindern in einem offenen Antwortformat beschrieben werden (Hendler u. a. 2011, S. 519). Der Fragebogen wurde bei 952 angehenden frühpädagogischen Fachkräften an Fachschulen und Hochschulen eingesetzt. Das Projekt steht aber noch am Anfang.

Abgesehen davon, dass die Projekte noch nicht abgeschlossen sind, haben alle das Problem, dass die Befunde auf Selbsteinschätzungen der Befragten beruhen und diese nicht durch parallele Fremdeinschätzungen relativiert werden. Insofern moniert Itel (2012, S. 24) zu Recht, »dass mittels eines Tests die Kompetenz einer Person ... nur schwer abgefragt werden kann«; weshalb »vorläufig noch offen bleiben muss, ob das Wissen, das ... mittels der unterschiedlichen Testkomponenten erfasst wird, wirklich auch dem, was die Frühpädagoginnen in der Praxis tun, entspricht« (ebd., S. 36).

Damit ist noch offen, wieweit die Befunde überhaupt die Realität widerzuspiegeln vermögen. Jedenfalls mahnen die Ergebnisse vereinzelter empirischer Studien zu Vorsicht. Laut Cunningham, Zibulsky und Callahan (2009) können nämlich pädagogische Fachkräfte ihre Wissensressourcen nicht angemessen einschätzen. Auch Hendler u. a. (2011) berichten, dass die pädagogischen Fachkräfte ihr eigenes Wissen nur sehr bedingt realistisch einzuschätzen vermochten. Die Befunde von Neugebauer (2010) weisen in die gleiche Richtung. Desgleichen gilt für ein Ergebnismuster von Fried (2009), wonach gerade diejenigen Erzieher/innen, die über vergleichsweise eng begrenztes sprachdiagnose- und-förderrelevantes Wissen verfügten, der Überzeugung waren, keine weiterführenden Lernimpulse bzw. Qualifizierungsmaßnahmen zu benötigen.

---

2 Geplante weitere Untersuchungsschritte zur Dimension Können sind m. W. noch nicht veröffentlicht.

Damit ist evident, dass wir bislang nur auf Bruchstücke zurückgreifen können, wenn es um die Bestimmung der Sprachdiagnosekompetenz geht. Insofern scheinen Bedenken berechtigt, dass es nicht allzu gut um die »Qualität der Applikation der Verfahren« bestellt ist.

Ausblick

Zusammen genommen weisen die Erkenntnisse also darauf hin, dass Erzieher/innen noch nicht über die erforderliche Sprachdiagnosekompetenz verfügen, um die vorhandenen Ressourcen gemäß geltender Standards angemessen einzusetzen. Damit sind wesentliche Voraussetzungen nicht gegeben, um die »Qualität der Applikation von Verfahren« sicher zu stellen. Es bleibt also noch viel zu tun. Umso erfreulicher ist es, dass dementsprechende Aktivitäten bereits gestartet sind.

Das betrifft einmal den Vorrat an Verfahren mit hohen messmethodischen Standards. Hier werden derzeit einschlägige Anstrengungen im Bereich der Wissenschaft unternommen, die Ressourcen auszuweiten. Das gilt insbesondere für das vom Bundesministerium für Bildung und Forschung geförderte Forschungsprogramm »Sprachdiagnostik und Sprachförderung«, Dieser Ansatz will u. a. wissenschaftliche Erkenntnisse zum Diagnostizieren und Fördern der Sprachentwicklung im Früh- und Elementarbereich beitragen. Das umfasst die Entwicklung neuer Sprachdiagnoseverfahren bzw. die Weiterentwicklung oder Adaption bereits bestehender Verfahren (vgl. Redder u. a. 2012).

Im Hinblick auf die Sprachdiagnosekompetenz von Erzieher/innen sieht z. B. Schettler (2011, S. 222 f.) die Ursachen für die »Problematiken« vor allem »in der Ausbildung und Weiterbildung der Fachkräfte« begründet. Die Mehrzahl der von ihm Befragten pädagogischen Fachkräfte wurde nämlich »weder während ihrer Ausbildung noch während ihren Weiterbildungen so umfassend in diagnostisches Arbeiten eingewiesen, als dass sie den Anforderungen entsprechende Sicherheit im Umgang mit dieser Thematik haben könnten. ... Bemühungen diese Praxis zu verbessern sind in Form von neuen Curricula, Rahmenplänen und Hochschulstudiengängen initiiert. Die Kontrolle zur Einhaltung von Qualifizierung und Qualitätsstandards sollte jedoch auch zukünftig noch verbessert werden.« (ebd.).

Auch in dieser Richtung finden bereits wichtige Aktivitäten statt. Das gilt für Maßnahmen zur Verbesserung der professionellen Handlungskompetenz von Erzieher/innen generell und in Bezug auf die Verbesserung der Sprachdiagnosekompetenz im Besonderen. Neben generellen Impulsen bzw. Initiativen zur weiterführenden Professionalisierung des Personals in der Früh- sowie Elementarpädagogik z. B. durch die Vereinigung der Bayerischen Wirtschaft (2012) und die Robert-Bosch-Stiftung[3], ist hier vor allem die Weiterbildungsinitiative Frühpädagogische Fachkräfte (WiFF) zu nennen. Es ist dies ein weiteres Projekt des Bundesministeriums für Bildung und Forschung, diesmal in Zusammenarbeit mit der Robert Bosch Stiftung und dem Deutschen Jugendinstitut e. V.

Dass der einschlägige Qualifizierungsbedarf groß ist, kann – laut Schettler (2011, S. 221) – z. B. daran abgelesen werden, dass gemäß seiner Studie »durchschnittlich nur

---

3   http://www.bosch-stiftung.de/content/language1/html/32491.asp.

8 % der Befragten« während ihrer Ausbildung, »und nur 19 %« während einer Weiterbildung, »umfassend in die diagnostische Arbeit eingewiesen wurden«. Insofern ist es wirklich an der Zeit, auch in der Früh- und Elementarpädagogik diesbezüglich weiter zu kommen. Erste Kompetenzbeschreibungen für Standards sind bereits formuliert worden, um damit die Aus- und Weiterbildung zielorientierter planen und die Arbeit der pädagogischen Fachkräfte besser evaluieren zu können (vgl. List 2010).

Wie genau der erreichte Stand ist, kann exemplarisch am »Wegweiser« der Weiterbildungsinitiative für frühpädagogische Fachkräfte zum Thema »Sprachliche Bildung« abgelesen werden. In diesem werden Vorstellungen skizziert, mit deren Hilfe die Qualität einschlägiger kompetenzorientierter Weiterbildung gesteigert werden soll. Das beinhaltet sogar eine grobe Skizze zur »Sprachbeobachtung« im Bereich der Grammatik (Weiterbildungsinitiative Frühpädagogische Fachkräfte 2011). Itel (2012, S. 32) kritisiert deshalb, dass die einschlägigen Angaben noch »zu allgemein gehalten« sind. So fehlen hinreichend differenzierte Aussagen zu sprachdiagnostischen Haltungen bzw. dementsprechendem Wissen und Können. Die Dinge müssen also noch weiter getrieben werden.

Das setzt voraus, existierende Definitionen von sprachdiagnostischer Kompetenz weiter zu explizieren. Erste Versuche gibt es schon. Die dabei angetippten einzelnen Konstituenten finden sich verstreut in der generellen diagnose- bzw. speziell sprachförderbezogenen Literatur (z. B. Bertschi-Kaufmann & Weisser 2011; Hanke 2005; Helmke, Hosenfeld & Schrader, 2004; Jäger 1986; Kappeler/Suter & Kannengieser 2011; Schrader 2010). Diese Hinweise sollen abschließend versammelt werden. Dabei findet eine Beschränkung auf die diagnostisch-methodischen Aspekte statt; einfach weil die sprachwissenschaftlichen Aspekte bereits an anderer Stelle abgehandelt worden sind (z. B. Rothweiler/Ruberg & Utecht 2009). Bei der nachfolgenden Liste handelt sich allerdings um keinen vollständigen Katalog, sondern um eine unabgeschlossene, prinzipiell offene Aufzählung:
- Bereitschaft, die eigenen Urteile kritisch zu reflektieren
- Bereitschaft, den eigenen Urteilen (Wahrnehmungen) skeptisch gegenüberzustehen
- Bereitschaft, die eigenen Urteile (Wahrnehmungen) zu revidieren
- Bereitschaft, Diagnosen als Hypothesen zu betrachten, die im Verlauf eines Problemlöseprozess geprüft und revidiert werden können
- Bereitschaft vielfältige Diagnosesituationen zu arrangieren
- Bereitschaft, die Ziele und Konsequenzen von Diagnosen zu reflektieren
- Bereitschaft zur kritische Analyse vorhandener Verfahren
- Bereitschaft, nach adäquaten Verfahren zu suchen
- Kenntnisse der Grundlagen von Diagnostik (Wahrnehmung)
- Kenntnis typischer Wahrnehmungsfehler im pädagogischen Alltag
- Kenntnisse der hauptsächlichen Gütekriterien
- Kenntnisse über die Beobachterrolle, den Beobachtungsprozess und den Aussagewert von Beobachtungsergebnissen
- Kenntnisse aktueller Ressourcen (Instrumente, Methoden)
- Kenntnisse der Vor- und Nachteile verschiedener Instrumente/Methoden

- Kenntnisse, wie die Ergebnisse verschiedener Diagnosen integriert werden können
- Kenntnisse zur Anwendung/Durchführung von Verfahren
- Kenntnisse von Diagnoseverfahren, die mit Förderprogrammen verknüpft sind
- Kenntnisse, wie Diagnoseergebnisses in Bildungsangebote/Fördermaßnahmen übertragen werden können
- Kenntnisse, wie sich die tagtäglichen Angebote auf die individuellen Sprachentwicklungsprofile abstimmen lassen
- Kenntnisse, wie die Erfolge diagnosegerichteter Förderung evaluiert werden können
- Kenntnisse der Beratungsmöglichkeiten auf Grundlage von Diagnostik
- Beurteilen relevanter Gütekriterien eines Verfahrens
- Beurteilen der Kind-/Praxispassung von Verfahren
- Beurteilen, ob zur Absicherung oder Vertiefung der Diagnose zusätzliche Überprüfung durch Experten erforderlich ist
- Beurteilen, inwiefern und wieweit Diagnosen die (ein-, mehrsprachige) Sprachentwicklung des Kindes abbilden können
- Beurteilen, was die Diagnose über typische Stärken und Schwächen des Kindes aussagt
- Beurteilen, wo die sprachlichen Lernmöglichkeiten und Lernbarrieren des Kindes liergen
- Beurteilen, ob aufgrund des Diagnoseergebnisses Sprachbildung angebracht ist oder ob spezifische Sprachförderung bzw. gar Sprachtherapie notwendig ist
- Beurteilen, wie die Ergebnisse der Diagnostik angemessen kommuniziert werden können (Eltern, Team, Experten ...)
- Beurteilen, wieweit die gängigen individuellen und kollektiven Lernanlässe in der Kindertageseinrichtung schon genügend auf die kindlichen Sprachentwicklungsprofile abgestimmt sind
- Beurteilen, inwiefern und wieweit die eigene Sprache und Kommunikation den Anforderungen an eine optimale Sprachlernumwelt entspricht

Literatur

Albers, T.: Sprachdiagnostik im Kindergarten. In: Forum Logopädie 24(5), 2010; S. 26–31
Antunes, P. M./Lee, H.-J. & Tietze, W.: Sprachstandsdiagnose bei Kindergartenkindern. In Empirische Pädagogik 25(4), 2011; S. 563–583
Autorengruppe Bildungsberichterstattung: Bildung in Deutschland 2012. Ein indikatorengestützter Bericht mit einer Analyse zur kulturellen Bildung im Lebenslauf- Bielefeld: Bertelsmann 2012
Baden-Württemberg Stiftung (Hg.): Sag' mal was – Sprachförderung für Vorschulkinder. Zur Evaluation des Programms der Baden-Württemberg Stiftung »Sprachförderung im Spannungsfeld zwischen Wissenschaft und Praxis«. Tübingen: Narr Francke Attempto 2011
Baumert, J. & Kunter, M.: Stichwort: Professionelle Kompetenz von Lehrkräften. In Zeitschrift für Erziehungswissenschaft 9(4), 2006; S. 469–520
Bertschi-Kaufmann, A. & Weisser, J.: Lerndiagnosen, Standards und die Herausbildung von Diagnosekompetenz. In H.-J. Forneck (Hg.): Forschungsbericht 2010/2011: Unterrichtsqualität und Unterrichtsentwicklung. Aarau: Fachhochschule Nordwestschweiz, Pädagogische Hochschule 2011; S. 6–9

Beudels, W. & Haderlein, R. (Hg.): Handbuch Beobachtungsverfahren in Kindertageseinrichtungen. Dortmund: modernes lernen borgmann publishing 2012

Brezinka W.: Aufklärung über Erziehungstheorien. München: Oldenbourg 1989

Cunningham, A. E./Zibulsky, J. & Callahan, M. D.: Starting small: Building preschool teacher knowledge that supports early literacy development In: Read Write 22, 2009; S. 487–510

Dollinger, S. & Speck-Hamdan, A.: Einschätzung schulrelevanter Kompetenzen durch Erzieher/innen. In Kucharz, D./Irion, T & Reinhoffer, B. (Hg.): Grundlegende Bildung ohne Brüche. Wiesbaden: VS 2011; S. 241–246

Ehlich, K.: Eine Expertise zu »Anforderungen an Verfahren der regelmäßigen Sprachstandsfeststellung als Grundlage für die frühe und individuelle Sprachförderung von Kindern mit und ohne Migrationshintergrund«. In Gogolin, I./Neumann, U. & Roth, H.-J. (Hg.): Sprachdiagnostik bei Kindern und Jugendlichen mit Migrationshintergrund. Dokumentation einer Fachtagung am 14. Juli 2004 in Hamburg. Münster: Waxmann 2005; S. 33–50

Eignor, D. R.: Standards for the development and use of tests: The Standards for Educatuional and Psychological Testing. In European Journal of Psychological Assessment 17(3), 2001; S. 157–163

Emad, M. A. & Yasser, A. A.: Knowledge, skills, and practices concerning phonological awareness among early childhood education teachers. In Journal of Research in Childhood Education 24, 2010; S. 172–185

Esser, G. & Petermann, F.: Entwicklungsdiagnostik. Kompendien, Psychologische Diagnostik, 13. Aufl., Göttingen: Hogrefe 2010

Filmore, L. W. & Snow, C.: What early childhood teachers need to know about language. Washington, DC: ERIC Digest 2000

Flender, J.: Früherkennung von Entwicklungsstörungen durch Erzieherinnen: Überprüfung der Gütekriterien des Dortmunder Entwicklungsscreening für den Kindergarten (DESK 3–6), unveröff. Diss. Dortmund: Universität Dortmund, Fakultät Rehabilitationswissenschaften 2005

Frey, B. B., Schmitt, V. L. & Allen, J. P.: Defining authentic classroom assessment. In Practical Assessment, Research & Evaluation 17(2), 2012; S. 1–18, (http://pareonline.net/getvn.asp?v=17&n=2)

Fried, L.: Expertise zu Sprachstandserhebungen für Kindergartenkinder und Schulanfänger. Eine kritische Betrachtung. München: DJI 2004

Fried, L.: Sprachförderkompetenz von ErzieherInnen. In Sozial Extra 31(5), 2007; S. 26–28

Fried, L.: Pädagogische Sprachdiagnostik für Vorschulkinder – Dynamik, Stand und Ausblick. In Zeitschrift für Erziehungswissenschaft 10, Sonderheft 11/2008; S. 63–78

Fried, L.: Education, language and professionalism: issues in the professional development of early years practitioners in Germany. In Early Years 29(1), 2009; S. 19–30

Fried, L.: Sprachliche Bildung. In Stamm, M. & Edelmann, D. (Hg.): Frühkindliche Bildung, Betreuung und Erziehung. Was kann die Schweiz lernen? Zürich: Rüegger 2010; S. 155–175

Fried, L.: Frühpädagogische Diagnostik. In Horn, K.-P./Kemnitz, H./Marotzki, W. & Sandfuchs, U. (Hg.): Klinkhardt Lexikon Erziehungswissenschaft (KLE). Stuttgart: Klinkhardt (UTB-Online-Shop) 2011

Fried, L.: Programme, Konzepte und subjektive Handlungsorientierungen. In Fried, L./Dippelhofer-Stiem, B./Honig, M.-S. & Liegle, L.: Pädagogik der frühen Kindheit. Weinheim: Beltz 2012; S. 57–90

Fried, L./Briedigkeit, E./Isele, P. & Schunder, R.: Delfin 4 – Sprachkompetenzmodell und Messgüte eines Instrumentariums zur Diagnose, Förderung und Elternarbeit in Bezug auf die Sprachkompetenz junger Kinder. In: Zeitschrift für Grundschulforschung 2, 2009; S. 13–26

Fried, L./Hoeft, M./Isele, P./Stude, J. & Wexeler, W.: Schlussbericht zur Wissenschaftlichen Flankierung des Verbundprojekts »TransKiGs – Stärkung der Bildungs- und Erziehungsqualität in Kindertageseinrichtungen und Grundschule – Gestaltung des Übergangs«. Dortmund: Technische Universität Dortmund, Fakultät 12, Lehrstuhl »Pädagogik der frühen Kindheit« 2012

Groot-Wilken, B. & Warda, L.: Entwicklungsgespräche in Kindergarten und KiTa. Vorbereiten, durchführen, dokumentieren. Freiburg: Herder 2007

Häcker, H./Leutner, D. & Amelang, M. (Hg.): Standards für pädagogisches und psychologisches Testen. Göttingen: Hogrefe 1998

Hanke, P.: Unterschiedlichkeit erkennen und Lernprozesse in gemeinsamen Lernsituationen fördern – förderdiagnostische Kompetenzen als elementare Kompetenzen im Lehrerberuf. In Bräu, K. & Schwerdt, U. (Hg.): Heterogenität als Chance. Vom produktiven Umgang mit Gleichheit und Differenz. Münster: Lit. 2005; S. 115–128

Helmke, A./Hosenfeld, I. & Schrader, F.-W.: Vergleichsarbeiten als Instrument zur Verbesserung der Diagnosekompetenz von Lehrkräften. In Arnold, R. & Griese, C. (Hg.): Schulleitung und Schulentwicklung. Hohengehren: Schneider-Verlag 2004; S. 119–144

Hendler, J./Mischo, M./Wahl, S. & Strohmer J.: Das sprachbezogene Wissen angehender frühpädagogischer Fachkräfte im Wissenstest und in der Selbsteinschätzung. In Empirische Pädagogik 25(4), 2011; S. 518–542

Hindman, A. H. & Wasik, B. A.: Exploring Head Start teachers` early language and literacy knowledge: Lessons from the ExCELL professionell development intervention. In: NHSA Dialog 14(4), 2011; S. 293–315

Holler-Zittlau, I./Dux, W. & Berger, R.: Evaluation der Sprachentwicklung 4- bis 4,5-jähriger Kinder in Hessen. Wiesbaden. Hessisches Sozialministerium 2004

Holodynski, M. & Seeger, D.: Bildung im Kindergarten organisieren (BIKO). Abschlussbericht des gleichnamigen Projekts, gefördert durch die Robert Bosch Stiftung. Münster: Universität Münster, Institut für Psychologie in Bildung und schulischer Erziehung 2008

Honig, M.-S./Schreiber, N. & Lang, S.: Begleitstudie zur Umsetzung der »Bildungs- und Erziehungsempfehlungen für Kindertagesstätten in Rheinland-Pfalz«. Abschlussbericht an das Ministerium für Bildung, Frauen und Jugend. Trier: Universität Trier, Fachbereich I Pädagogik 2006

Hopp, H./Thoma, D. & Tracy, R.: Sprachförderkompetenz pädagogischer Fachkräfte. Ein sprachwissenschaftliches Modell. In: Zeitschrift für Erziehungswissenschaft 13(4), 2010; S. 609–629

Ingenkamp, K. & Lissmann, U.: Lehrbuch der pädagogischen Diagnostik. Weinheim: Beltz 2008

Itel, N.: Filmvignetten zur Einschätzung sprachförderrelevanten Wissens. Ein Beitrag zur Professionalisierung von Frühpädagoginnen, unveröffentlichte Masterarbeit. Sankt Gallen: Pädagogische Hochschule 2012

Jäger, R. S.: Der diagnostische Prozeß. Eine Diskussion psychologischer und methodischer Randbedingungen, 2. Aufl. Göttingen: Hogrefe 1986

Kammermeyer, G.: Schulfähigkeit – Kriterien und diagnostische/prognostische Kompetenz von Lehrerinnen, Lehrern und Erzieherinnen. Bad Heilbrunn: Klinkhardt 2000

Kany, W. & Schöler, H.: Fokus: Sprachdiagnostik. Leitfaden zur Standortbestimmung im Kindergarten. Berlin: Cornelsen 2007

Kappeler Suter, S. & Kannengieser, S.: Förderung in Deutsch vor der Einschulung (FiDe) – Diagnosekompetenzen im Rahmen integrierter Sprachförderung. In H.-J. Forneck (Hg.): Forschungsbericht 2010/2011: Unterrichtsqualität und Unterrichtsentwicklung. Aarau: Fachhochschule Nordwestschweiz, Pädagogische Hochschule 2011; S. 11–13

Klauer K. J.: Revision des Erziehungsbegriffs. Grundlagen einer empirisch-rationalen Pädagogik. Düsseldorf: Schwann 1973

Kluczniok, K./Anders, Y. & Ebert, S.: Fördereinstellungen von Erzieherinnen. Einflüsse auf die Gestaltung von Lerngelegenheiten im Kindergarten und die kindliche Entwicklung früher numerischer Konzepte. In Frühe Bildung 1(1) 2011; S. 13–21

Kretschmann, R. & Schulte, W.: Sprachstandserhebungen bei Vorschulkindern im Rahmen des Bremer Programms Sprachschatz. In Panagiotopoulu, A. & Carle, U. (Hg.): Sprachentwicklung und Schriftspracherwerb. Baltmannsweiler: Schneider Verlag Hohengehren 2004; S. 23–37

Kucharz, D./Gasteiger-Klicpera, B./Knapp, W./Roos, J. & Schöler, H.: Schlussfolgerungen und Empfehlungen der wissenschaftlichen Begleitforschung. In: Baden-Württemberg Stiftung (Hg.): Sag' mal was – Sprachförderung für Vorschulkinder. Tübingen: Francke 2011; S. 113–117

Lewkowicz, J. A.: Authenticity in language testing: some outstanding questions. In: Language Testing, 17(1), 2000; S. 43–64

Lienert, G. A. & Raatz, U.: Testaufbau und Testanalyse. Weinheim: Beltz PVU 1998

Lisker, A.: Additive Maßnahmen zur vorschulischen Sprachförderung in den Bundesländern. Expertise im Auftrag des Deutschen Jugendinstituts. München: DJI 2010
Lisker, A.: Additive Maßnahmen zur vorschulischen Sprachförderung in den Bundesländern. Expertise im Auftrag des Deutschen Jugendinstituts. München: DJI 2011
List, G.: Frühpädagogik als Sprachförderung – Qualitätsanforderungen für die Aus- und Weiterbildung der Fachkräfte. In Weiterbildungsinitiative Frühpädagogische Fachkräfte (WiFF): Sprachliche Bildung – Grundlagen für die kompetenzorientierte Weiterbildung. Ein Wegweiser der Weiterbildungsinitiative Frühpädagogische Fachkräfte (WiFF). München: DJI 2011; S. 21–62
Macha, T. & Petermann, F.: Entwicklungsdiagnostik. In F. Petermann & M. Eid (Hg.): Handbuch der Psychologischen Diagnostik Göttingen: Hogrefe 2006, S. 594–602
Mannhard, A. & Scheib, K.: Was Erzieherinnen über Sprachstörungen wissen müssen. München: Reinhardt 2007
Mierau, S./Lee, H.-J. & Tietze, W.: Zum Zusammenhang von pädagogischer Qualität in Kindertageseinrichtungen und Familien und dem Sprachstand von Kindern. Berlin: pädquis 2008
Mischo, C.: Über den Umgang mit grundlegenden Problemen von Beobachtungs- und Diagnoseprozessen. In: Frühe Bildung 2, 2012; S. 106–108
Mischo, C. & Fröhlich-Gildhoff, K.: Professionalisierung und Professionsentwicklung im Bereich der frühen Bildung. In: Frühe Bildung 0 2011; S. 4–12
Mischo, C./Wahl, S./Hendler, J. & Strohmer, J.: Pädagogische Orientierungen angehender frühpädagogischer Fachkräfte an Fachschulen und Hochschulen. In Frühe Bildung 1, 2012; S. 34–44
Mischo, C./Weltzien, D. & Fröhlich-Gildhoff, K.: Beobachtungs- und Diagnoseverfahren in der Frühpädagogik. Kronach: Link 2011
Neugebauer, U.: Keine Outcomes trotz Kompetenzüberzeugung? Qualifikationen und Selbsteinschätzungen von Sprachförderkräften in KiTa's. In Empirische Sonderpädagogik 2, 2010: S. 34–47
Olson, D. R.: The world on paper: the conceptual and cognitive implications of writing and reading. Cambridge: Cambridge University Press 1994
Pohlmann-Rother, S./Kratzmann, J. & Faust, G.: Schulfähigkeit in der Sicht von Eltern, Erzieherinnen und Lehrern. In Diskurs Kindheits- und Jugendforschung 6, 2011; S. 57–73
Redder, A. et al.:Bilanz und Konzeptualisierung von strukturierter Forschung zu »Sprachdiagnostik und Sprachförderung«, ZUSE Berichte, 2. Aufl. Hamburg: ZUSE 2011
Redder, A. et al.: Inhaltliche und organisatorische Erläuterungen zu einem Forschungsprogramm »Sprachdiagnostik und Sprachförderung«. Hamburg: Universität Hamburg, Zentrum zur Unterstützung der wissenschaftlichen Begleitung und Erforschung schulischer Entwicklungsprozesse, ZUSE-Diskussionspapier, 2. Aufl. Hamburg: ZUSE 2012
Regionalverband Ruhr (Hg.): Bildungsbericht Ruhr. Münster: Waxmann 2012
Röbe, E./Huppertz, N. & Füssenich, I.: WiBeOr. Wissenschaftliche Begleitung und Evaluation zur Implementierung des Orientierungsplans für Erziehung und Bildung in baden-württembergischen Kindergärten. Abschlussbericht. Internetfassung – Dezember 2010. Reutlingen: Pädagogische Hochschule 2010
Rothweiler, M./T. Ruberg & D. Utecht: Praktische Kompetenz ohne theoretisches Wissen? Zur Rolle von Sprachwissenschaft und Spracherwerbstheorie in der Ausbildung von Erzieherinnen und Grundschullehrerinnen. In Wenzel, D. H./Koeppel, G. & Carle, U. (Hg.): Kooperation im Elementarbereich. Eine gemeinsame Ausbildung für Kindergarten und Grundschule. Baltmannsweiler: Schneider Hohengehren 2009; S. 111–122
Schettler, M.: Diagnostische Praxis in sächsischen Kindertagesstätten mit heilpädagogischer und mit integrativer Ausrichtung. Eine empirische Untersuchung des IST-Zustandes in den Einrichtungen, unveröff. Diss. Leipzig: Universität Leipzig, Erziehungswissenschaftliche Fakultät 2011
Schrader, F.-W.: Diagnostische Kompetenz von Eltern und Lehrern. In Rost, D. H. (Hg.): Handwörterbuch Pädagogische Psychologie, 4. überarb. u. erw. Aufl. Weinheim: Beltz Psychologie Verlags Union 2010; S. 102–108
Tracy, R.: Zwischenbilanz: Kommentar zur wissenschaftlichen Begleitung. Referat auf der Fachtagung »Sag' mal was – Sprachförderung im Spannungsfeld zwischen Wissenschaft und Praxis«, Stuttgart,

29. und 30. April 2009Ulich, M. & Mayr, T.: SISMIK. Sprachverhalten und Interesse an Sprache bei Migrantenkindern in Kindertageseinrichtungen. Freiburg: Herder 2003

vbw – Vereinigung der Bayerischen Wirtschaft e. V. (Hg.): Professionalisierung in der Frühpädagogik. Qualifikationsniveau und -bedingungen des Personals in Kindertagesstätten. Gutachten. Münster: Waxmann 2012

Weinert, S. et al.: Expertise zur Erfassung von psychologischen Personmerk-malen bei Kindern. Berlin: DIW 2007

Weiterbildungsinitiative Frühpädagogische Fachkräfte (WiFF): Sprachliche Bildung. Grundlagen für die kompetenzorientierte Weiterbildung. Ein Wegweiser der Weiterbildungsinitiative Frühpädagogische Fachkräfte (WiFF). München: DJI 2011

Wenzel, R./Schulz, P. & Tracy, R.: Herausforderungen. In Lengyel, D./Reich, H. H./Roth, H.-J. & Döll, M. (Hg.): Von der Diagnose zur Sprachförderung. Münster: Waxmann 2009; S. 45–70

Wood, E. & Bennett, N.: Changing theories, changing practice: Exploring early childhood teachers professional learning. In: Teaching and Teacher Education 16(5–6), 2000; S. 635–647

5.2 Können wir durch einen ganzheitlichen Ansatz sprachlicher Bildung mehr erreichen als durch Sprachförderprogramme?

Barbara Gasteiger-Klicpera

Im Kindergartenalltag erleben Kinder eine Vielfalt an Gelegenheiten, in denen sie Sprache erfahren, verwenden und somit auch erlernen können. Es scheint auf den ersten Blick kontraproduktiv, die Spontaneität und Flexibilität, die der Alltag im Kindergarten erlaubt, durch strukturierte Sprachförderprogramme zu unterbrechen und eine rigide Situation zu schaffen, die für die Kinder anstrengend und vielleicht manchmal sogar langweilig ist. Um uns der Frage anzunähern, ob nun ein ganzheitlicher Ansatz für die Kinder gewinnbringender ist oder ein Sprachförderprogramm, ist es zunächst nötig, diese beiden Formate einander gegenüberzustellen und auch zu diskutieren, worin die Vor- und Nachteile der einen oder anderen Vorgehensweise bestehen könnten. Vielleicht ist es dann sogar möglich, Elemente der einen Vorgehensweise mit Elementen der anderen zu verbinden und eine Synthese zu schaffen.

Zunächst also ist die Frage zu beantworten: Was können wir unter einem »ganzheitlichen Ansatz« verstehen? Worin bestehen die wesentlichen Merkmale, welche Aspekte können als zentrale Punkte dieses Ansatzes gesehen werden und worin liegen seine Vor- und Nachteile?

Der Begriff »ganzheitlich« ist ein sehr häufig benutztes Schlagwort, und aufgrund dieses inflationären Gebrauchs besteht die Gefahr, dass der Inhalt verwässert wird und nicht mehr klar ist, was dies bedeutet. Ursprünglich entstanden im Rahmen der Reformpädagogik, als Maria Montessori ein »Lernen mit allen Sinnen« forderte, ist dieses Konzept im Bereich der sprachlichen Bildung sicherlich von Bedeutung, da Sprache immer die gesamte Person involviert und in einen Kontext eingebettet ist. Im Gegensatz zur Fragmentierung des Wissens in verschiedene Lernbereiche, in ein soziales und emotionales Verhalten des Kindes, ist sprachliches Lernen immer ein ganzheitliches Lernen. Warum? Sprache stellt die Grundlage begrifflichen Denkens dar, die Begriffsentwicklung von Kindern ist sehr eng mit ihrer sprachlichen Entwicklung verbunden. Neben dieser engen Verzahnung von Denken und Sprechen ist das wesentliche Element von Sprache die Interaktion mit anderen Menschen. Sprache hat immer eine kommunikative Funktion, sogar in ihrer schriftlichen Form. Es geht also darum, anderen eine Botschaft zu vermitteln, sich selbst mitzuteilen. Kinder erlernen Sprache in diesem sozialen Kontext, und sie erlernen sie besonders leicht, wenn sie mit emotionalen Konnotationen verbunden ist. Soziales, emotionales und motivationales Lernen gehen demnach beim Erlernen von Sprache Hand in Hand. Insofern kann sprachliche Bildung wohl als ganzheitliche Bildung verstanden werden.

Darüber hinaus ist für sprachliches Lernen der Kontext von ganz entscheidender

Bedeutung. Ob nun Kinder in der Kindertageseinrichtung oder in der Familie Sprache erwerben, ist weitgehend unerheblich, wichtig ist, dass der sprachliche Input qualitativ hochwertig ist, dass der Kontext sprachlich anregend ist, dass Kinder ein Vorbild haben, das ihnen in sprachlicher Hinsicht als Modell dient. Dieses Modell unterstützt die Kinder, sodass sie viel und häufig zum Sprechen angeregt werden und gibt ihnen in einer ermutigenden Weise Rückmeldung, indem die Kinder erfahren, wie sie richtig sprechen und wie ihre Äußerungen erweitert und vertieft werden können.

»Ganzheitliche« sprachliche Bildung oder situiertes Lernen? Daher sagt der Begriff »ganzheitlich« wenig aus über die Art der sprachlichen Bildung. Diese Form der »Ganzheitlichkeit« kann im Rahmen eines situierten Lernansatzes genauso umgesetzt werden wie auch im Rahmen eines stärker strukturierten Förderprogramms. Ein sehr strukturiertes linguistisch orientiertes Programm kann genauso ein Lernen mit allen Sinnen anbieten wie ein in den Kindergartenalltag integriertes situiertes Vorgehen. Es wäre daher vielleicht angebrachter, von situiertem Lernen und von sprachsystematischen Sprachförderprogrammen zu sprechen und diese beiden Ansätze einander gegenüberzustellen.

Eine besonders kritische Sicht auf »Ganzheitlichkeit« in der sprachlichen Bildung wird von Karin Jampert in ihrem Buch »Schlüsselkompetenz Sprache« sehr trefflich zum Ausdruck gebracht: »Die Konzentration auf das Kind als soziales Wesen und die ganzheitliche Sichtweise des Kindes führten dazu, dass in vielen Einrichtungen inhaltliche Verflachung und Beliebigkeit Einzug hielten. Der Situationsansatz lieferte wider Willen für diese Haltung die Begrifflichkeiten, die einen Rückzug vom pädagogischen Engagement legitimierten« (Jampert, 2002, S. 124). Diese kritischen Punkte sind – so sehen wir es auch in unseren langjährigen empirischen Untersuchungen – zu Recht angemerkt worden. Die Frage ist: Was bedeutet dies und was können wir daraus lernen?

Eine ganzheitliche Sicht in der sprachlichen Bildung darf nicht bedeuten, dass man die Kinder sich selbst überlässt, oder in die pädagogische Beliebigkeit abgleitet, sondern erfordert eine sehr gezielte und spezifische Gestaltung von sprachlich anregenden Lernsituationen. Konkrete Anregungen hierfür können aktuellen Veröffentlichungen entnommen werden, insbesondere was die Gestaltung förderlicher Lernumgebungen betrifft (Reichert-Garschhammer & Kieferle, 2011), aber auch zur Erweiterung des Wortschatzes sowie zum Aufbau grammatischer Strukturen (Ruberg & Rothweiler, 2012; Knapp/Kucharz & Gasteiger-Klicpera, 2010). Sicherlich besteht die Gefahr, dass auf diese Weise die Gestaltung der sprachlichen Interaktionen zu unspezifisch ist. Jede Situation beinhaltet Sprache, ist also in gewisser Weise »sprachliche Bildung«. Aufgrund einer solchen Verallgemeinerung könnte die Entwicklung des einzelnen Kindes und seine speziellen Bedürfnisse außeracht gelassen werden. Kinder mit Deutsch als Zweitsprache haben andere Unterstützungsbedürfnisse als Kinder unter drei Jahren oder Kinder mit zusätzlichen Verhaltensschwierigkeiten, denen es schwer fällt, einer Geschichte ruhig zuzuhören und ihr zu folgen. Wie entscheidet nun aber die pädagogische Fachkraft, nach welchen Gesichtspunkten jedes einzelne Kind unterstützt werden kann? Dies kann sie nur aufgrund objektiver Kriterien entscheiden und dazu braucht sie erprobte Beobachtungs- und Messinstrumente, die im Kindergartenalltag einsetzbar sind und ihr eine zuverlässige Einschätzung des sprachlichen Entwicklungsstandes einzelner Kinder erlauben.

Eine pädagogische Fachkraft wird sich bei einzelnen Kindern, bei denen die sprachliche Bildung nicht so rasch voranschreitet wie es möglich wäre, Gedanken machen, wie sie diese gezielt anregt und wie sie für die Kinder mit ihrem besonderen Profil Situationen schaffen kann, in denen die Kinder auf intensive Weise sprachliche Anregungen erfahren. Dies bedeutet manchmal, sich mit einigen Kindern zusammenzusetzen und ihnen eine Geschichte zu erzählen und diese im Rollenspiel zu spielen, aber andererseits auch, mit einem einzelnen Kind ganz gezielt Schwerpunkte der Grammatik zu üben, sobald dies angebracht ist, und einzelnen Kindern mit Deutsch als Zweitsprache systematisch Wortfamilien oder Wörtergruppen zu vermitteln.

Zu den sprachsystematischen Ansätzen: Die zweite Frage, die zu klären ist, ist jene nach den besonderen Merkmalen des sprachsystematischen Ansatzes, wie er in verschiedenen Sprachförderprogrammen realisiert wird. Was sind die Vor- und Nachteile dieses Ansatzes und welche Aspekte können wir daraus entnehmen, was können wir davon lernen?

Die Vorteile eines sprachsystematischen Ansatzes liegen in einer gewissen Vollständigkeit der Sprachstrukturen, da diese systematisch erarbeitet und angeboten werden. Hinzu kommt eine klare Progression, d. h. eine schrittweise Erhöhung der Anforderungen und damit eine systematische Anpassung an das Niveau der Lernenden, die die Struktur des Programms vorgibt. Schließlich werden sehr spezifische Förderschwerpunkte geübt, von denen bekannt ist, dass sie den Kindern Mühe bereiten und deren Erarbeitung den Kindern den Erwerb der Sprache erleichtern soll. Positiv anzumerken ist auch, dass darauf geachtet wird, dass die Kinder einen weitgehend korrekten Input erhalten, es wird ihnen ein Modell angeboten, an dem sie sich orientieren können.

Da die Beziehung zwischen dem sprachlichen Input der pädagogischen Fachkraft und dem Lernerfolg der Kinder vom sprachlichen Niveau abhängt, auf dem sich die Kinder gerade befinden, ist sprachlicher Input nur dann förderlich für die sprachliche Entwicklung eines Kindes, wenn er dem Entwicklungsstand des Kindes angemessen ist und eine Beziehung zu dessen Entwicklungsstufe hat (Huttenlocher, Vasilyeva, Cymerman et al., 2002). Ein weiterer wichtiger Punkt, der in den sprachsystematischen Ansätzen genau beachtet wird, ist der Einsatz von korrektivem Feedback, von sprachlichen Erweiterungen und Präzisierungen, so genannten Extensionen und Expansionen. Diese regen die Kinder zum Sprechen an, reduzieren den Input auf wesentliche hervorstechende Aspekte und vermitteln die Zielstruktur in transparenter, besonders häufiger und überdeutlicher Weise (Motsch, 2010).

Vielen Sprachförderprogrammen inhärent ist eine Eingangsphase, in der die Fähigkeiten der Kinder sehr genau beobachtet und analysiert werden. Eine angemessene Gestaltung sprachanregender Interaktionen kommt ohne eine differenzierte Diagnostik nicht aus. Eine genaue Beobachtung der Lernausgangslage des Kindes und damit einhergehend eine genaue Diagnose seiner sprachlichen Fähigkeiten sollte es ermöglichen, die Lernumgebung so zu gestalten, dass sie für dieses Kind besonders anregend wirkt.

Sprachsystematische Förderprogramme bieten häufig auch für die konkrete methodisch-didaktische Umsetzung eine Reihe an Anregungen, die sich bewährt haben, wie etwa eine Sicherung des Lernergebnisses durch häufige Wiederholung der sprachlichen Mittel. Somit können die pädagogischen Fachkräfte Elemente der Didaktik übernehmen und erhalten eine konkrete Anleitung für die methodische Umsetzung. Dies ist praktisch und zeitsparend, da dadurch nicht so viel Vorbereitungszeit nötig ist.

Kritisch zu sehen ist, dass sprachsystematische Ansätze häufig mit großer Rigidität eingesetzt werden. Obwohl es zu Beginn eine genaue Beobachtung der Lernausgangslage der Kinder gibt, werden diese Informationen nicht in die Planung der Fördereinheiten einbezogen. Die Lernausgangslage der Kinder wird nicht beachtet, das Vorgehen erfolgt im Gleichschritt für alle Kinder – zumindest war dies nach unseren Beobachtungen der Fall (Gasteiger-Klicpera, Knapp & Kucharz, 2009).

Für den Einsatz von systematischen Sprachförderprogrammen ist meist eine spezielle Qualifikation nötig. Diese ist häufig nicht in den Kindertageseinrichtungen vorhanden, was dazu führt, dass die sprachliche Bildung von externen Förderpersonen wahrgenommen wird und sich der Alltag in der Kita dadurch nicht verändert. Selbst wenn pädagogische Fachkräfte lernen, das Programm einzusetzen und nach einem bestimmten Konzept zu arbeiten, findet häufig trotzdem kein Transfer in den Alltag statt. Das Handeln der pädagogischen Fachkräfte bleibt weitgehend gleich und weder der Kindergartenalltag ändert sich noch gehen die pädagogischen Fachkräfte stärker im Alltag auf die individuellen sprachlichen Bedürfnisse der Kinder ein.

Häufig finden Sprachförderprogramme nur für wenige Stunden pro Woche statt mit einer zusammengewürfelten Gruppe von Kindern, die in ihrem Verhalten und in ihren sprachlichen Kompetenzen sehr heterogen sind. Zudem werden oft Kinder mit spezifischen Sprachentwicklungsstörungen vermischt mit Kindern, die Deutsch als Zweitsprache sprechen. Da diese Kinder sehr unterschiedliche Unterstützungsbedürfnisse aufweisen, mag es nicht verwunderlich erscheinen, dass sie in diesem Rahmen nur wenig profitieren können. Insbesondere wenn die Sprachförderprogramme didaktisch unzulänglich umgesetzt werden.

Zusammenfassung

Weder im Rahmen eines situierten Lernansatzes noch durch sprachsystematische Förderprogramme werden Kinder derzeit wirklich optimal gefördert. Daher liegt es nahe anzunehmen, dass Erfolge in der sprachlichen Bildung nur dann erreicht werden können, wenn die besten Aspekte der beiden Ansätze verbunden und in den Alltag der Kita integriert werden.

Situiertes Lernen und sprachsystematische Förderung müssen nicht als Gegensätze betrachtet werden, sondern sie ergänzen einander in befruchtender Weise. Eine alltagsintegrierte sprachliche Bildung muss nicht bedeuten, dass die sprachliche Entwicklung und Ausdifferenzierung sporadisch und unsystematisch unterstützt und angeregt wird, sondern dass sich die pädagogischen Fachkräfte genau im Klaren darüber sind, welche Aspekte bei den einzelnen Kindern einer Unterstützung bedürfen und wie sie Situationen im Alltag schaffen, um genau die Aspekte zu unterstützen, die für einzelne

Kinder die nächsten Schritte in ihrer Entwicklung darstellen. Dazu kann ein Sprachförderprogramm die entsprechende Handreichung und Übung anbieten.

Für die Umsetzung eines solchen Vorgehens ist ein Link zwischen Diagnostik und Förderung nötig, eine Feststellung des Sprachstandes, um weitere Schritte zu planen. Es bleibt Aufgabe der pädagogischen Fachkräfte zu beobachten, welche Aspekte für ein Kind besonders schwierig sind. In Bezug auf das »wie« kann ein Sprachförderprogramm unterstützend wirken und eine konkrete Anleitung für die tägliche Arbeit mit den Kindern geben, insbesondere Anregungen für die didaktische Gestaltung und Umsetzung. Die Gestaltung sprachanregender Interaktionen, in denen die Reichhaltigkeit und Spezifität der Sprache, aber auch deren Präzision deutlich wird, und deren sprachliches Anforderungsniveau an das Niveau der Kinder angepasst ist, muss in den Alltag in der Kindertageseinrichtung integriert werden und diesen verändern.

Hierfür ist nicht nur eine Verbesserung der Rahmenbedingungen nötig, sondern es muss auch die Aus- Fort- und Weiterbildung in Bezug auf die Gestaltung von sprachlicher Bildung verbessert werden. Dabei geht es um linguistischer Aspekte der Vermittlung von Sprache, zu denen wichtige Anregungen aus Sprachförderprogrammen entnommen werden können, sowie um die Frage, welche didaktischen Formate geeignet sind, um sprachliche Bildung im Kindergartenalltag auf einem hohen Niveau zu realisieren. Als weitere Bereiche mag dazu auch die Einbeziehung der Erstsprache in den Alltag bei Kindern mit Deutsch als Zweitsprache gehören oder der Einsatz von MultiplikatorInnen in der Zusammenarbeit mit den Eltern.

Literatur

Gasteiger-Klicpera, B./Knapp, W. & Kucharz, D.: Wissenschaftliche Begleitung des Projektes »Sag' mal was – Sprachförderung für Vorschulkinder« der LANDESSTIFTUNG Baden-Württemberg. Abschlussbericht, Pädagogische Hochschule Weingarten 2009

Jampert, K.: Schlüsselsituation Sprache. Spracherwerb im Kindergarten unter besonderer Berücksichtigung des Spracherwerbs bei mehrsprachigen Kindern. Opladen 2002

Knapp, W./Kucharz, D. & Gasteiger-Klicpera, B.: Sprache fördern im Kindergarten. Weinheim 2010

Motsch, H.-J.: Kontextoptimierung. Evidenzbasierte Intervention bei grammatischen Störungen in Therapie und Unterricht, München 2010

Reichert-Garschhammer, E. & Kieferle, C.: Sprachliche Bildung in Kindertageseinrichtungen, Freiburg 2011

Ruberg, T. & Rothweiler, M.: Spracherwerb und Sprachförderung in der KiTa, Stuttgart 2012

5.3 Sprachliche Bildung und die Kooperation mit Eltern
Sven Nickel

Die Frage nach der Qualität sprachlicher Bildung, die den Beiträgen dieses Bandes inhärent ist, ist eine sehr komplexe. Ein bedeutsamer Aspekt der Qualität von KiTa ist sicherlich, in welchem Maße es den frühpädagogischen Einrichtungen gelingt, die unterschiedlichen Lebenswelten der Familie und der KiTa so miteinander zu vernetzen, dass Kinder die ihnen begegnenden Erziehungsformen und Bildungsbemühungen als möglichst konsistent erleben.

Eine Bildungs- und Erziehungspartnerschaft von KiTa und Familie, wie sie aus dem KJHG § 22a abgeleitet werden kann, formuliert grundsätzlich das Recht (und die Verpflichtung) von Eltern, in die Bildung, Erziehung und Betreuung ihrer Kinder einbezogen zu werden. Dieser Anspruch an Elternbeteiligung ist nicht zuletzt in den Bildungs- und Erziehungsplänen- und Programmen der einzelnen Länder verankert und dort als allgemeines Qualitätsmerkmal von KiTa ausgewiesen. Einiges spricht dafür, dass auch die sprachliche Bildungsarbeit der KiTa von einer stärkeren Elternbeteiligung profitieren könnte. Die Einlösung dieses Anspruches stößt in der frühpädagogischen Praxis jedoch auf eine Reihe von Herausforderungen. Im Mittelpunkt steht die Frage: »Wie kann es gelingen, Familien in die sprachliche Bildungspraxis von Kindertageseinrichtungen effektiv einzubeziehen?«

Sprachliche Bildung im familiären Kontext
Die Familie spielt für frühkindliche Bildungsprozesse insgesamt und den kindlichen Spracherwerbs im Besonderen eine ausschlaggebende Rolle. Soziologisch betrachtet sind in der Familie Transmissionsprozesse existent, mit denen kulturelles Kapital von einer Generation an die folgende Generation weitergegeben bzw. von der aufnehmenden Generation inkorporiert werden kann. Das Gestalten von Sprach- und Reimspielen, das Singen von Kinderliedern oder das dialogische Vorlesen gelten als wirksame sprachförderliche Formate. Einhellig gilt die Familie, in deren Bereich die genannten prä- und paraliterarischen Kommunikationsformen mündlicher Kinderkultur praktiziert werden, als früheste und auschlaggebende Instanz der frühkindlichen Lesesozialisation. Diese Einschätzung wird mit den Ausformungen der Bildungsaktivitäten in der Familie begründet. Lernen findet im Positivfall im Rahmen eines stabilen Vertrauens- und Bindungsverhältnisses statt, die relevanten Einflüsse für das kindliche Lernen sind alltäglich/permanent, unbewusst/implizit und ungerichtet/beiläufig. Dem Kind offenbaren sich vielfältige Möglichkeiten, im Dialog mit bedeutungsvollen Anderen die eigenen sprachlichen Kompetenzen auszubauen. Die Familie ist die

Ko-Konstrukteurin dieses Prozesses, sie unterstützt mit ihrem Interaktionsgerüst die kindliche Entwicklung.

Der Einfluss der Familie auf die frühkindliche Literacy- und die spätere Lesekompetenz ist empirisch besonders gut abgesichert. Die Gestaltung einer sprach- und literacyanregenden Umgebung (Home Literacy Environment oder HLE) scheint von grundsätzlich höherer Bedeutung zu sein als Strukturvariablen wie Bildungsniveau der Eltern, Migrationshintergrund bzw. Familiensprache und sozio-ökonomischer Status es sind (vgl. Niklas & Schneider, 2010; McElvany, Becker & Lüdtke, 2009 sowie den Überblick von Brandes, 2012). Entsprechend wird die Überlegung angestellt, wie diese familiäre Umgebung positiv beeinflusst werden kann, um so für Kinder bessere Bildungsvoraussetzungen zu schaffen. An dieser Begründung setzen entsprechende Familienbildungskonzepte an und suchen nach geeigneten Wegen der Umsetzung.

Diversität von Familienkulturen

Nun ist die Familie kein homogenes Konstrukt, sondern ein Sammelbegriff für höchst unterschiedliche Gestaltungsformen samt divergierender Auffassungen und Wertehaltungen.»In Abhängigkeit von der Lebenswelt der Eltern mit ihren jeweiligen milieu- und kulturspezifischen Ausprägungen existiert gleichermaßen ein unterschiedliches Verständnis von Bildung und der Notwendigkeit von Bildung, aber auch von Erziehungszielen und -stilen. Zu beobachten ist, dass sich in den jeweiligen Milieus einander fremde Sinn- und Werthorizonte entwickeln« (Henry-Huthmacher, 2008, 7). Angesichts dieser Diversität steht KiTa vor der Herausforderung, mit einer Vielfalt möglicher Formen der Elternbeteiligung reagieren zu müssen. Differente Ausgangslagen, in diesem Fall: Familien in differenten Lebenslagen benötigen ein vielfältiges Angebot. Besonders gilt dies für Familien aus Milieus mit Wertehaltungen, die sich von den Vorstellungen der frühpädagogischen Fachkräfte massiv unterscheiden und die sich eben wegen dieser Unterschiedlichkeit durch ein geringes Maß an Engagement in Bildungszusammengängen auszeichnen. Traditionelle Formate, die als nicht-dialogische, unidirektionale Kommunikationsformen charakterisiert werden können, greifen hier nicht. Die Adressierung der Eltern erfordert stets die Herstellung eines entsprechenden Passungsverhältnisses zwischen Anspruche der Einrichtung und Erwartungen der Familien.

Elternbeteiligung in der KiTa: Perspektiven der Familien

Das Verhältnis zwischen institutioneller Bildung, Erziehung und Betreuung, auf der einen Seite und der Familie als informeller Sozialisationsinstanz auf der anderen Seite ist in der KiTa traditionell stärker durch gegenseitige Wertschätzung und Kooperation geprägt als im Bereich der Schule. Dort trat das Spannungsverhältnis der unterschiedlichen Erziehungs- und Bildungsvorstellungen schon immer deutlicher zu Tage. Die Schule erleben Eltern häufig als normierende Kraft, die Druck auslöst. Für den Bereich der Schule wird zudem beobachtet, dass Übungssequenzen immer stärker den Eltern übertragen werden. Dieses Delegieren von Bildungsverantwortung setzt jedoch die Bereitschaft und die Fähigkeit der Eltern voraus, schulische Formate ausfüllen zu können. Angesichts der starken Koppelung von Bildungserfolg und sozialen Faktoren ist diese Entwicklung sehr kritisch zu sehen. Im Zuge der eingetretenen Veränderung des Selbstverständnisses der KiTa, die sich nun auch als Bildungseinrichtung versteht, bleibt zu beobachten, ob diese Veränderung auch Auswirkungen auf die Wahrnehmung von KiTa durch Eltern haben wird.

Elternschaft kann als eine historisch und soziokulturell wandelbare Größe aufgefasst werden. Die Gesellschaft bzw. die gesellschaftlichen Einflüsse befinden sich im stetigen Wandel, sie führen nicht nur zu einer veränderten Kindheit, sondern auch zu einer veränderten Elternschaft. Eltern heute stehen angesichts der zunehmenden Verlagerung kindlicher Freizeit in den häuslichen Bereich vor der Herausforderung, entwicklungsfördernde Angebote bereitzustellen und dabei nicht selten als Interaktionspartner zur Verfügung zu stehen. Subjektiv wird Elternschaft zunehmend als schwierig zu bewältigende Gestaltungsaufgabe gesehen, was häufig mit Verunsicherung einhergeht. Von der KiTa wünschen sich Eltern daher in erster Linie Wertschätzung, Unterstützung und Entlastung.

Elternbeteiligung in der KiTa: Möglichkeitsräume und Formen

Der in den letzten Jahren programmatisch vorgetragenen Forderung nach Gestaltung von Elternbeteiligung ist, wie bereits angedeutet, die Hoffnung inhärent, dass eine quantitativ wie qualitativ intensivierte Kooperation mit Eltern die in den Bildungsstudien belegten sozialen Disparitäten ausgleichen könnte. Die empirische Evidenz ist hier durchaus lückenhaft (vgl. den sehr kritischen Beitrag von Kalicki, 2010), gleichwohl zeigen einige Studien wichtige Aspekte auf. So scheint sich eine wertschätzende Beziehung zwischen Eltern und Fachkräften förderlich auf die Entwicklung der Kinder auszuwirken (vgl. Gomolla, 2009).

Grundsätzlich lassen sich Formen der Bildungs- und Erziehungspartnerschaften von Formen der Eltern- oder Familienbildung unterscheiden. Erstere fokussieren aus Kinderperspektive die gemeinsam verantwortete, kooperativ arrangierte und diskursiv vermittelte Bildung und Erziehung, letztere nehmen vorrangig die Unterstützung der Eltern in Bildungs- und Erziehungsfragen wahr. Für eine gelingende Kooperation formuliert Sulzer (2013, i.Dr.) nach Durchsicht der entsprechenden Datenlage einige zentrale Aspekte auf der Ebene von Prozessqualität. Zu Beginn einer Kooperation sind der Aufbau eines gegenseitigen Vertrauensverhältnisses und der dialogische Austausch von Erwartungen wichtig. Hier spielt das Prinzip der Anerkennung von Verschiedenheit eine große Rolle. Die wertschätzende Wahrnehmung von Eltern als Partner resultiert in einer Offenheit und der Bereitschaft zur reflexiven Distanz. Das Herstellen eines Passungsverhältnisses der institutionellen Angebote an die Bedarfe der Eltern äußert sich in der Gestaltung unterschiedlicher Formate für eine Beteiligung von Eltern. Und schließlich entscheidet das spannungsvolle Aushandeln unterschiedlicher Werteorientierungen über den Erfolg der Adressierung.

Um mit Eltern in Kontakt zu treten, ist der Abbau von hemmenden Faktoren nötig. Eine ungleiche Machtverteilung belastet die Kooperation ebenso wie bestimmte Barrieren, die von Eltern immer wieder artikuliert werden. Eine solche Barriere besteht beispielsweise in der unpassend erscheinenden Form der institutionellen Kommunikation (Gebrauch von Fachtermini und die Reduktion auf schriftliche Informationen statt persönlichem Dialog). In der frühpädagogischen Praxis bewähren sich Ansätze, die a) den Aufbau von Vertrauensverhältnissen (bis hin zum Aufbau von Eltern als semi-professionellen MitarbeiterInnen der KiTa), b) die Verringerung von Teilhabebarrieren (z. B. durch Übersetzung schriftlicher und mündlicher Informationen in die Familiensprache) und c) die Schaffung von vielfältigen Anlässen zum Austausch unter Eltern (z. B. durch Feste oder die Errichtung bedarfsorientierter Angebote wie Elterncafés) berücksichtigen.

Ein so gestützter positiver Kontakt stellt eine Art Brücke dar, die zu Maßnahmen der Eltern- oder Familienbildung führen kann. Entsprechende Konzepte müssen zwingend am Leitziel Niedrigschwelligkeit organisiert sein. Gleichzeitig sollten sie nicht spezifisch an Eltern mit bildungsfernem und/oder geringem sozioökonomischen Hintergrund gerichtet werden. Eine derartige Adressierung schiebt ein vermeintliches Defizit in den Mittelpunkt und leistet Stigmatisierungserleben Vorschub. Folglich sind Angebote notwendig, in denen Eltern sich als kompetent erleben können und motiviert sind, diese Kompetenzen auszubauen.

Bei den Angeboten der Eltern- und Familienbildung lassen sich grundsätzlich Formate mit niedrigschwelligen Gehstrukturen (home-basiert, in der Familie) von Formaten mit Kommstrukturen (center-basiert, in der KiTa) unterscheiden. HIPPY und Opstapje, relativ weit verbreitete Ansätze aufsuchender Bildungsarbeit, gelten ebenso wie Rucksack als erfolgreiche Möglichkeiten der Familienaktivierung.

Stärker gegenstandsbetont sind Family-Literacy-Programme, die meist center-basiert organisiert werden (aber auch im häuslichen Rahmen situiert werden können, vgl. Nutbrown, Hannon & Morgan 2005). In Family-Literacy-Ansätzen stehen die Verbesserung der sprachlich-literalen Kompetenzen der Kinder und die Erweiterung der diesbezüglichen elterlichen Unterstützungskompetenz im Mittelpunkt. Verschiedene internationale Übersichten (z. B. Carpentieri et al., 2011) sprechen den Family-Literacy-Programmen eine ausgeprägte Wirksamkeit zu. Van Steensel et al. (2011) hingegen konnten in ihrer Metaanalyse nur einen schwach positiven Effekt nachweisen. Die Suche nach Ursachen dieses relativierenden Befundes führt schnell zu Fragen der Umsetzungs- und Implementierungsqualität entsprechender Programme. Die Initiierung familienorientierter Bildungsangebote stellt, wie auch der Aufbau von Familienzentren, ein organisatorisches Oberflächenmerkmal der Strukturqualität dar. Für die Wirksamkeit der sprachlichen Bildungsarbeit sind jedoch Fragen der Prozessqualität, also das, was innerhalb der Angebote passiert, entscheidender. Hier herrscht noch größerer Bedarf an evidenzbasierter Forschung, noch sind die zahlreichen Ansätze kaum evaluiert.

Einige Good-Practice-Erfahrungen der frühpädagogischen Praxis zeigen jedoch auf, dass die Familienaktivierung im Rahmen der sprachlichen Bildungsarbeit auf ganz unterschiedlichen Wegen gelingen kann. Apeltauer (2004) findet im »Kieler Projekt« diverse Formen der Elternbeteiligung. Unter anderem werden Bilderbücher von den Eltern sowohl in ihrer Familiensprache als auch in der Zweitsprache Deutsch »eingelesen« und den Kindern auf CD zur Verfügung gestellt. Auch Elfert & Rabkin (2007) erproben ein breites Spektrum möglicher Formen. Hier sticht die Gestaltung eines biographisch konnotierten Buches mit Berichten der Mütter hervor. Für die Kinder sind diese Texte, die das Gewordensein ihrer eigenen Persönlichkeit aus der subjektiven Sicht ihrer Mutter thematisieren, auch ein Teil der Identitätsbildung. Und Hildenbrand & Köhler (2010) belegen, dass die Kooperation zwischen pädagogischen Fachkräften und zugewanderten Eltern sowie der Einbezug der Eltern in die sprachliche Bildungsarbeit der KiTa in ihrer hamburgischen Studie mit einem Zuwachs der kindlichen Zweitsprachkompetenz einhergehen. Ebenso belegen sie einen signifikant positiven Effekt der Fortbildungen von Fachkräften zur Realisierung und Gestaltung der Erziehungspartnerschaft auf die Sprachentwicklung der Kinder. Und auch Metaanalysen zu einzelnen Formaten der Sprachförderung belegen einen moderat bis stark positiven Effekt (vgl. zum Dialogischen Lesen Mol et al. 2008). Es gibt also durchaus Anzeichen dafür, dass sich der eingeschlagene Weg der Elternbeteiligung prinzipiell als richtig erweisen könnte. Formen lokaler, gemeinwesenorientierter Netzwerkgestaltung, bei der unterschiedliche Partner im Sozialraum miteinander verknüpft werden, könnten die Elternbeteiligung und die Wirksamkeit sprachlicher Bildungsarbeit in der KiTa zusätzlich unterstützen.

Literatur

Apeltauer, E.: Kooperation mit zugewanderten Eltern. Flensburger Papiere zur Mehrsprachigkeit und Kulturenvielfalt im Unterricht, 2006

Brandes, H.: Lesekompetenz und soziale Herkunft. In Dorschky, Lilo/Kurzke, Christian & Schneider, Johanna (Hg.), LernZeichen. Lernen und Schriftspracherwerb als Herausforderung für Kindertagesstätte, Schule und Jugendhilfe. Budrich UniPress: Opladen, Berlin & Toronto 2012; S. 17–32

Carpentieri, J./Fairfax-Cholmeley, K./Litster, J./Vorhaus, J.: Family literacy in Europe: using parental support initiatives to enhance early literacy development, London 2011

Elfert, M. & Rabkin, G.: Das Hamburger Pilotprojekt Family Literacy (FLY). In Dies. (Hg.): Gemeinsam in der Sprache baden: Family Literacy. Internationale Konzepte zur familienorientierten Schriftsprachförderung, Stuttgart 2007; S. 32–57

Gomolla, M.: Elternbeteiligung in der Schule. In: Fürstenau, S./Gomolla, M. (Hg.): Migration und schulischer Wandel: Elternbeteiligung, Wiesbaden 2009; S. 21–50

Henry-Huthmacher, C.: Die wichtigsten Ergebnisse der Studie. In: Merkle, T. & Wippermann, C., Eltern unter Druck. Selbstverständnisse, Befindlichkeiten und Bedürfnisse von Eltern in verschiedenen Lebenswelten. Eine sozialwissenschaftliche Untersuchung von Sinus Sociovision im Auftrag der Konrad-Adenauer-Stiftung e. V. Stuttgart 2008

Hildenbrand, C. & Köhler, H.: Kooperation mit den Eltern als Bestandteil der Sprachförderung in Kindertageseinrichtungen. In: Fröhlich-Gildhoff, K./Nentwig-Gesemann, I. & Strehmel, P. (Hg.). Forschung in der Frühpädagogik III. Schwerpunkt: Sprachentwicklung & Sprachförderung, Freiburg 2010; S. 193–217

Kalicki, B.: Spielräume einer Erziehungspartnerschaft von Kindertageseinrichtung und Familie. In Zeitschrift für Pädagogik (2)2010; S. 193–205

McElvany, N./Becker, M. & Lüdtke, O.: Die Bedeutung familiärer Merkmale für Lesekompetenz, Wortschatz, Lesemotivation und Leseverhalten. In Zeitschrift für Entwicklungspsychologie und Pädagogische Psychologie 41(3), 2009; S. 121–131

Mol, S. E./Bus, A. G./de Jong, M. T. & Smeets, D. J. H.: Added Value of Dialogic Parent-Child Book Readings: A Meta-Analysis. In Early Childhood and Development, 19(1), 2008; S. 7–26

Niklas, F. & Schneider, W.: Der Zusammenhang von familiärer Lernumwelt mit schulrelevanten

Kompetenzen im Vorschulalter. In ZSE Zeitschrift für Soziologie der Erziehung und Sozialisation 30(2), 2010; S. 149–165

Nutbrown, C./Hannon, P. & Morgan, A.: Early Literacy Work with Families. Policy, Practice and Research, London 2005

Sulzer, A.: Kulturelle Diversität in Kindertageseinrichtungen. Qualifikationsanforderungen an frühpädagogische Fachkräfte, München 2013 (i. Dr.)

van Steensel, R./McElvany, N./Kurvers, J. & Herppich, S.: How Effective Are Family Literacy Programs? Results of a Meta-Analysis. In Review of Educational Research 81(1), 2010; S. 69–96

5.4 Der Diskurs der Sprachförderung
Helga Schneider

Zur Bedeutung von Sprache im Kinderleben
In den ersten Lebensjahren eignen sich Kinder auf der Basis ihrer physiologischen Voraussetzungen die Sprache der jeweiligen sozialen Umgebung an. Eingebettet in Alltagssituationen und Ereigniszusammenhänge begegnen sie sprechenden Menschen, die einander Bedeutsames mitteilen. Von Beginn an nehmen Kinder wahr, wie Umweltpersonen in unterschiedlichen emotionalen Gestimmtheiten sich ihnen zuwenden, dabei ihre mimisch-gestischen Ausdrucksmöglichkeiten einsetzen, sprachliche Symbole in einer geordneten Weise gebrauchen und mit ihnen in einen vielschichtigen Dialog treten. Die phonetischen, semantischen, syntaktischen und pragmatischen Konstituenten von Sprache sind die Fäden, aus denen das Netz der zwischenmenschlichen Kommunikation geknüpft wird.

Kindliche Sprachaneignung ist stets historisch und sozio-kulturell eingebettet, deshalb können die sprachlichen Kompetenzen eines Kindes auch als ein Resultat der Teilnahme an bestimmten, über die Zeit hinweg veränderbaren kulturellen Praxen seines bzw. ihres Umfeldes angesehen werden (s. Rogoff, 2003, 52). Aus der biografischen Perspektive eines Kindes ist der Sprachentwicklungs- und Sprachlernprozess deshalb relativ zum zeitgeschichtlichen Kontext und zum Umgebungsmilieu zu betrachten. Im Hier und Jetzt eines Kindes fungiert Sprache vor allem als ein Regulations- und Verständigungs- sowie ein Deutungs- und Ordnungsmedium im Hinblick auf sinnliche Erfahrungen, symbolisch vermittelte Eindrücke, inneres Erleben und umweltbezogenes Verhalten bzw. Handeln.

In einer weiteren Perspektive gilt Sprache darüber hinaus als wichtiger Schlüssel zu schulischem sowie späterem beruflichen Erfolg sowie gesellschaftlicher Teilhabe und Mitwirkung. Sprachliche Kompetenzen bilden das Fundament sprachgebundener Kognitionen und sind damit bedeutsam für die Entwicklung jener kognitiven Fähigkeiten, die insbesondere auf verbalem Denken beruhen. Im gesetzlichen Auftrag von Kindertageseinrichtungen nimmt die sprachliche Bildung und Erziehung daher eine wichtige Stellung ein. Die gemeinsame Rahmenvereinbarung der Jugendminister-und Kultusministerkonferenz über die frühe Bildung in Kindertageseinrichtungen unterstreicht die Bedeutung der Sprache als wichtigen Bereich der Elementarbildung. Diese Übereinkunft zeichnet zugleich einen didaktisch-methodischen Pfad vor: Frühe Bildung in Kindertageseinrichtungen ist ganzheitlich anzulegen und an der Lebenswelt sowie an den Interessen der Kinder zu orientieren (vgl. JMK/KMK 2004, 3f.).

Charakteristika des Diskurses der Sprachförderung
Der Diskurs als Wahrheitsregime i. S. Foucaults

Welche Erfahrungsmöglichkeiten und Lernangebote Kindern in Kitas offeriert werden, definiert keine Einrichtung für sich allein. Zentrale Vorstellungen davon, was Elementarpädagogik sein und leisten soll, destillieren sich vielmehr in komplexen Aushandlungs- und Entscheidungsprozessen heraus, an denen unterschiedliche lokale, nationale sowie internationale Akteure beteiligt sind, unmittelbar und mittelbar. Solche Diskurse, die in einer miteinander geteilten (Fach-)Sprache auf der Basis gemeinsamer geteilter begrifflicher Konzepte und Vorstellungen geführt und in Publikationen, Konferenzen, Debatten disseminiert werden, können – mit Michel Foucault gesprochen – zu einflussreichen Wahrheitsregimen werden. Unter Wahrheit ist dabei »… eine Gesamtheit von geregelten Verfahren für die Produktion, das Gesetz, die Verteilung, das Zirkulieren-Lassen und das Funktionieren von Aussagen zu verstehen« (Foucault 1976; zit. n. Ruoff 2009, 233). Wahrheit erweist sich in diesem Sinn »… als Produkt eines Diskurses, dessen Ziel letztendlich in der Rechtfertigung bestimmter Verhaltensweisen oder Verfahrensvorschriften besteht« (ebd.). Diskursive Wahrheitsregime erzeugen und vermitteln Macht dadurch, dass sie die Art und Weise wie Sachverhalte oder Probleme gedacht, angesprochen, beurteilt und bewältigt werden, leiten. Sie erzeugen ferner Grenzen durch Prozesse der Inklusion und Exklusion, indem sie zwischen zulässigen und nicht zulässigen Perspektiven auf ein Problem oder einen Gegenstand unterscheiden (vgl. Dahlberg/Moss & Pence 2007, 31). Die Art und Weise, in der ein spezifischer Diskurs erzeugt, ausgestaltet, aufrechterhalten oder modifiziert wird, reflektiert zugleich die Definitionsmacht der daran beteiligten Akteure. Diese Macht von Diskursen äußert sich nicht in repressivem Zwang oder Unterdrückung, sondern vielmehr sublim und produktiv-hervorbringend im Sinne einer Macht der milden Mittel (s. Ruoff ebd., 149 f.).

Zur widersprüchlichen Macht der Normalität

Sprachstandsfeststellungen werden im Elementarbereich inzwischen in nahezu allen Bundesländern durchgeführt (s. Lisker 2011). Dabei handelt es sich überwiegend um Beobachtungs-, oder Screeningverfahren, die darauf abzielen, so genannte »Risikokinder« (ebd., 29) zu identifizieren, die Auffälligkeiten hinsichtlich ihres Sprachverhaltens zeigen, d. h. in Bezug auf die Sprachentwicklung definierte Altersnormen nicht erreichen. Diese Kinder sollten anschließend im Optimalfall einer spezifischen Sprachförderung bzw. weiteren Diagnostik und Therapie zugeführt werden. Die Erhebung des Sprachstandes bildet jedoch nur selten die Grundlage für anschließende passgenaue Fördermaßnahmen in Bezug auf das einzelne Kind (ebd., 81). Vielmehr werden die Ergebnisse von Sprachstandfeststellungen derzeit vor allem für Selektionsentscheidungen verwendet, um sprachentwicklungsauffällige Kinder so genannten Sprachfördergruppen zuzuweisen, in denen in der Regel Kinder mit unterschiedlichen Problemen beim Spracherwerb zusammengefasst und über gruppenbezogene Programme gefördert werden.

Diese Selektions- und Förderpraxis ist eingebettet in einen Diskurs der Sprachförderung, der das Kind tendenziell solipsistisch, als Einzelwesen mit Einzelleistungen, beschreibt. Innerhalb dieses Diskurses wird über Verfahren zur Beobachtung und Kategorisierung der Sprechakte einzelner Kinder in Kindertageseinrichtungen sowie deren Beurteilung in Bezug auf statistische Normen verhandelt. Als diskursleitende Orientierung steht die Normalisierung im Fokus, d. h. das Erreichen eines als hinreichend definierten Kompetenzniveaus in der deutschen Standardsprache beim betreffenden Individuum. Dieser Normalisierungsdiskurs wird gerahmt von Fragen nach der Effektivität und Effizienz in Bezug auf Maßnahmen der sprachlichen Bildung und Förderung.

Normalisierung erscheint dabei als ein widersprüchliches Konzept: Sie beinhaltet einerseits die Orientierung hin auf Homogenität und beruht andererseits auf der Feststellung von Abständen, Niveauunterschieden und Besonderheiten, die wiederum Unterschiede überhaupt erst hervorbringt und fixiert (s. Foucault, 1994, 237 f.). Gleichzeitig kann das Ziel von Normalisierung – nämlich Normalität – aus normalismustheoretischer Sicht unterschiedlich aufgefasst und mit entsprechend gegensätzlichen Strategien angestrebt werden: Einmal als maximale Komprimierung der Normalitäts-Zone, die tendenziell fixiert und stabilisiert wird und als protonormalistische Strategie bezeichnet werden kann. Zum anderen als eine auf maximale Expandierung und Dynamisierung der Normalitäts-Zone zielende, so genannte flexibel-normalistische Strategie (vgl. Link 2009, 54). Es ist davon auszugehen, dass kompensatorische Sprachfördergruppen in Kindertageseinrichtungen von solchen, entweder mehr in Richtung Homöostase oder in Richtung Dynamik orientierten Normalitätsvorstellungen durchzogen sind. Deshalb wären diese Maßnahmen auf evtl. zugrunde liegende explizite oder implizite Normalitätsvorstellungen bzw. -strategien zu untersuchen, einschließlich deren Begründung, Passung und Wirkung im Hinblick auf das Bildungs- und Subjektverständnis einer Kindertageseinrichtung.

Kompensatorische Sprachförderung in entsprechend selektierten Gruppen ermöglicht es, mit Normalisierungsstrategien direkt an den ausgewählten Kindern anzusetzen. Dabei stehen jene Leistungsbereiche im Fokus, die eine definierte Bandbreite von Normalität unterschreiten. Der relativen Sprachaneignungsleistung eines Kindes auf der Basis seiner bzw. ihrer bisherigen sozialen und kulturellen Erfahrungen und Handlungsmöglichkeiten kommt in einem solchen Normalisierungsdenken allerdings eine eher nachgeordnete Bedeutung zu. Ebenso spielen Fragen z. B. nach der Kompetenz im Gebrauch der Familiensprache oder von Soziolekten sowie nach dem Zusammenhang von Sprache, Identität, sozialem Selbstkonzept und Fähigkeitsselbstkonzept in der bisherigen Biographie eines Kindes im Rahmen der gegenwärtigen Normalisierungsstrategien eine vergleichsweise geringere Rolle.

Kompensatorische Sprachförderung in Kindertageseinrichtungen zwischen Spiel, Übung und Behandlung

Die Bildung von Kindern in Tageseinrichtungen basiert in hohem Maße auf gemeinsam geteilten Erfahrungen in kleinen Gruppen, auf sozialen Verständigungs- bzw. Aushandlungsprozessen und auf nonverbal sowie verbal koordiniertem Handeln. Dabei werden kindliche Bedürfnisse, Spiel- und Lerninteressen, gesetzlich verankerte Bildungs- und Erziehungsziele, elterliche Bildungs- und Erziehungsvorstellungen sowie professionelles Wissen und Können durch die pädagogischen Fachkräfte fortwährend ausbalanciert und in die Spiel-, Lern-, und Begegnungskulturen der Kindertageseinrichtungen einbezogen. Ein überwachend-normalisierender Zugriff auf das Kind als Einzelwesen, der es aus den Kommunikations- und Interaktionsnetzen herauslöst, denen es seine bisher erworbenen sprachlichen Kompetenzen wesentlich mit verdankt, ist deshalb nicht spannungsfrei in die Bildungs- und Erziehungsvorstellungen sowie die damit verbundenen pädagogischen Praxen des Elementarbereichs zu integrieren.

Denn kindliche Bildungsprozesse ereignen sich in den frühen Lebensjahren vor allem im Handlungsmodus des Spiels. Aus der kulturanthropologischen Perspektive Johan Huizingas (1954) ist darunter eine freie Handlung zu verstehen, die als nicht so gemeint und außerhalb des gewöhnlichen Lebens stehend empfunden wird und trotzdem den Spieler bzw. die Spielerin völlig in Beschlag nehmen kann, an die kein materielles Interesse geknüpft ist und mit der kein Nutzen erworben wird, die sich innerhalb einer eigens bestimmten Zeit und eines eigens bestimmten Raums vollzieht, die nach bestimmten Regeln ordnungsgemäß verläuft und Gemeinschaftsverbände ins Leben ruft, die ihrerseits sich gern mit einem Geheimnis umgeben oder durch Verkleidung als anders von der gewöhnlichen Welt abheben (vgl. Baer 2008, 155). Das Spiel wird vom betreffenden Kind als selbstzwecklich, als selbstinitiiert und selbstbestimmt erlebt und viele junge Kinder sind bereits in der Lage, den Eintritt in die Als-Ob-Welt des Spiels sprachlich so zu markieren, dass sich potenzielle Spielpartner darauf beziehen können.

Während das Spiel aus der Sicht des Kindes keinen außerhalb dieser Tätigkeit anzusiedelnden Nutzen mit sich bringt, handelt es sich bei der Übung um eine Aktivität mit instrumenteller Ausrichtung, die sowohl vom betreffenden Kind selbst als auch durch andere Kinder bzw. Erwachsene initiiert werden kann. Üben zielt auf die Ausbildung oder Vervollkommnung von Fähigkeiten oder Fertigkeiten durch Wiederholung bzw. auf das Modifizieren habitueller Gewohnheiten oder Prägungen ab. Es ist auf künftiges Können gerichtet und beinhaltet die Konsolidierung, Perfektionierung, Automatisierung von Handlungen. Klingenberg versteht unter Übung im pädagogischen Sinne »... den wiederholten Vollzug von Tätigkeiten (Handlungsabläufen) mit dem Ziel ihrer fortschreitenden Vervollkommnung und teilweisen Mechanisierung zu Fertigkeiten und Gewohnheiten« (1974, S. 387). Dies bedeutet auch, dass ein Kind beim Üben zunächst sein Nicht-Können erfährt, denn dieses bildet überhaupt erst den Anlass des Übens.

Bei der Behandlung ist die Position des Kindes diejenige eines Klienten bzw. einer Klientin oder einer Patientin bzw. eines Patienten. Eine solche Maßnahme ist durch besondere Passiv-Aktiv-Verschränkungen gekennzeichnet, die darauf basieren, dass das betreffende Subjekt einwilligt, etwas mit sich machen zu lassen. Es lässt sich auf eine Behandlung ein, indem es das, »... was mit ihm getan wird, in das, was es selbst mit sich tut, integriert« (Sloterdijk 2009, 591). Indem ein Kind sich z.B. von einem kompetenteren Erwachsenen durch ein Förderprogramm führen, animieren und gelegentlich korrigieren lässt, erlangt es Teilhabe an dessen Kompetenz (s. Sloterdijk ebd., 594).

Während der Alltag in Kindertageseinrichtungen für Kinder zahlreiche Gelegenheiten und Anlässe bietet, entlang eigener Bedürfnisse und Interessen allein, mit anderen

Kindern oder angeregt durch pädagogische Fachkräfte zu spielen und zu üben, erfordern kompensatorische Sprachfördergruppen in höherem Maße spezifisches Anpassungs- und Folgeverhalten auf Seiten der Kinder. Denn Zeit, Ort, Gruppenzusammensetzung, Ablauf und Ziele des Angebotes sind vorweg definiert. Die kompetentere Erwachsenenperson führt ein, leitet an, lobt, verbessert und führt bei Abschweifungen zurück zur Aufgabe. Damit changieren kompensatorische Sprachfördergruppen in Kindertageseinrichtungen eher zwischen den Handlungsmodi der Übung und Behandlung, auch wenn sie spielerisch eingekleidet werden.

Um den unterschiedlichen Charakter von regulären Bildungsangeboten mit hohen Selbstbestimmungs- sowie Selbststeuerungsanteilen und erwachsenengesteuerten kompensatorischen Fördergruppen in Kindertageseinrichtungen den Kindern gegenüber nachvollziehbar werden zu lassen, erscheint es erforderlich, solche Wechsel auf der handlungsmodalen Ebene den Adressatinnen und Adressaten gegenüber zu kommunizieren. Damit stellt sich die Aufgabe, den gegenwärtigen Diskurs der Sprachförderung um Fragen der Transparenz und Aufklärung in Bezug auf Kinder zu erweitern. Bezugnahmen auf die Kinderrechte können hierfür einen entsprechenden Rahmen abgeben. Denn insbesondere die Artikel 12 und 13 der UN-Kinderrechtskonvention sprechen Kindern Beteiligungs- und Mitspracherechte bei Belangen zu, die sie betreffen. In Bezug auf kompensatorische Sprachförderung wäre vor diesem Hintergrund zu überlegen, inwieweit das Wagnis der Transparenz eingegangen werden kann, die betroffenen Kinder über Anlass und Ziel der Zuweisung zu Sprachfördergruppen in der Kindertageseinrichtung entwicklungsangemessen aufzuklären – im Bestreben, eine informierte Zustimmung auf Seiten der ausgewählten Kinder zu erwirken.

Eine relationale Perspektive auf Bildung und Förderung

Die vorausgehenden Bemerkungen haben gezeigt, dass Elementarbildung und kompensatorische Sprachfördergruppen in Kindertageseinrichtungen tendenziell unterschiedlichen Handlungslogiken folgen. Die für Kinder darin enthaltenen Selbstbestimmungs- bzw. Anpassungserwartungen sowie damit einhergehende Fragen im Hinblick auf die Aufklärung von Kindern über den spezifischen Charakter der jeweiligen Angebote oder Maßnahmen sind bisher diskursiv noch wenig aufgearbeitet worden. Daher wird an dieser Stelle für die Erweiterung des gegenwärtigen Diskurses der Sprachförderung plädiert. Dabei erscheint es zunächst naheliegend, mehr als bisher auch machtanalytische Überlegungen einzubeziehen, um Spannungen oder Brüche zwischen elementarpädagogischen Bildungslogiken und spezifisch-kompensatorisch ausgerichteten Förderlogiken sichtbar und damit bearbeitbar zu machen. In einem weiteren Schritt könnte es darum gehen, didaktische Anschlussmöglichkeiten zu finden, die es gestatten, kompensatorische Förderung innerhalb der etablierten, auf Eigeninitiative, ko-konstruktiver Bildung und dialogischen Beziehungen basierenden Kulturen von Kindertageseinrichtungen zu verankern. Damit könnten die mancherorts alternativlos erscheinenden separierenden Sprachfördergruppen für Kinder vor dem Schuleintritt eines Tages überflüssig werden.

Literatur

Baer, U.: Spiel. In Coelen, Thomas & Otto, Hans-Uwe (Hg.): Grundbegriffe Ganztagsbildung. Das Handbuch, Wiesbaden 2008; S. 155–163

Bundesministerium für Familie, Senioren, Frauen und Jugend: Übereinkommen über die Rechte des Kindes. UN-Kinderrechtskonvention im Wortlaut mit Materialien, Berlin 2007 http://www.auswaertiges-amt.de/cae/servlet/contentblob/358176/publicationFile/3609/UNkonvKinderl.pdf. Zugriff am 23.11.2012

Dahlberg, G./Moss, P. & Pence, A.: Beyond Quality in Early Childhood Education and Care. Languages of Evaluation. Second Edition, London-New York 2007

Foucault, M.: Überwachen und Strafen. Die Geburt des Gefängnisses, Frankfurt/M. 1994/1976

JMK/KMK: Gemeinsamer Rahmen der Länder für die frühe Bildung in Kindertageseinrichtungen. Beschluss der Jugendministerkonferenz vom 13./14.05.2004, Beschluss der Kultusministerkonferenz vom 03./04.06.2004. http://www.kmk.org/fileadmin/veroeffentlichungen_beschluesse/2004/2004_06_04-Fruehe-Bildung-Kitas.pdf. Zugriff am 02.11.2012

Klingberg, L.: Einführung in die allgemeine Didaktik. Vorlesungen, Berlin 1974

Link, J.: Versuch über den Normalismus. Wie Normalität produziert wird, 4. Aufl., Göttingen 2009

Lisker, A.: Additive Maßnahmen zur Sprachförderung im Kindergarten – Eine Bestandsaufnahme in den Bundesländern. Expertise im Auftrag des Deutschen Jugendinstituts, München 2011

Rogoff, B.: The Cultural Nature of Human Development, Oxford 2003

Ruoff, M.: Foucault-Lexikon, 2. Aufl. Paderborn2009

Sloterdijk, P.: Du musst dein Leben ändern. Über Anthropotechnik, Frankfurt/M. 2009

5.5 Mehrsprachigkeit im Übergang zur Schule
Konrad Ehlich

In vielen Ländern der Welt haben Kinder die Chance, sich für ihre Zukunft durch die Institution Schule fit zu machen. Für diese Chance wenden die Gemeinschaften erhebliche Mittel auf. Was als »allgemeine Schulpflicht« vor allem im Licht einer langanhaltenden Verpflichtung für die junge Generation erscheint, ist in Wahrheit eine enorme Möglichkeit, für das spätere Leben Perspektiven der eigene Biographie zu entwickeln, die für das Individuum wie für seine soziale Umwelt attraktiv und wichtig sind.

In der Institution Schule vermittelt die Gesellschaft an die kommende Generation das Wissen, das sie sich in langen Lernprozessen erarbeitet hat. Sie bietet so die Möglichkeit, dieses Wissen zu erhalten, es fortzuschreiben und seine Entwicklung durch Neugier auf das Neue weiter voranzutreiben.

Keine Schule ist unabhängig von den gesellschaftlichen Bedingungen, in denen sie arbeitet. Das lädt ihr, wie die Dinge liegen, zugleich freilich auch die Aufgabe auf, die unterschiedlichen Verteilungen des Wissens fortzusetzen, wie sie für alle gegenwärtigen Gesellschaften charakteristisch sind. Sie gerät so in einen eigenartigen Zwiespalt: Ermöglichung von Chancen und Versagung von Chancen in einem. Das macht sich in ihrer täglichen Praxis permanent bemerkbar – wenn es auch in dieser Praxis und durch ihre Routinen nur wenig und verhältnismäßig selten bemerkt wird.

Die Praxis der Schule ist eine Praxis von Sprache, ist zu wesentlichen Teilen *sprachliches Handeln*. Wie nur wenige andere Institutionen in modernen Gesellschaften ist die Schule eine *versprachlichte Institution*. Sprache kommt so eine fundamentale Bedeutung für das Erreichen der institutionellen Zwecke, für das »Funktionieren« der Schule in der Gesellschaft, in gleicher Weise aber auch für Erfolg und Misserfolg der einzelnen Schülerinnen und Schüler zu.

Mit dem Eintritt in die Institution Schule erreicht die Sprachaneignung der Kinder eine qualitativ neue Stufe, eine Stufe, der weitere solche qualitativ neue Stufen folgen. Die sprachlichen Basisqualifikationen, deren Ausbildung und Aneignung das kindliche Leben bestimmt, werden weiter entwickelt und entfaltet. Die wichtigste Übergangszone betrifft dabei die literalen Basisqualifikationen, die mediale Umsetzung von Sprache, vom Gehörten zum Gesehenen, vom Hörbaren zum Sichtbaren: Es ist die Aneignung der *Schrift,* die dem Kind neue Handlungsmöglichkeiten eröffnet, die es zugleich aber auch verpflichtet, diese Aneignung zügig selbst zu realisieren. Die Aneignung der Schrift, so wird allgemein didaktisch unterstellt, lässt sich mit den Sieben-Meilenstiefeln der ersten ein, zwei Schuljahre bewältigen.

Als mündliche wie als schriftliche Ressource bietet sich Sprache dem Kind dar. Ergreift es diese Ressource, nutzt es sie, bildet es seine sprachlichen Fähigkeiten über die primären Sprachaneignungsschritte hinaus kompetent aus, so hat es gute Chancen, um in der versprachlichten Institution Schule erfolgreich zu handeln.

Sprache in mündlicher und schriftlicher Form wird in allen Teilen des unterrichtlichen Geschehens genutzt. Sprache ist für die Kinder also primär ein Erfahrungsfeld der eigenen Praxis. Die Schule bietet Möglichkeiten der Kommunikation, und sie verlangt von den Kindern, dass sie diese Möglichkeiten ergreifen.

Wenn von Sprache die Rede ist, so erscheint als ganz unproblematisch, was damit gemeint ist. Denn das Denken und Reden über Sprache ist häufig von einer einfachen Gleichung bestimmt: Die je eigene Sprache wird umstandslos gleichgesetzt mit Sprache überhaupt. Diese eigene Sprache ist – »selbst-verständlich«; sie ist so selbstverständlich, dass mit der genannten Gleichung an der eigenen Sprache alles ablesbar erscheint, was Sprache kennzeichnet. Diese selbstverständliche Sprache, so wird unterstellt, hat das Kind erworben, bevor es in die Institution Schule eintritt. Hier, so sieht es aus, lernt es dann die neuen, literalen Facetten von Sprache kennen: Es lernt Sprache als Schrift wahrzunehmen und zu gebrauchen, es lernt lesen und schreiben.

Dieses Sprachverständnis nun ist prinzipiell *monolingual*. Die versprachlichte Institution Schule sieht sich so ganz naturwüchsig als *sprachlich homogen*. Dies freilich ist in Wahrheit gerade keine Selbstverständlichkeit. Die eigene Sprache als Sprache schlechthin zu sehen, erfuhr im Rahmen des nationalsprachlichen Projektes die prägnanteste, die griffigste und am besten sichtbare Ausgestaltung. Dieses Projekt ist ein junges Projekt; es ist ein Teil des größeren »Projektes Nation«. Seit zwei Jahrhunderten bestimmt die Entwicklung, Propagierung, Umsetzung und Festigung des Projekts Nation die gesellschaftliche Realität. Von Europa ausgehend, hat es sich über dessen frühere Kolonien weltweit verbreitet. In einem pointierten Sinn sind die Grenzen der Nationen programmatisch auch Sprachgrenzen und die Sprachgrenzen Grenzen der Nationen.

Dieses Projekt ist allseits verbunden mit der Expandierung und der flächendeckenden Durchsetzung der allgemeinen Schule – exemplarisch im 19. Jahrhundert im laizistischen nachrevolutionären Frankreich, ähnlich in nahezu allen europäischen Ländern. Volksbildung auf der Basis der homogenen nationalen Sprache ist ein Programm, das nicht nur für den erhöhten Wissensbedarf moderner Gesellschaften unabdingbar ist, sondern zugleich für deren gesellschaftlich-politische Verfasstheit. Durch die verallgemeinerte Sprachbildung in der jeweiligen Nationalsprache wird ein Bewusstsein erzeugt, über das die Mitgliedschaft der Einzelnen zu ihrer Nation und deren Staat hergestellt und verdeutlicht wird.

Damit diese enge Verbindung von Nation, Nationalstaat und Nationalsprache Wirklichkeit werden, damit sie funktionieren kann, müssen Sprachen selbst in den Rang von Nationalsprachen erhoben werden. Europa zeigt exemplarisch, wie das geschieht; Europa zeigt auch alle damit verbundenen Probleme, alles Scheitern des Programms in einzelnen Fällen und Konstellationen. Dennoch: Das Modell ist offensichtlich so attraktiv, dass es weithin unhinterfragt wirkt – wie auch das Grundkonzept, das Sprache allgemein mit der je eigenen Sprache gleichsetzt.

Die versprachlichte Institution Schule organisiert die Vermittlung des gesellschaftlichen Wissens an die folgende Generation in der Form von Portionierung des Wissens und seiner Verteilung über den Jahreslauf, über den Tageslauf (Stundentafel) und, in der Progression von Jahrgangsstufe zu Jahrgangsstufe, über einen erheblichen Teil der Biographien dieser jungen Generation. Das erfolgreiche Durchlaufen der Institution wird zertifiziert – ebenso wie das Misslingen dieses Durchlaufens. Die Portionierung des gesellschaftlichen Wissens hat zu einem wesentlichen Ergebnis die Aufteilung des Wissens nach Fächern. Sie sind institutionell vielfältig abgesichert, und die Bewegung über ihre Grenzen hinweg (sozusagen eine Interdisziplinarität in nuce) ist schwierig. Die Fach-Bindung des portionierten Wissens bedeutet zugleich dessen Segmentierung in Bezug auf das gesellschaftliche Gesamtwissen. Die einzelnen Fächer verwalten gleichsam einzelne Ausschnitte des gesellschaftlichen Gesamtwissens, tragen für dessen Vermittlung eine spezifische Verantwortung und beruhigen sich dabei gern innerhalb des je eigenen Segments, ohne dessen Beziehungen zum gesellschaftlichen Gesamtwissen noch groß im Blick zu haben.

Die Portionierung und Segmentierung des Wissens wird für das pädagogische Personal, für dessen berufliche Tätigkeit und für sein Selbstverständnis, über entsprechende Ausbildungsgänge verankert. Die Spezialisierung der Lehrerinnen und Lehrer bestimmt deren Biographien bis hin in den alltäglichen Arbeitsablauf (große Fächer, kleine Fächer, korrekturintensive und weniger korrekturintensive ... usw.).

Institutionen zeichnen sich durch ihre weitgehende Stabilität aus. Die Segmentierung des gesellschaftlichen Wissens, über die Lehrprofile der Lehrenden verankert und in der Praxis der Institution Schule sozusagen »stündlich« ausgeprägt und abgesichert, weist auch der Sprache ihren eigenen Ort zu. Darin zeigt sich die unmittelbare Umsetzung des nationalsprachlichen Programms als einer für die Schule unhinterfragbaren Selbstverständlichkeit. In unserem Land hat Sprache ihren Ort so im Fach Deutsch.

Diesem Fach kommt im Fächerkanon eine erhebliche Bedeutung zu – gerade auch in Bezug auf die »Bildungsleistung« für das Selbstverständnis der Gesellschaft als ganzer, eben jener nationalstaatlich verfassten Gesellschaft. Die Geschichte des Faches Deutsch und die Geschichte der Disziplin, in der an den Universitäten und Hochschulen auf eine Tätigkeit als Deutschlehrer vorbereitet wird, der Germanistik, ist durchdrungen von den jeweiligen gesellschaftlichen Zielsetzungen, Zielsetzungen, die es wesentlich mit der Nationalstaatlichkeit zu tun haben. Die enge Verbindung gerade dieses *Faches*, ihres *Gegenstandes* Sprache *als* deutscher Sprache und der *Institution Schule* ist also von einer hohen Verbindlichkeit und erscheint als nur schwer auflösbar.

Im Schulfach Deutsch – bzw. den darauf zulaufenden primarschulischen Bereichen Schreiben und Lesen – gewinnt Sprache eine zweite Bedeutung neben der, das allgemeine Kommunikationsmittel für das Handeln der Schüler und Schülerinnen, der Lehrer und Lehrerinnen zu sein. Sprache ist nicht mehr nur *Mittel* des Unterrichts, Sprache ist auch ihr *Objekt*. Als Fachgegenstand ist Sprache verbunden mit Literatur, auch mit anderen medialen Produkten – eine nicht ganz einfache Kombination, die der »Muttersprachdidaktik« immer wieder erhebliche Kopfschmerzen bereitet, die gleichwohl für die curriculare Situation vergleichsweise stabil ist.

Die nähere Bestimmung des Verhältnisses von Sprache als Objekt des Unterrichts, d. h. Sprache als Lehrgegenstand, und Sprache als Mittel der unterrichtlichen Kommunikation in der versprachlichten Institution Schule ist alles andere als einfach. Wenn die erste Stufe der schulisch vermittelten Sprachaneignung erfolgreich war, verliert die Schule offensichtlich relativ schnell das Interesse an der Sprache als Mittel der unterrichtlichen Kommunikation. Einmal als angeeignet unterstellt, gilt das schriftsprachliche Vermögen als ebenso selbstverständlich wie die mündliche Sprachlichkeit. Als *Mittel* der Unterrichtskommunikation ist Sprache in allen Fächern und in allen Handlungszusammenhängen der Institution überall und immer präsent. Die Möglichkeit, für das *Objekt* Sprache daraus Konsequenzen zu ziehen, wird in der Institution selten genutzt. Diese Möglichkeit zu ergreifen, ist aber nicht beliebig. Der Erfolg der Wissensvermittlung in allen schulischen Fächern hängt vom erfolgreichen sprachlichen Handeln der SchülerInnen und der LehrerInnen unmittelbar ab. Sprachförderung als Hilfe zur erfolgreichen Aneignung von Sprache im ganzen Qualifikationenfächer, der für erfolgreiches sprachliches Handeln zur individuellen Realität gemacht werden kann und muss, ist eine Bildungsaufgabe für die Schule, die zwischen der Segmentierung der Fächer leicht zerrieben wird. Sie ist eine Bildungsaufgabe, der allenfalls nebenbei eine Rolle zuerkannt wird – wenn sie denn überhaupt wahrgenommen wird.

Sprache als Objekt, Sprache als Fach tritt in der Schule außer im Fach Deutsch noch in einer zweiten Gestalt auf, nämlich als Objekt des fremdsprachlichen Faches bzw. der fremdsprachlichen Fächer. Die Vermittlung einer der traditionellen »Schulfremdsprachen« erfolgt noch immer weithin so wie die Vermittlung eines beliebigen anderen Faches. Das Missverhältnis zwischen Sprache als Objekt und Sprache als Mittel der schulischen Kommunikation wird hier freilich häufig in besonders deutlicher Weise sichtbar – sowohl in künstlichen »Sprechanlässen« wie in der besonderen Konstellation des Modells von Fehler und Korrektur als permanenter potenzieller Stördiskurs im fremdsprachlichen Unterrichtsdiskurs. Die unterschiedlichen philologischen Traditionen der universitären Bezugsdisziplinen, vor allem Anglistik und Romanistik, wirken sich ähnlich isolierend aus, wie die Fächerstruktur insgesamt es geradezu zu verlangen scheint. Allenfalls wird auf eine vermutete Wissensvermittlung zum Reden über Sprache im »muttersprachlichen« Unterricht zurückgegriffen, indem angenommen wird, dass dort grammatische Terminologie und orthographisches Basiswissen bereits als Lehrgegenstand im Rahmen der didaktischen Bearbeitung des Objekts Sprache behandelt wären.

Die tatsächlichen Entwicklungen in der zweiten Hälfte des 20. Jahrhunderts sind aber in vielen europäischen Ländern und gerade auch in Deutschland durch demographische und politische Veränderungen bestimmt, durch die die eben charakterisierten, scheinbar selbstverständlichen Voraussetzungen von sprachlicher Homogenität, nationalsprachlicher Zielsetzung und einfachem Transfer vom Objekt Sprache zum Mittel Sprache für eine jede unterrichtliche Kommunikation sich auflösen. Es sind zwei hauptsächliche Prozesse, die hier relevant sind. Der eine ist die durch internationale Arbeitsmigration, aber auch durch Flüchtlingsbewegungen erheblichen Ausmaßes geprägte Zusammensetzung der Bevölkerung in den meisten Ländern Europas (von anderen

Kontinenten ganz zu schweigen). Der andere Prozess ergibt sich aus den politischen und gesellschaftlichen Vereinigungsverfahren, die im Herstellen einer europäischen Union als einer Union von Nationalstaaten ihren Ausdruck finden und damit einen prinzipiellen Riss in der Selbstverständlichkeit der nationalstaatlichen Identitätsbildung fast notwendig zur Folge haben. Die transnationale Konstellation dieser Einigungsprozesse mit all ihren Retardierungen erodiert die Voraussetzungen, die in die Grundstruktur der Schule, ihrer Aufgaben und ihrer Zielsetzungen eingeschrieben sind.

Beide Prozesse stellen eine erhebliche Herausforderung dar, die gerade für die Sprachlichkeit in ihren Konsequenzen bisher kaum bedacht sind. Sie machen sich aber in der Biographie der Schülerpopulationen unmittelbar bemerkbar und bringen sich dort zur Geltung. Angesichts der bildungspolitischen Blindheit, die den Umgang mit den neuen Herausforderungen kennzeichnet, verschaffen sie sich diese Geltung freilich weithin noch immer eher als ein gesellschaftlich hervorgebrachtes individuelles Leiden und nicht als Beitrag zu einer Neuperspektivierung von Sprache und Sprachlichkeit für eine Wissensorganisation und für Bildungsziele, die auf der Höhe der gesellschaftlichen Entwicklung wären.

Auch die Einigungsprozesse produzieren, was Sprache anlangt, bisher vor allem ein verlegenes Schweigen der praktischen Politik, das nur mühsam durch immer neue Deklarationen und gelegentlichen Aktionismus umhüllt wird. Die Herausforderung, das Projekt Nation in einer sinnvollen Weise so zu transformieren, dass dessen erheblicher Gewinn für die Gesellschaften und ihre Mitglieder erhalten und für die neue Konstellation fruchtbar gemacht wird, liegt politisch, bildungsökonomisch und didaktisch brach. Diese Situation verlangt in mehrfacher Weise eine Abkehr von den oben beschriebenen Grundmerkmalen der versprachlichten Institution Schule. Das macht sie brisant. Die Institution und ihre Vertreter, besonders die Institutionen zweiter Stufe wie auch die Bildungspolitik, reagieren, wenn überhaupt, mit Antwortversuchen, die weithin die Grundproblematik gar nicht erst berühren, sondern die durch Addition von Korrekturen innerhalb der Rahmenbedingungen verfahren, die sich gerade auflösen. Die Vielfalt unterschiedlicher Modelle, wie in der Bundesrepublik seit nunmehr fast einem halben Jahrhundert auf die veränderte, dehomogenisierte sprachliche Voraussetzungsstruktur in den Schulen reagiert wird, zeigt ein ganzes Panorama solcher Verfahren. Die grundsätzliche, in Fächern zementierte, nationalsprachlich fundierte Struktur wird davon kaum berührt.

Vor allem in Bezug auf das Kommunikationsmittel Sprache für einen jeden Unterricht macht sich diese Problematik unmittelbar bemerkbar. Gleiches gilt für die Sprachenpotenziale, die die Kinder mit unterschiedlichsten Primärsprachen und insbesondere die Kinder mit ihrer bereits entwickelten Mehrsprachigkeit in die schulische Wirklichkeit einbringen. Gerade beginnt – bedeutend angestoßen durch Initiativen aus dem bürgerschaftlichen Raum – eine allmähliche Grundausstattung der zukünftigen LehrerInnengeneration mit Grunderkenntnissen zum Zweitspracherwerb. Die große Menge der in der Praxis tätigen Lehrer und Lehrerinnen hatte günstigstenfalls die Gelegenheit, sich in einigen wenigen Fortbildungskursen und in Modellprojekten auf die Situation professionell einzulassen. In den nichtsprachlichen Fächern, den

Fächern also, in denen Sprache als Mittel der unterrichtlichen Kommunikation allgegenwärtig ist, gewinnt die vermeintliche Nebensächlichkeit, ja Nichtbeachtung dieser Sprachlichkeit eine neue Qualität. Diejenigen Kinder und Jugendlichen, die in ihrer Sprachlichkeit institutionell nicht zum Zuge kommen, erfahren auf den verschiedenen Stufen der sprachlichen Anforderungen innerhalb der versprachlichten Institution Schule die gesellschaftlich-didaktische Problematik als individuelles Scheitern – und dies zum Teil insbesondere in späteren Phasen ihrer jeweiligen Bildungskarriere. Das bildungspolitische wie ökonomische Lamento, das den Aufweis dieser Problematik nun bereits seit längerem begleitet, fragt nach einer Kompensatorik, die die Grundproblematik nicht berührt. Es ist eben nicht alles so, wie es immer war, die Herausforderungen der demographisch veränderten, politisch und ökonomisch sich weiter verändernden Gesamtkonstellation verlangen eine grundsätzlichere didaktische Neuorganisation dessen, was Sprache für die Gesellschaften der nahen Zukunft bedeutet.

Das hat Konsequenzen für alle an der Institution Schule Beteiligten, und es hat Konsequenzen für die Gesellschaft als ganze. Zu einer entscheidenden Herausforderung wird diese Gesamtkonstellation für die Organisation der schulischen Bildungsprozesse insgesamt. In ihnen gewinnt Sprache einen veränderten, einen neuen und erweiterten Stellenwert. Der Kampf um den Anteil an Zeit für die Vermittlung der einzelnen Segmente des gesellschaftlichen Gesamtwissens an die nächste Generation wird hier zu neuen, veränderten Auseinandersetzungslinien führen. Anders, als man von den Gesamtcurriculums-Diskussionen der letzten Jahrzehnte vermuten könnte, bedeutet dies aber erstaunlicherweise keineswegs einfach eine Umverteilung. Vielmehr geht es darum, den Stellenwert von Sprache als Mittel der schulischen Praxis in einer neuen Weise umzusetzen und damit das vernachlässigte Verhältnis von Sprache als Mittel und Sprache als Objekt neu zu bestimmen. Die Rolle der Sprache in allen schulischen Domänen gilt es, auf eine produktive Weise selbst zu einem zentralen Vermittlungsgegenstand von Sprachunterricht zu machen. Bereits die Aneignung von Literalität übersteigt jene Selbstverständlichkeit, die die ersten Phasen der Sprachaneignung zu kennzeichnen scheint. Schriftlichkeit ist immer ein Stück weit Erarbeitung einer Reflexion über Sprache. Dieser Prozess gewinnt eine neue Qualität, indem die Rolle von Sprache und Sprachlichkeit für das gesellschaftliche Wissen und seine Aneignung durchschaubar und so besser operationalisierbar gemacht wird. Das gleichsam naive Verhältnis des Schulfaches Deutsch, das getragen ist von den zentralen Bestimmungen des Projekts Nation, tritt in eine veränderte Konstellation ein, die durch den Übergang eines monolingualen zu einem multilingualen Sprachverständnis gekennzeichnet ist.

In welcher vermittlungsmethodischen Fassung immer dies im Einzelnen ausbuchstabiert wird, so ist das *professionelle Personal* der versprachlichten Institution Schule, so sind die Lehrer und Lehrerinnen ein zentraler Faktor für das Erreichen der Ziele dieser Institution. Ihr professionelles Handeln gewinnt in der neuen, multilingual geprägten Konstellation eine andere Qualität. Die Rolle von Sprache für das Gelingen der unterrichtlichen Prozesse wird in jüngster Zeit – und man kann sagen: endlich – zunehmend in nichtsprachlichen Fächern wie der Mathematik oder den naturkundlichen bzw. naturwissenschaftlichen Fächern gesehen und zur Kenntnis genommen.

Eine entsprechende Qualifizierung aller zukünftigen Lehrerinnen und Lehrer verlangt den Ausbau der am Bereich »Deutsch als Zweitsprache« gewonnenen Erkenntnisse. Dies hat Konsequenzen für die universitären Curricula – Konsequenzen, die in einem offenen Widerspruch zu den Reduktionsvorhaben der universitären Ausbildung stehen, wie sie sich im Bachelorprogramm der jüngsten Hochschulreform artikulieren. Die naive Vorstellung von Bildungspolitik, es lasse sich immer mehr mit immer weniger erreichen, scheitert an der Komplexität der demographischen und politischen Wirklichkeitsstrukturen. Das gesellschaftliche Nachdenken setzt die Gesellschaft in die Lage, sich aus solcher Naivität zu lösen und die Schwerpunkte so zu setzen, dass die Möglichkeitsstrukturen von Mehrsprachigkeit zu einer mehrsprachig geprägten Wirklichkeit werden können.

Die Professionalität der Institution Schule in Bezug auf die Sprachenfrage verlangt eine verstärkte Beachtung in ganz praktischen Weisen. Zwei solcher Aspekte seien exemplarisch hervorgehoben. Das, was als »Fachkonferenz« ganz auf die überkommene Fächerstruktur bezogen bleibt, bedarf einer grundlegenden Ergänzung durch eine *Sprachkonferenz,* in der die verschiedenen Aspekte der Vermittlung von Sprache und die genauere Aufgabenbestimmung der Sprachenfächer für diese Vermittlung in gemeinsamer kooperativer Abgleichung in den Kollegien ermöglicht wird. Eine solche praktische Tätigkeit kann ihre institutionelle Unterstützung nicht zuletzt so gewinnen, dass an den Schulen zusätzlich zu den fächerbezogenen Lehrpersonen *Sprachkonsulenten und Sprachkonsulentinnen* tätig werden, deren professionelle Aufmerksamkeit den sprachlichen Prozessen an der Schule in besonderer Weise gilt. Sie können als Fachleute mit der entsprechenden linguistischen und psychologischen Qualifizierung die Umsetzung der sprachdidaktischen Anforderungen begleiten, erleichtern und optimieren. Eine grundlegende Qualifizierung aller Lehrpersonen gewinnt so die zusätzliche professionelle Unterstützung, deren Notwendigkeit sich aus der komplexer gewordenen mehrsprachigen Konstellation der gegenwärtigen Schule ergibt.

Für die *Schüler und Schülerinnen* bedeutet eine neue Rolle der Sprachlichkeit in der Schule vor allen Dingen eine Chance: Die *mehrsprachig* aufgewachsenen Kinder sehen ihr sprachliches Potenzial in einer neuen Weise anerkannt, sie werden dadurch in ihren Bemühungen, souverän die allgemeine Sprache des Unterrichts ihrer Umgebung, hier also die deutsche, zu erwerben, gestärkt. Die *einsprachig* in dieser deutschen Sprache aufgewachsenen Schüler und Schülerinnen erfahren frühzeitig, in welcher Weise sprachliche Vielfalt gesellschaftlich wirksam ist. Sie werden zugleich darin qualifiziert, sich fit zu machen für eine sprachliche Offenheit, die es ihnen erlaubt, die Möglichkeiten einer sich aus den nationalstaatlichen Klammern herauslösenden beruflichen und lebensweltlichen Wirklichkeit zu realisieren. In der Begegnung mit anderen Sprachen erwerben sie die Möglichkeit, ihr eigenes sprachliches Potenzial in der Zukunft angemessen und effizient zu erweitern. Sie erfahren zugleich Möglichkeiten einer *differenzierten Mitgliedschaftsbestimmung* in einer zukünftigen *transnationalen Identitätsbildung.* Diese löst Sprachlichkeit nicht in einer neuen Dichotomie einer Universalsprache »Globalesisch«, d. h. US-Englisch, für die großen gesellschaftlichen Handlungszusammenhänge und einer jeweiligen Residualsprache für Familie,

Freunde und Freizeit auf, sondern sie erlaubt und ermöglicht in der Begegnung mit den Sprachwelten anderer Kulturen eine Erweiterung ihrer eigenen Wissens- und ihrer eigenen Handlungsmöglichkeiten. Zugleich entsteht so die Möglichkeit, sich in einer qualifizierten Weise mit der Andersheit anderer Sprachen und ihrer Kulturen zu befassen und die Begegnung in einer sehr *praktisch werdenden Hermeneutik* zu realisieren. Dies ist nicht zuletzt eine – wahrscheinlich unabdingbare – Herausforderung für die Zukunft einer Weltgesellschaft, deren Teile gegenwärtig nur allzu oft in nationale und pränationale Regressionen zerfallen. Diese gesellschaftliche Relevanz ist eine Art didaktischer Zielpunkt einer Sprachenbildung der Zukunft, die nicht zuletzt für die zukünftigen Bürger und Bürgerinnen, die jetzigen Schüler und Schülerinnen, von einer primären Relevanz ist.

Die Veränderungen, die sich aus den neuen Konstellationen für die Institution Schule ergeben, werden in ihrer tagtäglichen Praxis besonders fühlbar. Von dieser Praxis gehen vielfältige Anstöße aus, die sich an den Rahmenbedingungen reiben, wie sie die monolingual verfasste Schulkonzeption des nationalsprachlich verfassten Projektes bestimmen. Es gilt, diese vielfältigen praktischen Erfahrungen, Veränderungen, auch das vielfach gefühlte Unbehagen bewusst zu machen und in der Reflexion umzusetzen in eine Veränderung der Institution, die diese tatsächlich im 21. Jahrhundert ankommen lässt. Ideen für eine solche Veränderung brauchen ihren Ort, brauchen – neben den vielfältigen Erfahrungen von SchülerInnen, LehrerInnen, PolitikerInnen – Institutionen, die eine solche Reflexion und deren Rückbindungen in die zukünftige veränderte Praxis organisieren, stärken und umsetzen. Nach verheißungsvollen Anfängen in den 70er und 80er Jahren nicht zuletzt im Land Nordrhein-Westfalen gewinnen diese Prozesse gegenwärtig eine zunehmende Dynamik. Alle, die sie bewegt und die diese Dynamik durch ihre Teilhabe daran ihrerseits stärken, leisten dazu Beiträge. Es ist zu hoffen – und es ist von der Bildungspolitik zu fordern –, dass diese Stärkung sehr viel intensiver erfolgt. Die neuen sprachlichen Wirklichkeiten verlangen und ermöglichen neue Organisationsformen von Sprach- und Sprachenvermittlung. Die institutionellen Voraussetzungen dafür zu schaffen, ist eine Forderung, die zu erheben alle nicht müde werden sollten, die hier ihre öffentliche Verantwortung sehen.

Verzeichnis der Autorinnen und Autoren

Maria Bader, Erzieherin mit Montessori-Diplom, Sozialpädagogin und Kommunikationstrainerin, ist tätig als Fachberaterin für Kindertageseinrichtungen im Jugendamt Günzburg, als Sprachberaterin und als freie Fortbildungsreferentin.

Anja Beck-Dinzinger, Sprachpädagogin und M.A. Deutsch als Fremdsprache/Psychologie, ist seit 10 Jahren als Referentin bzw. Fortbildnerin in der frühkindlichen Sprachbildungsarbeit aktiv. Seit 2008 arbeitet sie als Sprachberaterin für den Evangelischen KITA-Verband-Bayern e. V. und begleitet evangelische Kindertageseinrichtungen.

Prof. Dr. Fabienne Becker-Stoll, Diplom-Psychologin, ist Direktorin des Staatsinstituts für Frühpädagogik und Dozentin an der Ludwig-Maximilians-Universität München. Arbeits- und Forschungsschwerpunkte: Bildungsentwicklung von der Kindheit bis zum Jugendalter, frühkindliche Bildungsprozesse, Qualitätsbedingungen frühkindlicher Bildung, Erziehung und Betreuung.

Jennifer Chang Damonte ist Ph.D.-Studentin an der School of Education, University of Delaware. Ihr Forschungsinteresse umfasst die Erst- und Zweitsprachentwicklung und die Rolle der Sprache bei der Konzeptentwicklung von Zahlen und Raum bei Kindern.

Eveline Däschlein, Erzieherin, leitet den eingruppigen Katholischen Kindergarten St. Nikolaus in Arberg, Großlellenfeld, und hat im Rahmen von Sprachberatung die Methode Literacy-Center erprobt.

Prof. Dr. David K. Dickinson ist Professor of Eucation im Department of Teaching & Learning an der Peabody School of Education der Vanderbilt University in Nashville. Sein Forschungsinteresse gilt dem Verständnis von Sprachlernmechanismen und dem Zusammenhang zwischen Sprache und früher Literacy-Entwicklung, der Identifikation von Faktoren, die die Sprach- und Literacy-Entwicklung in Kindertageseinrichtungen unterstützen und erschweren, sowie der Entwicklung von Methoden, die den pädagogischen Fachkräften helfen, ihre Praxis so zu verändern, dass sie das Lernen von Kindern aus sozial schwachen Familien befördern. Derzeit entwickelt er eine für den Einsatz in Kindertageseinrichtungen konzipierte Intervention, die das Lesen von Büchern und das fachkraftunterstützte Spiel kombiniert, in dem Bemühen, das Erlernen von Wortschatz, das Verstehen von Geschichten und das Vermögen des Kindes, sich im ausdauerndem Spiel zu engagieren, zu unterstützen. Dieses Projekt strebt an, pädagogischen Fachkräften zu helfen, spracherleichternde Strategien beim Vorlesen und im Spiel mit den Kindern einzusetzen.

Prof. Dr. emer. Konrad Ehlich ist Linguist und Honorarprofessor an der FU Berlin. Seine Hauptarbeitsgebiete liegen in den Bereichen Allgemeine und Angewandte Sprachwissenschaft, Linguistische Pragmatik, Diskurs- und Textlinguistik, Wissenschaftssprache, Deutsch als Fremd- und Zweitsprache, Spracherwerb, Institutionelle Kommunikation, Interkulturelle Kommunikation, Sprachsoziologie, Sprachpolitik und Hebraistik.

Prof. Dr. Lilian Fried hat am Institut für Sozialpädagogik, Erwachsenenbildung und Pädagogik der frühen Kindheit der Technischen Universität Dortmund den Lehrstuhl für Pädagogik der frühen Kindheit inne. Ihre Arbeitsschwerpunkte sind die Pädagogik der Kindertageseinrichtungen, Sprachpädagogik, Spielpädagogik, Sexualpädagogik, pädagogische Diagnostik und pädagogische Prävention. Prof. Dr. Fried ist Mitglied in diversen wissenschaftlichen Konsortien. Sie hat in Nordrhein-Westfalen den Sprachtest Delfin 4 entwickelt.

Prof. Dr. Angela D. Friederici, Neuropsychologin, ist Gründungsdirektorin und Wissenschaftliches Mitglied am MPI für Kognitions- und Neurowissenschaften in Leipzig und zugleich Direktorin des Zentrums für Kognitionswissenschaft am Zentrum für Höhere Studien der Universität Leipzig. Ihr Arbeitsbereich konzentriert sich auf die Neurokognition der Sprachverarbeitung. Prof. Dr. Friederici arbeitet u. a. derzeit in einem Projekt, in dem die genetischen Grundlagen von bestimmten Beeinträchtigungen der Sprache erforscht werden. Mögliche phylogenetische Aspekte der Evolution der Sprache werden in Kooperation mit Prof. Dr. Tomasello untersucht, dort geht es um Syntax-Lernen bei Affen im Vergleich zum Menschen. Ihre Forschungen betreffen vor allem die Neurokognition der Sprache und den Spracherwerb.

Eva Reichert-Garschhammer, Juristin, ist Abteilungsleiterin am Staatsinstitut für Frühpädagogik in München. Aktuelle Arbeitsschwerpunkte: Entwicklung und Implementierung der Bildungspläne in Bayern und Hessen sowie der Bayerischen Bildungsleitlinien für Kinder bis zum Ende der Grundschulzeit; Mitwirkung an vielen Implementierungsprojekten zu verschiedenen Themen.

Prof. Dr. Barbara Gasteiger-Klicpera, Diplom-Psychologin, ist Professorin für Integrationspädagogik an der Karl-Franzens-Universität, Graz und Dekanin der URBi-Fakultät. Sie führte mit Kollegen an der PH Weingarten die wissenschaftliche Begleitung des Projektes »Sag' mal was – Sprachförderung für Vorschulkinder« der LANDESSTIFTUNG Baden-Württemberg mit dem Ziel durch, eine empirische Evaluation des Projektes »Sag' mal was – Sprachförderung für Vorschulkinder« der LANDESSTIFTUNG Baden-Württemberg zu erarbeiten. Sie beschäftigt sich vorwiegend mit Entwicklungsstörungen im Kindesalter.

Melanie Gerull ist Erzieherin und Gruppenleitung in einer Kinderkrippe. Ihre Arbeitsschwerpunkte sind Sprache und Kommunikation mit dem Schwerpunkt auf Krippenkindern. Sie beteiligte sich an dem Projekt »Ohren sitzen« der Stiftung Zuhören.

Prof. Dr. Christian W. Glück ist Professor für Sprachbehindertenpädagogik an der Erziehungswissenschaftlichen Fakultät der Universität Leipzig. Seine Arbeits- und Forschungsschwerpunkte liegen vorwiegend in anwendungs- und auch in grundlagenwissenschaftlichen Fragen der Diagnostik und Therapie bei Sprachentwicklungsstörungen und Stottern. Als Projektleiter der Ki.SSES-Längsschnittstudie fokussiert er derzeit Fragen der Qualität und Wirksamkeit sprachfördernder und sprachtherapeutischer Angebote in unterschiedlichen Beschulungssettings. Aktuelle Forschungsschwerpunkte sind Wortschatzerwerb, Mehrsprachigkeit, kognitive Grundlagen von Spracherwerbsstörungen sowie Diagnostik und Therapie bei semantisch-lexikalischen Störungen und Stottern.

Prof. Dr. Roberta Michnick Golinkoff, Ph.D., hat den Lehrstuhl für Erziehungswissenschaft an der University of Delaware inne und ist Mitarbeiterin in den Departments für Psychologie und Linguistik. Die Autorin von vielen Büchern und zahlreichen Fachartikeln ist Gründerin des »Infant Language« an der University of Delaware. Ziel dieses Projektes ist die Erforschung des frühkindlichen Spracherwerbs. Als Teil dieser Forschung hat sie sich mit der metasprachlichen Entwicklung von Kindern befasst. Andere Forschungsthemen sind der Wortschatzerwerb und die frühe Sprachentwicklung. Ihre Forschungen beschäftigen sich auch mit der Untersuchung des kindlichen Spiels und seinen Einflüssen auf die Sprachentwicklung.

Oliver Nicko, Diplom-Psychologe, ist Mitarbeiter am Staatsinstitut für Frühpädagogik in München. Sein Arbeitsschwerpunkt ist u. a. die Evaluation des Coaching-Ansatzes Sprachberatung in Kindertageseinrichtungen in Bayern.

Prof. Dr. Ingrid Gogolin, Erziehungswissenschaftlerin, Professorin am Institut für International Vergleichende und Interkulturelle Erziehungswissenschaft der Universität Hamburg. Professorin Dr. Gogolin leitete die wissenschaftliche Koordination des EU-Projekts »EERQI« (European Educational Research Quality Indicators). 2004 bis 2009 war sie Präsidentin der European Educational Research Association. Sie begleitet das Bund-Länder-Projekt FörMig (Förderung von Kindern und Jugendlichen mit Migrationshintergrund) wissenschaftlich, das von 2004–2009 in zehn Bundesländern erfolgreich durchgeführt wurde. Aktuelle Arbeitsschwerpunkte: Mehrsprachigkeit, Stärkung mehrsprachiger Kinder, Lernen im Kontext sprachlich-kultureller Diversität.

Irene Goltsche, Schulpsychologin (BDP), Kinder- und Jugendlichenpsychotherapeutin (approb.), Familientherapeutin DGSF, Supervisorin DGSv, Ehe-Paar- und Lebensberaterin (DAJEB), Masterclass-Ausbilderin SPIN-Deutschland für VHT/VIB/VID/VST. Sie arbeitet als Psychotherapeutin in Rosenheim, ist aber auch in der Aus- und Fortbildung für Videointeraktionsbegleitung tätig.

Wilfried Griebel, Diplom-Psychologe, ist wissenschaftlicher Referent am Staatsinstitut für Frühpädagogik. Seine Forschungsschwerpunkte sind Transitionen in der Familienentwicklung und zwischen Familie und Bildungseinrichtungen, sowie heterogene Gruppen von Lernenden. Bei der Erstellung der Bildungs- und Erziehungspläne für Kindertagesstätten in den Bundesländern Bayern, Hessen sowie der Rahmenrichtlinien für die deutschsprachigen Kindergärten der Autonomen Provinz Bozen – Südtirol (Italien) hat er den Bereich der Transitionen bearbeitet.

Alexandra Großer ist Erzieherin und Diplom-Sozialpädagogin (FH). Seit 2009 Sprachberaterin am Landratsamt Ansbach. Seit 2006 Studium der Pädagogik mit Schwerpunkt Andragogik an der Otto-Friedrich-Universität Bamberg.

Prof. Dr. Kathy Hirsh-Pasek ist Professor für Psychologie und Direktorin des »Infant Language Laboratory« und Mitbegründerin von »CiRCLE (The Center for Re-Imagining Children's Learning and Education) « an der Temple University in Philadelphia. Forschungsschwerpunkte: Kognitive und soziale Ansätze zur Sprachentwicklung für Kinder von 0 bis 3 Jahren mit einem besonderen Schwerpunkt auf frühem Grammatiklernen, Worterwerb und Sprachverständnis. Sie erforscht die Überleitung zwischen Entwicklungstheorie und Sozial- bzw. Bildungspolitik mit dem Schwerpunkt auf Kognition, vorschulischem Lernen und Kinderbetreuung.

Megan Johanson ist Ph.D.-Studentin an der Fakultät für Erziehungswissenschaft der University of Delaware. Ihre Forschungsinteressen umfassen die sprachübergreifende Erforschung der Beschreibungen von Raumbeziehungen durch Erwachsene und Kinder sowie die Erforschung der Sprachverwendung zur Kategorienbildung bei Kindern.

Christa Kieferle, Linguistin M.A. und Sprachheilpädagogin M.A., ist wissenschaftliche Referentin am Staatsinstitut für Frühpädagogik in München. Ihre wichtigsten Arbeitsgebiete sind kommunikative Kompetenz, interkulturelle Bildung, Mehrsprachigkeit und Literacy in Familie und Bildungseinrichtungen. Sie ist an der Erstellung von Curricula und Ausbildungsgrundlagen für Fachkräfte in vielfältiger Weise beteiligt.

Haruka Konishi ist Ph.D.-Studentin an der Fakultät für Erziehungswissenschaft der University of Delaware. Sie arbeitet zusammen mit Dr. Roberta Golinkoff im »Infant Language Project«. Ihr Forschungsinteresse gilt besonders den konzeptionellen und linguistischen Faktoren, die den Erwerb von Verben beeinflussen.

Christine Krijger, Erzieherin und Fachwirtin für Organisation und Führung, leitet seit 1996 das dreigruppige Evangelische Kinderhaus Günzburg und ist auch als freie Fortbildungsreferentin tätig. Ihre reggio-orientiert zertifizierte Einrichtung ist eine Modelleinrichtung BayBEP, eine Modelleinrichtung KiDZ, seit 2009 auch Konsultationseinrichtung, die Sprachberatung in Anspruch genommen hat, und seit 2011 Schwerpunkt-Kita Sprache & Integration.

Toni Mayr, Diplom-Psychologe, Referent am Staatsinstitut für Frühpädagogik in München. Arbeitsschwerpunkte: Beobachtung und Dokumentation von Lern- und Entwicklungsprozessen, Entwicklungsauffälligkeiten; Lehrbeauftragter der freien Universität Bozen/Fakultät für Bildungswissenschaften.

Prof. Dr. Jürgen M. Meisel ist emeritierter Professor für Linguistik an der Universität Hamburg und außerplanmäßiger (apl.) Professor an der University of Calgary. Arbeitsschwerpunkte: Sprachentwicklung (Erst- und Zweitspracherwerb, Sprachwandel, Kreolistik), Mehrsprachigkeit, Grammatik romanischer Sprachen, Grammatiktheorie.

Prof. Dr. Sven Nickel, Lehrer, Diplom-Pädagoge, ist Professor an der FU Berlin, Arbeitsbereich Grundschulpädagogik. Arbeitsschwerpunkte: Family Literacy – Literalität als soziale Praxis im Sozialisationsraum Familie, Literalisierung/Alphabetisierung in Adoleszenz und Erwachsenenalter, Emergent Literacy – sprachlich-literarische Bildung in der frühen Kindheit, Beobachtung und Förderung im Schriftsprach- und Orthographieerwerb, insbesondere bei Lese-Rechtschreibschwierigkeiten (LRS).

Prof. Dr. Helga Schneider, staatlich anerkannte Erzieherin, Diplom-Sozialpädagogin (FH), Diplom-Pädagogin (Univ.), ist Professorin an der Katholischen Stiftungsfachhochschule München, Studiengangsleitung des B.A. »Bildung und Erziehung im Kindesalter«. Ihre Arbeits- und Forschungsschwerpunkte umfassen: Pädagogik der Kindheit in der späten Moderne, Erkenntnis-, Bildungs-, Qualitätskonzepte in der Pädagogik der Kindheit, Globalisierung und Lebenswelten von Kindern und Familien.

Ute Schräpler, Sprechwissenschaftlerin, ist Dozentin in der Professur für Logopädie an der Fachhochschule Nordwestschweiz, Arbeitsschwerpunkte: Störungen der Sprachentwicklung, Sprachförderung und Therapie von Sprachentwicklungsstörungen, Sprecherziehung.

Dr. Inge Schreyer, Diplom-Psychologin, ist wissenschaftliche Referentin am Staatsinstitut für Frühpädagogik in München. Forschungsschwerpunkte: Qualität der Arbeit von Trägern im System der Kindertageseinrichtungen, Evaluation, Ausbildungsprofile frühpädagogischer Fachkräfte in Europa.

Anna Spindler ist Diplom-Psychologin und wissenschaftliche Referentin am Staatsinstitut für Frühpädagogik. Ihr Arbeitsschwerpunkt ist das Thema Bildung und Erziehung von Kindern von 0 bis10 Jahren (z. B. Entwicklung und Umsetzung von Curricula im Elementarbereich). Derzeit begleitet sie ein hessisches Modellprojekt zur »Qualifizierten Schulvorbereitung«. Neben der Frage, wie gute Bildung in allen Bildungsorten vernetzt gelebt werden kann, beschäftigt sie sich intensiv mit Themen der Qualifizierung von Fach- und Lehrkräften.

Susanne Teubner, Diplom-Sozialpädagogin (FH), war in der Erwachsenenbildung, Heimerziehung und Begleitung von Adoptiv- und Pflegefamilien tätig. Seit vier Jahren leitet sie den Evangelischen Kindergarten in Penzberg, der Platz für 75 Kinder im Krippen-, Kindergarten- und Grundschulalter bietet und offen arbeitet.

Claudia Wirts ist Sonderpädagogin; Sprachheilpädagogin (M.A.); Lehraufträge an der LMU München und PH Heidelberg; seit 2007 wissenschaftliche Referentin am Staatsinstitut für Frühpädagogik in München mit dem Schwerpunktbereich Interaktion/ Sprache; derzeitige Arbeitsschwerpunkte: Erwachsenen-Kind-Interaktion, Zuhören, sprachliche Bildung im Krippenbereich.